뇌성마비 아동의 이해

제2판

뇌성마비 아동의 이해

일레인 게라리스 엮음

오정희 교수 추모모임 / 김세주 · 성인영 · 박승희 · 정한영 옮김

Σ 시그마프레스

뇌성마비 아동의 이해

발행일 | 2005년 11월 1일 1쇄 발행
2008년 3월 10일 2쇄 발행

저자 | 일레인 게라리스 · 샤론 안델슨 · 제리 쉬말즈 블랙크린 · 리타 벌크 ·
낸시 코완 · 조지아 드간지 · 린네 홀츠 · 엘리어드 겔쉬 · 메리안 자레트 ·
다이에나 루이스 · 랄프 무어 · 제임스 카프란 · 톰 리터 · 프란 스미스
역자 | 김세주 · 성인영 · 박승희 · 정한영
발행인 | 강학경
발행처 | (주)시그마프레스
편집 | 송현주
교정 · 교열 | 이은희

등록번호 | 제10-2642호
주소 | 서울특별시 마포구 성산동 210-13 한성빌딩 5층
전자우편 | sigma@spress.co.kr
홈페이지 | http://www.sigmapress.co.kr
전화 | (02)323-4845~7(영업부), (02)323-0658~9(편집부)
팩스 | (02)323-4197

인쇄 | 남양인쇄   제본 | 동신제책

ISBN | 89-5832-188-1   가격 | 18,000원

CHILDREN with CEREBRAL PALSY: A Parents' Guide, 2nd edition

평생 뇌성마비 아동을 위해 헌신하셨고

재활의학의 학문과 연구에 평생을 바치신 故 仁海 吳貞姬 교수님과

오늘도 뇌성마비 자녀와 함께 열심히 살아가는 부모님들을 위해

이 책을 바칩니다.

역자서문

요즈음까지도 '뇌성마비'란 용어는 치유하기 어려운 중증 지체장애를 지칭하는 대표적인 용어로서, 뇌성마비 아동의 부모님들이나 전문가들 역시 처음에는 이 말을 꺼내기 어려워 사용하기를 망설이는 용어입니다. 그러나 외람되게도 이런 생각들은 뇌성마비 아동의 입장에서 보다는 부모, 치료자, 혹은 교육자의 입장에서 아동을 양육하고 치료하고 교육하는데 힘이 든다는 의미로 사용하지는 않았는지 생각해봅니다. 만약 그렇다면, 우리 모두 "뇌성마비 아동들은 무엇을 생각하며, 무엇을 원하고 있으며 그리고 그들과 함께 우리는 무엇을 할 수 있는가" 하고 생각해보면 어떨까요.

2002년 세계보건기구(WHO)는 "장애(disability)"라는 용어를 버리고 대신 "기능제한(functional limitation)"이란 용어로 순화하여 사용하고자 제안하였습니다. 장애인, 비장애인으로 나누는 이분법적 사고에서 벗어나 기존의 "장애"를 우리 모두가 가지고 있는 기능에서의 차이 정도로 인식을 전환하자는 것이지요. 그런 의미에서 뇌성마비 아동은 일반 아동과 구별되는 "장애아동"이 아니라 조금 불편할 뿐, 모든 아동들과 같이 함께 어우러져 살아가야 하는 미래의 우리 모두가 되어야 하는 것이지요.

이런 일련의 변화를 위해 우리나라보다 뇌성마비 아동에 대해 선진제도를 갖추고 있는 미국의 실례를 살펴보는 것도 도움이 될 수 있을 것이라 생각합니다. 이 책 『뇌성마비 아동의 이해』에서는 뇌성마비 아동에 대한 정확한 의학적 이해, 부모님들의 뇌성마비에 대한 충격의 극복, 뇌성마비 아동에 대한 최신 재활치료와 특수교육, 그리고 뇌성마비 아동과 가족의 국민적 권리와 법률체제의 함정을 극복하는 방안, 그들에 대한 국민적 권리와 현실적 권리 사이의 괴리와 극복, 그들을 지원하는 시민단체의 활동 등을 소개하고 있습니다. 의료제도와 법률체제에 있어서 한국과 미국은 다소 차이가 있지만 이 책은 뇌성마비 자녀를 두신 부모님, 뇌성마비와 관련된 의료인들과 특수교육 관계자들, 사회복지 관계자들, 그리고 정부정책 당국자 등 장애아동에 대해 관심을 가지고 있는 모든 이들에게 많은 도움이 될 것이라 믿습니다.

역자 대표
정한영

추천서

뇌성마비 아동의 부모들이 주는 최고의 조언은 그 아동들을 당신의 자녀와 같이 대하라는 것입니다. 이것은 사소하게 들릴 수 있으나, 우리가 장애아동을 다루게 되면 너무나도 쉽게 장애문제에 초점을 맞추기 때문에 한 인격체로서 바라보는 것을 자주 간과하게 됩니다. 나는 뇌성마비인입니다. 그러나 나는 야구를 좋아하는 사람입니다. 나는 춤을 좋아하고, 나는 아이를 기르는 부모가 되기를 바라는 사람입니다. 그리고 나는 한 인간입니다.

부모님과 뇌성마비 아동은 모두 심도 있고 심각하게 고려해야 할 당면한 과제들이 있습니다. 그들이 목발을 짚든, 휠체어를 타든, 말을 하는 법을 배우든, 의사소통 판을 사용하든 중요한 것은, 많은 노력을 지속적으로 인내심을 가지고 행하여야 한다는 것입니다. 부모님들께서는 자녀를 기르시면서 아마도 화남과 좌절과 슬픔과 기쁨을 동시에 겪으실 것입니다. 당신의 자녀가 세상을 경험하는데 있어서 두려움을 느끼지 마십시오. 그 의도가 어떠하든 간에 자녀를 과잉보호하는 것은 결국 아동발달에 있어 장애가 됩니다. 당신의 자녀는 성공의 기쁨만큼이나 실패에 대한 고통도 필요로 합니다. 그/그녀는 성공만큼이나 실패의 매순간을 통해서도 배우게 됩니다.

　어떤 면에서는 당신의 자녀가 경험하는 세계가 제가 경험했던 것보다는 훨씬 쉬울지도 모릅니다. 오늘날, 미국뇌성마비협회 센터들과 다른 관련 서비스들에서는 부모님과 뇌성마비 아동들을 위한 프로그램들을 제공하고 있습니다. 최근 몇 년 동안, 장애인들이 이용할 수 있는 교통수단, 동등한 고용, 교육과 관련된 법들이 통과되었습니다. 그러나 불행히도 아직 변하지 않은 것들이 있습니다. 그것은 많은 사람들에게는 여전히 장애인들을 불쌍히 여기거나 완전히 외면해 버리는 시각이 잔재되어 있다는 점입니다. 당신의 아이들 역시 살면서 이러한 것을 때때로 당면하게 될지도 모릅니다. 당신의 자녀가 경험한 성공과 실패의 경험들이 이러한 차별을 극복할 수 있게 합니다.

　저는 종종 저의 아버님께서 저에게 했던 말을 떠올리곤 합니다. "아들아 너는 네게 들고 있는 카드만을 가지고 카드게임을 해야만 한단다." 아버지의 이 말은 저 스스로를 받아들일 수 있도록 도와주었고 게임에서 이기는 것을 가능하게 하였습니다.

톰 리터

서 문

나의 아들 로버트는 만삭에서 9주일 먼저 태어났다. 그의 몸무게는 겨우 4파운드 3온스였고, 그의 폐는 미성숙한 상태여서 아이의 호흡을 돕기 위해 인공호흡기가 필요했다. 그는 조산에 따른 많은 문제들을 가지고 있었고, 이것은 우리 가족의 삶을 바꾸는 계기가 되었다.

로버트가 신생아 중환자실 처치를 받고 있는 동안, 나는 매일 수 시간 동안 그와 시간을 보내야 했고, 내가 집에 있을 때도 병원에서 자주 전화가 왔다. 마침내, 길고 긴 10주가 지난 후, 로버트는 병원에서 퇴원했다. 그때 나는 31주 일간의 임신을 거친 후 낳은 나의 아들이 완전히 회복한 상태에서 병원에서 퇴원했다고 생각했다. 나는 로버트가 다른 조산아들과 같이 '경미한 발달지연' 아동이라는 의사의 말을 의심할 이유가 없었다. '걱정하지 마시요… 그는 두 살 내로 정상아동으로 자라날 겁니다'라고 들었다.

의사 선생님의 이런 말에도 불구하고, 로버트의 성장은 매우 늦어 보였다. 사실, 수개월이 지나면서, 나는 그의 발달지연이 다른 아이들에 비해 분명하게 차이가 나는 것을 발견했다. 왜 우리 아기는 뒤집지 못할까? 왜 아기는 무릎으로 서지 못할까? 왜 손으로 주먹을 꽉 쥐지 못할까? 왜 아기의 눈동자가 가끔 좌우로 움직일까? 나의 일상적인 대답은 늘 "그는 조산으로 태어났고, 두 살까지는 따라 잡을 수 있을 거야" 하는 것이었고, 그 어떤 것도 더 이상 나 혹은 주변 사람들의 걱정을 만족시켜주지 못하였다.

마침내, 로버트가 생후 9개월이 되었을 때, 우리의 의료진은 그에게 일주일에 두 번씩 물리치료를 시작하라고 권하였다. 그때 나는 이런 물리치료가 아기가 갖고 있는 왼손의 일시적이며, 경미한 장애에 대한 처치라고 생각했다. 그러나 수주, 수개월이 지나도 그의 성장은 극히 늦었고, 나는 그의 장애가 경미한 것이 아니라는 것을 깨닫기 시작했다. 또한 나는 로버트의 의료진들이 아무도 그의 장애가 어느 정도인지 알고 있지 못한다는 의심을 갖기 시작했다. 그들은 우리가 그를 어떻게 처치할 것인지는 시간이 지나야만이 알 수 있다고 말하였다.

이런 불확실성의 시기는 나에게 정말 무어라 말할 수 없이 감정이 복받치는 시기였다. 어떻게, 왜 이런 일이 귀한 우리 아기에게 일어날 수 있단 말인가, 어떻게 이런 일이 나에게 일어날 수 있단 말인가. 나는 왜 주변사람들의 걱정에 적절한 답변을 주지 못할까? 나는 몹시 화가 났었고, 심한 혼돈과 걱정에 빠졌었으나, 나는 로버트를 무척 사랑했었다.

나의 아들이 14개월쯤 되었을 때, 마침내 나는 아기의 소아과 의사 선생님에게 우리 아기가 발달지연 아동이냐고 물었다. 그는 나의 질문에 답변하는데 머뭇거렸으나, 로버트는 약간의 뇌손상을 가지고 있다고 설명하였다. 또 그는 말하기를 초기에 적절한 치료를 하면, 실제로 일부 뇌성마비 아동들은 초기에 갖고 있던 장애들을 극복하고, 마침내 아주 경미한 장애만이 남는다고 하였다. 24개월경에, 로버트는 조기치료 프로그램을 시작하였고, 생후 10개월부터 시작한 물리치료와 더불어 언어치료, 작업치료를 더 받기 시작하였다.

오늘 로버트는 여러 가지 면에서, 평범한 14살의 아동이다. 그는 세 명의 누이들에게 사랑스러운 오빠이다. 지금 그는 공립고등학교 1학년으로서 보통수준으로 트럼펫을 연주하고 있으며, 방과 후 프로그램에 활동적으로 참여하고 있다. 나는 수년 동안 그가 헌신적인 선생님들과 봉사자들의 도움을 받아가며 자신의 학습장애를 보상해가는 것을 지켜보아왔다. 그는 매주 물리치료를 받고 있으며, 목발보행을 배워가는 과정에 있다. 그는 지난 2년 동안 그의 운동능력과 수술 후에 큰 도움이 되었던 두 차례의 큰 정형외과적인 수술을 받았다. 그의 강인함과 용기는 그가 수술을 받는 것을 보며 내가 겪는 고통과 스트레스를 참을 수 있게 하였다. 그가 자람에 따라, 그가 육체적인 어려움이 정서적인 어려움보다 이해하고 적응하기 쉬워하는 것을 나는 알게 되었다. 그는 삶이란 어느 면에서는 스스로를 속이는 것이라는 것을 알고 있다. 나의 의무는 그가 어떻게 하면 그의 삶을 윤택하게 만들고, 또 그것을 유지할 수 있는지를 보여주는 것이다. 왜냐하면 내가 항상 그와 같이 있을 수는 없기 때문에, 때때로 이것은 불가능해 보인다. 나는 내 아들의 매일매일의 삶에 대해 무척 자랑스럽게 생각한다. 내가 매우 힘들어 할 때도, 그의 의지와 체력은 넘치고 있는 것을 본다. 그는 고귀한 삶을 영유해가는 사람들의 편에 있었으며, 어떠한 대가를 바라고 무엇을 행하지 않는 것이 중요하다는 것을 아는 사람이었다. 그는 나의 절망이 아니라, 나의 희망이다.

　내가 이 책의 첫 판을 편집해달라고 요청받았을 때, 이 작업은 나의 많은 기억을 되살려주었다. 특히, 로버트가 최종적으로 뇌성마비라는 진단을 받은 후에 내가 뇌성마비에 대한 정보를 얻는데 얼마나 힘들었는지를 기억한다. 나는 내가 어떻게 지지자 모임에 참여해왔는지, 정보를 서로 교환하면서 어떻게 감정적인 지지를 해왔는지 등을 회상했다. 또한 나는 얼마나 도서관이나 책방을 찾아다녔는지를 기억하고 있다. 그러나 뇌성마비에 관한 최신 서적은 거의 없었던 것을 기억한다. 그리고 나는 뇌성마비 아동을 가지고 있는 부모들에게 권할 수 있는 한 권의 책이 필요하다는 것을 정말로 인정한다. 우드빈 하우스 출판사는 특별한 도움이 필요한 아동의 부모님들을 위한 책들을 일련의 시리즈

로 출판해왔다. 우리 모두는 지금 당신에게 『뇌성마비 아동 : **부모 가이드**』 제2
판을 드린다.

　1991년에 초판이 출간된 이후, 이 책은 새롭고, 개정된 내용들을 첨가하기
위해 많은 부분에 변화가 있어 왔다. 장애아동들에게 미래에 더욱 희망을 줄
수 있는 여러 가지 중요한 연방법들이 통과되고 개정되었다. 뇌성마비 아동들
이 사용할 수 있는 새로운 의료장비들이 있다. 장애아동을 위한 여러 가지 교
육적 자료가 엄청나게 늘어나고 있다. 장애에 관한 용어들이 변화하고 있다.
뇌성마비 아동과 그들의 부모가 이용할 수 있는 새로운 단체들과 출판물 등이
있다. 그리고 지금은 인터넷을 사용할 수 있는 가족들에게는 인터넷을 이용하
여 거대한 양의 정보를 얻을 수 있다. 이 모든 것들이 이 최신 개정판에 수록되
어 있다.

　이 책은 당신이 당신의 아이가 그 능력을 최대한 발휘할 수 있도록 도와주기
위해 당신의 아이의 상태를 이해하는데 도움을 주기 위한 책이다. 또한 이 책
은 당신의 아이가 무엇을 바라는지를 알 수 있도록 도와주기 위한 책이다. 우
리는 당신의 아이를 올림픽 운동선수로 만드는 것이 대해 이야기하지 않는다.
우리는 당신의 아이의 삶을 이해하는 것에 대해 이야기하고, 당신의 삶이 변화
하는 것을 어떻게 이해해야 하는지 등에 대해 이야기하고 있다. 우리는 우리의
아이들과 우리가 서로 직면하고 있는 여러 가지 어려움들을 사랑하고 어떻게
받아들일 수 있는지에 대해 이야기하고 있다.

　당신 자신과 아이들 자신의 삶을 보다 균형감각을 가질 수 있도록 도움을
주기 위해, 이 책은 각 장의 마지막에 '부모 의견'을 실었다. 이런 부모 의견들
에서 부모들 서로가 뇌성마비 아동이 자라면서 발생하는 서로의 감정, 생각,
충고를 공유할 수 있다. 특별한 도움이 필요한 아동을 양육하는 사람이 갖는
좌절과 가슴 아픔을 달래주는 것은 다른 사람들도 당신이 현재 겪고 있는 고통
을 역시 같이 겪고 있다는 것을 아는 것 이상은 없다는 것을 당신이 알게 될
것으로 나는 생각한다.

『뇌성마비 아동의 이해』란 책은 당신의 아이가 성장하는 첫 5년 혹은 그 이상 동안에 당신이 알아야 하는 다양한 주제를 다루고 있다. 그러나 이 책은 당신의 모든 질문에 답하려고 노력하지는 않는다. 이 책은 다만 당신 스스로가 더 많이 공부할 수 있는 길잡이 책이라고 생각한다. 그러므로 나는 뇌성마비 아동을 양육하는 부모들이 사용하는 새로운 용어들을 이해하는데 도움이 될 수 있도록 용어록을 첨부하였다. 덧붙여서, 이 책의 뒤에 읽을 책 목록들은 더 깊이 공부하고자 할 때 읽도록 권장하는 책과 잡지들이다.

이 책에서, 나는 각 장에서 서로 사람의 대명사를 사용한다. 나는 모든 뇌성마비 아동들이 남자 혹은 여자란 의미로 함축되는 것을 원치 않으며, 그것은 뇌성마비를 갖고 있는 아동들을 계속해서 "그" 혹은 "그녀"라는 표현을 사용하게 할 수 있기 때문이다.

나는 이 책을 저술한 전문가들과 부모들이 당신에게 많은 답변과 용기를 줄 수 있기를 바랄 뿐이다. 당신의 아이들에게 많은 사랑과 성과가 있기를 기원한다.

일레인 게라리스

CHILDREN with
CEREBRAL PALSY

차례

08 조기개입과 특수교육

09 법적 권리와 함정

10 권익옹호를 위한 제언

엘리어드 겔쉬

뇌성마비란 무엇인가?

뇌성마비 아동은 자신만의 강점과 약점을 가지고 있다는 점에서 고유한 인격을 가지고 있으며, 다른 아동과 마찬가지로 특별하다고 할 수 있다. 그러나 아이가 뇌성마비나 운동장애라는 진단을 받게 되면 여러 가지 측면에서 '특별하다'라는 말을 듣게 될 것이다. 즉, '특별한 도움을 필요로 하는 아이'라고 말할 것이다. 의사, 치료사, 교사 등 각 분야의 전문가들은 뇌성마비가 왜 특별한지 그리고 아이에게 필요한 평가와 치료에 대해 설명해 줄 것이다. 그래도 부모는 아이가 어떻게 자랄 것인지 계속 궁금해 할 것이다.

이 장에서는 부모가 알고 싶어 하는 뇌성마비에 대한 기본지식 즉, 뇌성마비가 무엇이며, 원인과 치료법, 그리고 동반될 수 있는 장애는 무엇인지를 설명하고 있다. 또한 장애에 대한 이해를 돕기 위해 간단한 의학용어를 풀이하여 부록으로 정리하였다. 책을 읽다보면 몇몇 정보는 당장 유용하겠지만 다른 것은 아이가 더 자란 후에 도움이 될 수 있고 아니면 영원히 필요하지 않은 정보도 있기 때문에, 도움이 되는 정보는 따로 분류해 놓는 것이 좋은 방법이다.

부모가 많이 알수록 의료서비스나 교육·사회 프로그램 등의 혜택을 많이 받을 수 있다. 정확한 정보를 가지고 현실적인 목표를 세운다면 아이가 사회에 잘 적응하고 행복한 삶을 살아가는 데 큰 도움이 될 것이다.

■■ 뇌성마비의 정의

뇌성마비는 운동, 자세 및 균형에 영향을 미치는 다양한 장애를 포괄하는 용어이다. 이 장애는 출생 전, 출생 중 또는 출생 후 몇 년 이내에 일어나는 뇌손상

에 의해 발생된다. 손상은 근육이나 척수에 연결된 신경에서 일어난 것이 아니라 근육을 조절하는 뇌에서 일어난 것이다. 뇌손상의 위치와 정도에 따라 정신지체나 경련, 언어장애, 학습장애, 시력 및 청력 문제를 동반할 수도 있다.

뇌성마비는 아이의 발달에 영향을 미치기 때문에 '발달장애'라고도 한다. 오늘날 미국에서는 다운증후군이나 간질, 자폐증보다 뇌성마비로 인한 발달장애가

더 많다. 출생아 1,000명 중 2~3명이 뇌성마비 양상을 보이고 있으며, 미국에서는 매년 약 5,000명의 영·유아와 1,200~1,500명의 취학 전 아이가 뇌성마비로 진단되고 있으며 전체인구 중에서 약 500,000명이 뇌성마비 증상을 보이고 있다.

매우 경한 뇌성마비는 경우에 따라 학령기가 되면 회복되기도 하지만, 대부분의 경우 뇌성마비로 인한 장애는 아이의 삶에 지속적으로 영향을 미친다. 뇌성마비가 아이의 삶에 영향을 미칠지는 여러 요인 즉, 장애에 대한 부모의 태도, 의료서비스 및 교육환경에 따라 달라지는데 여기에는 부모의 의지가 중요

하다. 아이의 잠재력을 예측할 수는 없지만 아이가 자기의 능력을 발휘하고 누릴 수 있는 최고의 삶을 살 수 있도록 부모는 도와줄 수 있다.

■■ 뇌성마비의 유형

용어의 이해

뇌성마비는 운동과 자세의 다양한 장애를 총칭하는 용어이다. 재활의학과, 소아과, 신경과 의사들은 다양한 분류체계를 사용하였는데, 이러한 용어와 임상 분류를 이해하기 위해서 먼저 근 긴장도에 대해 알아야 한다.

근 긴장도는 근육이 움직일 때 발생하는 긴장이나 저항의 정도를 뜻한다. 근 긴장도는 우리가 특정 자세, 예를 들면 고개를 들고 똑바로 앉아 있는 자세를 유지할 수 있도록 한다. 근 긴장도의 변화는 또한 우리의 신체가 정확히 움직이도록 해주는데 예를 들면, 팔을 굽혀 손을 얼굴로 가져가려면 팔 앞쪽에 있는 이두박근은 수축(긴장도 증가)하는 동시에 팔 뒤쪽에 있는 삼두박근은 이완(긴장도 감소)되어야 한다. 이러한 동작을 부드럽게 하기 위해서는 관련된 모든 근육의 긴장도가 균형을 이루어야 하며, 뇌는 각각의 근육이 역할에 따라 알맞게 저항을 바꾸도록 명령을 보내야 한다.

뇌성마비는 근 긴장도를 조절하는 뇌 영역이 손상되었기 때문에, 그 결과 근 긴장도가 증가되거나 감소되며 또는 혼합되어 긴장도가 동요한다. 또한 뇌손상의 위치에 따라 비정상적인 근 긴장도를 보이는 신체부위가 달라진다.

높은 근 긴장도(경직). 근육의 긴장도가 높아져 있는 경우 높은 근 긴장도(hypertonia) 또는 경직(spasticity)이라고 표현한다. 이 경우 근육의 긴장도가 균형을 이루지 않아 움직임은 뻣뻣하고 어색하게 된다. 아이가 부드럽고 물 흐르듯 구르지 못하고 허리를 뒤로 젖히고 다리를 뻣뻣하게 뻗어 몸 전체를 하나의 단단한 몸통처럼 뒤집는다면 근 긴장도가 높아져 있다고 볼 수 있다. 높은 근 긴장도를 가진 아이는 뒤집기를 일찍 시작한다. 보통 뒤집기는 정상아는 생후 3~5개월 사이에 나타나지만 이런 아이는 1개월에도 할 수 있다. 또한 일으켜 세우면 다리를 뻣뻣하게 뻗어 까치발로 서거나 가위처럼 다리를 교차시킨다.

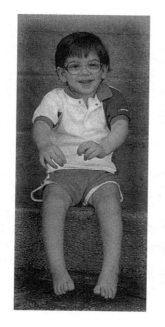

낮은 근 긴장도. 근육의 긴장도가 낮아진 경우 **낮은 근 긴장도**(hypotonia) 또는 **이완성**(floppiness) 이라고 표현한다. 낮은 근 긴장도를 가지면 근육이 수축하지 않고 축 늘어져서 지지해주지 않으면 자세를 유지하기 힘들다. 이런 아이는 머리, 몸통, 팔, 다리를 힘없이 바닥에 대고 누워 있으며 중력을 이기고 일어나 앉아 있거나 서 있는 자세를 취하지 못한다. 그 결과 낮은 긴장도를 가진 아이는 주로 등이 둥글게 굽어 앞으로 기대고 앉게 된다. 또한 몸통의 안정감이 떨어져서 팔의 동작이 제한되며, 복근과 호흡근이 약해 언어발달도 지연된다.

동요하는 근 긴장도. 높은 긴장도와 낮은 긴장도가 혼합된 경우, **동요성** 또는 **가변성** 근 긴장도라고 표현한다. 동요하는 근 긴장도가 있는 경우, 쉴 때 낮은 근 긴장도가, 움직일 때는 높은 근 긴장도가 나타난다. 높은 긴장도는 등을 펴고 앉아 있는 것과 같은 자세 유지에는 도움이 되나 어깨와 팔의 근육을 경직시키기 때문에 팔 동작을 어렵게 한다.

뇌성마비의 분류

뇌성마비의 증상을 이해하려면 뇌성마비를 어떻게 분류하는지를 먼저 이해해야 한다. 우선 인간의 신경계 원리에 대해 알아보자.

신경계는 크게 중추신경계와 말초신경계로 나눌 수 있다. 중추신경계는 뇌와 척수로 이루어져 있으며 말초신경계는 감각신경과 운동신경의 짝으로 이루어져 있는데 감각신경은 통증, 촉각, 자세 및 근 긴장도에 대한 정보를 중추신경계로 전달하며 운동신경은 중추신경계에서 근육으로 운동명령을 전달한다.

자발적인 운동을 위해서는 신경계의 각 부분들이 조화를 이루어야 한다. 아래 그림에 나와 있는 뇌의 운동피질은 특정 움직임을 시작하기 위한 초기 신호를 보낸다. 이 신호는 **소뇌**와 **기저핵**에서 해석되고 수정되는데, 소뇌는 근육의 긴장도와 균형을 유지하는 기능을 하며 기저핵은 운동할 때 자세를 조절하는 기능을 한다. 소뇌와 기저핵에서 처리된 운동신호는 척수를 지나 말초신경을 통해 특정 근육을 수축시켜 의도한 동작을 하도록 한다.

뇌성마비 아동은 뇌가 손상되었기 때문에 움직임을 정상적으로 조절할 수 없고, 신경계의 손상된 위치와 근 긴장도의 이상에 따라 나타나는 증상이 달라

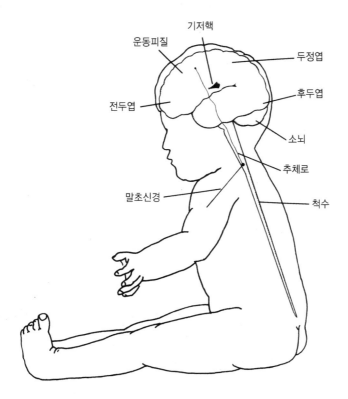

진다. 이 때문에 의사들은 뇌성마비를 근 긴장도의 유형과 손상 위치에 따라 분류하거나 운동장애를 보이는 신체부위에 따라 분류한다.

초기에 뇌성마비 증상이 뚜렷하게 나타날 때는 어떤 유형의 뇌성마비인지 알기 쉽지만, 아이의 운동장애 양상이 뚜렷하지 않을 때는 조기 진단이 어렵다. 다음은 뇌성마비의 유형과 증상에 대한 설명이다.

뇌손상 부위에 따른 분류

뇌손상 부위에 따라 뇌성마비를 추체로(경직형) 뇌성마비, 추체외로 뇌성마비, 혼합형 뇌성마비로 분류할 수 있다. 이러한 진단명은 아이가 자라면서 변하기도 하는데 이는 뇌손상 부위가 달라져서가 아니라 아이가 자라면서 근 긴장도와 조절이 점점 뚜렷하게 차이를 보이기 때문이다.

추체로(경직형) 뇌성마비. 경직형 뇌성마비는 가장 흔한 뇌성마비의 유형으로 전체 뇌성마비 아동 중 80%를 차지한다. 근 긴장도가 증가되어 있고 움직임이 제한되는데, 그 증상은 다음과 같다.

1. **과도한 건 반사** : 팔꿈치, 무릎, 발목 등의 힘줄을 망치로 두드리면 정상보다 강하고 빠른 반사적 움직임이 나타난다.
2. **족 간대 경련** : 발을 잡고 위로 빠르게 구부려 종아리 근육을 신전시키면 종아리와 발 근육이 빨리 반복해서 수축한다. 이러한 간대 경련은 발을 의도적으로 위로 구부리거나 서있는 자세에서도 종종 나타난다.
3. **바빈스키 양성반응** : 발바닥을 발꿈치에서 발가락까지 빠르게 긁을 때, 발가락이 위로 올라오고 부채 모양으로 펼쳐지면 양성반응이다. 이러한 반응이 1세 이후에도 나타나면 비정상으로 간주한다.
4. **관절 주위의 근육과 건의 비정상적인 구축** : 구축은 관절 주위 근육이 과도하게 긴장함으로써 발생되며 이로 인해 운동이 제한된다. 구축의 예방과 치료는 제3장에서 구체적으로 언급하였다.

5. **원시반사의 지속** : 생후 3, 4개월간 조기에 나타나는 반사(촉각, 압력에 의한 불수의 움직임)가 정상보다 몇 달 혹은 몇 년 이상 지속되는 경우이다. 원시 반사에 대해서는 제6장에서 구체적으로 언급하였다.

경직형 뇌성마비는 능동 운동을 조절하는 뇌부분(운동피질)이 손상된 경우 나타나며 운동피질과 척수를 연결하는 추체로가 손상된 경우에도 보일 수 있다. 5쪽의 그림에서 보듯이, 운동피질은 뇌의 제일 윗부분에 있고, 추체로는 운동피질로부터 아래쪽으로 내려오는 길에 해당한다.

운동피질이나 추체로가 손상될 경우 뇌는 몸의 한쪽 또는 양쪽의 근육과 신호를 주고받는데 문제가 생긴다. 왼쪽 뇌가 손상될 경우 오른쪽 몸을 조절하기 어렵고 오른쪽 뇌가 손상될 경우 왼쪽 몸을 조절하기 어려운데 이는 운동피질에서 내려오는 신경다발이 뇌의 기저부(연수)에서 교차하여 서로 반대쪽 척수에 연결되기 때문이다.

추체외로(무도형-불수의 운동형) 뇌성마비. 약 10%의 뇌성마비 아동이 이 유형에 속하며 이는 소뇌나 기저핵 손상에 기인한다. 앞에서도 언급했듯이 소뇌와 기저핵은 운동피질로부터 오는 신호를 처리하여 운동을 부드럽고 조화롭게 만들며 자세를 유지하게 한다. 5쪽에 있는 그림에서 보듯이, 소뇌는 뇌의 아래에 있고 기저핵은 뇌의 가운데 부분에 있다.

이 영역이 손상된 아이는 특히 얼굴과 팔, 몸통에 원하지 않는 불수의 운동이 나타나기 때문에 말하기, 먹기, 물건 쥐기 등등의 여러 동작이 방해받는다. 예를 들어, 불수의적으로 얼굴을 찡그리거나 혀를 내미는 동작은 연하장애, 침흘리기 또는 조음장애를 일으키며, 불수의적으로 손목관절이 굴곡되고 손가락의 신전 동작이 동반되어 물건을 잡기 어렵게 한다. 또한 추체외로 뇌성마비 아동은 근 긴장도가 저하되기 때문에 앉아 있거나 걷는 데 장애가 있다.

다음은 추체외로 뇌성마비에 동반되어 나타나는 불수의 운동의 몇 가지 예이다.

▋▋ **근긴장이상증**(dystonia) : 느리고, 반복적으로 몸통과 팔, 다리를 일정하게 비틀거나, 몸통이 심하게 회전되는 비정상적 자세를 취하는 것을 말한다.

▋▋ **불수의 운동증**(athetosis) : 특히 손목, 손가락, 얼굴에 나타나는 느리게 비틀리는 움직임을 말한다.

▋▋ **무도증**(chorea) : 머리, 목, 팔, 다리의 갑작스럽고 빠른 움직임을 말한다.

▋▋ **운동실조증**(ataxia) : 서있거나 걸을 때 불안정하고 협동운동이 잘 안 되는 경우로, 특히 소뇌이상으로 인한 균형감각에 문제가 있을 때 이런 증상을 보인다.

▋▋ **강직**(rigidity) : 매우 제한된 작은 범위의 운동만 가능하며 모든 자세에서 극도로 높은 근 긴장도를 보이는 것을 말한다.

▋▋ **운동이상증장애**(dyskinesia) : 특정한 운동 유형으로 분류하기 어려운 불수의 운동을 말한다.

부모는 대개 아이가 생후 9개월이 되기 전에는 불수의 운동을 알아차리지 못한다. 첫 증상은 얼굴, 혀, 그리고 팔에서 나타나는데, 걷거나 말할 때 동작을 시작할 때 증상이 심해지는 경향이 있다. 또한 정신적인 스트레스를 받거나 놀라거나 걱정할 때 불수의 운동은 더 심해진다. 예를 들면, 아이가 많은 사람 앞에서 말하려고 할 때 불수의 운동이 증가하여 발음이 더욱 이상해진다. 불수의 움직임이 나타나기 전에는 보통 낮은 근 긴장도를 보이며, 수면 중에는 때때로 불수의 움직임이 나타나지 않는다.

혼합형 뇌성마비. 약 10%의 뇌성마비 아동이 이 유형에 속하며, 추체로와 추체외로가 둘 다 손상되었기 때문에 경련성 근 긴장도와 불수의 운동이 모두 나타난다.

초기에는 주로 경직이 나타나다가 생후 9개월에서 3세 사이 불수의 운동이 점차 심해진다.

운동장애 부위에 따른 분류

운동장애 부위에 따라 단마비, 양지마비, 편마비, 사지마비, 양측 편마비로 분류할 수 있다.

단마비. 단마비는 한 팔 또는 다리에 국한하여 증상이 나타나는 경우로, 매우 드물다. 운동장애는 주로 경미하며 시간이 지나면 사라지기도 한다.

양지마비. 양지마비는 양 다리에 국한되며, 경직으로 인해 다리가 뻣뻣해 가위처럼 엇갈려져 있다. 상체의 근 긴장도는 대개 경미하게 높기 때문에 일상생활에 큰 장애가 없다.

편마비. 편마비는 몸의 어느 한쪽이 마비되는 경우로 다리, 몸통, 얼굴보다는 주로 팔에 증상이 더 심하게 나타난다. 장애가 있는 쪽의 팔과 다리는 정상 쪽에 비하여 발육이 늦어지거나 짧으며 장애 정도에 따라 팔을 사용하는 예후가 달라진다. 촉각이 양호하거나 관절구축이 심하지 않은 아이는 별다른 장애 없이 일상생활을 할 수 있으나, 편마비 아이의 50%에서 감각장애를 보인다.

사지마비. 몸 전체(얼굴, 몸통, 팔, 다리)가 침범된 경우 사지마비라고 한다. 근 긴장도의 이상과 불수의 운동이 상지보다 하지가 심하고, 먹거나 말하는데 필요한 얼굴 근육의 장애가 현저하다. 운동장애의 범위가 광범위하기 때문에 사지마비 아이는 일상생활의 장애가 크다.

양측 편마비. 사지마비와 같이 양측 편마비도 아이의 전신이 침범된다. 양측 편마비는 다리보다 팔에 더 심한 장애를 갖고 있는 것이 차이다. 이 아이 역시 먹거나 말하는데 큰 장애가 있다.

▓▓ 뇌성마비 원인

'왜 뇌성마비 증상이 나타나는가?' 이 질문의 가장 간단한 답은 '뇌가 손상되었기 때문'이다. 이 답은 자연스럽게 다음 질문으로 이어진다. '왜 뇌가 손상되었나?' 이 두 번째 질문의 답은 다양한데 이는 뇌손상의 원인이 여러 가지이기 때문이다. 뇌손상의 원인을 정확하게 파악하기 위해서는 아이의 병력을 자세하게 검토하고 다양한 의학적·신경학적 검사를 실시하여야 한다.

뇌성마비를 일으키는 원인은 크게 두 가지, 뇌의 비정상적 발달(발달성 뇌기형)과 뇌 발달과정 중 발생된 신경학적 손상으로 나눌 수 있다.

발달성 기형. 임신 초기에 뇌세포(뉴런)는 뇌 안쪽에서 빠르게 분열하고 자란다. 그 후 뇌세포는 특정영역으로 이동하여 그 고유의 기능을 수행하게 된다. 그러나 어떤 원인으로 인해 뇌의 정상발달 과정이 방해를 받게 되면, 뇌세포가 목적한 곳으로 이동하지 못하며, 뇌세포 사이의 신호전달이 제한되고, 뇌세포 수가 적절히 발달하지 않을 수도 있다. 이러한 기형의 원인은 대부분 불명확하지만 유전적 이상이나 염색체 이상 또는 혈류공급의 제한 등을 들 수 있다. 즉, 능동적인 움직임을 조절하는 뇌 영역에 발달성 기형이 생기면 뇌성마비가 된다.

신경학적 손상. 출생 전, 출생 중 그리고 출생 후 발생한 뇌손상을 말하며, 이 손상은 조산이나 난산, 신생아 합병증 또는 뇌의 외상에 의해 일어난다.

뇌손상을 일으키는 문제의 유형은 다음과 같다.

- 출생 전, 출생 중 또는 출생 후 일어난 산소 부족
- 뇌출혈
- 산모가 술이나 약물을 복용함으로써 발생된 태아의 독성 손상
- 출생시 손상, 낙상, 교통사고, 그 외 다른 원인으로 인한 뇌 외상
- 심한 황달, 매우 낮은 혈당 또는 다른 대사성 문제

● 뇌염, 뇌수막염과 같은 신경계의 감염

표 1은 신경학적 손상을 일으 킬 수 있는 위험 요인을 제시한 것인데, 뇌성마비의 원인이 무엇 이든 간에 뇌손상의 정도는 손상 의 유형과 시기에 의해 결정된다. 위에서 언급된 위험요인이 반드

시 뇌성마비를 일으키는 것은 아니며 대부분은 뇌성마비로 진행되지 않는다. 미숙아의 70~80%는 뇌성마비와 같은 발달장애를 가지지 않으며, 뇌성마비가

▦ 표 1. 위험요인

임신시 위험 요인
- ▦ 산모의 당뇨병 또는 갑상선 기능 항진증
- ▦ 산모의 고혈압
- ▦ 산모의 영양실조
- ▦ 산모의 경련, 정신지체
- ▦ 자궁경부 무력증으로 인한 조산
- ▦ 전치태반 또는 태반조기 박리로 인한 산모의 출혈

출산시 위험 요인
- ▦ 조산(37주 이하)
- ▦ 24시간 이상 지속된 양막파열로 태아감염 위험 증가
- ▦ 태아의 심장박동 감소
- ▦ 둔위, 안면위, 횡위와 같은 비정상적 태아자세

신생아의 위험 요인
- ▦ 조산 : 조기에 태어난 아이일수록 뇌손상의 위험도 커짐
- ▦ 가사 : 호흡곤란으로 인한 뇌의 산소부족
- ▦ 수막염 : 뇌 표면의 감염
- ▦ 경련 : 뇌의 전기 활성도 이상
- ▦ 뇌실내 출혈 : 뇌 아래쪽 공간이나 뇌 조직 사이로의 출혈
- ▦ 뇌실주위 뇌연화증 : 뇌로 가는 혈류 감소로 산소부족에 의한 뇌실 주위 조직 손상

된 경우에도 20%에서는 무엇 때문에 뇌손상이 되었는지 알기 어렵다.

▦ 뇌성마비와 관련된 다른 증상들

운동 장애 이외에도, 뇌성마비 아동들에게 성장과 학습에 관한 문제들이 흔히 동반된다. 이것은 근 긴장이나 불수의 운동을 담당하는 뇌손상이 다른 부분까지 영향을 미치기 때문이다. 예를 들면, 뇌손상은 정신지체, 경련, 학습장애, 시각장애 또는 청각장애를 일으킨다.

운동장애처럼 이러한 장애도 배우고 말하기, 그 밖의 다른 행동들을 어렵게 한다. 이 장에서 우리는 뇌성마비와 관련된 그 밖의 문제에 대해 살펴보겠다. 치료와 더 자세한 내용은 이 책의 내과적 질환, 발달 및 치료에 관한 내용은 다른 장에서 살펴보자.

정신지체

지적 능력은 정의하기 힘들지만 대부분은 이것을 문제해결, 사고, 이해 및 판단력 등으로 언급한다. 또한 지적 능력은 현실에 적응하여 스스로를 돌보고 정상적인 사회생활을 할 수 있는 능력을 나타낸다.

아이의 지능을 평가하기 위해서 전문가들은 IQ 검사라고 알려져 있는 검사를 자주 사용한다. 이것의 결과는 지능지수 또는 IQ라는 점수로 환산된다. 70~130점 내의 사람을 정상 지능을 가지고 있다고 하며, 70점 이하의 사람들을 정신지체를 동반하고 있다. 미국의 경우 전체 아이들의 3%, 뇌성마비의 25~60%가 정신지체라고 한다. 어떤 뇌성마비 아동들은 말을 못하거나, 움직임을 조절할 수 없어서 IQ 검사 이외의 다른 검사를 해야 하는데 적절한 평가방법을 선택해야 한다.

IQ 점수는 단지 지적 능력을 평가하는 한 방법이라는 것을 명심하자. 심리학자들은 아이들의 일상생활 능력, 즉 먹고, 입고, 화장실에서 뒤처리하기 및 사회성을 평가하기도 한다. 운동장애 때문에 뇌성마비 아동들이 이런 면의 발달이 늦어질 수도 있다. 또한 평가의 정확도는 평가자와 평가자의 경험에 따라 좌우된다.

만약 아이가 정신지체라면, 그 정도를 평가해야 한다. IQ 55~69의 경우 경도 정신지체라 하고, 중등도(40~54), 중증도(25~39), 매우 심한(25 미만) 정신지체장애로 구별한다.

일반적으로 정신지체아들은 새로운 기술을 배우는 속도가 늦고, 읽기, 문제해결 및 계산 능력이 저하된다. 또한 새로운 것을 배우려는 의욕도 다른 아이들에 비해 떨어진다. 그러나 "정신지체아들이 배울 능력이 없다"는 뜻이 아니다. 좋은 교육 프로그램, 가족과 친구의 보살핌에 따라 점차적으로 지능이 향상될 수 있다는 것을 명심하자. 제8장에 더 나은 교육으로 아이들의 지능을 향상시키는 방법을 설명한다.

경련

뇌성마비의 50%가 경련을 한 경험이 있다. 경련은 신경활동이 비정상적으로 일어나 뇌의 기능을 방해하는 현상이다. 사지마비 또는 편마비 아이들은 대부분 경련을 경험한다.

뇌성마비에서 경련이 잘 일어나는 것은 뇌손상 부위에서 비정상적으로 신경활성이 일어나기 때문이다. 뇌 병변 부위에 따라 증상이 다양하게 나타난다. 한 곳을 응시하거나 눈을 깜박이는 불수의적인 운동, 입맛을 다시거나, 팔을 접었다 폈다 하며, 의식을 잃고 몸이 뻣뻣해지며, 활처럼 몸을 구부리는 경우 등 다양하다. 경련이 반복되면 '간질'로 진단한다. 제3장에서 설명하는 것처럼 많은 약물이 치료에 사용하는데 간질을 줄이거나 예방하는 역할을 한다.

학습장애

뇌성마비 아동들은 자주 학습장애를 보인다. 학습장애를 가진 아이들의 지능은 평균 이상이지만 어떤 종류의 정보를 받아들이는 데 어려움을 겪는다. 예를 들면, 특정 글자를 다른 글자와 구별하지 못하거나 말로 가르쳐주면 못 알아 듣는다. 공부를 따라갈 수는 있지만 굉장히 많은 지지가 필요하다.

학습장애는 보통, 학령전이나 저학년에서 나타난다. 시지각 인지장애, 언어 장애 같은 경중의 뇌성마비 아동이 자라면서 주로 두 가지 이상의 원인으로 인해 학습장애가 나타난다. 제8장에서는 학습장애를 최소한으로 줄일 수 있는 교육방법에 대해 설명한다.

주의력 결핍 과잉행동장애

뇌성마비의 20%에서 주의력 결핍 과잉행동장애가 동반된다. 주의가 산만하고 일에 집중하기 어렵고 한 가지 일을 이해하고 끝내기 전에 다른 일로 행동이 옮겨간다. 지시를 듣거나 따르기 어렵고, 충동을 억제하지 못하고 생각하기 전에 행동하는 경우가 많다. 주의력 결핍 과잉행동장애는 안절부절하며 똑바로 앉아 있는 것을 못하며 감정의 기복이 심하다. 대부분의 아이들은 사회 적응, 학습수행 또는 자아성취 등의 문제를 동반한다.

주의력 결핍 과잉행동장애는 다음과 같은 방법으로 치료할 수 있다. 1) 산만한 환경을 피하고 적절한 행동에 집중하도록 돕는다. 2) 작업에 집중하는 능력을 강화하여 대인관계 및 자아성취를 높인다. 3) 리탈린(메틸페니데이트) 같은 자극 제제나 충동을 줄이고 집중력을 높일 수 있는 약물을 투여한다. 이 세 가지를 병용하여 아이의 학습능력, 사회성 및 자아성취를 최대한으로 높이도록 한다. 약물은 수면장애, 식욕 저하, 쉽게 화를 내는 것 같은 부작용이 나타날 수 있으므로 조심스럽게 투여해야 한다.

시각장애

뇌성마비 아동에서는 근 긴장 이상으로 인한 시기능장애가 많이 동반된다. 예를 들면, 뇌성마비 아동의 절반이 안근의 불균형―사시와 굴절 이상―근시, 원시를 보인다. 실제로 사시는 출생 후 첫 몇 개월 내 나타나기도 하는데, 이 때는 뇌성마비를 의심하고 상담해야 한다. 또한 외사시를 동반하기도 하는데 외사시는 빨리 발견되면 교정할 수 있다. 몇몇 아이들에게서는 시각을 담당하는 뇌 부분이 손상되어 부분적으로 또는 완전히 못 볼 수도 있다. 제3장에서는 시각장애의 진단과 치료에 대해 자세히 설명한다.

청각장애

뇌성마비의 5~15%는 **감각신경성** 난청을 동반한다. 감각신경성 난청은 와우나 청각 신경으로 소리를 전달하는 내이의 손상으로 발생한다. 뇌손상, 신생아의 심한 황달, 이독성 약물 또는 뇌수막염 등이 원인이다. 제3장에서 청각장애의 진단과 치료에 대해 설명한다.

언어장애

뇌성마비 아동들은 자주 언어장애를 겪는다. 근 긴장 이상으로 **구강운동 기능**, 즉 턱, 입술, 혀를 포함하여 말할 때 움직이는 얼굴 근육을 조절하지 못하여 언어장애가 나타난다. 또한 몸통근육 운동의 장애로 호흡 조절이 어려워 크고 분명하게 말하기 어렵다. 구강운동 기능을 조절하지 못하여 말하기가 어려울 때 '조음장애'가 있다고 한다. 제7장에서 언어장애의 진단과 치료를 설명한다.

감각장애

뇌성마비 아동들은 **두정엽**이 자주 손상된다. 두정엽은 감각정보를 이해하고 이용하는 뇌 부분이다. 따라서 감각자극이 뇌로 전달되는 정보처리가 안 되어 다양한 감각장애와 자세(근, 관절의 감각), 이동(전정의 감각) 및 균형장애가 흔히 나타난다.

촉각과 관련된 장애는 촉감 감수성 과민이나 저하 두 양상이 있다. 감수성 과민의 경우 촉감에 민감하고 때로 닿는 것을 참지 못한다. 아이의 볼을 살짝 만져도 자지러지게 우는 경우를 볼 것이다. 촉감 감수성 저하는, 반대로 촉감에 대한 민감도가 떨어지면 통증을 잘 못끼다.

편마비의 반수가 감각장애를 호소한다. 운동과 감각장애가 함께 동반되면 움직임이 두 배 이상 힘들어진다. 예를 들면, 손아귀 힘을 조절할 수 없고 자신이 꼭 쥐고 있는지 느슨하게 쥐고 있는지를 모른다. 다리 감각이 손상된 경우 땅을 딛는 감각이 없어서 움직임이 불안정하다.

감각이 손상된 아이들은 종종 감각을 이용하여 움직이는 것이 어렵다. 한 번에 한 동작만 가능하기 때문에 많은 움직임들을 부드럽게 연결할 수 없어 '실행증'이 나타난다. 예를 들어 옷을 입을 때, 각각의 동작들이 분리되어 다음 동작을 연결하는 데 시간이 걸린다. 제7장에서 치료사들이 감각장애가 있는 뇌성마비 아동들을 돌보는 방법을 자세히 설명한다.

■■ 뇌성마비의 진단

아이의 뇌가 손상되어 나타나는 여러 증상들을 보고 부모나 의사들은 뭔가 이상하다는 것을 알게 된다. 첫 몇 개월 동안, 뇌손상 아이들은 다음과 같은 증상을 보인다.

- ■■ 무기력 또는 기면 상태
- ■■ 늘 보채고 졸린 듯, 잠이 덜 깬 듯한 까다로움
- ■■ 팔과 다리를 떤다.
- ■■ 날카로운 울음소리
- ■■ 무호흡
- ■■ 서맥(심박수가 매우 느린 것)
  무호흡과 서맥은 미숙아에서 자주 나타난다.
- ■■ 젖을 빨거나 잘 삼키지 못함

■ 비정상적인 원시반사(자극에 대한 일종의 불수의 반응) : 소리나 움직임
    에 크게 놀라는 반응
■ 낮은 근 긴장도
■ 경련(눈동자가 흔들리거나, 한 곳을 응시, 의식의 변화, 몸이 꼬임 등)

첫 6개월 동안, 뇌손상의 징후는 근 긴장도나 자세로도 나타난다.

■ 근 긴장도가 낮은 상태에서 점차 높은 상태로 변화된다. 예를 들면, 늘어
    진 상태에서 매우 뻣뻣해진다.
■ 팔과 어깨를 뒤로 젖히고 주먹을 꽉 쥐고 있다.
■ 움직임이 비대칭으로 불균형, 한쪽 팔·다리가 다른 쪽보다 더 쉽게 잘
    움직인다.
■ 음식을 잘 못먹고 혀로 밀어낸다.
■ 몸을 뒤집기와 목가누기를 더 일찍 할 수도 있다. 이때 몸을 부드럽게 돌
    리기보다는 등을 활처럼 구부려서 뒤집는다.
■ 원시 반사가 더 오랫동안 존재한다. 예를 들면, 비대칭성 긴장성 목반사
    가 6개월 이후에도 존재한다. 이 반사는 머리를 한쪽으로 돌리면 돌린 방
    향의 팔다리는 곧게 뻗고, 반대쪽의 팔다리는 구부러진다. 비대칭성 긴장
    성 목반사가 정상보다 더 오래 지속하면 뒤집기를 하기 어렵다.

뇌손상 아기는 6개월이 되어도 운동발달이 정상보다 느리며 아이들은 자주,
운동양상이 이상하다. 예를 들면, 허리를 바로 세워 앉지 못하고 등이 둥글게
구부러져 앉거나 뒤로 넘어간다. 또한 뒤집을 때 등이 활처럼 휘거나 온몸이
뻗쳐 발가락으로 서거나, 어느 한쪽만 움직인다.
부모들이 자주 이러한 증상을 호소하면, 의사들은 아이를 뇌성마비로 진단
할 수 있다. 그러나 많은 전문가들은 어린 아기 때 뇌성마비라고 진단하기를
망설이며 대신 다음과 같은 용어를 사용한다.

1. **운동 지체** : 뒤집기, 앉기 등의 발달이 늦는 것
2. **신경 근육장애** 또는 신경계의 성숙 지연
3. **운동능력 소실** : 오랜 기간 동안 운동장애
4. **중추 신경계 장애** : 뇌의 부적절한 활동을 나타내는 일반 용어
5. **정적 뇌병증** : 악화되지 않는 뇌의 비정상적인 기능

의사들은 초기에 예후나 장애가 얼마나 심할지에 대해 얘기하지 않으려고 한다. 왜 의사들은 뇌성마비의 진단과 예후에 대한 결정을 뒤로 미루는 것일까?

그 이유 중 하나는 아이들의 중추신경계는 가소성이 있어 손상 이후에 부분적으로 또는 완전히 회복될 가능성이 있기 때문이다. 어릴수록 어른보다 회복될 가능성이 더 높다. 이것은 아이들의 중추신경계가 더 많은 뇌세포와 신경접합을 이루기 때문이다. 뇌손상이 아주 초기에 일어났다면, 손상받지 않은 뇌영역이 손상받은 부분의 역할을 대신 할 수 있다. 그럼에도 여전히 운동장애가 남아 있다면, 다른 운동기능을 더 많이 발달시켜 역할을 대체하기도 한다.

뇌의 가소성 때문에, 의사들은 보통 아이가 어린 경우, 특히 6개월 미만의 어린 아기의 경우에는 뇌성마비라고 확실한 진단을 붙이지 않는다. 아이들의 신경계가 성숙하는 한, 처음보다 증상이 회복될 가능성이 높다.

의사들이 뇌성마비의 진단을 미루는 다른 이유도 있다. 어린아이의 신경계는 조직화되는 과정이기 때문에 뇌손상 후 운동 장애도 서로 다르게 나타난다. 예를 들면 근 긴장도는 점차 증가하고, 불수의 운동도 뚜렷해진다. 일반적으로 아이들의 운동신경계는 두세 살 경에 안정된다. 이 나이가 지나면 근 긴장도는 크게 달라지지 않고 불수의 운동과 같은 운동이상이 뚜렷해진다. 어릴 때 적절히 치료하면 운동 장애는 점차 호전될 수 있다. 가끔, 성장이 빠른 아이들은 근육과 인대가 새로운 골 형성에 적응이 어려운 경우도 있다. 제3장에서 논의하는 것처럼 아이가 크거나 청소년이나 어른이 되면 이외의 정형외과적 수술을 요하는 문제가 나타날 수 있다.

다른 분야와 협진

때로 아이의 장애 정도를 정확히 알기 어려운데, 이때는 다른 분야의 전문가들과 협진이 필요하다. 이들은 아이의 수행능력을 각각 평가하고 정보를 모으고 토론하여 몇 개월에서 몇 년 동안의 상태를 비교한다. 그들은 현재 아이 상태와 문제, 그리고 의학적인 문제가 있다면 계속적으로 당신에게 정보를 제공할 것이다.

다른 분야와의 협진은 모든 영역의 평가가 필요하고, 아이가 자라면, 특히 학교에 들어갈 때, 평가를 추가로 해야 한다. 다음은 협진 분야에 대한 간략한 소개이다.

재활의학과 의사. 장애가 있는 아이들을 특별히 진단하고 치료하는 의사들이다. 운동발달을 평가하고 협진팀장으로 물리치료사, 직업치료사, 언어치료사와 가까이 일하며 재활치료를 총괄하는 전문의사들이다. 여러 가지 치료 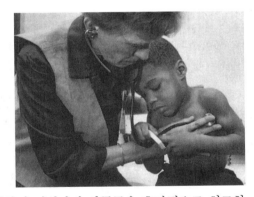 방법을 시기에 맞추어 적절히 시행하여 뇌성마비 아동들을 효과적으로 치료한다. 주의 깊게 지금까지의 아이 건강 상태를 재검토하고 이학적 검사와 평가로 아이의 건강 및 발달에 영향을 미칠 원인을 찾고 치료한다. 소변이나 혈액 검사 또는 영상촬영을 시행하기도 한다. 재활의학과 의사들은 다른 분야의 전문가들과 함께 팀을 이루어 뇌성마비 아동을 치료한다.

신경과 의사. 이들은 신경계 질환의 전문 의사들이다. 이들은 뇌손상의 정도와 위치를 결정하기 위해 몇몇 신경학적 검사를 한다. 보통 실시되는 검사들은 다음과 같다. 1) 머리 초음파 : 음파를 통해 뇌의 구조를 시각화 시키는 검사, 2)

컴퓨터단층촬영 : 정교한 컴퓨터 방사선 검사, 3) 자기공명 영상(MRI) : 뇌와 척추의 정교한 영상을 위해 자기장을 이용하는 검사, 4) 뇌파검사 : 뇌의 전기적인 활성도를 측정하고 간질의 가능성을 밝히도록 도와주는 검사. 신경외과 의사들은 유발전위라는 특수 전기 뇌파검사를 통해 시각과 청각 신경계의 상태를 평가한다(한국의 경우, 재활의학과 의사가 주로 위에 기술한 검사들을 실시하고 있다).

정형외과 의사. 이들은 뼈, 건, 인대 또는 관절의 손상을 수술하고 치료하는 의사들이다. 평가하는 동안 고관절, 척추, 다리의 영상촬영이 시행될 것이다. 제3장에서 정형외과 의사들이 진단하는 방법에 대해 설명한다.

치료사. 물리치료, 작업치료 및 언어치료사들도 치료에 동참한다. 물리치료사들은 특별히 운동장애를 평가하여 근 긴장도 이상과 근력 약화를 치료하고 운동발달, 즉 뒤집기, 앉기, 기기 및 서기 등의 동작이 순조롭게 진행되도록 돕는다. 작업치료사들은 특히 상지의 운동 및 감각 이상을 평가하고 작은 근육들을 이용해 쥐기, 단추 잠그기 등의 섬세한 동작을 할 수 있도록 한다. 언어치료사들은 얼굴, 입, 목과 가슴 주위의 근육운동을 평가하여 말과 대화기술, 숨쉬기 및 먹기 등의 기능을 증진시킨다. 제7장에서는 치료사들이 사용하는 치료법에 대해 설명한다.

청각사. 청각 손상을 평가하고 치료한다. 음향 시설이나 헤드폰을 사용하여 소리의 빈도, 강도 및 들리는 양상 등 청력을 평가한다. 종류가 다른 소리를 들려주면서 아이의 행동을 관찰한다. 또한 고실 측정기라는 기계를 사용하여 감기, 알레르기 또는 중이염으로 고막주위에 생긴 액체를 측정하기도 한다(역자주 : 한국에서는 청각사라는 직업이 없으며 이비인후과 의사가 담당하고 있다).

영양사. 몸무게, 키, 체지방 등 성장과 식사 양과 영양을 평가하고 씹기, 삼키기 등에 적절한 음식물을 제공한다.

이상적으로는, 협진할 수 있는 모든 분야의 전문가들과 상의하여 치료한다. 정보는 각 분야에서 공유할 것이다. 치료를 결정할 때, 각 분야의 전문가들은 가족과 만나 아이의 상태와 부모가 도와줄 부분, 치료의 목표 및 방법을 의논한다. 부모가 아이와 뇌성마비에 대해 궁금한 것들을 충분히 알 수 있는 시간이다. 많은 부모들은 미리 질문을 적어 가는 게 도움이 되었다고 한다.

■ 치료

각 분야의 평가가 끝나면 치료방법을 결정할 것이다. 아이가 두 살 미만이라면 조기에 치료를 시작할 것을 권하고 있다. 유아 시기의 발달 과정에서 장애가 될 신경학적 상태를 최소화하기 위해서이

다. 예를 들면, 조기치료를 하면 정신지체의 증상을 줄이고 말하는 기술을 가르치고, 근 긴장도를 정상화하고 감각장애를 줄여 운동발달 기술을 호전시킨다.

조기개입 과정은 의사와 특수교사, 작업치료사, 물리치료사, 언어치료사, 청각사, 영양사, 사회사업가 들을 포함하여 다양한 분야에서 이루어진다. 제7장과 제8장에서는 이러한 전문가들이 뇌성마비 아

동들을 어떻게 어디에서 치료하는지 설명한다. 제9장에서는 국가의 보조로 치료를 받을 수 있는 법에 대해서 설명한다.

뇌성마비 아동들이 모두 같은 증상을 나타내는 것이 아니기 때문에 개개인의 개별 치료가 이루어진다. 하지만 모든 뇌성마비 아동들이 운동장애를 가지고 있기 때문에 부모들은 물리치료를 가장 중요하게 생각할 것이다. 필요에 따라 물리치료, 작업치료, 언어치료를 함께 시행해야 한다. 치료사들은 또한 스

스로 움직이고, 말하고, 혼자 식사하는 기능을 돕기 위한 특수 장비를 추천할 것이다. 필요하면 고관절 탈구, 척추 변형 또는 근골격계의 구축을 막기 위한 운동 프로그램을 시행할 것이다. 제3장에서는 이러한 부작용에 대한 설명이 되어 있다.

처음에는, 적어도 일주일에 두 번은 치료를 해야 한다. 아이가 자라면, 프로그램의 강도를 줄일 수도 있다. 치료사들은 부모가 집에서도 아이를 가르치도록 부모에게 특별한 운동과 기술을 알려줄 것이다. 치료 프로그램의 시간을 할애하는 것은 매우 힘든 일이기 때문에 부모와 가능하면 조부모 또는 다른 보호자까지 함께 하는 것이 현명할 것이다.

요즘, 뇌성마비 아동들의 치료를 얼마나 일찍 시작해야 하는지에 대한 논란이 분분하다. 어떤 조사는 신생아들이 너무 약하거나 힘이 없어 치료의 효과를 얻기 힘들다고 하고, 다른 조사는 이후의 교육을 위해서 기초를 일찍 다지는 것이 중요하다고 한다. 일반적으로, 연령이 6개월이 되기 전 치료를 시작하는 것은 매우 이르다고 한다. 대부분의 아이들은 한 살, 때로는 두 살까지는 치료를 시작하지 않는다. 물론 치료 시기는 의사가 진단하여 운동지연 등 치료가 필요한 상황을 판단하여 결정하는 것이다.

장기치료의 효과에 대한 연구도 계속하고 있다. 일반적으로 적절한 치료를 받는 아이들의 경우 운동 범위 자세와 균형있는 근육발달, 혼자서 먹기, 씻기 및 옷 입기 등의 능력이 좋아진다고 한다. 게다가, 혼자 할 수 없는 활동을 가능하게 하여 삶의 질이 높아진다. 예를 들면, 치료사는 손을 움직이지 못하는 아이에게 머리를 사용하여 장난감을 가져오게 하거나, 심한 언어장애가 있는 경우 수화를 가르치거나 대화판을 사용하도록 한다. 치료 프로그램은 또한 다른 아이들, 가족 또는 공동체 내에서의 사회성을 기른다. 보다 나은 대화방법을 가르치고, 다른 아이들과 가까워지도록 가르친다. 마지막으로, 치료 프로그램에서 부모와 가족들이 뇌성마비 아동들의 능력을 최대한으로 발휘하도록 돕는 방법들을 알려준다. 치료사들이 부모들의 훌륭한 도우미가 될 수 있으며 아이의 상태에 따라 적절한 치료를 제공할 수 있다.

재활치료는 아이의 치료 프로그램의 가장 중요한 부분일 것이다. 제7장에서는 물리치료, 작업치료, 언어치료에 대해 설명한다. 그리고 제3장에서는 몇 가지 다른 치료방법(수술, 정형 외과적 보조기구)과 적용에 대해 알려준다.

■■ 다음 아이는 어떨까?

다음 아이가 뇌성마비일 가능성은 매우 적지만, 일어날 수 있는 일이다.

다른 아이를 낳기 전에 뇌성마비 아동의 신경학적 손상의 원인을 알고 미리 방지하여 다시 이 합병증이 생기지 않도록 하는 것이 필수적이다.

만약 아이가 조산으로 태어난 뇌성마비(뇌성마비의 35~40%)였다면 조기 분만의 원인을 명확히 밝혀야 한다. 현재, 약 50%의 조산은 포괄적이고 철저한 산전 관리로 예방된다. 산부인과 기록을 검토하여 자궁경부 무력증을 예방하면 아이가 열 달을 채우고 태어나도록 할 수 있다. 또한 당뇨, 간질, 약물이나 알코올 남용 또는 감염과 같은 산모와 관련된, 조산 혹은 다른 신생아기의 문제도 종종 예방될 수 있다.

많은 부모들이 다음 아이를 가지는 것이 가족에 긍정적인 영향을 준다는 것을 알고 있다. 반면, 다음 아이가 뇌성마비일 확률이 매우 적고 어떤 위험인자가 있는지 미리 알고 예방할 수 있을지라도, 아이를 더 가지기 원치 않는 부모도 있다. 뇌성마비 아동을 기르는 데 힘이 많이 들기 때문에 일부 부모들은 다른 아이를 충분히 보살필 수 없다고 생각한다. 여러분의 생각이 어떻든지, 전문가들은 부모가 궁금한 점과 걱정들을 풀어주고, 적절한 가족계획을 결정할 수 있도록 도움을 줄 수 있다.

▪▪ 뇌성마비의 역사

뇌성마비는 새로운 질병이 아니다. 아이들이 존재하는 한 아마도 뇌성마비 아동들은 있기 마련이다. 그러나 1861년까지 의사들은 뇌성마비를 뚜렷한 의학적 문제로 연구하지 않았다. 바로 그 해 영국인 정형외과 의사 리틀(William John Little)은 경직형 양지마비 아동의 신경학적 문제를 서술하는 첫 번째 논문을 발표하였다.

뇌성마비란 용어는 1800년대 말에 쓰이기 시작하였다. 영국의 내과의사인 오슬러 경(William Osler)이 이 용어를 만들었다고 생각한다. 정신과 영역에서 더 알려진, 오스트리아 신경학자인 프로이드(Sigmund Freud)는 뇌성마비에 대해 초기의 몇몇 논문을 발표하였다.

오늘날, 산전의 위험인자가 뇌성마비를 일으키는데 적잖은 역할을 한다고 믿는다. 예전에는 대부분의 뇌성마비 원인이 분만의 산과적 합병증 때문이라고 생각했다. 최근까지도, 많은 의학, 교육학 전문가들은 뇌성마비 아동의 신체적, 정신적 능력에 대해 이와 비슷한, 잘못된 생각을 가지고 있었다. 소아들은 종종 어릴 때 가족으로부터 분리되어 보육기관에 위탁되었고, 그곳에서 교육, 취업, 심지어 사회활동의 기회마저 박탈당했다.

다행히, 지난 수십 년간 뇌성마비에 대한 다양한 면으로 정보가 축적되었으며, 오늘날, 의학계는 뇌성마비를 치료하는 가장 효과적 방법과 뇌성마비의 원인에 대해서 많은 관심을 가지게 되었다. 지식과 치료기술이 발전되고 향상됨에 따라, 뇌성마비 아동의 미래 또한 밝아지게 되었다.

■■ 뇌성마비 아동의 미래

지금까지는, 뇌성마비 아동의 전망은 밝지 못하였다. 진보된 의학기술이나 수술 방법으로 뇌성마비의 증상과 합병증을 줄였으며, 새로운 치료 방법은 뇌성마비에 흔히 동반되는 경직이나 간질을 조절했다. 뿐만 아니라 특수 장비를 사용해 뇌성마비 아동의 잠재능력을 이끌어내고 있다. 컴퓨터는 말할 수 없는 아이에게 음성을 주었고, 보장구나 운동장치는 가벼운 플라스틱과 금속재질로 만들어져 아이들의 이동을 자유롭게 만들었다.

의학, 치료기술의 진보와 더불어, 뇌성마비 아동에 대한 교육기회의 증가는 이들에게 자신의 장애를 극복하여 도약할 수 있는 기회를 부여하였다. 제9장에 설명한 몇 가지 중요하고도 기본적인 법규 덕분에, 이제 뇌성마비 아동에게 학습을 가로막는 문제점을 극복할 수 있도록 공공 교육의 기회가 보장되었고, 이러한 교육은 무상으로 제공되며, 일반 학교에서 행해질 수도 있고, 좀 더 심한 장애를 가진 아이들을 위해 장비가 갖추어진 학교에서 이루어질 수도 있다.

뇌성마비 아동의 미래가 더욱 밝은 이유는 아이들의 치료에 부모들이 점점 더 많은 역할을 맡기 때문이다. 이제, 치료사는 아이의 운동기술이나 발성기술을 강화하는 방법을 그 부모들에게 가르치며, 교사는 뇌성마비 아동이 학교에서 배우는 방법이나 내용을 결정할 때, 부모와 충분히 상의한다. 대부분의 전문가, 아이에 대해서는, 부모들이 바로 전문가임을 알기 때문에 부모가 종종 아이에게 최선의 서비스를 주도록 돕는다. 또한 전문가와 함께 아이의 학습을 돕는다. 이러한 양상의 부모-전문가 관계는 자연스럽게 뇌성마비 아동이 좋은 방향으로 자라게 도와준다.

아이가 얼마나 많이 발전하느냐는 많은 요인에 달려 있다. 아이의 지적 능력과 아이의 운동장애의 유형과 심한 정도 등이 여기에 포함된다. 어떤 아이는 고등학교 과정을 이수하여 대학에 가지만, 일부는 고등 직업 교육을 이수하며, 나머지 일부는 겨우 독립적인 생활만 할 뿐이다. 일부 뇌성마비 아동들은 자라서 직업을 가지고 스스로를 돌볼 수 있지만 나머지는 어느 정도의 재정적 지원이 필요하게 된다.

　오늘날, 모든 뇌성마비 아동들은 좋은 건강, 좋은 친구, 스스로에 대한 좋은 감정과 성취감을 얻을 수 있는 기회를 가지고 있다. 적절한 치료와 교육으로 아이들은 밝은 미래를 향해 삶을 시작할 것이다. 부모의 사랑과 도움으로 아이들은 이 길을 따라갈 것이다.

02

리타 벌크

장애의 이해

■■ 진단을 받아들이기

"발달이 늦는 것이 아닌가요?" 나는 재활의학과 의사에게 여쭈어보았다. 그 질문은 내 머릿속에 아직까지 남아 있다. 의사 선생님이 잠시 뜸을 들였다가 "음, 이럴 경우 '뇌성마비'라고 합니다"라고 했다. 드디어 알았다. 17개월 동안 나는 잘 모를 단어들을 듣다가 드디어 내 아이에 대한 진단을 받았다. 주위 사람들이 말하던 "걱정하지마. 조산아는 두 살이 되면 다른 아이들과 발달이 같아져"라는 말을 더 이상 믿으려 하는 노력이 필요 없게 되었다.

이제 내 아이가 왜 머리를 가누지 못하며, 앉고 기고 설 수 없는지 알게 되었다. 또한 아이가 왜 주먹을 꽉 쥐고 가슴에 붙인 채로 있는지, 왜 몸이 뻣뻣한 나무토막 기둥과 같이 돌아눕고 다시 똑바로 돌아오지 않는지, 왜 아이가 항상 소리를 지르고 붙잡아 주어야만 편안해 하는지—하루 24시간 내내—를 알게 되었다. 그러나 새로운 지식이 나에게 어떤 영향을 미칠지, 내가 아이의 장애에 적응하는 동안 무엇을 겪게 될지 알지 못하였다. 그때는 아이의 문제가 무엇인지 알아내어서 다행이라고만 생각했다.

뇌성마비의 진단을 어떻게, 그리고 언제 받았는지는 개인에 따라 차이가 있다. 대부분의 부모는 아이의 첫 돌 이전에 장애를 알게 되지만 뇌성마비가 사고나 병에 의해 생겼을 경우 부모는 시간이 꽤 지나야 알 수 있다. 어떤 부모는 일찍 진단을 받기도 하지만, 다른 부모들은 "발달지연", "뇌손상", "비정상적인 근 긴장도", "중추신경계 이상"이라는 충격적인 용어를 듣는 몇 달 동안 병명을 모르고 지낸다. 때로는 보험회사에서 구체적인 병명을 요구하기 때문에 진단을 듣게 된다. 그래도 부모는 이 진단명이 아이의 어떤 상태를 말하는 것인지 모를 수도 있다.

처음 이 사실을 접할 때는 굉장히 힘들다. 부모는 많은 고통과 갈등에 대처해야 할 뿐만 아니라 다른 가족들도 잘 받아들일 수 있도록 도와주어야 한다. 이 장에서는 자신의 감정을 이해하고 받아들여, 아이와 가족을 배려할 수 있도록 제안하려 한다.

▪▪ 부모의 감정

부모는 아이의 장애에 대해 한 번에 전부 혹은 조금씩 알게 되었든 간에, 아이의 상태를 완전히 알 때까지 도움이 될 만한 것이 아무것도 없다. 아마도 심한 분노나 죄의식 또는 슬픔에 빠질 것이다. 때로 아이를 안고 싶을 때도 있고, 어떨 때는 달아나고 싶을 수도 있다. 또한 부모는 많은 감정에 휩싸여 무엇을 느끼는지 모를 수도 있다. 사실, 이러한 모든 반응은 아이가 뇌성마비라는 사실에 대한 정상적인 반응이다. 부모는 자신의 삶이나 아이의 삶이 바뀔 것을 지금 알았다. 어떻게 그 반응이 지나치다고 할 수 있을까? 다른 뇌성마비 아동의 부모와 같이 아이의 장애를 받아들이기까지 몸부림치면서 많은 감정변화를 겪을 것이다. 지금은 믿기 어렵겠지만, 시간이 지남에 따라 이러한 감정들을 추스르게 될 것이다.

부모가 느끼는 감정들을 분류하기 위하여 이 장에서는 뇌성마비 아동의 부모가 경험하는 감정을 기술하였다.

충격

많은 부모들은 자기의 아이가 뇌성마비라고 들을 때 충격이 크다. 아무 생각을 하지 못하고 주변에서 일어나는 모든 일로부터 멀어진다. 나의 경우, 영화나 꿈의 일부처럼 믿기지 않고 의사 선생님의 말은 나한테 하는 것 같지 않았다. 이러한 일은 다른 사람에게 일어나고 나는 잠에서 곧 깨어날 것이며 내 생활이 정상으로 되리라고 되뇌었다. '뇌성마비'라는 말이 다른 사람의 동정어린 시선을 끌거나 또는 시선을 돌리게 하고 그들의 아이가 정상이라는 것에 감사하게 하는 말임에도 불구하고 나는 전혀 그러한 감정을 느끼지 못했다. 다음날, 소아과 의사 선생님과 재활의학과 의사 선생님이 전화하여 안부를 물었을 때에도, '전화 주시다니 좋으신 분이군'이라고 생각했던 것을 볼 때, 여전히 충격 상태에 있었음이 분명하다. 나는 아직도 아이의 심각한 상태를 알 수 없었다.

부정

특히 아이가 어릴 때 처음 진단을 들으면, '부정'은 또 하나의 일반적인 초기 반응이다. 아이가 단지 조금 느린 발달을 보이는 것 외에는 문제가 없어 보일지도 모른다. 의사는 아이의 문제를 설명하기 위해 '긴장도'라는 용어를 사용한다. 그러나 부모는 근 긴장을 볼 수 없다. 아이의 몸에서 긴장도를 느끼기는 하지만 '다시 없어질 수 있다', '전문가가 틀릴 수 있다'라고 생각한다.

나는 "바라는 마음"이라고 할 수 있는 이러한 부정을 경험하였다. 우리 아이 '크리스(Chris)'가 적극적인 운동치료를 하면 긴장도가 좋아지거나 문제가 없어질 것이라고 생각하였다. 남편도 뇌성마비는 그리 큰 문제가 아닐 것이라고 생각하였다. 아무도 자기의 아이가 일생동안 장애를 가지고 살 것이라고 믿으려 하지 않는다. 하지만 부모는 아이가 자신의 능력을 최대한 발휘할 수 있도록 돕기 위해 몸과 마음을 다 바치기 전에 먼저 뇌성마비라는 사실을 인정해야 한다.

슬픔

충격과 부정이 사라진 뒤 가장 강한 감정은 슬픔이다. 부모는 지금의 아이 때문에, 정상이었어야 할 아이 때문에 슬퍼한다. 자기 자신들이 슬프고 인생이 기대한 대로 이상적이 될 수 없어 슬퍼한다. 비록 이러한 큰 슬픔을 느끼지 못해도 무엇을 어떻게 해야 할지 모를 느낌이 들 수 있다. 아이가 자라는 몇 년을 상상해 보았다. 절대로 할 수 없을 모든 정상적인 매일 매일의 일을 떠올려 보았다. 내 가족이 이 슬픔을 느끼고 우리가 다시는 행복하지 못할까봐 걱정되었다. 아주 심하게 우울할 때는 내가 하는 말이 아무 도움이 안 될 것이다. 그러나 어느날 이 깊은 슬픔이 아이에 대한 사랑과 관심의 표현이며 또한 아이의 삶이 최고가 되기를 바라는 뜨거운 열망의 표현이라는 것을 알게 될 것이다. 시간이 지나면 부모를 절망하게 한 바로 그 사랑과 관심이 아이가 최고의 삶을 살도록 돕는 추진력이 될 것이다.

죄책감

슬픔을 더욱 복잡하게 만드는 것은 아이가 뇌성마비인 것 때문에 내가 비난받아야 된다고 하기 때문인지도 모른다. 제1장에서 기술했듯이, 움직임을 조절하는 뇌 부분이 손상되는 원인은 몇 가지 있으나, 많은 경우 언제 뇌손상이 일어났는지 정확한 시기를 알기는 거의 불가능하다. 아이를 훌륭하게 키우려고 장기적으로 노력해야 한다.

　다행히도 나는 좋은 산부인과 의사를 만났다. 의사 선생님은 내가 뇌성마비를 발생시킬 일은 아무것도 하지 않았다고 했으며 또한 예방하기 위해 내가 할 수 있는 일도 없었다고 말씀해주셨다. 그렇다. '임신 중 우연한 사고'였다.

　상황이 어떻든 간에 자기 탓이라고 생각해서는 안 된다. 죄책감은 아이와 부모 사이에 생기는 복잡하고 위험한 감정이다. 우리는 누구를 비난하기보다 치료하는데 바빠야 한다.

분노

간혹 아이의 뇌성마비 원인을 잘못된 보살핌 때문이라고 생각할 수도 있다. 부모 모임에서 법률 소송에 대해 듣게 될 수도 있다. 이런 경우 많은 부모들은 화가 난다. 사실 아이는 신체적으로나 정신적으로 완벽하게 태어났어야 하지만 운명이나 상황은 그렇지 않다. 금전적인 보상이 어느 정도 고통을 줄일 수 있고 아이의 일생동안 특별한 비용을 충당하는 데 도움이 될 수도 있다. 아이를 임신했을 때부터 적절한 의료적 도움을 받았어도 가끔 화가 많이 날 수 있다.

　아마도 아이에게 왜 이런 일이 일어났는지 궁금해 하고 분노의 대상을 아이를 돌보는 전문가에게 돌릴 수도 있다. 상태가 좋아지지 않으면 특히, 의사와 치료사가 충분히 치료하지 않는다고 느낄 수 있다. 또한 신에게 자신이 뇌성마비 아동을 낳게 한 것에 대해 화를 내기도 한다.

　나는 영구적인 장애 상태 그 자체에 화가 났다. 처음에는 치료를 잘 받으면 뇌성마비는 결국 없어질 것이라 생각했었다. 그러나 아이의 몸에서 나에 저항해서 잡아당기는 긴장도를 느끼고 비로소 뇌손상이 있다는 것을 받아들였다. 또한 뇌와 신경 조직의 엄청난 작용에 대해 인식할 수 있었다.

　화가 날 이유가 있든지, 없든지, 화가 나는 게 당연하다. 하지만 분노가 아이의 상태를 되돌릴 수 없다는 것을 알아야 한다. 시간이 지나면 화를 내는 에너지를 바꾸어 아이가 필요한 것에 쏟으면 아이를 잘 도울 수 있을 것이다. 이것을 건설적으로 잘 할 수 있으려면 교육과 지지, 열성, 노력 그리고 유머감각 등을 선택할 수 있어야 한다.

분노를 건설적이고, 결과적으로 즐거운 마음으로 바꿀 때, 여유를 가지고 자녀를 키울 수 있게 된다.

분개

분노와 비슷한 감정은 분개이다. 많은 부모가 뇌성마비 아동 때문에 가정생활이나 미래의 계획을 그르친 것에 대해 분개한다. 특히 엄마들이 아이를 돌봐야 하는 의무에 억눌리고 아무도 도와주지 않는 것 같아 분개할지 모른다. 다른 정상 아이들을 가진 부모를 시샘할 수도 있다. 때로 자기 아이에게도 화가 날 수 있다. 아이가 뇌성마비라는 것이 그 아이 책임이 아니라는 것을 알고 있어도 아이가 더 열심히 노력하면 좀 더 잘 움직일 수 있고 보다 명확하게 말할 수 있으리라는 생각이 들지 않을 수 없다.

내 아들 '크리스(Chris)'와 같은 나이의 다른 아이들이 정상으로 걷기 시작하는 것을 볼 때, 나는 언제나 화가 났다. 적대감을 극복하는 데 몇 년 걸렸다. 신생아 중환자실에 같이 있던 조산아들의 모임 때 분개는 최악이었다. 내 아들보다 더 일찍 태어나고, 출생시 몸무게가 더 적었던 아이들이 뛰어다니는 것을 보니 마음이 많이 아팠다.

내 아이는 만 2세가 되었는데 아직 그 발달 수준이 안 되며, 앞으로도 따라가지 못할 것처럼 보여 어찌할 바를 몰랐다.

비록 분개할 이유가 분명해도 현실을 그대로 인식하고 그만해야 한다. 자꾸 부정적인 감정을 드러내면 도와줄 사람들이 오히려 떠나 버릴 수 있다. 단순히 말해서 자기의 아이를 다른 아이와 비교하지 말고, 모든 것을 긍정적으로 생각하고 부정적으로 살지 않도록 해야 한다.

▓▓ 적응하기

뇌성마비 아동과 함께 잘 적응해서 살아
가는 일은 마술처럼 일어나지 않는다.
매우 복잡하고 일생이 걸릴 문제다. 시
간이 지나면서 새롭고 어려운 기술들을
많이 익혀야 한다. 때로는 초인적인 인
내와 자제가 필요하다고 느낄 것이고, 뇌
성마비 아동을 돌보는 특별한 능력을 더
필요로 하는 것이 짐을 더 안았다고 느
낄 때도 있을 것이다.

　적응하기가 힘들지만 불가능한 것은
아니다. 많은 뇌성마비 아동의 부모들은 진단시점부터 다른 삶이지만 이 힘든
길을 행복하게 잘 헤쳐 나간다. 비록 지금은 아이를 돌보는 것이 삶의 중심인
것 같지만 시간이 지나면 그것이 삶의 중심이 아니라 일부분이 될 것이다. 그
러나 그렇게 되기까지 우선 감정을 정리하고 적응할 시간이 필요하다.

감정 추스르기

믿기 어렵겠지만 아이가 뇌성마비라는 것을 알게 됐다고 해서 인생이 끝나지
않는다. 가정과 직장에 할 일이 계속 있고 가족을 평소대로 돌봐주어야 한다.
지금은 아무것도 할 수 없을 것 같은 생각이 들 것이다. 이는 매우 정상적이며,
아픈 감정을 느낄 시간도 필요하다. 지금 느끼는 것을 이해해야 후일 아이에게
가장 좋은 결정을 내릴 수 있기 때문이다.

　뇌성마비에 대해 사람들의 반응은 다 다르다. 어떤 사람은 주위 사람들에게
울면서 다 얘기한다. 그리고 어떤 사람들은 조용히 혼자서 슬퍼한다. 또 어떤
사람들은 정신과 의사, 심리상담가를 만나서 자기들이 옳게 행동하고 있는지

확인하고 또 극복해 나가는 방법을 배우려고 한다. 나는 말이 많았다. 질문을 많이 해야 했고 책도 많이 읽어야 했고 조사한 것을 모두 몇 번씩 복습해야 했다. 내 남편은 조용히 정보를 모으고 혼자 생각할 시간을 필요로 했다.

남편의 반응은 엄마의 반응과 다를 것이다. 이것을 알고 주의해야 한다. 다양한 반응이 있는 것처럼 다양한 대처방법이 있으므로 자기한테 맞는 것이면 다 이용하도록 해야 한다.

여유 갖기

일단 뇌성마비 진단을 받게 되면 전문가들은 치료 프로그램에 참가하는 것을 빨리 결정하라고 할 것이다. 하지만 아이에게 이런 치료가 필요한지 확신이 가지 않을 것이다. 또는 일이나 가족의 스케줄, 혹은 보험문제, 교통편이나 경제적 이유 등으로 인해 쉽게 결정할 수 없을 것이다. 당장 치료를 시작하고 싶어도 넘쳐나는 여러 프로그램 중 어느 것을 선택해야 할지 혹은 어디부터 시작해야 할지 고민스럽고 무엇을 해야 할지 모를 것이다. '나 자신이 아이를 위해 무엇을 해야만 하는가?'에 대해 시간을 가지고, 무엇이 아이와 가정을 위해 최선인지 결정해야 한다.

조기치료가 중요하긴 하지만 몇 주나 몇 달 늦어진다고 해서 그리 나쁠 건 없다. 시간을 가지면서 집안일도 하고, 여러 프로그램을 살펴보고, 아이에게 정말로 필요한 프로그램이 어떤 것인지 생각해 보는 것이 낫다. 아이에게 꼭 맞는 치료 프로그램을 찾아냈을 때 매우 자랑스러울 것이며, 눈앞의 인생이 바뀔 것이다.

■■ 부모가 해야 할 일

아이를 받아들이기

부모는 아이가 태어나는 순간부터 아이와 하나가 되기 시작한다. 지금까지 아이에 대해선 그 누구보다 잘 알고 있다. 아이가 뭘 좋아하는지, 어떻게 하면 웃는지, 언제 자야 하는지를 알고 있다. 그러나 진단을 받는 순간 모든 것이 혼란스러워진다. 지금까지 해오던 것들이 달라져야 하는지 묻고 싶어진다.

우선 뇌성마비를 가진 다른 부모와 마찬가지로 아이가 장애를 극복하는 방법을 배워야 한다. 아이를 있는 그대로, 뇌성마비 아동이 아닌 뇌성마비가 생긴 아이로 받아들여야 한다. 아이의 장애를 부정하라는 것이 아니라, 아이에 대한 정체성을 갖는데 주의를 기울이라는 말이다. 처음 수일에서 수개월간은 이 작은 아이에게 뇌성마비란 말이 부담스럽게 다가올 것이다. 게다가 정신지체나 간질 같은 동반 증상이 있을 때는 더더욱 받아들이기 힘들 것이다. 부모들은 넘쳐나는 진료상담, 치료예약, 가정 프로그램, 학교 프로그램, 치료비 그리고 멈추지 않는 일과 속에서 이 작은 아이를 잊을 수도 있다. 걷기, 말하기, 숟가락으로 먹기 등 특정 기술을 습득하는 것에 집착한 나머지 아이가 어떤 감정을 가지는가는 간과하게 될지도 모른다. 또한 어머니 자신이 너무 실망하고 마음이 아파서 아이와 같이 즐기지 못하고 아이에게 마음을 주지 못할 수도 있다.

시간이 지나면 아이의 상태가 아닌 아이 자체를 보게 되면서 문제는 사라질 것이다. 그건 아이가 변해서가 아니라 아이를 받아들이는 시각이 변화한 것이다. 뇌성마비를 아이의 한 부분으로 받아들이고 아이가 자기 자신을 이해하도록 돕는 방법을 배우도록 한다. 아이가 자신의 독특한 면과 가치를 인식하는 것을 돕기 원한다면 제5장에 쓰여진 몇 가지 조언은 아이의 자아를 형성하는데 도움이 될 것이다.

아이를 받아들였다고 해도 뇌성마비를 인정하기는 쉽지 않다. 더욱 힘든 것은 항상 아이의 발달이 부모 마음대로 통제되지 않고, 노력한 만큼 대가가 나오지 않는다는 점이다. 뇌성마비는 인식했던 것보다 훨씬 떨치기 힘든 구속이다. 뇌성마비는 결코 사라지는 것이 아니다. 뇌성마비는 뇌가 손상된 것이다. 아이가 3살이 되고 물리치료를 받은지 1년 반이 되었을 때야 비로소 나는 이것을 인정하게 되었다. 그리고 이날은 나에게 있어 개인적 성장 시기였다고 생각된다. 아이가 5살이 됐을 때 나는 또 다른 국면을 맞이하게 되었다. 아이가 묻기를 자신이 청소년이 되어도 뇌성마비 증상이 계속 있느냐고 물었다. 나는 움직이는게 좋아져도, 경직은 평생 지속되는 것이라고 말했다. 몇 년 동안 나는 이러한 물음에 대해서 간단하고 직접적으로 말해주는 것이 인정하기 위한 가장 좋은 방법이라는 것을 알았다. 제5장에 이러한 목표에 도달하기 위한 몇 가지 부가적인 조언을 제공할 것이다.

사실을 받아들이기

처음 진단을 받을 때 의사들은 아이의 상태에 대해 간단한 정보만을 준다. 아마도 약간의 의학적 상태와 그 시점에서 아이에게 일어난 일을 얘기해 줄 것이다. 뇌성마비란 크게 보면 발달의 문제이며 의사들은 뇌성마비 아동이 나중에 어떻게 될지 얘기하는 것을 꺼린다.

진단을 받을 때 부정과 절망에 휩싸여 꼼짝도 못하고, 의사 선생님의 얘기에 집중하였을 것이다. 그리고 내가 그랬던 것처럼 처음부터 모든 것을 알고 싶어 했을 것이다. 하지만 무엇을 물어봐야 할지 몰랐을 것이다. 예를 들면, 아이가 진단을 받았을 때, 내게는 아이가 축구를 할 수 있겠느냐가 매우 중요한 문제였다. 뒤돌아보면 매우 우스운 일이다. 당시 나는 아이가 정상이길 바랐고 거기서 떠나고 싶었다. 치료를 받으러 가서 좀 더 나이가 든 다른 아이들을 볼때마다, 내 아이와 비교하고 그들의 호전이 내 아이와 비슷한지 알아보기 위해 모든 종류의 질문을 했다. 나는 몇 년 후 아이가 어떻게 될지를 봐야 그에 대한 준비를 할 수 있을 것이라 생각했다.

일단 적응되기 시작하면, 좀 더 많은 정보를 모으는 것이 중요하다. 가족이나 친구들이 묻는 질문에 답할 수 있고, 교육, 의료 또는 법적 문제에 대해서 결정 내릴 때 좀 더 정보를 원할 것이다. 정보수집의 출발로서 부모는 뇌성마비 복지회, 장애인 부모회 또는 뇌성마비 복지회 시도지부와 접촉할 수 있다.

이러한 단체는 부모에게 팸플릿과 함께 많은 정보를 제공할 것이며, 또한 읽을 만한 잡지와 도움이 되는 여러 가지 자료와 서적을 안내할 것이다. 확실히 필요하고 가치 있는 자료는 장애인 부모회나 뇌성마비 복지회 또는 재활기관에서 발행하는 치료교육에 관한 소식지나 잡지 등을 정기구독하여 얻을 수 있다. 이 책의 뒤에 있는 자료안내는 부모들에게 유용할 것이다.

▦ 가족의 적응

뇌성마비 아동은 자녀일 뿐만 아니라 형제, 자매이며 손자, 조카일 수도 있다. 얼마나 많은 가족들이 아이와 아이의 장애에 적응하느냐는 아이의 삶을 위해서 뿐 아니라 가족들의 삶을 위해서도 중요하다. 가족들의 태도는 아이 자신이 가족의 중심이 아니라 중요한 가족의 일부임을 깨닫게 하는데 도움이 된다. 얼마나 많은 가족들이 아이의 장애를 돕느냐도 아이가 뇌성마비를 인식하는 태도를 결정짓는데 중요하다.

　몇 년이 지나는 동안 나의 가족들은 느리지만 확실히 모두 함께 아이를 돕는 것을 배웠다. 비록 아이에게 조금 더 주의를 기울이긴 했지만 모든 아이들을 똑같이 키우려고 노력했다. 뇌성마비 때문에 뭔가를 해야 한다고 결정할 때마다 다른 가족들의 고통이 없는 쪽으로 결정을 했다. 예를 들면, 하이킹 같은 가족 나들이에 아이가 같이 갈 수 없다면 모두가 집에 남는 것이 가장 쉬운 일이었다. 그렇지 않으면 우리는 아이가 같이 할 수 없을 때 가족 중 한 명이 남아서 함께 할 수 있는 다른 놀이를 찾았다.

　모든 가정의 특성이 다르므로 뇌성마비 아동 때문에 생기는 스트레스에 적응하는 방법도 제 각각이다. 다른 집에서 가능한 방법이라고 내 집에서도 좋을 것이라고 생각하지 말아야 하고, 무언가를 해야 하거나 하지 말아야 할 때 너무 남의 영향을 받지 않도록 한다. 나의 방법이 가족들을 위한 최선의 방법이다. 뇌성마비 아동을 가진 모든 가정이 비슷한 점도 있다. 첫째로, 가족의 모든 구성원들은 아이를 받아들이는데 비슷한 정도의 감정 변화를 경험하게 된다. 둘째로, 적응하기 위해서 모든 가족들이 무한한 사랑과 결심을 필요로 한다. 다음 장에서는 처음 극복해 나가는 과정에서 가족 개개인을 이해시키는데 필요한 조언을 제공하려 한다.

조부모와 다른 친척들

아이의 뇌성마비 사실을 친척들에게 알리는 방법에 대해 교과서적인 방법은 없다. 그것은 친척들과의 관계 및 아이의 발달에 대한 당신의 걱정을 어느 정도 그들이 알고 있느냐에 달려 있다. 그러나 어떻게 말하든 간에, 그들의 다양한 반응에 대해서 준비되어 있어야 한다. 부모가 그랬던 것처럼, 그들도 충격을 받거나, 슬픔, 부정 또는 분노를 나타낼 것이다. 그들은 아마도 당신과 배우자, 의료진 또는 유전적 결함을 가졌을 자신들을 비난할지 모른다.

이후 그들은 뇌성마비 전문가에 대한 소문이나 기사거리 등을 넘쳐나게 전해줄 것이다. 하지만 그들은 부모의 입장에서 보면 그 정보들의 대부분이 쓸모없다는 것을 알지 못한다. 조부모는 아이를 숨 막히게 하고, 과잉보호하고, 버릇없게 만들 것이다. 이는 아이의 정상적인 사회성의 발달에 저해 요인이 되고, 다른 가족이나 손자들의 분개의 원인이 된다. 몇몇 친척들은 부모와 아이에게서 멀어지고, 별다른 도움이 되지 않을 것이다. 모두에게 시간이 필요하다는 것을 염두에 두어야 한다. 부모들이 생각할 때 그들이 가장 필요로 하는 것－정보의 지원이나 함께 할 시간 등－을 모두에게 주어야 한다.

나의 자녀들

짧은 시각에서 보면 다른 자녀가 있으면 가족들이 뇌성마비 아동에게 적응하는 것이 힘들다. 다른 자녀들이 그들의 감정을 극복하는 것을 도와주어야 하고, 다른 자녀들이 부모의 관심을 받기 원하는 것에 균형을 잘 맞춰야 한다. 길게 보면 다른 자녀가 가정에 있다는 것이 가족들이 적응하기가 좀 더 쉽다.

형제, 자매들은 아이의 사회성 발달에 도움이 될 수 있다. 형제들이 있다는 것은 뇌성마비 아동이 자신을 인식하고 자신에게 주어진 짐을 극복하는데 도움이 된다. 동전의 양면처럼 장애아이가 있다는 것은 다른 아이들에게 긍정적인 면이 있다. 장애가 있는 형제, 자매를 적극적으로 돌보는 아이들은 자기 자신에 대해 그리고 남들과의 관계에서 좀 더 나은 면을 보인다. 게다가 장애아이가 가족 중에 있다는 것은 다른 아이들에게선 있을 수 없는 새로운 시각과 인내를 기르게 한다.

그러나 어떻게 아이들이 적응하고 이러한 좋은 점들을 받아들일 수 있게 할까? 아이의 뇌성마비를 다른 아이들에게 이야기해 주는 것으로 시작한다.

장애를 가진 아이가 태어나면, 다른 가족들은 스트레스를 받게 되고 변화를 보이게 된다. 이 아이가 특별한 보살핌을 받고 의사와 치료사들을 찾아다닐 때 다른 아이들은 뭔가가 잘못됐다고 느끼게 된다. 이러한 스트레스 상황에서 아이의 장애를 숨기는 것은 결코 좋은 생각이 아니다.

'모르는 게 약이 아니다. 그들의 두려움을 적게 하기 위해선 충분한 정보를 주어야만 한다. 어려운 기술이 필요한 게 아니다, 단지 아이들의 연령에 맞게 적절한 정보를 주면 되는 것이다. "다리가 더 세지게 하려면 좀 더 특별한 운동이 필요해." 혹은 "애의 근육은 너희들처럼 움직이지 못해", "너처럼 잘 걸어다닐 수 없어. 그래서 좀 더 도움이 필요해." 이렇게 말이다. 때때로 가장 쉬운 방법으로 보일지 모르지만 아이들에게 어설픈 거짓말을 해서는 안 된다. 예를 들면, "왜 저 애는 저렇게 울기만 해요?"라고 물을 때, 절대로 아이가 슬퍼서 혹은 다쳐서 그런다고 대답해서는 안 된다. 대신 "애는 너처럼 소리나 감촉을 잘 조절할 수 없어, 작은 것도 힘들어 해"라고 얘기해야 한다.

또한 아이들에게 아기가 뇌성마비로 죽지는 않는다고 얘기해 줘야 한다. 형제의 장애에 대해 감정이 격해지는 것도 정상이라는 것을 얘기해 주는 것도 잊지 말아야 한다. 예를 들면, "미칠 것 같은 것도 슬픈 것도 이해해. 나도 역시 그러니까. 하지만 이건 누구의 잘못도 아니야"라고 얘기할 수 있다. 아이의 상태를 설명하기 위해 연령별로 다르게 나타나는 장애에 대해 쓰여진 책을 이용하는 것도 좋은 방법이다. 직접적으로 접근하는 것이 두려움을 줄이고 아이들의 감정에 유익하다는 것을 기억해야 한다.

일단 아이의 장애에 대해 다른 자녀들에게 설명했더라도 어떻게 뇌성마비가 되었는지를 이해했다고 추측해서는 안 된다. 또한 아이들이 뇌성마비를 가진 아이가 무엇을 할 수 있고, 무엇을 못하는지 알고 있다고 생각해서도 안 된다. 시간이 지나면서 아이들이 이해할 수 있는 만큼씩 다시 설명해 줘야 한다. 주기적으로 아이가 조금씩 거두는 성과에 대해서 다른 자녀들에게 보여주는 것도 또한 도움이 된다. 예를 들면, "크리스(Chris)가 걷지 못하던거 기억하지? 이제 목발을 짚고 뛸 수도 있어" 혹은 "크리스(Chris)가 문자판으로 대화하는 게 놀랍지 않니?" 이러한 것들은 다른 자녀들에게 용기를 주며, 장애를 가진 아이에 대해 긍정적으로 생각하게 한다.

무엇보다도 뇌성마비 아동에 대해 갖고 있는 슬픔이 당신 혼자만의 문제가 아니라는 것을 명심해야 한다. 다른 가족들 역시 정도의 차이는 있지만 모두 이러한 것을 경험하게 된다. 예를 들면, 큰 애의 12살 생일 때였다. 촛불을 끈 후에, 소원을 말해보라고 했다. 아들의 소원은 너무나도 놀라웠다. 아이는 그동안 아무런 소원도 이루어지지 않았기 때문에 무슨 소원을 빌어야 할지 모르겠다고 했다. 그 이유를 물었을 때 마음이 무너지는 것 같았다. "내가 바라고 바라는 소원은 내 동생이 걷는 것인데, 이루어지지 않았어." 아들은 떨리는 목소리로 화를 삭히며 대답했다. 곧바로, 나는 아들을 안심시키려고 했고, '크리스(Chris)'가 지난 5년 반 동안 이뤄낸 성과들을 보여주려고 했다. 또한 동시에 나는 다른 사람들은 아이의 뇌성마비에 대해서 어떻게 느끼는지를 때때로 들어봐야겠다고 생각하게 되었다.

우연히도 우리는 몇 달 뒤 크리스마스 예배가 끝나고 목사님이 '크리스(Chris)'가 나오기를 기다리고 있을 때 아이가 처음으로 걷는, 우리의 소원이 이뤄지는 것을 체험했다. 우리 아이는 6살이었고, 첫 번째 수술 후 막 회복된 상태였으며, 장하지 보조기를 착용하고, 보행기를 잡고 짧은 거리를 걷기 시작하였으며, 이는 수많은 시간의 물리치료 효과가 나타나는 것이었다. 이 '크리스마스 기적'에 덧붙여, 교회 앞에서 만난 한 여자는 "왜 좀 더 일찍 보행기를 사주지 않았어? 아이에게 어떤 마술을 건거야?"라고 했다. 나는 그저 웃으며 고개만 끄덕였다. '뭐 또 할 말이 있겠는가!'

부모의 친구들

장애아 자식이 있다는 것이 내 친구와의 관계를 바꾸지는 않는다. 하지만 친구들의 행동과 내 인식이 바뀔 수 있다. 매우 외로운 시간이 될 때도 있을 것이다. 친구들은 어떻게 처신해야 할지 몰라 불편해서 점차 멀어질 수도 있다. 혹은 온갖 종류의 원하지도 않는 도움과 정보를 주려고 많은 이야기를 할 것이다. 또한 자신과 아이를 동정하는 것을 느낄 수도 있다. 친구들은 뭔가를 말하려고 해도 어떠한 말을 해야 할지 모를 것이다.

또는 평소 친하지 않던 사람들과 점차 친해지기도 한다. 이 시기에는 부모들의 자조그룹만큼 소중한 것은 없다. 어떤 경우라도 시간이 지나면 상처는 아문다. 점차 멀어졌던 친구 사이를 회복하게 된다. 닥친 상황에 대해 자신감이 생기게 되면 예전 친구들과의 관계를 새롭게 하기 위해 마음의 문을 열어야 한다. 이 시기는 친구가 필요하고 자신 혼자만의 세계에 갇혀서는 안 될 때이다. 친구관계에서 자신의 처지를 한탄하려고만 하지 말아야 한다. 친구들 역시 문제를 가지고 있으므로 친구를 만들려면 먼저 친구가 되어야 한다.

██ 도움 청하기

시간이 지남에 따라 아이는 많은 도움이 필요하고, 가족들은 아이를 돌보는데 어마어마한 에너지를 쏟아부어야 한다는 것을 알게 될 것이다. 이것이 경제적이든, 개인적이든, 육체적이든 간에 아무도 이런 상황에서 때때로 도망치고 싶다고 솔직히 말하지 못한다. 너무 지쳤기 때문에 적절치 못한 감정의 늪에 빠질 수도 있는데, 이것을 원하지도 않을 것이다. 가장 절망적인 것은 혼자만의 슬픔에 빠지는 것이다. 그곳에는 아픔을 함께 나누고 도울 사람이 아무도 없다. 언제, 어떻게 남들에게 나아가는지는 자신에게 달려 있다.

깨닫는지 깨닫지 못하든지 간에, 장애아를 가진 부모의 새로운 세계에 속하게 되었다. 처음에는 그 속에 속해 있는 것이 현실로 느껴지지 않을 것이다. 몇몇 부모들에겐 이 작은 아이가 너무나 많은 것을 할 수 없고, 다른 아이들을 따라 잡을 수 없다는 것을 인정하기 힘들 것이다. 물리치료, 작업치료, 조기중재, 휠체어, 보조기 또는 수술 등의 다른 아이들에게나 어울릴 것 같은 단어가 대기실에서 나에게 친숙하게 다가올 것이다. 때때로 이런 아이들의 부모와 얘기하고 싶을 것이다. 이 그룹에 속하는 데는 아무런 소개도 필요 없고, 단지 보통 낯선 이들 사이에서 보이는 겉치레를 없애면 된다. 그러면 이 낯선 사람들은 나와 가족과 친구가 되고 지지자가 된다.

이후 차츰 진료, 치료, 교육 프로그램에 참가할수록, 자조 그룹에 참가할 기회가 많아지거나 어느 때라도 접촉할 수 있게 될 것이다. 한국 뇌성마비 협회에 전화하면 언제라도 가입할 수 있다. 전국 장애인 부모회나 뇌성마비복지회 또는 특수학교, 시도의 사회복지과 등 장애인 관련단체나 기관에 전화하여 정보를 구할 수 있다. 한 기관을 선택하여 정보를 구하고 만일 마음에 들지 않으면 다른 곳을 찾아서 상담해 볼 수도 있다.

가장 큰 지지는 다른 부모들에게서 받을 수 있다는 것을 기억해야 한다. 그룹에 속하고 때때로 남을 돕는 것을 배우면 감정을 감당해 낼 수 있다. 또한 이는 힘을 북돋아 주고 계속해나갈 수 있는 격려가 된다. 게다가 장비, 의사, 치료사, 특수학교 등에 대한 정보를 충분히 가지고 있는 부모를 만날 수도 있다. 마지막으로 가장 좋은 점은 새로운 환경에서 만난 사람들은 어떻게 하면 눈물 대신 웃음으로 이 힘든 상황을 이겨낼 수 있는지 알려준다는 것이다.

▓▓ 조기개입

만약 아이가 조기개입 프로그램에 참여하지 않았다면 어느 하나의 프로그램을 선택하는 것이 아마도 적응과정을 용이하게 할 것이다. 제8장에서 설명한 것과 같이, 이러한 프로그램의 가장 큰 목적은 발달지연을 보이는 부분에 대해 그 가능성을 최대화해주는 것이다. 또한 이 프로그램은 부모들에게 아이를 가장 잘 키우는 방법을 가르쳐 주기 위해 계획되었다.

조기개입 프로그램은 아이가 가지고 있는 가능성에 초점을 두고 있다. 아이가 무엇을 할 수 있는가를 강조하고 성공하기 위해서 기회를 만들어 시도한다. 치료사들은 아이를 격려하기 위해 발달상의 과제를 작은 조각들로 나누어 성취할 수 있다. 이 프로그램은 장애를 극복하여 새로운 세계를 생각하고, 아이에게 좌절 대신 성공을 경험하게 하려고 한다.

조기개입 프로그램은 부모가 아이의 치료에 적극적으로 참여하는 것을 돕는다. 치료사와 교사는 어떻게 아이를 다루고 좋은 자세를 잡는가를 일상생활 속에서 행하도록 가르치고, 어떻게 하면 언어와 지각능력을 향상시키는지 가르쳐 줄 것이다. 또한 일상에서 마주치는 상황들을 어떻게 하면 교육의 기회로 바꿀지 가르쳐 줄 것이다. 점차 아이를 다루는 수기를 익히게 됨에 따라 부모는 치료 팀의 **빠질 수 없는** 중요한 위치에 서게 된다. 아이의 발달과 교육에 무언가를 할 수 있게 되었다는 것이 부모에게 힘이 되어준다.

조기개입은 뇌성마비 아동을 가진 상황에 적응하게 도와줄 뿐 아니라, 가족에게도 혜택을 준다. 모두가 나가야 할 다음 단계를 숙지하게 된다. 거기다 모든 가족들이 아이의 성공에 동참하고 작은 성취에 기뻐할 것이다.

내 아이의 조기개입 프로그램은 가정 프로그램과 치료실 프로그램을 함께 하였다. 매주 몇 차례 치료를 받으러 갔고 물리치료를 지켜봤다. 다양한 기술들을 봤고 치료사에게 받은 책을 가지고 집에서 연습하였다. 책에는 치료사의 치료내용이 쓰여져 있고 다음 번 방문 때까지 집에서 할 내용들이 써 있었다. 책에 궁금한 점과 의견 그리고 진행 상황을 써서 다시 돌려주었다. 책에는 설명과 그림 그리고 사진들로 가득 차게 되었다. 때때로 아이의 발달상황을 비디오로 찍어 보여주었다. 몇 년이 지나며 몇 권의 책이 모였고 이것은 우리 아이 치료와 발달의 연대기가 되었다.

■■ 과잉보호는 금물

3살에서 5살 사이는 특수학교에 보낼 시기다. 이 시기가 되면 매우 조심스러워지고 오직 나만이 아이를 볼 수 있다고 생각하게 된다. 아이가 스스로 아무것도 할 수 없다고 여기고 성취하거나 실패할 기회도 주지 않을 것이다. 그러나 아이를 특수과정 학교에 보내는 것은 아이와 부모 모두에게 이로운 일이다. 부모에겐 하루 종일 아이에게 얽매이지 않고 잠시 쉴 수 있는 시간이 주어지고, 아이에겐 다른 아이들이나 어른들과 함께 하고 사회적 자극을 받는 것이 필요하다. 아이를 과잉보호하는 것보다는 성장할 기회를 주는 것이 좋다.

어린 아이를 학교 버스에 태워 보내는 것은 쉽지 않은 일이다. 아이는 돌아올 것이고 더욱 행복하고 균형잡힌 사람이 되어 올 것이다. 부모의 걱정이 아이를 가로 막아서는 안 된다. 아이에게 할 수 있다는 메시지를 주어야 한다는 것을 기억해야 한다. 비록 항상 잘 할 수는 없지만, 제5장에서 설명한 것처럼 성공과 실패를 모두 경험하는 것은 아이의 자부심과 인격 형성에 매우 중요한 것이다. 가장 중요하지만 또 가장 자주 간과되는 것이 부모의 과보호로부터 벗어나 뇌성마비 아동이 사회 적응능력을 기르도록 하는 것이다.

모든 부모에겐 아이를 과잉보호하려는 면이 있지만 특히 장애아의 부모가 심하다. 불행히도 과잉보호는 아이가 자신감을 가지기 어렵게 하고 가족에게 너무 기대고 사회성이 부족하여 혼자  고립되게 만든다. 무엇보다도 과잉보호를 받은 아이는 친구를 사귀는 사회성을 발달시킬 수 없다.

아이에게 사회성을 기를 기회를 주는 데는 노력과 계획이 있어야 하고 위험하지 않아야 한다. 게다가 이웃 아이들이 자신의 아이와 함께 놀도록 지지해야 한다. 그러나 멀리 내다보면 아이를 늘 곁에 가까이 두려고 해서는 안 된다. 다른 아이들처럼 현실적인 한계와 필요한 것을 인식하면서 장애를 가진 아이의 관심을 북돋아 주어야 한다. 예를 들면 자전거를 타고 집 밖에서 놀도록 하고 또는 레크리에이션 프로그램에 참가시키는 것이 좋다. 뒷마당에서 흙장난을 하는 것은 아이가 친구들에게 끌리고 그들과 같이 놀 수 있는 기회를 주는 데 도움이 된다.

아이의 예비학교에서 봉사하는 한 현명한 어머니가 이를 가장 잘 실천했다. 그녀의 아이가 17살에 근육병으로 사망하였을 때, 나에게 이런 말을 했다. "집 밖으로 나가게 해라. 엄마와 떨어져 지내게 해보라. 이웃집에 가서 그 집 애들과 놀게 해라." 이 조언은 실제 행하기 쉽지 않지만 항상 염두에 두어야 한다. 아이의 능력이 되는 한 최대한 밖에서 놀도록 하는 것이 기본임을 명심하도록 한다.

▓ 결론

뇌성마비 아동의 미래가 어떠할지 예견하는 것은 불가능하다. 그러나 뇌성마비의 특성상 약간의 예견은 가능하다. 일찍 어린 시기에 시행한 운동, 지각 능력 검사로도 애매하고 확정적이진 않지만 아이의 가능성을 유추할 수 있다. 또 많은 뇌성마비 아동은 기회가 주어지면 예상을 뛰어넘는 능력을 보여주기도 한다.

뇌성마비 아동을 대할 때는 인내가 가장 중요하다. 나는 아이를 한 번에 꽃잎이 하나씩 피는 '꽃'이라고 부른다. 아이가 4살이 되었을 때 지능이 정상인 것을 알게 되었고, 6살 때 도움을 받아 걸을 수 있게 되었고, 8살에 이름을 쓸 수 있게 되었다.

10살이 되었을 때, 아이는 학교에서 완전히 혼자 생활할 수 있게 되어 물리치료를 그만 둘 수 있었다. 발목 보조기를 신고 목발을 던져 버렸고, 조깅, 체육, 축구, 야구, 그리고 목발을 짚고 오래 달리기를 하는 등 거의 모든 체육활동에 참가할 수 있게 되었다. 18살이 되었을 때는 1.5km를 12분에 달렸다. 아직도 운동능력의 향상을 위해 가끔 물리치료를 받고 있지만 때때로 승마치료로 이를 대신하고 있다. 청년기가 되어서는 돌을 부딪히는 다양한 운동이나 여가활동을 일 년 내내 할 수 있게 되었다. 지금은 근 경직을 줄이기 위해 물리치료와 함께 처음으로 보톡스 주사를 맞으려고 한다.

'크리스(Chris)'는 1학년 때부터 장애 아이를 일반학교에 보내는 통합 프로그램에 참가시켰다. 중·고등학생이 되어서는 집 근처의 학교에 배정을 받아 통학하게 되었다. 이로 인해 버스를 타는 시간이 줄었고, 주변의 아이들과 친해질 수 있는 기회가 되었다.

비록 처음에는 읽는 것에, 나중에는 수학에서 도움을 받아야 했지만, 학교에서 그 학년의 모든 과제를 수행하였다. 최근에 나는 아이가 고등수학을 할 수 있을까 고민했었다. 선생님은 "크리스(Chris)는 우리의 영웅인걸 아시죠?"라고 했다. 다른 사람들이 아이의 반복하는 노력, 끈기, 그리고 좋은 태도를 알고 있다는 걸 다시금 깨닫게 해주는 말이었다. 아이는 듣고 배우는 데 뛰어났고 믿을 수 없을 정도로 많은 단어와 기억력을 갖고 있다.

'크리스(Chris)'는 많은 활동에 참가하고 있다. 장애 학생을 초등학교로 보내 무엇이 장애인지에 대해서 이야기하는 프로그램에 참가하고 있다. 모든 종류의 스포츠를 즐기고, 모든 팀과 선수들에 대한 수많은 자료가 머릿속에 담겨져 있다. 학교에서는 대학농구팀을 관리하고, 경기기록을 정리한다. 아이는 스포츠 방송캐스터가 되고 싶어한다. 현재 대학졸업을 앞두고 있고 운전면허를 따려고 연습하고 있다. 아직 '크리스(Chris)'는 몇몇 활동에서 약간의 도움을 필요로 하고 있지만, 나는 주저 없이 우리가 생각했던 것을 훨씬 뛰어넘어 살아가고 있다고 말할 수 있다.

내 아이가 배우고 자라는 동안 우리 가족도 모두 함께 했다. 그리고 우리가 배운 많은 중요한 수업은 나의 아들에게 공손함을 가르치는 것이었다. 이 아이로 인해 삶에 대한 시각이 바뀌었다. 그가 작은 것을 소중히 여기도록 가르쳐 주었다. 뇌성마비 아동을 가진 부모의 역할은 투시화를 그리는 것과 같다. 내 아들과 같은 사람들을 인생의 특사라고 말할 수 있다. 그들이 할 수 있다면 우리도 역시 할 수 있다. 아들의 정신은 높이 날았고, 우리들 모두를 높게 만들었다.

뇌성마비 아동의 부모로서 한계를 인정하기 힘들다는 것을 안다. 물리치료사, 작업치료사, 언어치료사 또는 의사 모두가 한 사람이 되어 언젠가 뇌성마비가 기적적으로 좋아지는 그날까지 쉬지 않고 내 아이와 함께 노력해 주길 원할 것이다. 그러나 우리는 단지 부모일 뿐이고 아이는 그 부모를 필요로 하는 것이다. 아무 조건 없이 사랑하고, 단지 있는 그대로의 그들을 받아들이면 된다. 무엇을 못하는가보다는 무엇을 할 수 있는가를 생각해야 한다.

지금은 믿을 수 없게 보일 수 있으나 살아가면서, 진단이 내려지고, 치료가 시작되고, 프로그램이 시작되는 시기가 온다. 이때쯤 되면 자녀가 자신에 대하여 자유로워질 때이다. 이때는 부모가 하루 종일 자녀를 위해 매달리지 않아도 되는 시점이며, 아이가 단지 우연히 뇌성마비 장애를 갖게 된 것이라는 사실이 아무렇지 않게 느껴질 때이다. 이때는 지금까지 억눌려 왔던 과거를 털어 버리고 자유롭게 느낄 때이며, 결코 가능하리라고 생각하지 못했던 인생을 풍요롭게 해 줄 귀여운 아이의 실체를 수용할 때이다.

03

엘리어드 겔쉬

의학적 관심과 치료

오늘날 뇌성마비 아동들은 그 어느 때보다 더 건강하게 잘 자라고 있다. 의사들은 뇌성마비에서 동반될 수 있는 의학적 문제들에 대해 잘 알고 있으며 치료방법도 눈부시게 발전하였다. 비록 뇌성마비 아동들이 운동장애와 신경계 손상에 인한 여러 가지 의학적인 문제들을 아직 동반하고 있으나, 많은 문제들이 효과적으로 예방 또는 치료될 수 있게 되었다. 경련, 호흡기 문제, 영양 문제를 조기에 발견하고 이로 인한 합병증을 잘 치료한 덕분에 대부분의 뇌성마비 아동들은 정상적인 기대 여명을 가질 수 있게 되었다.

건강이 어린이가 최적의 발달을 이루는데 결정적인 요소이므로, 이 장에서는 뇌성마비 아동들에게 일어날 수 있는 의학적 문제들에 대해 설명하겠다. 이러한 의학적 문제들이 다른 어린이들보다 뇌성마비 아동들에게 더 잘 일어난다는 점을 기억해야 한다. 즉 당신의 아이에게는 하나도 안 일어날 수도 있으나, 몇 가지가 일어날 수도, 대부분이 일어날 수도 있다. 그러나 당신 아이가 건강상 어떠한 문제점이 일어날 수 있음을 알고 있는 것이 중요하다. 의학적인 기본적 사실을 배우는 것은 당신이 문제를 인식하고, 당신의 아이에게 더 적절한 지지를 하고, 의사와 이러한 문제에 관하여 상의하는 데에 도움이 될 것이다.

▪▪ 경련

뇌성마비 아동의 절반 정도는 경련(뇌의 전기활동의 비정상적인 격발에 의해 초래되는 의식, 행동의 변화 또는 불수의 운동)을 경험하게 된다. 경련은 정상적인 뇌의 기능을 방해하고, 아이에게 미묘하게 혹은 극적으로 영향을 미치게 된다. 예를 들면 당신의 아이가 한 곳을 응시하고 있는 것과 같은 경미한 행동이나 의식의 변화가 있을 수 있다. 또는 흔들거나 뻣뻣해지거나 의식을 잃고, 침을 흘리고 요실금을 하기도 하며, 정신적 혼돈상태를 경험할 수도 있다. 발작이 반복적으로 일어나면 간질로 진단을 받게 된다.

　뇌성마비 아동들은 뇌손상과 그 상흔으로 인하여 비정상적인 전기활동이 일어날 수 있기 때문에 발작의 위험이 높다. 사지마비형과 반신마비형에서 발작이 일어나는 빈도는 비슷하다.

경련의 종류

발작은 뇌의 비정상 전위의 종류와 위치에 따라 분류된다. 넓게 보면, 발작은 **부분발작**, **대발작**으로 나눌 수 있다. 부분발작에서는 전위가 뇌의 편측의 한 지역에서 일어나고, 대발작에서는 전위가 뇌의 양측에서 나타난다. 발생하는 증상에 따라 발작은 다음의 종류로 세분된다.

부분발작

▪ **단순부분발작**(focal motor(simple partial) seizures)은 몇 가지 근육군의 떨림을 야기한다. 예를 들면 오른쪽 다리에 불수의적이고 반복적인 떨림이

있는 것으로 처음에는 의식 소실이 없다.

❚❚ **감각발작**(sensory seizures)은 어지러움이나 시각, 청각, 미각, 후각 또는 기타 다른 감각의 장애를 야기한다. 환청이나 환시가 흔한데, 예를 들면 어린이가 목소리나 음악소리, 혹은 다른 소리를 들을 수 있고, 빛이나 색, 형상을 볼 수도 있다.

❚❚ **자율신경발작**(autonomic seizures)은 창백해지고 땀이 나고 홍조, 동공확장을 일으키며, 흔히 맥박증가, 공포, 불안을 동반한다.

❚❚ **정신운동발작**(psychomotor (temporal lobe) seizures)은 보통 의식이 저하되고 행동에 변화가 온다. 어린이는 시각이나 청각적 느낌 또는 환각을 경험하기도 하고, 옷을 들어 올리거나 입맛을 다시고, 씹거나 의자에서 일어나는 것과 같은 부적절한 행동을 하게 된다. 이러한 정신착란 상태가 수 초에서 수 분까지 지속될 수 있다. 정신운동발작은 뇌성마비 아동을 포함하여 뇌손상을 입은 아이에게서 흔하게 발생한다.

대발작

❚❚ **소발작**(absence(petit mal) seizures)에서는 잠깐 동안의 갑작스런 몇 초간의 의식 소실 후 빠르고 완전하게 회복한다. 이러한 발작은 대개 응시하거나, 반복적으로 눈을 깜빡이는 행동과 동반하여 나타난다.

❚❚ **영아 근간대성 발작**(infantile myoclonic seizures)은 하나 또는 몇 개의 근육 군을 포함하여 갑작스럽게 잠깐 동안 불수의적 근육수축을 일으키게 된다. 이러한 수축은 보통 머리를 떨어뜨리거나 다리, 몸통, 팔을 굴곡하는 동작을 유발하기 때문에 근간대성 발작은 잭나이프(jackknife) 발작으로도 알려져 있다. 이러한 발작은 수 초 동안 지속되고, 하루 중 여러 번 일어날 수 있다.

❚❚ **대발작**(grand mal seizures)은 가장 흔한 유형의 발작이다. 강직기에서는 근육이 뻣뻣해지며 무의식 속으로 빠져든다. 간대성 시기에서는 사지의

율동적인 움직임이 일어난다. 주된 연축은 수 분간 지속되고 점차 느려지고 약해지게 된다. 어린이들은 자주 숨쉬기 어려워하고 침을 흘리고 입 주위가 파랗게 변색되기도 한다. 또한 요실금이 동반되기도 한다. 발작이 그쳤을 때 어린이는 혼돈 상태이고, 종종 힘이 소진된 상태로 수면을 필요로 한다.

■■ **무동성 발작**(akinetic seizures)은 근 긴장도의 갑작스런 소실을 야기하여 어린이는 갑자기 넘어져서 다칠 수 있다.

■■ **열성 발작**(febrile seizures)은 체온이 갑자기 화씨 102˚ 이상으로 올라갔을 때 발생하는 것으로 전신성 강직-간대 발작이다. 발작은 5분을 넘지 않는다. 열성 발작은 열이 나는 어린이에게 매우 흔하며 6세 이하 아이의 5~10%에서 발생한다.

경련의 진단

당신의 아이가 경련이 있는지 알아보는 가장 좋은 방법은 뇌파검사를 하는 것이다. 검사하는 동안 전극이 뇌에서 생산되는 **전기신호**를 감지하기 위해 어린이의 두피에 위치한다. 신경과 의사는 20~30분 동안 뇌의 전기활동을 감시하고 기록하여 뇌파의 비정상 소견이 있는지를 판독한다.

뇌파검사를 시행하기 가장 좋은 시기가 잠자는 동안 또는 잠자기 직전이므로 약속시간에 맞추어 아이를 데려와야 한다. 뇌파검사는 통증이 없는 검사이지만 아이가 두려워한다면 진정시키고 검사한다. 진정시킴으로써 아이가 졸려 하거나 잠드는 데에 도움을 줄 수 있다.

때로는 신경과 의사가 연장하여 검사를 하자고 할 수 있다. 이런 경우에는 24시간 동안 컴퓨터를 이용하여 지속적으로 뇌파검사를 시행하게 된다. 이러한 방법을 통해 잠깐 동안의 뇌파검사를 통해서는 보이지 않았던 경련의 징후를 포착할 수 있다.

경련의 치료

당신의 자녀가 발작을 하고 뇌파검사를 통해 이것이 밝혀졌다면 신경과 의사
는 가능한 치료법에 대해 당신과 의논하게 될 것이다. 대개 항경련제를 사용하
게 되고 투약을 통해 뇌성마비 아동의 90%에서 발작을 줄이거나 없앨 수 있다.
열성 발작을 하였거나, 잠시 응시하는 것 같은 경미한 발작을 몇 주에 한 번쯤
드물게 한다면 투약은 필요 없을 수도 있다.

투약은 경련의 종류에 따라 달라지게 된다. 강직 간대 발작에서는 페노바비
탈(phenobarbital)과 페니토인(phenytoin)이 가장 흔하게 사용된다. 카바마제
핀(carbamazepine)은 정신운동발작에 흔하게 사용된다. 발프로익산(valproic
acid)은 근간대성발작, 소발작, 강직간대발작에 사용된다. 이밖에 크로나제팜
(clonazepam), 프리미돈(primidone), 디아제팜(diazepam), 에쏘수시마이드
(ethosuximide) 등의 약물이 있고, 이러한 투약은 단독 또는 병행하여 투여될
수 있다.

규칙적인 투약이 경련을 줄이거나 예방하는 데에 매우 효과적인 경우에도
투약으로 인한 여러 가지 부작용이 초래될 수 있다. 예를 들면 과다행동, 과민
성, 수면장애, 체모성장, 기면, 우울증, 진정을 야기하고, 간 기능이나 혈구치에
영향을 미칠 수 있다. 이러한 가능한 부작용 때문에 담당 의사는 투약하는 동
안 어린이를 세밀히 감시하여야 한다. 주기적인 혈액검사를 통해 치료농도(부
작용을 최소화하면서 발작을 조절할 수 있는 정도의 혈중 약의 용량)를 정하여
야 한다.

만약 투약으로 발작을 조절할 수 없다면 식이 요법이 시도될 수 있다. 특히
지방이 많고 단백질과 탄수화물이 적은 매우 엄격한 식이인 **케톤체 유발식이**
(ketogenic diet)를 고려할 수 있다. 이 식이는 몸의 대사를 전환시켜 케톤체의
양이 대단히 증가하게 된다. 이러한 대사 상태가 발작을 조절하는 데에 도움을
줄 수 있다. 이 식이는 영양을 면밀히 감시하여야 하는 5살 이하의 어린이에게
가장 좋다. 만약 이러한 시도를 고려할 경우에는 신경과 의사가 어린이를 영양

학자에게 의뢰하게 된다.

때로는 발작을 막기 위해 수술을 권유하게 된다. 신경외과 의사는 비정상 전기 충격이 퍼지는 뇌의 지역을 정하여 이곳을 절개하여 이러한 경로를 막는 전극을 삽입하게 된다. 이러한 수술에는 수술적·신경학적 위험이 높다. 그러나 이러한 시술이 어떤 어린이의 발작을 없애거나 줄일 수 있기 때문에 다른 보존적 치료의 효과가 없을 때에는 이 방법을 고려할 수 있겠다.

당신의 아이가 발작을 할 때 무엇을 할 것인가

한 번 발작이 시작되면 그것을 멈추기 위해 당신이 할 수 있는 일은 없다. 당신이 침착할 수 있다면 아이를 조금 더 편안하게 해주고 스스로를 해치지 않도록 보호해 줄 수 있다. 첫째로, 아이를 바닥에 편하게 누이고 장애물을 치워준다. 아이를 옆으로 돌려서 침이 입 밖으로 흘러내릴 수 있도록 해준다. 치아 사이에 어떤 것도 두지 말아라. 아이는 아무것도 삼킬 수 없음을 알아야 한다. 또한 아이의 호흡이 불규칙적으로 되는 일이 흔하다는 것을 기억하고 놀라지 말아라. 발작이 다 끝난 후엔 아이를 편하게 쉬게 해 주어라. 아이가 환경에 익숙해지고 무슨 일이 일어났는지 이해할 수 있도록 도와주어라.

만약 당신의 자녀가 발작이 처음이 아니라면 그 즉시 의사를 부를 필요는 없다. 그러나 발작이 10분 이상 지속된다면 즉시 응급실을 찾아야 한다.

▪▪ 수두증

뇌성마비 아동은 수두증이 오기 쉽다. 이러한 상태에서는 뇌에서 뇌척수액의 흐름에 장애가 생긴다. 대개 뇌척수액은 뇌실이라고 불리는 뇌의 공간에서 생성되어 뇌와 척수의 표면을 흘러가며 순환한다. 뇌척수액의 생산, 순환, 흡수에 장애가 오면 뇌실에서의 압력이 증가하게 된다. 바꾸어 말하면 뇌조직으로의 압박을 야기하므로 치료하지 않으면 머리를 비정상적으로 커지게 하고, 또한 뇌손상을 일으키게 된다.

일부 어린이들은 뇌척수액이 정상적으로 척수로 흘러가지 못하도록 뇌척수액 경로에 기형을 가지고 태어나기도 한다. 미숙아에서는 뇌실 주변의 연약한 모세혈관 출혈이 일어나 뇌실에서 뇌척수액이 나가는 경로를 막아 수두증이 생길 수 있다. 또한 수두증은 뇌수막염이나 뇌척수액의 재흡수를 막는 다른 질환 때문에 발생할 수 있다.

성장 기록지에 두위를 기록하여갈 때 예상보다 커졌다면 수두증을 의심할 수 있다. 이외에 천문이 확장되거나 튀어나왔을 때, 머리에 부드러운 부분이 있을 때, 보채거나 평소와 다르게 처지고 자려고 할 때에도 의심할 수 있다. 또한 발달이 느릴 수 있다. 머리의 봉합선이 막힌 후에는 뇌압의 증가로 인하여 구토, 두통, 혼수상태에 이를 수 있다. 수두증의 진단은 초음파, 컴퓨터 단층 촬영, 자기공명영상 등을 시행하여 확장된 뇌실을 확인하여 이루어진다.

수두증의 치료는 대개 뇌척수액을 배액시키고 뇌의 압력을 줄여주기 위한 단락을 만들어주는 것이다. 단락의 종류 중에서 뇌실-복강 단락이 가장 흔하다. 이 단락은 전신마취 하에 신경외과 의사에 의해 삽입되게 된다. 단락은 두개골과 뇌에 작은 구멍을 통하여 뇌실로 삽입되게 된다. 그리고 나서 관을 경부의 피부 아래와 흉부를 지나 복강으로 연결하여 뇌척수액을 배액시킨다.

뇌실-복강 단락을 가진 아이들은 합병증이 일어나는지에 대한 관찰이 필요하다. 때때로 단락이 막히면 재수술이 필요하고, 심각한 합병증으로 감염이 발생하면 항생제 치료가 필요하거나 교체하는 수술이 필요할 수 있다. 또한 어린이가 성장함에 따라 관의 길이를 늘려주어야 한다. 단락술 시행 후 수두증의 증상은 대개 잘 조절된다. 그러나 대부분의 경우에서 수두증이 완치되지는 않으므로 가족과 의사가 주의 깊게 관찰하여야 하는 평생 지속되는 질환이다.

■■ 위장관 문제

많은 뇌성마비 아동들이 위장관 문제를 갖는다. 위장관계는 구강, 식도, 위, 장 뿐만 아니라 소화 효소를 만들어내는 췌장, 간, 담낭 같은 기관으로 구성되어 있다. 위장관계는 음식물을 분해하여 이것이 흡수되어 조직에 사용되고 에너지를 생산하게 된다. 또한 체내에서 생성된 대사물을 제거한다. 위장관계에 문제가 생기면 음식물을 먹기 어렵고, 소화시키고 배설하기 어렵게 된다. 이러한 문제로 인해 식사 때마다 어려움이 생기고 영양부족 상태에 이르게 되므로, 즉각적인 의학적 개입이 중요하다. 본문에서는 뇌성마비 아동에게서 흔히 볼 수 있는 위장관계 문제를 알아보겠다.

구강반사

처음 몇 달 동안 아이는 그들의 움직임을 수의적으로는 거의 조절할 수 없다. 그들이 촉각, 소리, 다른 여러 자극에 반응하는 방법은 반사에 의해 조절된다. 제6장에서 논의될 예정이나 뇌성마비 아동들은 종종 정상의 경우보다 원시반사를 수개월에서 수년 동안 오래 지속하고 있다. 이러한 반사가 얼굴과 입에서 지속될 때, 뇌성마비 아동은 씹기, 빨기, 삼키기에 어려움이 있을 수 있다.

뇌성마비 아동에게 문제를 일으키는 구강반사는 물기반사(bite reflex), 구역반사(gag reflex), 혀내밀기반사(tongue protrusion reflex) 등이다. 물기반사는 숟가락이 잇몸이나 치아에 닿았을 때 어린이의 입을 꽉 다물게 한다. 구역반사는 물체가 구개나 혀에 닿았을 때 구역질이나 질식이 일어나게 한다. 혀내밀기반사는 혀가 자극되었을 때 혀를 이용하여 음식물을 밀어내게 한다. 이러한 반사가 너무 강하면 식사 때마다 지치고 시간이 많이 걸리며 음식물 섭취가 감소하게 된다. 구강반사가 강하면 질식이나 흡인(음식물이 폐로 들어감), 부정교합이 일어나게 된다.

만약 당신의 자녀가 구강반사의 문제를 가지고 있다면 작업치료사, 언어치

료사, 물리치료사, 영양사가 구강의 민감성을 감소시
키고, 음식을 입안에서 움직이는 법, 삼키는 방법을
가르쳐서 아이에게 도움을 줄 수 있을 것이다.

위식도 역류

만약 아기가 자주 뱉어내거나 질식하거나(음식을 먹
을 때 목이 메임), 구역질, 기침을 하거나 토한다면 **위
식도 역류**를 의심해 볼 수 있다. 이러한 상태는 뇌성마
비 아동에게서 특히 흔하다. 하부식도 조임근이 이완
되면서 위로 들어간 음식물이 다시 식도로 역류하고
때로는 입으로 나오게 된다. 하부식도 조임근은 식도의 하부에 위치하고 있으
며 정상적으로 위에서 식도로 음식이 나오는 것을 방지하는 역할을 한다. 이
조임근의 이완은 대개 트림을 일으키지만, 이완이 정상에서보다 길고 심할 경
우 위 내용물이 식도로 가게 된다.

위식도 역류는 심각한 합병증을 일으킬 수 있다. 예를 들면 위산이 식도를
자극하여 통증과 출혈 또는 식도염을 일으킨다. 또한 위식도 역류를 가진 아이
들은 그들이 위 내용물의 일부를 폐로 넘길 경우 흡인성 폐렴이 발생할 위험이
있다.

특별한 섭식방법으로 뇌성마비 아동의 위식도 역류를 막을 수 있다. 더 자
주, 보다 조금씩 음식을 나누어 주는 것이 도움이 될 수 있다. 곡류를 이용해서
음식을 더욱 걸쭉하게 만들고, 또한 식사 후에 45분에서 한 시간 정도 비스듬
히 앉은 자세를 취하여 위에서 음식물이 비워지도록 돕는다.

당신 자녀의 담당 의사와 작업치료사, 물리치료사, 언어치료사, 영양사가 적
절한 섭식방법에 대해 도움을 줄 수 있을 것이다. 만약 이러한 방법이 효과가
없고, 합병증이 오거나, 성장장애가 있다면 **위장병 전문의**를 만나야 한다. 위장
병 전문의는 바륨을 삼키면서 시행하는 진단적인 X-선 검사나, 비디오 투시 조

영 검사를 시행할 수 있다. 그리고 역류를 치료하기 위해 시프라이드(cisapride), 메토크로프리마이드(metochroplamide), 라니티딘(ranitidine), 시메티딘(cimetidine) 등을 처방하기도 한다.

위식도 역류를 가진 아이의 일부에서는 수술을 필요로 한다. **위바닥주름술**(fundoplication-Nissen procedure)은 위 내용물이 식도로 역류하는 것을 방지하기 위해 하부식도 조임근을 단단하게 조여 주는 것이다. 대안으로는 복부의 피부에서 위로 위루관을 삽입하는 것이다. 아이는 유동식을 관을 이용하여 섭취할 수 있게 된다. 관의 끝은 버튼으로 닫을 수 있고 섭식하지 않을 때에는 몸 밖으로 관이 열려있지 않다. 때때로 위식도 역류와 흡인이 발생하는 아이에서는 이 두 가지 수술법이 모두 필요한 경우도 있다.

변비

뇌성마비 아동에서 변비가 더 많이 발생하는데, 이것은 복근의 강직 또는 근력 저하로 인하여 배설에 필요한 압력을 위한 복부 근육의 수축을 하기 어렵기 때문이다. 또한 뇌성마비 아동은 복부 근육의 수축을 야기하는 신호가 되는 직장의 팽창을 제대로 감지하지 못하기도 한다. 운동의 부족 또한 변비의 한 요인이 될 수 있다.

변비의 증상으로는 크고 단단한 변, 복통, 항문출혈이나 열상, 속옷의 더럽혀짐, 식욕 부진, 복부의 팽창 또는 단단해짐 등이 있다. 변비는 또한 화장실을 두려워하는 것과 같은 행동의 문제를 야기하여 배변훈련하는 것을 더욱 어렵게 만든다.

변비가 있는 뇌성마비 아동에게 식이의 변화가 도움이 될 수 있다. 과일이나 채소, 수분의 섭취를 늘리고, 정백하지 않은 곡물(현미)이나 밀기울을 식이에 추가하면 대변을 부드럽게 하고 배변을 쉽게 할 수 있다. 아이가 락토오스 불내증이 있다면 또는 유당을 분해하는 효소가 결핍되어 있다면 우유를 줄이는 것이 도움이 될 것이다. 추가적으로 의사가 아이의 장을 매끄럽게 하기 위해

광유(mineral oil)를 처방하거나 docusate sodium같은 변연화제, psyllium같은 완하제를 처방할 수 있다. 완하제를 오랫동안 사용하는 것은 일반적으로 추천되지 않고 있으며, 식이변화, 팽창제, 연화제가 더 편하다. 처방 없이 살 수 있는 일반 판매약을 구입하기 전에 항상 의사를 만나 아이의 상태를 점검하도록 하여라.

만약 당신의 아이가 만성 변비를 가지고 있다면, 담당 의사나 위장병 전문의에게 추가 검사를 받아야 할 것이다. 이러한 전문가들은 아동의 변비가 아이가 복용중인 항경련제나 철분제 같은 투약의 부작용인지를 결정할 수 있다. 좀처럼 낫지 않는 변비의 경우에는 소아과 의사(재활의학과 의사) 또는 위장병 전문의의 조언을 받도록 한다. 치료로는 관장을 통한 장을 비우기, 좌약, 완하제 등이 있겠고, 규칙적인 배변습관 기르기, 식이 조절 등이 있겠다.

▓▓ 요로감염

뇌성마비 아동들은 일반 아동들에 비해 요로감염이 3배 정도 많이 일어난다. 요로감염은 발열, 구토, 설사, 체중증가의 부진, 복통, 빈뇨, 뇨의 절박, 배뇨통 등을 유발할 수 있다. 적절히 치료받지 못한다면, 만성 요로감염은 신장에 손상을 줄 수도 있다.

뇌성마비 아동에서 만성 변비가 소변의 흐름을 막아 요로감염을 일으키는 경우도 드물게 있었다. 일부 아이들에서는 청결문제로 인하여 요로감염이 일어나기도 하는데, 고관절 주변 근육의 경직과 고관절 구축으로 인하여 골반 주변 지역을 청결히 하기가 어려울 수 있다. 근력의 약화도 요도 주변을 대변으로 오염시키지 않고 닦아내기를 어렵게 하는데, 이러한 오염이 방광의 감염을 야기할 수 있다.

항생제를 이용하여 요로감염을 치료하며, 아이에게 충분한 수분섭취는 요로계통을 깨끗하게 하는데 도움을 줄 수 있다. 특히 덩굴월귤 과즙(cranberry juice)이 뇨의 산성화와 세균성장을 억제하는데 도움이 된다.

아이를 더 자주 목욕시키고, 기저귀를 자주 갈아주는 것이 요로감염을 방지하는데 도움이 된다. 배변 후 청결하게 처리하는 일이 특히 중요하다. 뇌성마비 여아라면, 골반부분과 방광에 자극을 줄 수 있는 거품 목욕을 하지 않는 것이 좋다. 요로감염이 반복될 경우에는 비뇨기과 의사의 진찰을 받아야 한다.

▉▉ 방광조절에 대한 문제

방광조절은 방광, 복벽, 횡경막, 골반저, 요도괄약근을 포함하는 많은 근육의 협응운동을 필요로 한다. 비록 운동신경에 장애를 가진 어린이에서 이러한 조절을 배우는 것이 어려운 일이기는 하나, 대부분의 뇌성마비 아동들은 3~10살 사이에 방광조절을 하게 된다.

당신의 아이가 방광조절을 하는데 너무 오래 지연된다면, 담당 의사를 만나야 하며 방광기능에 영향을 미치는 해부학적 이상 여부와 방광과 신장의 기능을 평가하는 검사를 시행하여 이에 적절한 해결방법을 찾도록 한다.

또한 실금을 극복하는데 도움을 주는 방법으로는 아이가 실금을 하지 않았을 때 칭찬을 하거나 스티커를 붙여주는 것과 같은 행동조절 방법과 습기를 감지하여 경보가 울리게 하는 조건화 방법이 있으며, 마지막으로 약물치료 방법이 있는데, 가장 흔히 사용되는 약물은 이미프라민(imipramine)과 항이뇨 호르몬 제재가 있다.

▉▉ 호흡기 문제

대부분의 아이들은 감기에 흔하게 걸리게 된다. 콧물과 기침 같은 증상은 대개는 중요하지 않아 3~7일 안에 낫게 된다. 그러나 뇌성마비 아동에서는 감기가 오래가는 경우가 많다. 뇌성마비 아동들 일부에서는 적절한 기침을 하기 위한 운동의 협조가 원활하지 못하기 때문에 상기도의 울혈을 제거하기 어렵다. 또한 폐로 들어오는 세균과 점액을 막는데 필요한 구역반사가 결핍될 수 있다. 때때로 감기의 합병증으로 폐렴이 초래된다. 폐로 점액, 세균, 음식이 흡인되는 것과 같은 문제들로 인하여 역시 폐렴이 발생할 수 있다. 예를 들면 호흡과 연하를 조절하는 데에 문제가 있는 아이에서는 질식과 흡인이 일어날 수 있다. 발작을 하는 동안 옆으로 잘 누이지 못한다면 역시 흡인이 일어날 수 있으며, 위식도 역류가 있는 경우에도 위와 식도에서 폐로 음식이 빈번히 흡인된다.

폐렴은 영아와 소아에서 매우 위험하며, 이는 뇌성마비 아동에서 사망의 가장 흔한 원인이 된다. 폐렴은 조기에 발견한다면 효과적으로 치료할 수 있기 때문에 전조 증상을 아는 것이 중요하다. 증상으로는 발열, 심한 기침, 빠른 호흡, 분비물 증가, 구토, 호흡을 돕기 위해 콧구멍을 움직이거나 복부근육을 이용하여 힘들게 숨 쉬는 것 등이 있다.

폐렴은 항생제, 수액, 그리고 드물게는 산소나 호흡기 같은 호흡 보조기구를 이용한 적극적인 치료가 필요하다. 또한 물리치료사나 호흡치료사(호흡기, 가습기 또는 산소텐트, 호흡장비를 다루는 병원의 치료사)가 폐의 점액을 배출하기 위한 체위배출법을 아이와 가족에게 교육할 수 있다. 이 방법은 아이를 옆으로, 뒤로 또는 위로 체위를 바꾸어서 흉부를 손으로 두드리면서 점액을 떨어지게 하여 기침을 할 수 있고 울혈을 제거할 수 있게 하는 것이다.

폐렴에 걸린 아이는 반복되는 발병에 대한 이유를 밝히기 위해 포괄적인 평가를 필요로 한다. 평가를 시행하는 의료진으로는 소아과 전문의, 호흡기 전문의, 이비인후과 전문의, 소화기내과 전문의, 영양사, 언어치료사가 있다. 이러한 전문가들이 역류와 폐렴을 치료할 수 있고 폐렴을 유발하는 삼킴과 호흡에 관련된 문제를 호전시키는 방법을 발전시킬 수 있다.

■■ 청각적 문제

청각은 언어발달에 필수적이다. 영아나 유아에서 경미한 청력손실도 언어발달
을 방해할 수 있다. 뇌성마비 아동들의 5~15%에서 청력에 문제가 있기 때문에
당신의 아이의 청력을 자주 그리고 조기에 평가하는 것이 중요하다.

부모로서 당신은 아이가 청력소실의 증상이 있는지 주시해야 한다. 경도에
서 중등도의 청력손실이 있는 아이는 매번은 아니지만, 음성이나 소음에 대해
때때로 다르게 반응한다. 심한 청력손실의 경우에는 음성이나 소음에 반응하
지 않는다. 대신 촉각이나 시각적·환경적 자극에는 반응한다. 예를 들면 침대
에 늘어놓은 옷은 옷 입을 시간이라는 것을 말해주고, 식탁 위의 음식은 점심
이 준비되었다는 신호가 될 것이다.

청력손실의 종류

뇌성마비 아동들은 감각신경성 청력손실과 전도성 청력손실의 두 가지 유형의
청력장애를 가질 수 있다. 두 종류 모두 소리감지의 수준을 떨어뜨리고 언어를
구분하지 못하게 한다. 그리고 청력손실의 정도는 경증에서 최중증까지로 분
류한다.

감각신경성 청력손실. 감각신경성 청력손실은 내이, 청각신경 또는 두 가지 모
두에 손상을 입음으로 야기된다. 장애는 선천성과 뇌수막염, 고열, 특정 항생
제 같은 투약으로부터 비롯되는 후천성이 있다. 유전성 감각신경성 청력손실
은 영아기 초기나 아동기에 나타날 수 있는데, 뇌성마비 아동 중 약 1% 정도가
이러한 종류의 청력손실을 갖는다.

전도성 청력손실. 전도성 청력손실은 뇌성마비 아동에서 더 흔한 유형이다. 이
는 중이의 문제(감염), 구개열과 구순 같은 해부학적 이상, 귀의 기형 때문이
다. 청력손실을 일으키는 흔한 귀의 감염으로는 중이의 바이러스성 또는 세균

성 감염(중이염)이 있다. 중이염의 증상은 이통, 발열, 이루, 보챔, 고막의 충혈과 팽창이 있다. 감기나 알러지와 동반될 수 있는 중이의 분비물(장액성 중이염) 역시 전음성 청력손실을 유발할 수 있다.

청력손실의 진단과 치료

아이의 연령에 따라 청력을 검사하는 다양한 평가방법을 사용할 수 있다. 예를 들면 6개월 이하의 영아의 청력평가를 위해 행동평가방법을 사용할 수 있다. 즉 소리가 날 때 깜짝 놀라거나 눈을 깜빡이거나 고개를 돌리는 반응을 보인다. 더 큰 아이는 놀이를 하는 동안 평가할 수 있는데, 노는 동안 소리에 대한 반응의 변화가 어떠한지 관찰할 수 있다.

어린이가 가지고 있는 청력손실의 종류에 초점을 맞추기 위해 귀의 기능을 평가하기 위한 다양한 방법을 사용할 수 있다. 고실측정이라 불리는 검사는 중이를 평가하는 것으로, 이 검사를 통해 고막의 압력과 운동의 변화를 전기적으로 측정하고, 중이에 액체가 존재하는지를 평가한다. 귀음향 방사평가는 내이 또는 달팽이관을 평가하는 방법이다. 이 검사를 하는 동안 음향이 아이의 귀를 통해 들어가고 달팽이관으로부터의 '공명'(echo)의 양이 적절한지 여부를 평가하기 위해 분석된다. 또한 뇌가 소리에 어떻게 반응하는지를 측정하는 뇌파검사의 한 종류인 청신경 유발전위검사(BAER or ABR)를 시행할 수 있다. 음향이 발생하였을 때 뇌파의 변화를 관찰함으로써 청력손실이 편측, 혹은 양측으로 존재하는지를 알아낼 수 있다.

만약 아이가 청력손실이 있다면 원인과 치료를 위해 이비인후과 전문의의 진료를 받아야 한다. 전도성 청력손실은 대부분의 경우 치료가 가능하다. 예를 들면 감염은 항생제를 이용하여 치료할 수 있고, 중이액은 투약을 통하여 치료할 수 있고, 만약 지속된다면 수술을 통하여 고막에 관을 거치하게 된다(고막 절개술 관). 구개파열과 중이의 기형은 수술로 교정될 수 있다.

감각신경성 청력손실을 가진 어린이는 음향을 증폭시키기 위해 보청기를 필요로 할 것이다. 소리에 대한 아이의 반응을 개선시키기 위해 청각사와 언어병리학자가 적절한 보청기를 적용하는 일을 한다. 언어능력은 언어치료와 조기 특수교육을 통해 호전될 수 있다.

■■ 시각적 문제

시각장애는 눈, 안근육, 시신경, 시각적 정보를 처리하는 뇌 피질의 어느 부분에서의 문제로 발생할 수 있다. 뇌성마비가 흔하게 시각계통에 영향을 미치는 기능의 장애를 가지므로, 뇌성마비 아동에서는 다른 아이들보다 시각적인 문제가 많다.

눈에 대한 전문의사인 안과의사는 시각적인 문제를 발견하고 질환을 인식하는 것에 대해 수련을 받은 사람이다. 눈에 대한 검사를 하면서 그는 아이의 시력을 측정할 것이다. 영아에서는 시력을 빛이나 사물을 따라가면서 주시하는 능력을 검사하면서 평가할 수 있다. 더 큰 아이들은 특정한 그림을 식별해내는 능력이나, 거리를 두고 도표를 읽으면서 평가되게 된다. 검사하는 동안 안과의사는 안약을 동공에 넣고 산동시킨 후에 눈을 검사할 것이다.

뇌성마비 아동에서 진단되는 시각장애 중 일부를 기술하면 다음과 같다.

굴절 이상

뇌성마비 아동의 4분의 3 정도에서 굴절이상이나 시력 감소를 가지게 된다. 가장 흔한 것은 **원시**로 멀리 있는 물체는 선명하게 보지만 가까이 있는 물체는 흐릿하게 보이는 것이다. 뇌성마비 아동에게서 또 흔한 것은 근시로 가까이 있는 물체는 볼 수 있으나 멀리 있는 물체는 흐릿하게 보이는 것이다. 일부 아이

들에서는 각막의 비정상적인 굴곡으로 인하여 난시가 있다. 아이에게 굴절이
상이 있는지 알 수 있는 증상으로는 눈을 가늘게 뜨고 곁눈질을 하거나, 눈을
감거나, 얼굴 가까이에 있는 물체를 잡거나, 물체에 충돌하고, 미세 협응운동
부전이 있겠다. 이런 경우 아마도 눈의 피로감이나 흐릿함을 호소할 것이다.
안경이나 콘택트 렌즈가 굴절이상이 있는 어린이의 시력을 개선시킬 수 있다.
그러나 아이가 아직 너무 어리다면 교정렌즈 없이 관리할 수 있을 것이다. 예
를 들면 멀리 있는 물체가 흐릿하게는 보이는 중등도의 굴절이상은 일상생활
동작에는 지장이 없을 것이다. 이런 경우에 안경을 착용할 것인지에 대한 결정
은 부모와 안과의사에게 달려 있다.

사시

사시는 뇌성마비 아동 절반에서 나타나며 특히 사지마비나 양지마비형에서 흔
하다. 사시에서는 양측 눈이 함께 초점을 맞추지 못한다. 눈이 안으로 돌아가
있을 수 있고(내사시) 밖으로 돌아가 있을 수도 있다(외사시). 두 가지 모두 깊
이를 감지하는 능력에 영향을 미치고, 복시와 약시를 야기한다. 뇌성마비 아동
의 운동장애가 안구근육의 조절에도 영향을 미칠 수 있어 눈의 정렬 오류를
야기한다.

사시는 약한 눈의 근육을 적절하게 위치하게 하기 위해 강한 쪽 눈에 안대를
적용하여 치료하기도 하고, 교정안경을 처방하기도 한다. 추가로 근육의 협응
운동을 발달시켜서 양측 눈이 함께 초점을 맞출 수 있도록 수술이 흔히 시행
된다.

약시

약시에서는 흐릿하거나 복시가 되는 것을 방지하기 위해 뇌가 변화하거나 상
대적으로 약한 눈을 억압하게 된다. 이러한 억제작용은 양쪽 눈의 시력이 차이
가 날 때, 양쪽 눈이 초점을 함께 맞추지 못할 때(사시) 또는 백내장이나 다른

질환으로 인해 한쪽 눈이 선명한 영상을 보지 못할 때 일어나게 된다. 시간이 갈수록 이러한 억제 작용은 비가역적으로 될 것이며, 뇌는 시각적 정보를 해석해내는 능력을 잃어버릴 수 있고, 약한 쪽 눈이 실명에 이르게 될 것이다. 운 좋게 초기에 이를 감지한다면, 약시는 효과적으로 치료될 수 있다. 기저질환－사시, 시력감소, 백내장－이 일단 진단되면, 이러한 질환의 치료로 약시를 되돌릴 수 있다.

백내장

뇌성마비 아동 중 일부에서는 백내장을 지니고 출생한다. 백내장은 망막으로 들어가는 시각 영상을 차단할 수 있고, 흐려보임이나 약시 같은 시각장애를 일으킬 것이다. 백내장은 유전적 이유로 또는 풍진(rubella), 톡소포자충증(toxoplasmosis), 거대세포바이러스(CMV) 또는 아기가 자궁 안에 있을 때 발생한 다른 감염으로 인하여 발생할 수 있다. 백내장이 있는 아이들은 대개 수정체에서 백내장을 제거함으로써 시력을 회복하기 위해 출생 수개월에 수술을 받는다. 이 수술은 대개 1~2일 정도의 입원기간만 필요하고 보통 아주 성공적이다. 만약 눈에서 수정체를 제거하였다면, 그것을 대체할 콘택트렌즈가 필요할 것이다.

미숙아 망막증

이전에는 수정체 후부 섬유증식증(R.L.F)으로 알려졌던 미숙아 망막증(R.O.P)은 미숙아에서 나타날 수 있다. 그것은 대개 미숙아가 호흡기에 있을 때 사용했던 고농도의 산소로부터 초래된다고 알려져 있다. 미숙아 망막증은 눈의 모세혈관에 영향을 미쳐 근시를 초래할 수 있다. 또한 망막을 눈 뒤로 당겨서 망막박리를 일으켜서 시력상실이나 실명을 초래할 수 있다. 운이 좋다면 한랭요법이나 레이저치료 같은 치료법으로 망막박리의 진행을 막을 수 있다. 또한 망막은 수술을 통해 다시 붙일 수도 있다.

피질맹(겉질시각상실)

피질맹은 뇌피질의 시각 중추의 손상으로 인하여 발생한다. 피질맹이 있는 아동은 눈에서 시각적인 정보를 알아낼 수 있으나 뇌에서 정보를 올바르게 처리하여 해독해 낼 수가 없다. 그 결과 부분실명 또는 실명이 오게 된다. 편마비 환아의 25%가 편측 시야 결손(반맹)을 갖는데, 그들은 앞에 있는 사물을 볼 수 있으나 옆에 있는 사물은 보지 못한다. 전피질맹은 드물고, 극심한 뇌손상이 있을 때 나타날 수 있다.

만약 아이에게 시각장애가 있다면, 아이에게 적절한 의학적·교육적 치료를 찾아주어야 한다. 특별히 훈련된 시각 치료사에 의한 교육 프로그램이 효과적인데, 이 치료사들은 아이의 시력을 높이고 시력 이외의 다른 기관들로부터의 정보를 이용하는 법을 도와줄 것이다. 시각치료사, 물리치료사 그리고 작업치료사는 아이가 식기(eating utensil)와 같이 물건은 어느 공간에 있고, 또 다른 물건들을 어느 곳에 위치하고 있으며 어느 곳에 두어야 하는 것처럼 물건을 다루는 기술을 가르쳐 줄 수 있다. 밝은 빛, 밝은 색상, 큰 인쇄물 그리고 확대경과 같은 시각적인 도움을 주는 도구들이 당신의 아이를 또한 도울 수 있다. 또한 점자나 계단 근처의 벽에 돋아 있는 점들과 같은 촉각 신호 또한 도움이 될 수 있다.

▦ 근 긴장도 증가에 의해 발생하는 정형외과적인 문제들

뇌성마비는 진행하는 질환이 아니다. 일단 소아에서 뇌손상이 일어나면 그것은 점차 더 나빠지진 않는다. 그럼에도 가끔씩은 비정상적인 근육의 긴장도가 합병증을 일으켜 아이의 뇌성마비가 점점 더 나빠지는 것처럼 보일 수 있다. 지속적인 근육 경직은 근육자체의 기능저하뿐만 아니라 근육을 지지하는 뼈, 관절, 인대와 같은 골격계에 문제를 일으킬 수 있다. 뼈, 관절, 근육에 관련된 문제들은 정형적인 문제들로 알려져 있다. 아이들의 근 긴장도 증가에 따른 일반적인 합병증은 관절 구축, 고관절 탈구와 척추측만증으로 발전될 수 있다.

고관절 탈구

가끔 고관절 주위의 근육의 강한 당김으로 인해 다리의 대퇴골이 고관절에서 빠져 나올 수 있다. 대퇴골이 고관절의 제 위치에서 벗어나왔으나 관절에서 완전히 빠져 나오지는 않은 상태를 아탈구, 고관절로부터 분리된 것은 탈구라고 한다. 심한 사지마비가 있는 아이들은 특히 고관절 탈구로 진행하기 쉽다.

고관절 아탈구와 탈구는 통증을 유발할 수 있으며 앉기와 같은 동작과 회음부 위생 관리를 어렵게 하고, 척추 측만증과 같은 중요한 문제를 일으킬 수 있다. 통증은 만성적인 근육의 경직뿐만 아니라 관절염에 의해 일어날 수도 있다. 소염제가 통증을 조절하는데 도움이 될 수 있다.

정형외과 의사는 당신 아이의 고관절의 위치의 변위 정도를 결정하기 위해 엉덩이 방사선 검사를 실시한다. 탈구를 막기 위해서 의사는 몇 가지 수술과정을 수행할 수 있는데 이는 아이의 나이와 상태에 달려 있다. 일반적으로 당신의 아이가 3살에서 8살 사이라면 의사는 연조직(근육, 신경, 근)부위의 수술부터 시작할 것이다. 아이가 5살 이후에는 정형외과의사는 골절단술—대퇴골과 고관절의 각도를 변화시키는 수술—을 고려할 수 있다. 만일 다른 수술들이 성공적이지 못하다면 전체적인 고관절 치환술도 고려해 볼 수 있다.

척추측만증

뇌성마비의 15~30% 정도에서 척추 측만증이 진행된다. 척추주위 근육의 비대칭적 긴장이 이러한 상태를 만든다. 척추측만증은 또한 잘못된 자세나 위치, 예를 들면 아이가 습관적으로 휠체어의 한쪽으로 기댈 때도 생길 수 있다. 척추측만증은 S-자형 또는 C-자형으로 생길 수 있으며, C-자형 만곡은 종종 엉덩이나 어깨의 비대칭을 가져오기도 한다.

만일 적절히 치료받지 못한다면 척추측만증은 당신 자녀의 자세, 키, 앉아있는 균형, 걷기능력, 심폐기능에 영향을 줄 수 있다. 척추측만증은 또한 엉덩이나 등의 피부에 부가적인 압력을 줄 수 있고, 압력으로 인한 상처를 야기할 수 있다. 따라서 정형외과 의사는 주의 깊게 아이들의 척추의 만곡을 수년에 걸쳐 관찰하고, 허리나 갈비뼈의 이상 유무를 검사할 것이다.

척추의 만곡은 종종 적절한 자세와 보조기, 물리치료 운동 프로그램에 의해 수정되거나 더 나빠지는 것을 막을 수 있다. 주조된 방석을 사용함으로써 앉아 있는 자세를 향상시킬 수 있는데 이는 척추를 지탱하는데 도움이 되며 골반에 채워넣음으로써 압력에 의한 상처를 예방할 수 있다. 초기 척추측만증에서 플라스틱 몸통 보조기를 처방받을 수 있다. 만일 심각한 척추 만곡이 있다면 수술이 필요하다. 척추뼈는 분절 척추, 기구나 혹은 척추뼈를 서로 접합시킴으로써(후방 유합술) 적절한 위치에 고정될 수 있는데, 대부분의 경우 수술은 척추의 대체적 성장이 일어날 때까지 연기된다.

관절 구축

때때로 아이의 근 긴장도가 증가한 근육의 지속적으로 잡아당기는 힘으로 인하여 근육, 인대, 관절막(관절에서 뼈의 끝을 둘러싸는 연골)의 길이 단축이 초래될 수 있다. 만약 관절 주변의 특정 근육이 다른 것보다 더 세게 잡아당긴다면, 시간이 경과하면서 이러한 근육 간의 불균형으로 단축은 더 심해지고 관절의 정렬오류가 생길 수 있다. 관절의 정렬 오류의 동반 유무와는 관계없이 이러한 근육 또는 다른 조직의 단축을 구축이라고 부른다. 뇌성마비 아동에서는 활동성 근육의 움직임의 제한과 강한 경직 때문에 구축이 생길 것이다. 급성장기 동안에는 근육 간의 불균형에 추가의 스트레스를 주기 때문에 구축에 기여할 것이다. 따라서 구축이 있는 아이들은 키가 빠르게 자라는 단기간 내에 급속도로 나빠지는 일이 흔하다.

일반적으로 구축은 뇌성마비 아동의 운동을 더욱 제한하게 된다. 일단 구축이 하지에 발생하면 아이의 보행과 자세에 영향을 미칠 수 있다. 예를 들면 장딴지 근육과 아킬레스건의 단축이 있는 아이는 발가락으로 서는 경향이 있다.

이러한 문제를 **첨족**(equinus)이라고 부르며 특히 **양지마비형**와 사지마비형 어린이에서 흔하다. 아이들은 또한 비정상적인 고관절, 슬관절, 발목관절에서의

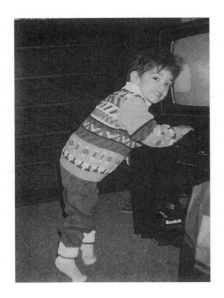

굴곡 구축이 생긴다. 이러한 굴곡은 서거나 걸을 때 웅크리거나 구부린 자세를 만들어 균형에도 영향을 미치게 된다. 때로는 슬관절을 둘러싼 특정한 근육의 구축으로 인하여 슬관절이 뒤로 과신전되어(반장슬) 퇴행성 관절염이나 통증을 유발할 수 있다. 또한 대퇴부 안쪽의 내전근의 근 긴장도 증가가 걸음 간격을 짧게, 양발 간 간격을 좁게, 심할 경우 가위걸음을 야기할 수 있다. 하지의 구축은 경직성 양지마비와 사지마비형 어린이에게서 흔하며 수년에 걸쳐 나타나게 된다.

상지의 구축은 물건을 찾고, 잡고, 놓고, 다루는 능력에 영향을 미친다. 손 근육의 경직은 흔히 엄지 손가락이 안으로 들어가는 변형을 일으킨다. 이러한 자세는 어린이들이 물체를 다루기 어렵게 할 뿐만 아니라, 위생관리가 적절하게 이루어지지 못하여 손바닥의 감염을 초래하게 된다. 물체를 잡았다 놓았다 하는 능력은 또한 손목의 굴곡 변형에 의해 영향을 받게 된다. 그리고 주관절의 굴곡 구축은 보행기 사용을 방해할 수 있다. 상지의 구축은 특히 경직성 편마비형 환아에서 흔하다. 이러한 아이들에서는 손가락, 손목, 팔꿈치, 어깨에서 점점 더 근 긴장도가 증가할 수도 있다.

▪▪ 합병증의 예방과 치료

앞서 보았던 경직의 합병증 중 다수는 운동치료와 작업치료를 통하여 예방하

거나 최소화할 수 있다. 치료사들은 구축을 예방하고 관절의 움직임을 증진시키기 위해 신전 운동과 근 긴장도 개선을 위해 조종하고 자세를 바로잡는 치료, 움직임 개선을 위해 근력을 훈련하는 치료 등을 시행한다. 제7장에서 운동치료와 작업치료 운동 프로그램에 대한 더 많은 내용을 설명하겠다.

운동치료와 작업치료를 이용한 치료법 외에도, 근 긴장도의 문제로 인한 합병증을 예방하고 치료하기 위한 몇 가지 의학적 방법들이 있다. 예를 들면 의사는 구축을 예방하거나 최소화하기 위한 특정한 보조기들을 권고할 것이다. 그들은 또한 구축을 교정하거나, 근 긴장도를 보다 정상으로 만들기 위해 수술을 권할 수도 있다. 또한 당신 아이에게 무엇이 최선일지 결정하는 데에 도움을 주기 위하여 아마도 보행분석과 같은 특성화된 검사를 시행한다. 이러한 검사는 아이의 보행 양상을 컴퓨터를 통하여 분석함으로써 최선의 재활의학적, 정형외과적 치료법을 결정하는데 도움을 줄 수 있다. 아래 부분에서는 뇌성마비 아동의 합병증을 치료하는데 가장 흔하게 사용되는 의학적 시술에 대해 기술하겠다.

보조기, 부목, 석고고정

보조기. 뇌성마비 아동의 85%에서는 치료적 운동 프로그램에 추가적으로 보조기를 처방받는다. 보조기는 관절의 안정성을 제공하거나 근육을 수동적으로 신장시키는 플라스틱, 가죽 또는 경량의 금속 기구이다. 보호기는 또한 근 긴장도를 줄이는데 도움을 주며 때로는 이러한 효과는 극적이다. 플라스틱이 가볍고 세척이 쉽고 상대적으로 보기 좋으며 스트레스 하에서도 모양을 유지하기 때문에 오늘날 가장 흔히 사용된다.

뇌성마비 아동에서 가장 흔히 사용되는 보조기는 발 뒤꿈치 받침(heel cup), 발경사 지지물(arch support), 단하지 보조기(AFOs), 장하지 보조기(KAFOs)이다. 이러한 장치는 신발안에 신어서 아이의 발, 발목, 다리를 고정시켜서 걷거나 서있을 때 지면에 발이 더 쉽게 접촉할 수 있도록 해준다. 운동치료와 함께 사용되었을 때 단하지 보호지는 흔히 발끝으로 걷는 아이에게 도움이 되고, 더 길이가 긴 장하지 **보조기**는 서 있거나 보행시 과도한 슬관절의 굴곡을 교정하

는데 도움을 줄 수 있다.

보조기는 보통 아이가 직립을 할 때 처방된다. 그러나 때로는 관절의 위치를 유지하는데 사용하기 위해 더 일찍 처방하기도 한다. 보조기를 사용하는 동안 운동치료사의 운동과 신전 프로그램

과, 석고 고정이나 복와 기립기(prone stander : 아이를 테이블에서 직립시킬 수 있도록 하는 가구) 등의 사용이 잘 조화가 되도록 하여야 한다. 뇌성마비 아동은 아마도 치료 프로그램의 한 부분으로 몇 개월 혹은 몇 년마다 보조기를 착용하게 될 것이다. 만약 당신의 자녀에게 보조기가 필요하면 의사는 보조기를 처방하고, 보조기 제작자는 이러한 보조기를 주의 깊게 제작한 후 의사의 점검을 받아야 한다. 아이가 성장함에 따라 그리고 기술이 발전함에 따라 주기적으로 교정을 하고 적절하게 착용할 수 있도록 해야 한다.

당신의 자녀가 새로운 보조기를 맞추었을 때, 수차례에 걸쳐 압력을 받는 부분에 발적이 있는지 피부를 점검하는 것이 중요하다. 아이들의 키와 몸무게가 자람에 따라, 피부에 가해지는 압력 변화에 따라 매 15~20분 간격으로 무게를 이동시킬 능력이 없다면, 압력으로 인한 손상이 발생할 것이다. 보조기나 다른 교정장치가 적절하게 맞지 않는다면 아마도 피부 자극이나 궤양, 찢어짐이 발생할 것이다. 척추, 고관절, 둔부, 발의 체중이 부과되는 부분이 압박성 궤양이 특히 호발하는 부분이다.

욕창이 한번 생기면 치유가 더디기 때문에 피부 궤양을 예방하는 것이 중요하다. 또한 궤양은 통증이 있고, 치료 과정에서 괴사조직을 절제하거나, 투약을 하거나 때로는 수술을 하게 된다. 압박성 궤양을 예방하기 위하여 압력이 가

해지는 특정 부분에 패드를 대어주는 등의 정기적 점검과 교정이 필요하다.

석고 고정. 보조기처럼, 석고 고정은 관절의 움직임을 유지하거나 개선시키고, 근 긴장도를 줄이고 구축을 예방하는 데에 도움을 줄 수 있다. 연부조직을 더욱 신장시키기 위해 때로는 석고 고정을 여러 차례에 걸쳐 시행하게 된다. 즉 구축이 신장 됨에 따라 몇 주 간격으로 교체하게 된다. 석고 고정은 한 부분이거나 혹은 이중밸브일 수 있고 그래서 벗을 수 있고, 끈을 부착할 수 있다. 이중밸브 석고 고정장치는 고형 석고 고정(solid cast)에 비해 오랜 시간 착용한다. 때때로 붕대(깁스붕대)가 석고 고정을 위해 사용되었지만, 유리섬유가 더 가볍고 내구성이 좋으며 세척이 용이하기 때문에 붕대보다 더 선호된다.

석고 고정은 발끝으로 걷거나, 슬관절 과신전, 수근관절이나 주관절 굴곡을 호전시키는 치료 프로그램의 한 부분으로 종종 사용된다. 게다가 억제성, 혹은 역동성 석고 고정으로 알려진 시술이 근 긴장도 감소에 흔하게 사용된다.

석고 고정은 몇 주나 몇 달 동안 하게 된다. 대개 보조기를 처방하기 전에 사용한다. 또한 보조기 착용과정에 문제가 생기는 아이들에게 효과적이다.

부목. 견고한 플라스틱으로 맞추어 제작한 부목이 상지의 연부조직을 신장시키거나 움직임을 더 쉽게 하는 자세로 상지를 고정하는 데에 처방된다. 부목은 "엄지 손가락 굴곡 구축(thumb in palm)" 변형 같은 주관절과 수근관절의 굴곡 변형을 방지하는 데에 도움을 줄 수 있다. 그것들은 엄지 손가락을 제 위치로 놓는 **엄지 벌리기 부목**(opponens splint)처럼 작을 수도 있고, 근 긴장도가 매우 떨어져있는 손을 지지해주는 안정 부목(resting hand splint)처럼 클 수도 있다. 부목은 제거가 가능하고, 밤이나 낮 중 어느 시간대에만 착용할 수 있다.

보조기, 석고 고정, 부목은 모두 비싸고 아이에 맞게 맞춤 제작되며, 그래서 이러한 기구를 착용하고 관리하는 올바른 방법을 배우길 원할 것이다. 아마 당신은 그것에 "우측", "좌측"의 표시가 도움이 된다는 것을 알 것이다. 만약 아이가 이러한 기구를 가지고 외출을 한다면, 잃어버리지 않도록 아이의 이름과 집

전화번호를 적어서 확실하게 하고 싶을 것이다.

약물

비록 투약을 통해 증가된 근 긴장도를 줄일 수 있으나 뇌성마비 아동에게 이러한 투약이 정규처방되지는 않는다. 이는 투약이 대개 효과적이지 못하고 어린이의 학습능력에 부작용이 생기고, 혈액내에 화학적 변화나 달갑지 않은 부작용을 초래하기 때문이다. 투약은 졸음이나 어지러움증, 근 위약, 피로 등을 유발할 수 있다.

일반적으로 약제는 심한 경직으로 인한 통증을 수반한 경련이 나타나는 어린이를 위해 예비되어 있고, 치료계획 중 일부 작은 부분에서 사용된다. 경련에 대해 처방되는 가장 흔한 약제로는 디아제팜(diazepam), 단트로렌 소디움 (dantrolene sodium), 바클로펜(baclofen)이 있다. 때때로 디아제팜은 긴장을 낮추어 주는 효과 때문에 무정위운동형 아이에서 비정상적인 움직임을 줄여준다.

최근에 **경막내 바클로펜 치료**(intrathecal baclofen therapy)라고 불리는 실험적인 방법이 다른 치료에 반응하지 않는 심한 경직을 가진 어린이에게 사용되기 시작하였다. 이 시술에서는 약물주입장치가 수술을 통해 피부 아래에 설치되고, 관을 통해 일정량의 바클로펜이 뇌척수액으로 이동하여 경직을 줄이는데 도움을 주게 된다. 투여하는 용량이 정확하게 측정될 수 있고, 경구 투여할 때보다 부작용이 적다. 이러한 기술은 척수손상 환자에서 처음으로 사용되기 시작하며, 이제 4살 이상의 뇌성마비 아동에서 사용되기 시작하였다.

신경차단술 및 보툴리눔 독소 주사

특정한 근육근의 경직은 때때로 신경차단을 통하여 효과적으로 감소될 수 있다. 신경차단은 근육으로 가는 신경에 약물을 주입하는 것이다. 그것은 신경을 통한 흥분파 전도를 감소시켜 근육의 위약이나 마비가 나타나고 때로는 저림감을 야기하기도 한다. 국소마취제, 페놀, 알코올 같은 약물이 약제의 종류와 용량에 따라 수개월간 혹은 영구적으로 신경을 차단할 수 있다.

뇌성마비 아동에서 다리를 안으로 모으게 하는 경직이 나타나는 근육에 신경차단을 하면 가위움직임이 감소하고 기기, 안기, 서기, 걷기가 더 쉬워질 수 있다. 신경차단은 또한 수술 전에 흔하게 시행되어 의사가 특정한 수술의 시행 전망에 대해 평가할 수 있게 해준다. 이것은 수술적 치료가 그 효과가 영구적인 것에 비해 신경차단은 일시적으로 같은 결과를 나타낼 수 있기 때문이다.

비록 신경차단이 종종 유용하지만 그것들을 사용하는 데에 몇 가지 발생 가능한 약점이 있다. 첫 번째로 바늘을 사용한 신경차단의 주사가 아플 수 있다는 것이다. 두 번째로 신경차단으로 인하여 아이들이 때로는 기능을 잃는다는 것이다. 만약 아이에게 신경차단을 고려한다면, 의사와 모든 장점과 단점에 대하여 명확하게 의논할 필요가 있다.

최근에 몇몇 의사들에서는 특정한 근육부분의 경직을 줄이기 위하여 새로운 약물인 보툴리눔 독소(botulinum toxin)를 주사하기 시작하였다. 경직이 있는 근육에 직접 주사하는 것으로서, 보툴리눔 독소 주사는 알코올이나 페놀을 이용한 신경차단보다 더 쉽고 통증이 덜하다. 시술의 효과는 4~6개월 동안 지속될 수 있다. 시술을 여러 번 시행될 수 있겠으나, 약의 가격이 비싸다. 보툴리눔 독소 시술은 경직이 있는 근육군의 수가 제한적인 아이들에게 특히 유용하다.

수술

뇌성마비 아동에서 움직임을 개선시키고, 변형을 교정하고, 구축이 더 이상 진행하는 것을 방지할 수 있는 몇 가지 수술법이 있다. 대부분에서는 이러한 것들은 정형외과적인 수술법이다―뼈, 관절, 근육, 인대, 건에 대한 수술. 뇌성마비 아동은 때로는 미취학기처럼 이른 시기에 수술이 필요한 경우도 있으나, 대부분의 경우 수술은 운동치료를 통하여 움직임을 유지하고 개선시키는 시도를 하기 전에는 고려하지 않는다. 일단 수술하기로 하면, 정형외과 의사는 수술의 효과를 극대화시킬 수 있도록 수술 전, 수술 후 재활치료에 관심을 가져야 한다.

뇌성마비 아동에게 도움을 줄 수 있는 수술의 종류는 아래에 기술되어 있다.

연부조직시술

연부조직에 대한 시술은 변형을 교정하고 움직임을 개선하기 위해 근육, 인대, 건에 시행하는 수술이다. 가장 흔하게 시행되는 수술법의 종류는 아래의 5가지이다.

- **건연장술** – 근육과 건의 구축을 교정하는 수술. 아킬레스건을 신장시키면 발끝으로 걷는 보행이 호전될 수 있고, 긴장도가 증가된 슬와부 근육을 늘려주어 구부정한 보행을 교정할 수 있다.

- **건전이술** – 건을 좀 더 나은 관절 정렬과 근육조절을 제공하는 골로 위치를 바꾸어 옮기는 시술. 건전이술은 구축을 교정하고 관절을 자유롭게 움직이게 하여 주고 사지의 기능적 사용을 증진시켜 줄 수 있다. 아이가 너무 많이 손목을 굴곡하고 있을 때 건전이술을 통해 더 나은 손목의 신전을 허락함으로써 쥐는 것과 놓는 것을 강화시킬 수 있다. 전이술은 손에서의 구축을 교정하는 데에도 사용될 수 있다.

- **건절단술** – 근육 구축을 이완시키고 관절 움직임을 개선시키기 위해 건을 절단하는 것

- **신경절제술** – 경직을 감소시키기 위해 영구적으로 근육군에 대한 신경을 절단하는 것. 고관절 탈구를 예방하거나 교정하는데 사용한다.

- **근육유리술** – 근육을 늘리는 시술로 엄지 손가락과 손의 구축 같은 문제를 교정할 수 있다.

- **근육절개술** – 근육 구축을 이완시키고 운동성을 증진시키기 위해 근육을 절단하는 것에 사용한다.

뼈에 대한 시술

뼈 시술은 기형을 바로잡기 위한 관절과 뼈에 대한 것이다. 수술이 뼈의 성장

에 영향을 줄 수 있으므로 이 수술들은 대부분의 뼈 성장이 끝날 때까지 시행되지 않는다. 정상적으로 연조직 수술이 먼저 고려되어진다. 여기 가장 흔히 사용되는 두 가지 뼈 수술법이 있다.

- ▓ 뼈절단술—골의 부분을 제거하거나 재위치시킴으로써 좋은 각도를 만들어 관절을 재배열하는 절차
- ▓ 관절고정술—뼈를 다른 뼈에 연결시키는 수술. 관절고정술은 심한 발의 기형이 있을 때 발목과 발을 안정화시킬 수 있다.

선택적 후근절제술

뇌성마비 아동들에게 있어서 전통적인 수술방법은 거의 모두 정형외과적 수술절차이다. 그러나 신경수술(신경과 뇌조직의 수술)을 통해 증가된 근육의 긴장도를 감소시키는 새로운 방법이 가끔 사용된다. 선택적 후근절제술이라고 알려져 있는 이 방법은 척추의 신경을 선택적으로 잘라내는 것을 포함하고 있다. 이것은 상지나 하지 또는 몸통의 근육군의 경직을 감소시킬 수 있으나, 주로 하지의 경직을 줄이기 위하여 시술한다. 근육의 긴장도를 감소시킴으로써 아이들의 수의적 움직임을 개선시킬 수 있고 좀 더 쉽게 움직일 수 있도록 해준다. 이 수술은 비교적 새로운 방법이기 때문에 신경외과의사들은 이 수술의 장기적 위험성에 대해 아직 연구 중이다. 최근에 이 수술은 촉각이나 위치감각의 손실을 가져오지 않는 것처럼 보이지만 발에서 약간의 감각마비를 일으킬 수 있다는 것이 알려졌다. 그러나 몇몇의 전문가들은 이 수술은 나중에는 척추의 이상을 가져올 수 있다고 믿는다.

　선택적 후근절제술의 장기적 결과는 아직도 연구 중이다. 결과적으로 수술은 많은 경험과 긴 관찰을 한 후에 실행되어야 한다. 현재 이 수술은 경직이 있는 아이들에게 있어서만 고려되고 있다. 몸통의 낮은 근 긴장도나 불수의, 추체외로 타입의 뇌성마비의 불수의적 움직임은 좋은 적응증이라고 여겨지지 않는다. 이 수술이 당신의 아이에게 추천이 된다면 이 수술이 가지고 있는 위

험성과 이익에 대한 최신 연구들을 당신에게 알려줄 신경외과 의사와 함께 수술과정을 논의하라. 또한 이 수술이 당신 자녀의 재활치료 프로그램과 밀접히 관련되어있는지 확실히 해야 한다.

▓ 근 긴장도 감소에 의한 정형외과적 문제들

근 긴장도가 떨어져있는 아이들은 근 긴장도가 증가되어 있는 아이들과 어느 정도 비슷한 문제점들을 가지고 있다. 그러나 이유는 다르다. 예를 들어 무릎 관절이 뒤쪽으로 휘어져 있다면 이는 무릎 뒤쪽의 근육의 긴장이라기보다는 관절의 과도신전에 의한 것이다. 근 긴장도가 증가되어 있는 아이들과 마찬가지로 근 긴장도가 낮은 아이들 또한 고관절의 아탈구나 탈구가 존재한다. 그러나 이는 다리의 대퇴골이 몸에서 바깥쪽으로 돌아가 있기 때문이다.

근 긴장도의 감소로 인한 또 다른 흔한 합병증으로는 광범위한 척추의 이상─**척주앞굽음증(lordosis)**, **척주뒤굽음증(kyphosis)**, **척추측만증(scoliosis)**─을 들 수 있다. 이러한 상황들이 불량한 자세와 심각한 기형을 일으킬 수 있으므로 정형외과 의사는 세밀한 관찰을 해야 한다.

마지막으로 발과 발목의 근 긴장도 감소는 체중을 지탱하는 역할에 영향을 주며 회내족이 될 수 있다. 이런 상황은 고통스러울 수 있고 불량한 발과 다리의 배열로 인해 걷기가 약해질 수 있다.

대부분 근 긴장도가 떨어져 있는 아이들은 합병증을 치료하기 위해 수술적 절차를 필요로 하지 않는다. 근 긴장도 저하의 합병증은 대게 보조기와 직업치료, 물리치료에 의해 적절히 치료될 수 있다.

▓ 치과적 문제

대부분의 아이들에게 있어서 치아우식과 잇몸질환들은 성장하면서 피할 수 없는 것들은 아니다. 제4장에서 설명했듯이 당신 아이들의 이러한 성장함에 따라 생기는 문제점들은 일상적으로 매일 하는 습관의 일부로 예방적 치과치료에 의해 상당히 줄일 수 있다. 그러나 몇 가지 특별한 치과적 질환들이 뇌성마비에 의해 생길 수 있다. 이번 섹션에서는 이러한 질병들에 대해 소개하고 그것들을 최소화하거나 예방하기 위해 취할 수 있는 단계에 대해서 설명하겠다.

부정교합

나이가 들면서 아이들은 얼굴의 근육의 부조화가 과교합이나 교합부족과 같은 잘못된 부정교합으로 발전하는 경향이 있다. 부정교합은 아이들의 저작과 발음에 중요한 영향을 주며 외모에도 영향을 줄 수 있다. 극단적인 경우에는 치아의 배열이 심한 경우 저작을 할 수 없을 수 있다.

언어병리학자, 작업치료사 그리고 영양 전문사는 구강-근운동을 통해 아이들의 안면주위의 긴장을 개선시킬 수 있고 부정교합을 예방할 수 있다. 또한 그들은 잘못된 교합을 야기하는 구강반사들을 감소시키는데 도움을 준다. 부가적으로 당신 아이의 치과의사나 교정 전문의는 부정교합을 예방하고 개선하는 교정적인 장치를 사용할 수 있다.

잇몸 과증식

페니로인(phenytoin)으로 치료받고 있는 경련이 있는 아이들은 부작용으로 잇몸의 과도한 증식이 생길 수 있다. 이는 구강위생과 잇몸에 문제점을 일으킬 수 있으므로 만일 페니로인을 복용하고 있다면 가능한 빨리 과증식을 치료할 수 있도록 정기적 치과검진을 받아야 한다.

법랑질 결손

뇌성마비 아동들은 다른 아이들보다 치아의 겉을 덮는 단단한 구조물인 법랑질의 부분적 또는 전반적 결손이 있을 가능성이 더 높다. 적절한 치료를 받지 못한다면 법랑질 결손은 조기 치아우식을 유발할 수 있다. 법랑질 결손은 치아에 실란트를 도포함으로써 치료할 수 있다.

침 흘림

뇌성마비가 있는 아이들에게 있어서 지속적인 침 흘림은 종종 구강주위의 피부를 자극한다. 침 흘림을 감소시키고 동반하는 피부자극을 줄이기 위해서 작업치료사와 언어병리학자가 아이의 타액을 삼키는 것과 구강내, 구강주위의 근육의 긴장을 강화시키도록 교육이 필요하다. 부가적으로 침의 생성을 억제하는 약을 처방할 수 있는데, 통상적으로 그라코피로레이트(glycopyrrolate)와 같은 항콜린성 약물이 포함된다. 그러나 부작용으로 구강건조, 진정작용, 요폐를 보일 수 있으므로 유의하여야 한다.

▪▪ 의료보험

당신의 아이는 아마도 잦은 의사방문과 의학적 절차가 많이 요구되며 몇 년간의 장기간의 치료가 필요할 것이다. 의료비용은 매우 커지며 이는 분명히 당신의 가족에 재정적인 큰 부담이 될 수 있다. 이상적으로는 당신 가족의 의료보험이 이러한 모든 비용을 처리하는 것이겠으나, 불행하게도 이런 경우는 거의 없으며 만일 있다 하더라도 드문 경우이다. 오늘날 의료보험산업과 건강유지기관들은 장애아들의 장기치료에 있어서 제한된 보상으로 비용을 낮추려 하고 있는 상황이다. 가끔 보험이 의료 방문, 보조기, 수술, 물리치료를 떠맡을 것이다. 보험은 작업치료, 언어치료, 심리치료까지 떠맡으려 하지 않을 것이다.

정부와 주의 법률로 인해 보험 관계자들은 교육기관과 보건기관이 대부분의 비용을 부담해야 한다고 느낀다. 하지만 학교 시스템이 당신 아이의 교육을 후원하기위한 치료를 위해 비용을 지불한다하더라고 이 치료는 대개 당신 아이가 필요로 하는 진정한 의학적 도움을 충족시켜 줄 수 없다. 당신은 작업치료,

물리치료 또는 언어치료를 위한 사설 서비스를 찾도록 강요받는 듯한 기분일
수 있다.

　보험이 이론적으로 뇌성마비를 가진 아동들을 위한 서비스를 책임질 때에
도, 회사는 대개 서비스와 장비에 대한 의학적 필요에 관한 광범위한 증빙서류
를 요구한다. 그들은 당신 자녀의 건강이 치료를 받지 않았을 때 더욱 악화될
것이라는 증거를 필요로 한다. 당신은 의학적 절차의 필요성을 설명하는 의사
의 편지를 제출할 것을 요구받을 수 있다. 또한 당신은 서비스가 제공된 이후
에 치료사들로부터 진보 상황에 대한 사항을 제출해야 할 수도 있다. 요구사항
을 쉽게 철하기 위하여, 당신이 모아온 증빙서류의 여러 장의 복사본을 파일로
유지하는 것이 좋다.

　의학적 치료를 위한 최상의 보상을 갖은 보험업자를 찾는데 도움을 받기 위
하여, 당신 지역의 뇌성마비연합회나 미국적십자사 혹은 다른 지지 모임들과
접촉해보아라. "흔히 발생하는 뇌성마비 합병 유형"에 대한 보험계획과 당신
자녀의 보험관련 권리에 대한 정보를 위해서 제9장을 보아라.

▌▌ 재활의학과 의사 선택하기

당신 자녀의 특별한 요구를 이해해 주는 의사를 찾는 것은 당신 자녀의 발달과
복지에 매우 중요하다. 비록 당신의 자녀가 다른 의학적이고 발전적인 전문가
들을 보게 되더라도, 재활의학과 의사는 의학적 문제를 다루는 것을 도와주기
위한 당신의 가장 중요한 자원이 될 것이다.

　당신의 우선 순위는 뇌성마비 아동에 대해서 아주 잘 알고 있는 재활의학과
의사를 찾는 것이다. 의사는 당신 자녀의 운동장애가 그 아이의 건강, 행동,
발달에 어떤 영향을 미칠지에 대해서 알아야 한다. 그리고 그는 이러한 정보를
당신과 공유해야 한다. 예를 들어 당신 자녀의 경직된 다리가 기저귀를 갈아주
거나 옷을 입히기가 힘들게 할 수 있다는 사실과, 복부 근육의 경직 움직임에

문제를 초래할 수 있다는 것을 당신에게 이야기해 주어야 한다. 그는 또한 당신의 질문과 관심사를 듣고 평이한 언어로 분명하게 답변해 주어야 한다.

고려해야 할 또 다른 요소는 의사의 지역사회 자원이나 전문가들에 대한 이해 여부이다. 그는 의학적·신경학적·발달적 관심사가 발생할 때마다 당신의 자녀를 적절한 사람이나 장소로 보낼 수 있어야 하며, 자녀의 치료를 조화시킬 의욕이 있어야 한다. 그는 당신 자녀의 의학적 전문가, 치료사, 교육 프로그램과 정기적으로 접촉하여 당신 자녀의 건강이 교육에 어떻게 영향을 미치는지 말해주어야 한다. 가장 중요한 것은 담당 의사는 당신 자녀를 위한 강력한 변호인이 되어서 당신이 자녀를 위한 적절한 치료를 찾고 보장하는 것을 적극적으로 도와주어야 한다는 것이다. 이러한 모든 자격을 갖춘 의사를 찾는 것은 어려운 주문일 수 있다. 그러나 주변에 물어봄으로써, 당신은 일반적으로 발달장애를 가진 아이들의 치료를 전공한 당신 지역의 재활의학과 의사의 이름을 알 수 있을 것이다. 뇌성마비 아동을 둔 또 다른 부모, 당신 자녀의 다면 평가 팀의 일원, 선생님, 그리고 지역의 뇌성마비연합회나 적십자사 부서 회원들로부터 그 정보를 얻을 수 있다.

■■ 결론

이 장에서 언급한 의학적 상태의 숫자에도 불구하고, 대부분의 뇌성마비 아동들은 좋은 건강상태를 누리고 있다. 비록 의학적 문제들이 발생하지만, 그들 대다수에게 효과적인 치료가 가능하다.

부모로서, 당신은 당신 자녀의 의학적 복지를 위해서 궁극적으로 책임이 있다. 그러나 당신은 이러한 책임을 여러 유능한 전문가들과 나눌 수 있다. 만약 당신이 그들을 잘 선택한다면, 당신은 그들과 함께 당신 자녀들이 가능한 가장 건강한 유아 시기를 갖도록 보장해 줄 수 있다.

일상생활 보살핌

다른 자녀가 있거나 매일 애보기를 해봤다면 아이 보기가 쉽지 않고 많은 시간이 든다는 것을 알 것이다. 특히 아이가 뇌성마비 아동일 때는 종종 의학적인 문제, 운동장애 및 발달지연 등이 더욱 돌보기를 복잡하게 한다. 예를 들면 아이가 언제부터 젖병을 떼고 컵으로 물마시기를 할 수 있고, 어떻게 하면 쉽게 할 수 있는지를 생각하는 대신에, 적절한 젖병과 꼭지를 찾는 것이 더 중요한 문제일 것이다. 또한 대소변훈련을 시작해야 할지 안 할지 결정하는 것보다는 대소변을 성공적으로 볼 수 있게 자세를 유지시키는 특별한 의자가 더 중요하다.

이런 문제들이 더 복잡해지면, 아이를 양육하는 방법을 부모에게 조언할 수 있는 의학적, 교육 전문가들이 있어야 한다. 물리치료사는 아이를 잡는 방법이나 관절운동의 방법을 말해줄 것이다. 작업치료사는 아이들이 손을 어떻게 조절하여 사용하고, 아이들에게 다양한 감각을 경험하도록 하는 것이 얼마나 중요한지 얘기해 줄 것이다. 언어치료사는 말놀이, 아이의 목소리를 녹음하여 들려주기, 좋은 칫솔질을 제안할 것이다. 특수교사들은 아이가 대인관계를 이해하고 사회적 기술을 배우는 방법을 제공할 것이다. 치료적 중재는 끝이 없고, 이러한 제안들은 모두 다 좋은 것이다. 하지만, 종종 부모에게 쏟아지는 새로운 치료정보들은 부담이 된다.

이 장에서는 뇌성마비 아동을 더 잘 다룰 수 있는 매일매일의 양육에 대한 정보를 담았다. 물론 아이는 개개의 특성이 있기 때문에 이 장에서 일상생활의 모든 부분을 논의하는 것은 무리이다. 전반적으로 뇌성마비 아동을 양육하는 일상적인 방법과 개개의 아이의 필요에 맞게 평가할 수 있는 지침을 제공할 것이다. 좀 더 잘 알고 싶으면 뇌성마비복지회에서 번역출간한 '뇌성마비아 가정치료'를 보면 좋다.

이 장을 읽으면서 염두에 두어야 할 점은 제시하는 방법들은 쉽게 일상생활에 적용할 수 있는 것으로서 자동적으로 할 수 있게끔 되어야 한다는 것이다. 제시하는 방법들이 짐이 되어서는 안 된다. 뇌성마비 아동의 부모는 이미 커다란 짐을 안고 있어서 어떤 대가를 치르더라도 "난 부족해, 내 아이를 위해서 더 해야 돼"와 같은 생각의 악순환의 고리를 끊고 싶어한다. 이러한 생각은 비현실적일 뿐만 아니라, 종종 비생산적이다. 이는 사람을 우울하게 만들고, 스트레스와 죄의식으로 난감하게 만들며 효율성을 떨어뜨린다. 그러나 일상생활에 적용할 최소한의 제안이나 적용은 큰 차이를 가져올 것이다. 앞으로 제시되는 방법이 부모와 아이들의 삶에 중요한 변화를 가져오기를 기대해본다.

▉▉ 아이를 안고 다니기

아이를 잡고 옮기는 것은 일상생활 양육의 아주 중요한 한 부분이다. 잘 기거나 걷기 전에 아이들은 침대에 오르내리기 또는 집안에서의 이동을 위해 부모들에게 의존한다. 하루 종일 아이는 부모에 의해 들리고, 옮겨져야만 먹고, 씻고, 놀고, 탐색하는 놀이에 참여할 수 있게 된다. 옮기는 것은 아직 걷지 못하는 아이에게 움직임을 제공할 뿐만 아니라, 아이와 부모 사이에 사회적이고 감정적인 결합을 제공하기도 한다. 더욱이, 아이를 옮기는 것은 아이에게 감각자극을 입력하는 좋은 기회가 된다. 예를 들어 엄마가 아이를 안고 걷고, 뛰고, 흔들고, 또 춤추면 엄마는 아이에게 움직임과 중력, 그리고 공간에서의 위치들을 자극시키는 것이다. 또한 가까운 신체 접촉이나 팔과 몸의 온기가 아이의 촉각계를 자극한다.

뇌성마비 아동을 안거나 옮기는 것은 매우 중요하다. 아이를 적절히 옮기지 않으면, 주변환경과 상호작용하고 배울 기회가 없다. 1) 아이에게 필요한 지지와 스스로 하지 못하는 조절을 제공하고, 2) 아이가 가진 부적절한 근 긴장도나 움직임의 양상을 조절할 수 있는 방법으로 안고 다녀야 한다. 또한 나중에 근골격계의 변형이 오지 않도록 자세를 잘 잡아주어야 한다. 즉 척추를 곧게 하고, 머리를 중심에 오게 하고, 어깨, 골반 및 고관절이 잘 정렬되도록 해야 한다. 특히 다른 아이들보다 뇌성마비 아동은 많이 옮겨지기 때문에, 부모는 아이의 허리에 무리가 가지 않도록 들고 옮기는 방법을 배워야 한다. 또한 하루 종일 돌봐주기를 요구하는 아이는 부모가 아프더라도 봐주기를 원할 것이다. 일찍부터, 아이가 스스로 노는 법을 배우고, 주변을 보고, 듣고 움직일 수 있도록 안정된 자세를 취할 수 있게 해주는 것이 중요하다.

이 장에서는 아이를 안아 옮기는 많은 방법을 제시하고 있다. 이 방법들은 아이에게 도움이 되는 부분도 있고, 도움이 되지 않는 부분도 있을 것이다. 아이를 가장 잘 잡고 있는 방법을 선택하기 위해선 아이가 가지고 있는 능력을 잘 평가해야 한다. 또한 아이의 안정성이나 운동기능에 대한 기본적인 문제를 이해해야 한다. 예를 들면 불수의 운동형 뇌성마비 아동은 길항 근이 동시에 적절히 조절되지 못하기 때문에 안정성이 없지만 운동성은 있다. 따라서 아이는 조절되지 않는 부정확한 움직임을 갖는다. 이러한 평가는 전문가들과 상의하고 관찰하고 시행착오를 겪으면서 가능하다. 아이를 옮기는 방법을 선택하는 데 있어서 중요한 열쇠 중 하나는 아이의 근 긴장도를 이해하는 것이다. 근 긴장도는 근섬유의 긴장정도이며, 제1장에서 논의하였다.

안는 방법

아이가 긴장도가 낮다면, 빠른 움직임과 몸을 흔들어 주는 동작을 좋아한다는 것을 이미 알고 있을 것이다. 하지만 몸통을 잘 지지하고 관절과 근육들을 적절히 정렬시키면서 아이를 안고 옮기는 것이 필요하다. 초기 6개월이나 머리와 몸통을 가눌 수 있을 때까지는 다른 아이들과 마찬가지로 그림 1처럼 안는 것이 좋다.

아이가 좀 더 크고 나이가 들면 이렇게 안는 것은 부적절하다. 왜냐하면 첫째로, 아이가 주변에서 무슨 일이 일어나는지 볼 수 없고 둘째로, 아이의 몸 전체가 지지돼 자세 조절을 위한 발달이 일어날 기회가 없다. 긴장도가 낮은 아이를 옮기는 더 좋은 자세는 그림 2와 같다. 가장 좋은 방법을 찾기 위해서 의사와 치료사에게 물어보는 것이 좋다.

아이의 근 긴장도가 높으면 느린 움직임과 지긋이 눌리는 촉감에 반응할 것이다. 아이의 긴장도는 흥분하거나 조급하면 쉽게 증가하기 때문에 상호작용

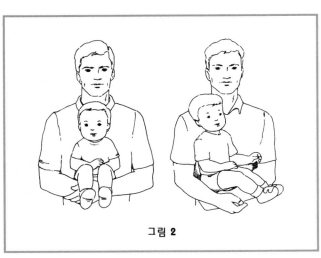

그림 1

그림 2

을 낮게 유지하는 것이 좋다. 높은 근 긴장도와 과도한 긴장 양상을 멈추는 몇 가지 기본원리를 기억하고 있으면 도움이 되는데, 그 두 가지 원리는 분리와 회전이다.

분리는 몸 전체가 하나의 경직자세를 취하지 못하도록 하는 것이다. 이것은 몸에서 다리와 같은 한 부분을 움직여 경직자세에서 분리시켜 내거나 팔-다리 또는 좌측-우측을 분리시키는 것으로 가능하다. 예를 들면 양쪽 다리가 뻣뻣하게 뻗치는 자세는 한 다리를 구부려서 경직자세를 억제한다(그림 3).

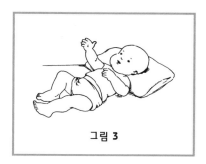

그림 3

긴장도를 줄이는 두 번째 방법인 회전은 분리의 한 형태이다. 회전은 몸통의 대각선 움직임을 의미한다. 예를 들면 회전의 일반적인 자세로 고관절의 안정성을 유지하면서 어깨를 반대방향으로 돌려서 비틀리는 자세를 만든 것이다(그림 4). 역회전의 일반적인 자세는 한쪽 방향으로 아이의 어깨를 돌리고 고관절을 반대 방향으로 돌리는 것이다. 이 동작은 마치 마개를 뽑는 동작과 유사하다.

근 긴장도가 높거나 낮은 아이를 잡는데 중요한 것은 골반의 위치다. 이는 골반의 자세가 아이의 자세를 결정하기 때문이다. 골반이 바르게 정렬되면, 아이의 몸은 잘 반응할 것이고, 아이를 편하게 상체를 잡고 안을 수 있다. 예를 들어 근 긴장도가 낮은 아이는 무릎이 구부러지고, 발밖으로 나가 있는 '개구리 다리'와 같은 자세를 취한다. 골반을 잘 정렬하기 위해 그림 2와 같이 아이의 다리를 모아서 안는

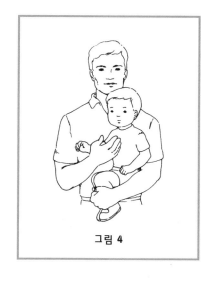

그림 4

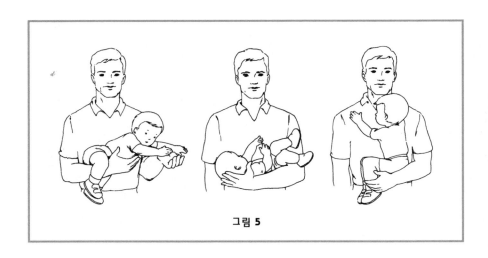

그림 5

것이 중요하다. 반대로, 근 긴장도가 높은 아이는 단단한 내전근과 내측대퇴근으로 인해 다리가 쭉 뻗치고 가위같이 교차된다. 이를 조절하는 방법은 양다리를 벌리고 무릎을 구부리는 것이다. 좋은 방법은 아이의 다리를 벌려 내골반의 앞뒤로 하나씩 걸치거나, 작은 아이의 경우에는 손을 다리 사이에 넣어서 벌리는 것이다(그림 5).

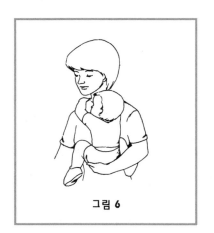

그림 6

가끔 골반 문제 외에도 어깨관절이 뻣뻣하여 안기가 어려운 때도 있다. 이런 때는, 그림 6과 같이 아이의 팔을 부모의 어깨에 올려서 걸치도록 한다. 또한 굴곡 긴장이 심할 때는 몸이 앞으로 숙여지는 그림 7과 같은 방법이 좋다.

아이에게 가장 좋은 방법을 찾지 못했다고 실망해서는 안 된다. 그리고 어느 한 방법이 좋아도 나중에는 효과적이지 못할 수도 있다. 특히 근 긴장도가 계속 변화될 때는 더욱 그렇다. 시도해보고 잘 안 되면, 다른 것을 시도해보도록 해본다. 어떤 방법을 시도했을 때, 아이에게

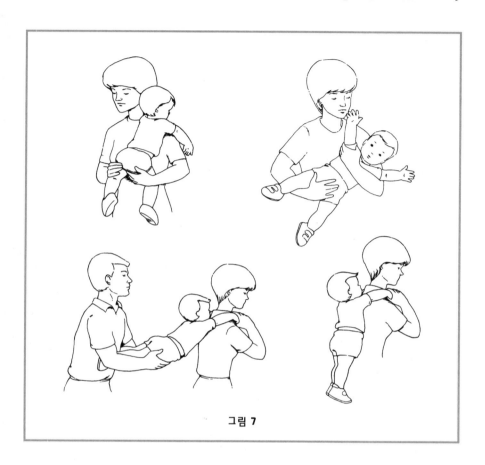

그림 7

나타나는 몸의 반응을 보면서 적절한 방법을 찾을 수 있다. 적절한 방법을 시도하게 되면, 아이는 쉽게 부모에 이끌려 잘 따라 움직이고 끌어당기거나 미는 저항을 하지 않을 것이다.

마지막으로 고려해야 할 것은 너무 많이 안아주거나 옮기지 말아야 한다. 혼자 놀고, 보고, 듣고, 그리고 주변환경을 탐색할 기회를 주어야 한다. 만 1세가 지나면, 정상아를 안아 주는 특별한 상황 즉, 다쳤거나 장거리를 갈 때 이외에는 옮겨주고 안아주는 행위를 자제하여야 한다. 아이의 자세를 잡아주되 그냥 안아주지는 말라는 것이다.

▓▓ 아이의 자세 잡기

아기들은 모두 처음에는 몸의 자세를 스스로 잡을 수 없다. 아기를 엎드려 놓으면 머리를 이쪽 저쪽으로 돌릴 수는 있어도 똑바로 누울 수는 없다. 정상적으로 발달하면 더 이상 신체적으로 무력하지 않다. 대부분의 아기들은 한 그룹의 근육을 조절하는 법을 배우고, 다음에 또 다른 그룹의 근육을 조절하게 된다. 가르쳐주지 않아도 머리를 들고, 뒤집고, 앉을 수 있게 된다. 모르는 사이주위에 관심을 가지면서 보고, 만지고, 냄새를 맡고, 자세를 바꾸고 조절할 수있게 된다.

뇌성마비 아동은 신경학적인 문제 때문에 이러한 신체 조절 능력이 지연되고 이로 인해 학습이 지연된다. 예를 들어, 가구 주변을 기어 다니거나 옮겨가지 못하는 아이는 공간적 개념을 배우는데 어려움이 있다. 앉은 자세를 유지하기 위해서 손으로 몸을 지탱해야 한다면, 손의 섬세한 기능과 기술을 발달시킬기회가 없고 잘 사용할 수 없다. 제3장에서 설명했듯이, 자세가 잘 유지되지않으면 척추 측만증이나 관절 구축 같은 합병증이 발생한다. 따라서 아이들의자세와 근 긴장도를 정상화시키고 유지하는 기술을 알아야 한다. 아이를 안고옮기기에 이용되는 원칙이 자세를 유지시키는 데에도 적용된다. 아이를 안고있는 것과 가장 큰 차이점은 아이에게 필요한 지지와 조절하는 힘을 제공하기위해서 부모의 신체를 이용하는 것이다. 베게, 모래주머니, 그물침대와 같은물건을 사용할 수도 있지만 부모의 몸을 사용할 때와는 달리 아이의 움직임에따라 반응할 수 없기 때문에 많은 시행착오와 적응이 필요하다.

유념할 점은 아이의 근력과 필요한 요구를 이해한 후, 아이에게 맞는 적절한방법을 적용해야 한다는 것이다. 또한 근 긴장도와 움직이는 양상이 정상일지라도 현재 발달 단계에서 할 수 없는 자세를 시켜서는 안 된다. 예를 들면 한달된 아이에게 앉는 자세를 시켜서는 안 된다. 아이의 운동 발달은 근육 뼈, 신경계 및 반사가 충분히 성숙되어야 가능하기 때문이다. 너무 빠르게 진행시키려 하면, 오히려 발달을 느리게 하거나 방해하고, 변형을 유발할 수도 있다. 물리치료사나 작업치료사가 아이에게 적합한 치료방법을 가르쳐 줄 것이다.

자세 유지 방법

엎드린 자세. 목가누기는 놀이를 위해서 취하는 자세 중 첫 번째 발달 자세다.

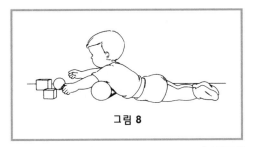

그림 8

목을 가누는 정도에 따라서 엎드린 자세를 시작해야 하며, 생후 2~3개월 정도일 때가 된다. 엎드린 자세를 유지하기 힘들면, 앞가슴 밑에 수건을 말아서 넣고 팔을 앞으로 향하게 해준다(그림 8). 고관절이 굴곡되어서 엎드린 자세가 안 되면 엉덩이를 엄마 손으로 눌러준다(그림 9). 굴러서 엎드려 있지 못할 때에는 모래주머니를 이용해서 고정시킬 수 있다. 엎드린 자세를 잘 유지하는 아이들에게는 쐐기모양의 경사대를 사용한다(그림 10). 특

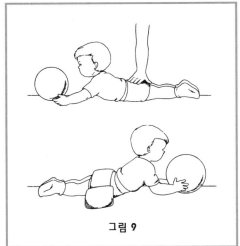

그림 9

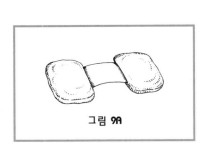

그림 9A

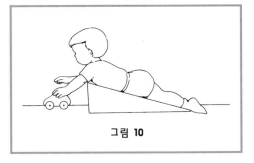

그림 10

히, 경사대는 목가누기를 잘 못하는 아이들에게 유용하다. 경사대는 발포제로 만들거나, 나무로 만든 후 발포제로 덧씌운 것을 구입할 수 있다. 엎드린 자세를 유지시킬 때 주의할 점은 스스로 돌아누울 수 있을 때까지는 옆에서 항상 지켜보아야 한다는 것이다.

바로 누운자세. 바로 누워 놀면 하체를 발달시킬 수 있고, 양손을 몸의 중심으로 가져올 수 있게 된다. 두 손을 몸 앞으로 모으면 사물을 만져보고 관찰할 수 있다. 모든 자세에서, 특히 누운 자세에서 몸이 바로 정렬되는 것이 효과적인 움직임에 기본이다. 근 긴장도가 높으면, 목 뒤에 베개나 목받이를 받쳐서 근 긴장도를 낮출 수 있다. 한쪽 또는 양쪽 무릎을 굽히면 몸을 이완시킬 수 있다(그림 11).

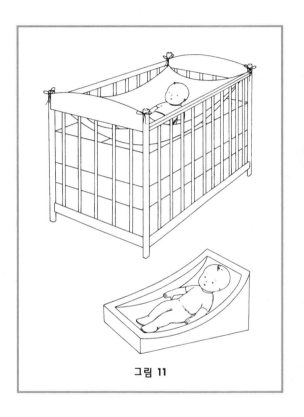

그림 11

옆으로 눕기. 똑바로 눕기와 같이 손이 몸의 중심에서 움직일 수 있는 좋은 자세이다. 길게 신전된 부위에 몸무게가 분배되고, 촉각과 같은 좋은 정보를 받을

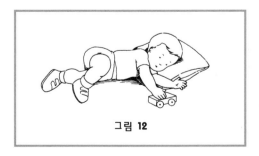

그림 12

수 있다. 또한 머리를 가눌 수 없어서, 엎드린 자세가 힘든 아이에게 주위를 둘러볼 수 있는 자세이다. 모래주머니를 한쪽에 받쳐 주거나 벽에 모래주머니를 받쳐서 자세를 유지시킬 수 있다. 옆으로 눕히기 위한 보조기구들을 구입할 수도 있다. 옆으로 눕힐 때는 항상 양쪽 방향으로 교대로 한다.

앉기. 등을 신전시킬 수 있고 목을 어느 정도 가눌 수 있으면 앉기를 시작해야 한다. 앉을 수 있어야 먹고, 입고, 씻는 것을 배우고 놀이를 하고 사물을 관찰할 수 있다. 정상적인 발달을 보이는 아이는 7~9개월에 앉을 수 있지만 뇌성마비 아동은 앉기 시작하는 연령의 범위가 넓다. 뇌성마비 아동은 근 긴장도 이상과 팔, 다리가 몸에서 독립되지 못하고, 원시반사가 지속되어서 앉기가 힘들다. 비스듬히 세워 앉힐 수 있는 의자나 걸이 등 살 수 있는 것도 있다. 그러나 자세를 유지하기 위해서 수건 말은 것, 발포제조각 또는 헝겊 인형 같은 것으로 더 받쳐 주어야 할 때 많다. 방바닥이나 의자에 보다 더 똑바로 앉기 위해서는 특별히 제작하거나 좋은 것을 사야 한다. 앞으로 다양한 특수의자와 서있는 자세를 유지하는 데 도움이 될 보장구에 대해 설명할 것이다.

▓▓ 보조기구

많은 부모들은 보조기구를 처음 구입할 때 거부감을 느낀다. 보조기를 착용한다는 것은 아이가 장애를 가지고 있음을 공공연하게 밝히는 것이기 때문이다. 그러나 특정 보조기구는 아이가 이전에 할 수 없던 것들을 할 수 있게 하여 어떤 방식으로든 삶에 도움을 준다. 상위의 인지, 학습, 그리고 놀이단계로 더 발달할 수 있음에도 불구하고 움직임의 제한 때문에 발달이 정체될 수 있다. 예를 들면 글로 자기의 의사를 표현할 수 있는 인지능력이 있더라도 똑바로 앉지 못하면 손의 움직임이 제한되어 의사소통의 기회를 막는다. 이러할 경우 보조기구는 다음 단계로 발달하기 위한 촉매제가 된다.

요즘에는 특성화된 보조기구들을 쉽게 접할 수 있다. 정상발달 아이라 하더라도 7개월 전에는 혼자 앉지 못하고, 12~14개월 전에는 걷지 못하기 때문에, 이러한 아이의 발달을 촉진하기 위한 기구들이 시중에 많이 나와 있다. 정상 아이를 위해 만들어진 보조기구들 중에서 내 아이에게 필요한 지지를 제공하는 딱 맞는 것을 사서 사용한다면 편리할 것이다. 그러나 여기서 문제는 아이가 자라면 이 기구는 너무 작거나 적절한 지지를 제공하지 못하게 된다. 이럴 경우 추가적인 보조기구의 사용이 아이에게 도움이 될지 생각해야 한다. 좋은 지침 중 하나는 아이가 부모의 도움으로 어떠한 자세나 동작을 수행할 수 있다면, 이를 독립적으로 확대시키기 위해 보조기구를 구입해야 할 시기라는 것이다. 예를 들어 아이가 약간의 도움으로 앉을 수 있다면, 코너의자를 구입하여 앉는 것을 지지해 주고, 손을 가지고 조각을 맞추거나, 그림을 그리고 먹을 수 있도록 해줄 수 있다.

보조기구를 구입하여 사용할 때에는 몇 가지 유념하여야 될 점이 있다. 첫째, 의사 또는 치료사와 상담하여 기구를 선택한다. 구입시 무엇을 고려해야 하며, 좋은 자세를 유지시키기 위한 방법 중 손쉽게 적용할 수 있는 것에 대해 알려줄 것이다. 예를 들면 의자에 앉을 때 몸에 수건을 말아서 끼우면 비대칭적인 자세를 방지할 수 있고 의자 좌석에 미끄럼 방지가 있으면 적절하게 골반을 유지시킬 수 있으며, 어떤 것이 유용하고 그렇지 않은지에 대해 말해줄 것이다. 둘째, 간편하고 최소한의 구성으로 된 보조기구를 구입해야 한다. 예를 들어 목을 가눌 수 있다면, 머리 지지대는 필요 없다. 너무 많은 보조기구들이 있을 경우, 아이가 현재 가지고 있는 능력을 사용하거나 그 이상의 능력을 배우는 기회를 막으며, 더 심한 장애가 있는 것처럼 보일 수 있다.

보조기구를 구입하기 전에 수준이 비슷한 다른 아이의 부모와 얘기를 해보는 것도 도움이 된다. 또한 얼마나 이 보조기구를 사용해야 되는지, 자주 보조기구를 옮겨야 하는지, 그러면 가볍고 다루기 쉬운 것이어야 하는지, 외양, 안락함, 안전, 그리고 다루기 쉬운지를 고려해야 한다. 특성화된 보조기구는 매우 비싸다. 어떤 것은 보험이 되므로, 구입 전에 보험이 되는지 알아보아야 한다. 아이에게 필요한 보조기구가 일시적으로 필요하다면 사기보다는 빌려 쓰는 것도 좋다. 이는 특수학교나 뇌성마비 협회를 통해서 교환할 수 있으며, 발포제, 합판, 마분지, 그리고 미끄럼 방지제는 철물점이나 실내 장식점에서 살 수 있다.

자세 보조 기구

보조의자(그림 13). 보조의자는 아이의 엉덩이, 무릎, 다리가 90°로 되게 최적의 자세를 잡아준다. 보조의자에는 받침대가 달려 있거나 작은 책상에 들어맞게 되어 있다. 의자는 식사나 미세 동작놀이에도 쓰여야 하기 때문에 아이를 완전히 지지해 주어야 한다.

그림 13

각진 의자(그림 14). 이 의자는 앉은 자세에서 등을 지지해 준다. 각진 등받이는 아이의 어깨를 앞으로 모아주어 너무 뒤로 당겨지지 않게 하며, 목이 뒤로 꺾이지 않도록 하여 머리를 적절하게 잡아준다. 대부분 받침대나 탁자를 배치할 수 있게 되어 있다.

바닥의자(그림 15). 바닥의자는 아이가 바닥에 앉을 수 있도록 해준다. 이 기구는 등받이만 있는 간단한 것부터 반 정도 등기울이기가 되는 복잡한 것까지 있다.

그물침대(그림 11). 그물침대란 길게 자른 천이나 그물을 유아용 침대나 자체 틀에 걸어놓은 것을 말한다. 이 침대는 근 긴장도가 높은 아이에게 굴곡된 휴식자세를 제공해 준다.

그림 14

그림 15

그림 16

엎드림 판(그림 16). 엎드림 판은 선 자세를 지지해 주는 것으로서, 엎드린 자세부터 90°에 이르기까지 자세를 유지시켜 준다. 이 자세에서는 체중을 앞으로 실은 채 기대기 때문에 아이는 거의 자세를 조절할 필요가 없어진다. 엎드림 판은 중력의 도움으로 자세를 잡아주며 머리를 조절한 상태에서 일하기 좋은 자세를 만들어 준다. 다리에도 약간의 무게가 실리기 때문에, 다리를 쓰지 않아 생기는 골감소를 어느 정도 방지할 수 있다. 엎드림 판은 아이를 완전히 90°로 세워서 세움대로도 쓸 수 있다.

눕힘 판 혹은 **세움대.** 눕힘 판은 엎드림 판과 같은 원리이다. 다만 앞으로 기대지 않고 뒤에서 받쳐 준다는 점만 차이가 있다. 눕힘 판은 고개를 가누지 못하여 엎드림 판을 쓰지 못하는 아이에게 사용되며 역시 다리에 무게가 실린다. 의사나 치료사가 아이의 근 긴장도에 따라서

눕힘 판을 추천할 것이다. 눕힘
판 또한 아이를 완전히 수직으
로 세움으로써 세움대로 사용
할 수 있다.

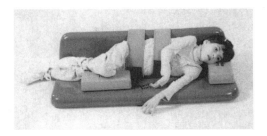

그림 17

각진 눕힘 판(그림 17).   앞에서
설명했듯이, 각진 눕힘 판은 몸
의 한쪽 면에 체중을 싣게 한다. 이 자세로 아이는 양손을 앞으로 모으거나 주
변을 보고 인식할 수 있다.

기립대 혹은 **기립상자**(그림 18).   기립대
나 기립상자는 아이가 균형감이 없더라
도 선 자세를 유지시키거나 지지해 준다.

쐐기판(그림 10).   발포제나 나무 또는 다
른 재질 등으로 만들어진 경사모양의 받
침대이다. 받침대의 높은 쪽으로 머리를
두어 엎드리게 되면, 고개 조절이 잘 되며,
손과 팔에 체중이 적절히 실리게 된다.

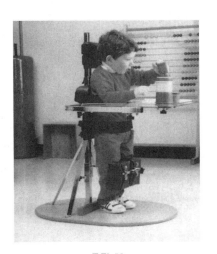

그림 18

동작기구

목발(그림 19).   목발은 종종 하지보조기와 함
께 보행에 도움을 준다. 뇌성마비 아동들이 가
장 많이 쓰는 목발은 팔 받침대와 손잡이가 있
는 금속으로 된 목발이다. 뇌성마비 아동들은
대부분 보행기를 이용하여 보행을 시작하고 필
요하다면 다음 단계인 목발로 넘어가게 된다.

그림 19

그림 20

그림 21

그림 22

유모차, 여행용 의자(그림 20). 아이를 이동시킬 때 쓰는 바퀴가 달린 의자를 말한다. 일반적으로 지붕이 없는 유모차나 여행의자가 뇌성마비 아동에게 적합하다. 조깅 유모차는 대부분 시중에서 파는 유모차보다 클 뿐 아니라 안전하며 예쁘기 때문에 좋다. 또한 운동 장애가 있는 아이를 위한 특별지지 장치가 되어 있는 의자도 있다.

세발자전거(그림 21). 세발자전거는 운동장애에 맞추어 쓸 수 있는 페달이 달린 이동기구이다. 예를 들어 발이 페달 안에 고정될 수 있도록 페달 끈을 맞추어 준다거나 상체를 세워 유지할 수 있도록 등받이를 대주기도 하며, 다리가 벌어진 채 이완되어 페달을 밟을 수 있도록 내전근 경사대를 대어줄 수 있다.

보행기(그림 22). 보행기는 보행을 지지해 주는 쇠로 된 가벼운 틀이다. 이 틀은 아이의 앞쪽에서 지지해 줄 수도(정방향 보행기) 있고 뒤에서 지지해 줄 수도(역방향 보행기) 있다.

의자차(그림 23). 의자차는 커다란 바퀴가 달린 의자로서 다양한 모양과 크기로 제작되며 수동 혹은 자동으로 조작된다. 종종 적절한 자세를 위해 방석을 넣기도 한다.

의사소통장치

의사소통판. 의사소통장치의 가장 간단한 형태로 포스터, 플라스틱 그리고 나무 등으로 된 판으로, 그 위에 그림이나 형상을 늘어놓을 수 있다. 아이는 손으로 가리키거나 눈으로 바라봄으로써 소통판을 사용할 수 있다.

전기 의사소통장치. 좀 더 복잡한 장치로서 전기를 이용해, 아이가 말하고자 하는 것을 목소리나 글로 나타내주는 조음장치이다. 아래 쓰여진 컴퓨터와 달리 조음장치는 휴대가 가능하나, 컴퓨터가 할 수 있는 다양한 일들은 수행하지 못한다.

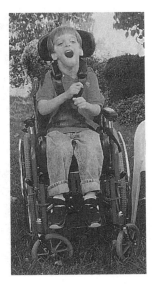

그림 23

컴퓨터. 오늘날엔 운동장애나 언어장애가 있는 많은 아이들이 의사소통을 위해 쓸 수 있도록 여러 형태로 고안된 컴퓨터들이 많이 있다. 키를 크게 만들거나, 실수로 다른 키를 치지 못하도록 가리개를 만든 키보드, 한 손이나 한 손가락으로 작동하도록 한 프로그램은 물론, 터치스크린이나 보통 마우스를 쓸 수 없는 아이를 위한 특별한 마우스 등이 있다. 운동능력이 전혀 없이도 조음장치에 접속하거나 전화 다이얼을 돌려 말하게 하고, 처음 한두 글자를 치면 컴퓨터가 단어를 찾아주는 소프트웨어 프로그램도 있다. 제7장에서 의사소통기구를 더욱 자세히 다루었다.

그 외 도구

특수스위치. 운동장애가 있는 아이들이 전기, 전자 혹은 전지로 움직이는 장난감이나 장치를 이용하여 움직일 수 있도록 도와주는 스위치이다. 이 스위치는 살짝 누르거나 스치기만 해도 장난감이 움직이거나 전등, 전열기, 텔레비전 등

그림 24

그림 25

그림 26

이 작동되도록 설계되어 있다. 이 스위치의 장점은 심한 운동제한이 있는 아이도 이를 작동시킴으로써 원인과 결과의 관계를 경험할 수 있게 해준다.

모래주머니(그림 9A). 모래주머니는 모래나 쌀로 채워진 천주머니로, 안장모양으로 옆으로 연결되어 있다. 이것은 뇌성마비 아동들이 엎드리거나 모로 눕는 등의 어려운 자세들을 안정시켜 준다.

헬멧(그림 24). 헬멧은 가죽, 플라스틱 등 가벼운 재질로 만들어지며, 경련이나 처음 걷기 시작하는 아이들의 머리를 보호해 준다.

조끼(그림 25). 조끼, 혹은 띠는 몸통을 외부에서 받쳐줄 때 사용되며, 좌석장치나 의자와 연결되어 사용되기도 한다.

공, 바퀴(그림 26). 공과 바퀴는 움직임과 균형감각 등을 기르기 위한 치료도구이다.

긴 의자(그림 27). 긴 의자는 자세와 동작 치료를 위한 도구이다.

놀이 틀 혹은 지주대. 놀이 틀은 손이 닿기 쉬운 위치에 장난감을 배치하는 데 사

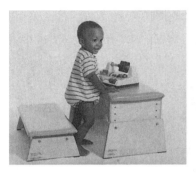

그림 27

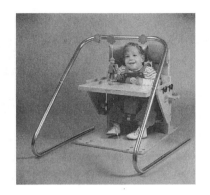

그림 28

용되며, 장난감이 떨어지거나 잃어버리는 것을 방지해 준다. 아이가구점이나 장난감 가게에서 살 수 있다.

식사, 구강운동 기구

세공된 컵(컷아웃컵)(그림 29). 한쪽 면을 반원형으로 잘라낸 컵을 말한다. 이러한 컵은 아이의 물 섭취를 눈으로 확인할 수 있고 아이가 물을 마실 때 목을 과신전하는 것을 막아준다. 시중에서 이 컵을 구입하거나 부드러운 플라스틱 재질의 컵을 가위로 자른 후 자른 면을 가스 불에 살짝 굴려 모서리 처리하여 사용하기도 한다.

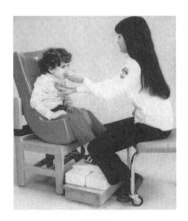

그림 29

특수 은제품. 아이의 손에 맞도록 고안된 맞춤 손잡이를 아이 용품점이나 카탈로그를 통하여 구입할 수 있다. 또는 의사와 상담하여 구입하거나 치료사가 직접 제작하기도 한다.

구강자극기, 구강 장난감, 칫솔. 이 도구들은 입안과 입 주위가 무디거나 너무 과민한 아이들을 위해 감각신경을 자극시킨다. 애완동물 가게에서 부드럽고 견고한 구강 장난감을 살 수 있다. 구강 장난감이나 칫솔을 청결하게 관리하기 위해서는 세제를 사용하여 세척하거나 주기적으로 열소독을 해야 한다.

██ 운동

정상적으로 자라는 아이들을 관찰해보면 아이들이 조금도 가만있지 않는다는 것을 알 수 있다. 아이들은 팔과 다리를 끊임없이 움직인다. 구르거나 길 때, 또 앉으려고 하거나 앉는 자세를 벗어나려고 할 때, 아이들은 의식적인 노력없이 운동을 하고 있다.

뇌성마비 아동은 대부분 이러한 자발적인 운동이 제한되어 있으며, 단 몇 가지의 움직임만 가능하므로 상대적으로 비활동적이다. 그러하기 때문에 운동은 뇌성마비 아동들에게 매우 중요하다. 여러 방향으로 관절을 움직여주면, 관절 구축이 예방되고 앞으로 움직일 수 있는 잠재력을 유지시킨다. 또한 체중을 싣는 운동은 골감소를 방지해 주며, 운동시 발생하는 운동 및 감각신경 자극은 인지기능 촉진을 위한 기초가 된다.

뇌성마비 아동의 부모는 아이가 필요로 하는 모든 운동을 받고 있는지 확인받고 싶어한다. 만약 아이가 수동적이고 누워서 주위를 바라보기만 하고 있다면, 강제로라도 움직이도록 해야 한다.

뇌성마비 아동을 움직이게 하는 가장 좋은 방법은 다른 아이들이 일상적으로 하는 활동인 구르고 뛰는 소란스러운 놀이를 하게 하는 것이다. 이러한 놀이에서 많은 부분을 차지하는 접촉과 움직임 자극은 정상적인 촉각과 전정기관의 발달에 기초가 된다. 적절히 조절된 놀이법으로 신체반응을 주의하기만 한다면, 아이들은 소란스러운 놀이를 좋아하게 된다.

예를 들어 아이를 공중에 던질 때 몸이 막대처럼 뻣뻣해진다면, 조금 느린 활동을 통해 몸통을 돌리거나 다리를 벌려서 긴장을 풀어줄 수 있는 놀이를 고려해볼 수 있다. 좋은 대안적 놀이는 부모의 허리에 아이의 다리가 벌려지게 아이를 마주보고 안고 빙빙 돌리는 인간 회전목마이다. 유념해야 할 점은, 저 긴장도의 아이들은 빠른 움직임에 반응하고, 고 긴장도의 아이들은 느린 속도에 잘 반응한다는 것이다. 또한 다칠까봐 아이 다루기를 두려워하지 말아야한다.

아이의 운동시간을 기저귀 갈기, 옷 입히기, 그리고 식사하기 등과 같이 하루의 일과로 만드는 것이 이상적이다. 물리치료사나 작업치료사가 어떻게 하는지 가르쳐 줄 수 있지만, 기본적인 두 가지 지침을 말하자면 첫째, 물건은 아이에게서 멀리 두어 아이가 이를 잡기 위해 손을 뻗거나 기어가도록 해야 한다. 예를 들어 아이와 같이 퍼즐을 할 때 아이에게 퍼즐조각을 쥐어주지 말고 아이 스스로 집게 해야 한다. 둘째, 부모가 해주는 것이 더 쉬워 보이더라도 아이가 스스로 할 수 있는 모든 육체적인 운동을 하도록 해야 한다. 예를 들어 아이가 상자에서 장난감을 꺼낼 수는 있으나 너무 오랜 시간이 걸린다고 해도 성급해 하지 말고 스스로 하도록 두어야 한다.

아이의 일과에 운동을 포함시키는 것 외에도, 다른 공식적인 운동 프로그램에 등록시키는 부모들도 있다. 체육교실, 활동경험 그리고 여러 프로그램들은 특수훈련이 필요한 아이들에게 매우 유용한 활동이 된다. 부모들은 교사의 도움과 협조를 구하고 싶어하지만 장애아들을 다루어 본 교사를 구하는 것만이 다는 아니다. 일반적으로 아이를 돌보면서 근 긴장도를 높이거나 또는 낮추어 정상적인 움직임을 촉진시키는 정확한 원리를 제공하는 것은 바로 아이의 부모에게 달려 있다. 또한 의사나 치료사는 부모가 고려하고 있는 프로그램이 아이에게 도움이 될지를 말해준다.

아이가 성장함에 따라 운동 프로그램에 실외활동을 포함시키는 것이 중요해진다. 유모차나 캐리어 속에서 산책하는 것은 상쾌한 바람과 집 밖의 세상을 배우는 기회가 된다. 부모가 뒤뜰 일을 하는 동안 아이가 풀 속에 눕거나 앉아서 시간을 보내는 것도 특별한 이벤트가 될 것이다. 새와 나무, 꽃, 그리고 실외향기와 소리는 감각 체계를 발달시키는 요소가 된다. 조심하기만 하면 아이는 자전거 뒷 자석에 타고 달리는 것을 즐길 수도 있다. 자전거로 달릴 때 아이의 불수의적인 운동이 일어나거나 무게중심이 바뀜으로써 운전자가 균형을 잃을 수 있으므로 항상 아이에게 헬멧을 씌우고 의자는 완전히 아이를 지지하도록 해야 한다.

아이의 운동능력 내에서 접목할 수 있는 실외활동을 고안해 내는 창의력 또한 필요하다. 대부분의 아이들이 실외에서 노는 것을 가장 좋아하므로, 실외에

서는 많은 운동을 더 잘할 수 있다. 때로는 실내에서 하던 활동을 실외로 옮겨갈 수 있다. 예를 들어 실외에서 그냥 기는 것도 운동이 되지만, 숨바꼭질을 더하여 해준다면 더욱 재미있을 것이다. 처음 걷기 시작하는 아이는 쇼핑카를 당기게 하는 것도 재밌을 뿐 아니라 뒤로 걷는 것을 배울 수도 있다. 보행기를 실외에서 하는 것도 새로운 도전이 된다. 야외에서의 휠체어훈련은 아이에게 다른 아이들과 같은 단계에서 활동할 수 있게 하고, 그들과 같이 놀 수 있는 기회를 갖게 한다.

놀이터는 아이에게 새롭고 즐거운 도전으로 가득 차 있다. 특별하게 만들어진 세발자전거를 타는 것은 신나고 새로운 운동이다. 대부분의 뇌성마비 아동에서 도움이 되는 실외운동은 수영이다. 수영은 아이들이 땅위에서 가질 수 없었던 자유로운 움직임을 선사할 뿐 아니라, 호흡기능을 향상시킨다. 차가운 물에서는 근 긴장도가 증가하며 더운 물은 이완효과가 있고 긴장도를 낮춘다는 점은 미리 알아두어야 한다. 즉 부모들은 아이의 긴장도에 가장 적합한 수온을 찾아야 한다. 아이가 학령기에 이를 때 해볼 수 있는 활동은 치료용 승마와 특수 올림픽 등이 있다.

각 아이에 알맞은 즐거운 운동을 찾아내는 데는 많은 시행착오가 선행된다. 다른 아이들과 마찬가지로 뇌성마비 아동들도 각각의 운동에 대해 좋고 싫음

이 있다. 이러한 느낌을 가능한 한 존중하여, 운동이 성가신 일이 아닌, 자연스럽고 즐거운, 인생의 한 부분으로 느끼게 하는 것이 중요하다. 명심해야 할 점은 신선한 공기와 운동은 누구에게나 중요하며, 아이가 어릴 때부터 이것을 소중히 여기면, 일생 동안 그렇게 된다는 것이다.

▓▓ 식사와 영양

식사는 많은 뇌성마비 아동에게 문제가 된다. 어떤 아이들에게는 그 문제가 병적으로 나타나기도 한다. 예를 들면 어떤 아이들은 구역질반사가 없어 음식을 넘길 때 사레가 걸린다. 만약 아이가 음식을 넘기기 힘들어한다면, 더 이상 식사를 진행시키기 보다는 모든 가능한 내과적 문제들을 짚고 넘어가야 한다.

만약 내과적인 문제가 식사를 방해하는 요소가 아니라면 다음 단계로 식사 과정의 문제를 살펴보아야 한다. 대부분의 경우 식사 초기의 문제들은 운동이나 접촉, 혹은 둘 다의 문제와 관련된다.

뇌성마비 아동의 식사를 방해하는 운동요소는 턱 조절이나 혀, 입술, 그리고 볼 운동의 문제이다. 이러한 문제들은 결국 근 긴장도가 너무 낮거나 높은 것이 원인이다. 식사문제를 조절하기 위해서는 먼저 근 긴장도를 조절해야 한다. 식사를 시작하기 전에, 아이를 안거나 자세를 잡는 방법을 통해 가능한 한 긴장도를 정상화시키고 이를 유지시켜야 한다. 만약 아이가 턱을 조절하고 입술을 다무는데 여전히 문제가 있다면 아이의 머리를 손으로 받치거나 턱을 닫게 해주는 동작으로 조절할 수 있다. 제7장에서 말했듯이, 언어치료사나 작업치료사는 각 아이에 맞게 이런 기술을 가르쳐 줄 것이다.

뇌성마비 아동은 운동장애와 더불어, 감각 이상을 갖고 있어 식사를 어렵게 한다. 어떤 아기들은 얼굴과 입 주위, 입안의 접촉에 너무 민감하여 음식이나 젖꼭지, 숟가락이나 손끝마저도 불쾌하게 느껴, 이를 깨물거나 고개를 돌려 음식을 거부하고 심지어는 토하기도 한다. 이러한 입주변의 과민반응은 '구강접촉보호기전'으로 알려져 있다. 이러한 상태가 심할 경우, 식사를 위한 모든 노력이 불쾌하고 식사가 완전히 불가능할 수도 있으나, 약할 경우 재질이 다른 음식을 섞을 때만 (과일조각을 넣은 요거트처럼) 음식을 거부한다.

어떤 아이들은 구강접촉 보호기전의 반대양상으로 식사문제가 있기도 한다. 즉 입주변의 과민반응과 반대로, 아예 반응이 없는 것이다. 이런 아이들은 입 안의 적당한 느낌이 없기 때문에 음식이 얼마만큼 들어있는지, 어디에 있는지, 입에서 어떻게 굴려야 할지, 언제 삼켜야 할지 모르게 된다. 이러한 장애가 경미하게 있는 아이들은 턱에 음식이 흘러내려도 느끼지 못하고 음식이 입에 있는지 턱으로 흘렀는지 알지 못한다.

이러한 과민반응이나 저하반응은 조절된 구강운동의 입력으로 즉, 입안과 입주위의 감각을 조금씩 저하시키거나 촉진시키는 프로그램을 통해서 식사기술을 좋게 할 수 있다. 아이가 자극에 과민하다면(손 또는 장난감을 이용하여) 입 주변부터 자극하여 입안으로 진행시키는 것이 좋다. 또한 가벼운 접촉보다는 견고하게 압력을 주는 것이 견디기 쉽다. 만약 아이가 부모의 손을 거부한다면 아이의 손을 직접 이용하기도 한다. 아이가 저 반응이라면 여러 종류의 재질과 촉감의 자극을 제공해야 한다. 작업치료사나 언어치료사는 여러 온도와 재질의 음식들을 사용하여 아이가 입안에 여러 감각들을 느낄 수 있도록 도와줄 것이다. 또한 식사시 아이 앞에 거울을 놓음으로써 식사기술을 향상시킬 수도 있다.

위에서 설명한 운동 및 감각장애와는 별도로, 다른 이유로 인해 아이가 혼자 밥을 먹지 못할 수도 있다. 한 예로, 아이가 식사기구를 잡지 못한다거나 어깨에서부터의 팔 움직임을 조절하지 못하는 등이 있다. 이러한 경우에는 식기에 보조 손잡이를 고려해야 한다. 미끄럼방지 깔개는 접시들이 움직이지 않게 해주며 특별히 고안된 흡입 컵이 달린 밥그릇과 특수그릇 등을 이용할 수 있다. 어떤 아이들은 컵을 집어서 마시는 것보다 빨대로 마시는 것이 훨씬 편한 경우도 있다.

식사시의 행동이 문제가 될 수도 있다. 이러한 문제를 최소화하기 위해 식사시 힘이 가는 곳과 약해지는 곳을 살펴보아야 한다. 그리고 이에 맞추어 적절한 자세와 외부의 지지, 보조기구, 그리고 음식의 종류를 제공해야 한다. 또한 먹는 데에만 집중할 수 있도록, 산만하지 않고 여유로운 환경을 조성해야 한다. 적당한 배경음악을 주면 식사를 쉽게 하기도 한다. 또한 식사하는 데 있어 아이가 능동적인 참가자가 되도록 해주어야 한다. 식사시 움직임이 의존적이라 할지라도, 아이 스스로의 조절이 필요할 수 있다. 예를 들어 어떤 음식을 먹을지 고르게 할 때, 두 가지 음식 중에 혹은 음식과 음료수 중에 고르게 하고 어떤 방법으로라도 가리키게 하며 선택을 표현하게 한다. 끝으로 식사시간이 의사소통과 사회성을 위한 훌륭한 시간

임을 잊지 말아야 한다. 아이의 식사시간은 손이 많이 가야 하기 때문에 이러할 경우 가족식사 전후로 아이의 식사를 도와주고, 부모가 식사할 때에도 아이를 참여시키는 것이 좋다.

아이가 식사하는데 어떤 문제가 있건 간에, 아이가 준비만 해준다면 부모는 아이에게 새로운 단계와 새로운 섭취방법으로 나아가려 할 것이다. 다음의 표는 정상적으로 발육하는 아이의 영양섭취와 식사단계 발전을 나타낸 것이다. 이를 참고하여 아이의 발달단계를 기억하고 있어야 한다.

이 표는 양에 대한 언급없이 음식의 종류만을 나열하였다. 아이들은 각각 소비열량이 다르기 때문에 양을 정할 수 없다. 식사시의 문제 때문에 많은 뇌성마비 아동들은 살이 붙기 어렵다. 게다가 근 긴장도가 높은 아이들은 더 많은 열량을 소비한다. 결과적으로 이러한 아이들은 보조식을 더 섭취하여 성장을 도와야 한다. 저 긴장도의 아이는 좀 더 빨리 체중이 는다. 이런 경우에는 아이의 열량섭취를 다시 살펴봐야 한다.

■■ 표 1. 표준섭취 발달단계		
나이	**음식**	**섭취방법/자세**
0~4개월	모유, 분유	반 기울인 자세로 누워 안긴 자세.
4~6개월	모유, 분유 연식(삶아서 거른 음식)	약간 세운 자세. 유아용 숟가락 사용. (긴 손잡이가 달리고 머리가 작고 좁은 숟가락)
8개월	모유, 분유 작은 음식(유아용 쿠키) 고형음식(으깬 음식)	높은 의자나 여타 식사용 의자에 앉힘. 아이 스스로 젖병을 잡고 수유하게 함. 컵으로 마시는 법을 배움.
12개월	우유 육포, 과일, 야채 작게 자른 보통 음식	높은 의자나 여타 식사용 의자. 식사 시 능동적인 주체로 참여. 손가락을 사용하며, 아이용 숟가락의 사용을 배움. 식사시의 음료수를 컵으로 마심.
18개월	작게 자른 보통 음식 고기	높은 의자나 아이용 의자. 많이 흘려도 스스로 숟가락을 사용함. 모든 음료수를 컵으로 마심.

　보조식을 주는 방법은 섬유소 등 칼로리가 없는 음식물은 빼고 열량성분으로 주는 것이다. 보조열량은 단백질, 지방, 비정제 탄수화물 등에서 나온다. 예를 들어 음식에 분유, 갈은 땅콩, 치즈 등을 뿌림으로써 영양과 열량을 더해줄 수 있다. 고열량이나 영양소의 균형을 맞춘 조제분유도 있다. 또한 경량아들은 일상적인 세끼 식사보다 적은 양을 자주 주는 방법을 통해 체중을 늘릴 수 있다. 아이의 소아과 의사(한국의 경우 재활의학과 의사), 언어치료사, 영양사에게 영양을 높이는 방법에 대해 조언을 구하는 것도 좋다.

■■ 구강 관리

건강한 치아와 잇몸을 가지고 자라는 것은 다른 어떤 아이들과 마찬가지로 중요하다. 예방적 구강 관리는 하루 일과에 해당하며 일찍 시행할수록 좋다. 아이의 치아가 나기 전부터 유아용 칫솔이나 손가락을 이용하여 잇몸을 마사지

하고 자극한다. 이는 잇몸을 건강하게 하고 이후 아이가 칫솔질 하는 준비가
된다. 치아가 나면(보통 6개월 정도에서 시작된다) 정규적으로 닦아 줘야 한
다. 손가락에 수건을 말거나 작고 부드러운 칫솔에 소량의 치약을(꼭 필요한
것은 아니지만) 사용하여 닦을 수 있다. 칫솔로 이의 표면을 닦는 것 외에, 치
실을 이용하여 이 사이를 닦는 것도 중요하다. 손잡이가 달린 치실을 사용하면
더욱 편하다. 만약 아이가 구강접촉에 예민하다면 앞 장에서 예민함을 줄일 수
있는 방법을 참고 한다.

아이가 어릴 때는 아이를 무릎에 눕히고 이를 닦아주는 것이 가장 간단하다.
이렇게 하면 아이가 움직이지 않게 되고, 또한 입안을 들여다보기에 좋다. 보
통 하루에 한번 정도 치아를 닦아 줘도 충분하다. 되도록이면 저녁에 이를 닦
아 음식 찌꺼기가 입안에 남은 상태로 자지 않게 한다.

만약 아이가 아직도 수유를 하고 있다면 '젖병 증후군'의 위험성이 있다. 젖
병 증후군이란 매우 빨리 치아가 썩는 것으로, 자는 동안 젖병을 물려 놨을 경
우 나타날 수 있다. 이것을 방지하기 위해서는 절대 입에 젖병을 물린 채로 잠
들게 해서는 안 된다.

일단 아이가 스스로 이를 닦을 수 있기 시작하면, 제대로 잡을 수 있게 적당
한 손잡이가 달린 칫솔이 필요하다. 또한 전동 칫솔은 아이가 스스로 할 수 없
는 세밀한 동작을 제공한다.

두세 살이 되면 치과에 데려가 정식으로 점검해야 한다. 치과의사는 구강관
리 프로그램을 개선하고 추가적으로 예방 할 수 있는 방법들을 조언해 줄 수
있다. 예를 들면 플라스틱 실란트(치아표면을 메우는 방법)를 사용해 저항력을
높일 수 있다. 어떤 치과의사를 선택할지는 아이의 장애 정도에 달려 있다. 경
험과 장비를 갖춘 정규 소아 치과의사를 찾는 것이 바람직하다. 또는 장애아
치료 수련을 한 치과의사를 찾고 싶을 것이다. 몇몇 주요 병원들에는 육체적·
정신적 장애를 가진 사람들을 위한 치과가 개설되어 있다. 치과의사협회에 연
락하여 주변에 그러한 병원이 있는지 알아볼 수 있다.

■■ 목욕 시키기

아이를 목욕 시키는 것은 즐겁고 모두에게 특별한 시간이여야 한다. 왜냐하면 목욕을 시키는 것은 상당한 시간이 걸리고, 이는 단지 아이를 씻기는 것 이상의 좋은 기회다. 흥미롭고 색다른 환경에서 아이가 스스로 움직이고, 말하고,

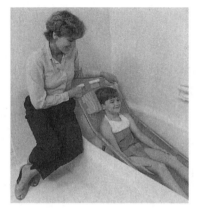

인지목표를 위해 뭔가를 할 수 있는 자연스런 기회가 될 수 있다.

다른 아이를 씻길 때와 마찬가지로, 안전이 우선이다. 성공적인 목욕을 위해서 가능한 한 근 긴장도를 정상화시킬 수 있는 자세를 취해야 한다(자세에 대해서는 이전 장에서 언급하였다). 또한 아이에게 균형 감각을 요하게 만들기보다는 안전에 대한 감각을 느끼도록 신경써야 한다. 보통 시중에서 파는 목욕의자는 부모가 두 손을 자유롭게 쓰는 동안 안전을 유지해준다. 또한 약간 바람을 뺀 튜브는 자세를 잡는데 도움이 된다. 만약 아이가 앉지 못한다면 흡착판을 이용해 고정 시킨 반쯤 누운 목욕의자를 사용하는 것이 좋다. 이러한 의자들은 의료기기 판매상에서 구입할 수 있다(그림 30). 목욕 스폰지판은 아이가 안거나 누운 자세로 목욕하는데 이용된다. 이러한 기구들을 사용할 땐 수면은 낮게 하고 물을 끼얹어 씻긴다.

아이가 점차 커감에 따라, 특수 기구 회사에서 목욕의자나 수압식 리프트를 빌리거나 사야 할 것이다. 몇몇 나이가 찬 아이들은 무릎을 꿇거나 앉은 자세로 씻는 것을 좋아한다. 이러한 경우 호스가 길게 달린 샤워기가 편리하다. 중요한 것은 제대로 된 자세로 해야 한다는 것이다. 또한 안전을 위해 욕조나 샤워 대에 손잡이를 설치하거나 미끄럼 방지 조각을 사용할 수 있다. 가장 주의 해야할 점은 장애의 유무를 떠나 아이가 욕조나 샤워대에 있을 때 한눈을 팔면

안 된다.

목욕시간을 학습경험으로 만들기 위해 먼저 옷 벗는 과정을 생각할 수 있다. 만약 아이가 움직일 수 있다면, 목욕시간은 혼자서 옷 벗기를 시작하는 자연스런 시간이 된다. 이는 또한 물리치료사나 작업치료사가 제안한 관절운동을 시킬 수 있는 좋은 기회가 된다. '팔을 안으로', '밖으로', '욕조에 물이 찼다', '없다', '욕조가 미끄럽다', '물이 뜨겁다', '차다' 등의 단어들을 가르칠 자연스런 기회다. 만약 아이가 12개월에서 18개월 사이의 발달연령에 있다면 신체부위의 명칭을 가르칠 훌륭한 기회다.

목욕할 때 아이는 인과관계, 공간관계, 손목의 회전, 그리고 다른 감각들에 내성을 가지는 많은 기회를 갖게 된다. 오리장난감을 물에 띄우고, 비누를 잡고, 물장난을 치고, 컵에 물을 담고 버리며 타일에 거품을 묻히고 하는 과정에서 자기도 모르는 새에 깨끗해져 있다.

또한 목욕을 마치고 나서의 과정도 매우 얻을게 많다. 예를 들면 수건으로 몸을 문지르면서 감각과정과 신체지각에 도움을 줄 수 있다. 아이가 준비가 되었다면 잠옷을 입는 것이 스스로 옷 입기를 시작하는데 적당하다. 목욕 후 시간은 등을 문지르고, 마사지 혹은 파우더나 로션을 바르며 이에 관련된 말을 이해하고 사용하게 되는 좋은 시간이다.

대부분의 뇌성마비 아동들에게 따뜻한 물에서 목욕은 안락하고, 편안해지며 쉽게 잠이 들 수 있는 방법이다. 그러나 반대로 몇몇 아이들에게는 자극적이고 흥분적일 수 있다. 만약 이러한 반응을 보인다면, 재우기 전에 목욕 시키는 것을 피하는 것이 좋다. 대신 아이가 깨어 있었으면 하는 시간 직전에 목욕을 시키는 것이 좋다.

■■ 옷 입히기

대부분의 아이들에게 있어, 옷을 입고 벗는 것을 배우는 것은 독립적 생활로

가는 중요한 단계이다. 아이의 장애 정도에 따라서 혼자 옷을 입는 것은 실질적인 목표가 될 수 있다. 만약 아이가 운동기술을 가지고 있다면, 아이가 목표를 달성할 수 있도록 가능한 모든 것을 도와줄 수 있다. 제대로 움직일 수 없으나 옷 입기를 하고 싶어하고 이해할 수 있다면, 옷 입기 과정에 최대한 참여할 수 있도록 도울 수 있다.

옷 입기에서 올바른 자세는 매우 중요하다. 뇌성마비 아동들은 낮은 의자에 앉아 있을 때 옷을 입기 쉽지만 만약 목이나 몸통을 가누지 못한다면 무릎에 앉힌다.

일반적으로 옷을 벗는 것이 입는 것보다 쉽기 때문에 먼저 옷 벗는 것을 가르친다. 많은 아이들에게 양말 벗는 것이 가장 쉽다. 양말을 벗는 것을 배우기 시작할 때, 우선 양말을 발끝까지 거의 벗겨 준 후에 아이가 마지막 동작을 하게 한다. 아이가 하나씩 동작을 익힘에 따라 조금씩 도와주는 것을 줄인다.

만약 아이가 옷 벗는 것을 혼자 할 수 없다면, 할 수 있는 것부터 할 수 있게 돕는다. 예를 들면 부모가 셔츠 소매를 뺄 때 아이가 팔을 들게 하거나 또는 체중 이동을 시켜 바지를 쉽게 벗게 한다. 만약 아이가 매우 제한된 동작만 할 수 있으면, "다음엔 뭘 벗어야 하지?" 하고 물어 벗어야 할 옷을 쳐다보게 한다.

좀 더 옷을 쉽게 입히기 위해서는, 옷을 살 때 좀 더 신경을 써야 한다. 몸이 불편한 사람들을 위해 쉽게 옷을 입고 벗을 수 있게 디자인된 옷들이 있다. 또한 좀 더 편하게 옷을 입히기 위해서는 조금 큰 치수의 옷을 사거나 니트와 같이 잘 늘어나는 옷감을 골라야 한다. 옷을 살 때는 지퍼가 달린 옷이 단추보다 편하고, 앞이 열리는 옷이 뒤로 입는 옷보다 편하며, 매끄러운 안감의 옷이 입히기 쉬우며, 접착식 천이 달린 신발이 끈으로 매는 신발보다 편하다는 것을 염두에 두어야 한다. 마지막으로 무슨 옷을 살지 항상 아이의 의견을 존중해야 한다. 비록 아이가 혼자 옷을 입지 못하더라도 스타일과 색깔의 선택권을 줘야 한다.

현실적으로 가능하다면 독립성을 가지도록 유도하는 것이 중요하고, 만약

할 수 없다면 될 수 있는 한 수동적 보다는 적극적으로 참여하게 해야 한다. 아이가 자율성을 갖고, "내가 할 거야"라고 독립성을 가질 때는 부모는 자연스러운 기회를 줄 수 있다. 만약 이러한 기회를 잃는다면, 아이의 자존의 성장을 가로막는 무력감을 학습하게 된다. 비록 해주는 것이 더 쉽고 시간 절약이 된다고 생각되더라도, 할 수 있는 기회를 주고 격려해야 한다.

▓▓ 배변훈련

아이가 배변훈련을 할 단계가 되면 이것만은 알아야 한다. 다른 아이들과 마찬가지로 혼자서 용변 보기를 충분히 할 수 있다는 생리학적 성숙의 징후를 보일 것이다. 이런 징후들은 한 번에 몇 시간씩 기저귀를 적시지 않는 것과 기저귀가 젖거나 더러워 졌음을 알아차리는 것이다. 배변훈련이 준비됐음을 표시하는 아이에게 이는 자립의 단계로 나갈 수 있는 기회인데 이를 놓쳐서는 안 된다.

아이가 이런 목표를 달성하는 것을 돕기 위해선, 비정상적인 근 긴장을 최소화하여 몸을 지지해 주고 자세를 잡을 수 있는 소아용 변기가 필요하다. 발이 바닥에 닿게 하는 것은 자세잡기를 위해서 뿐 아니라, 배변시 복근에 힘을 주기 쉽게 만들어 준다. 일반 아이들이 사용하는 대부분의 변기는 뇌성마비 아동들이 사용하기에도 적합하다. 특수보조기상점에서 각각의 연령 대와 장애 정도에 맞는 변기를 구입할 수 있다. 일반 변기에 덧씌우는 유아용 변기 커버는 적절한 지지와 안정감을 주지 못하기 때문에 좋지 않다. 그러나 장애 정도에 따라, 양쪽에 지지대가 있거나 변기 커버에 꼭 맞는다면 유아용 변기 커버도 효과적일 수 있다.

만약 배변훈련의 첫 시도가 실패하면, 몇 개월을 기다렸다가 다시 시도해본다. 많은 뇌성마비 아동들의 배변훈련은 가능하다. 그러나 발달연령은 배변훈련을 하는데 있어 중요한 요소임을 알아야 한다. 어떤 아이들은 배변훈련이 가능한 발달연령에 이르지 못한다. 대부분의 의료 기상이나 대형할인마트, 약국 등에서 큰 크기의 요실금 팬티 및 기저귀를 구할 수 있다.

　많은 뇌성마비 아동에 있어 배변훈련을 가로 막는 문제 중 하나가 변비이다. 이는 종종 약의 부작용, 너무 높거나 낮은 근 긴장도, 섬유소가 적은 음식, 그리고 운동부족 등에 의해 생긴다. 만약 식이조절로 변비가 해결되지 않는다면, 소아과(재활의학과)에서 몇 가지 약을 처방받을 수 있다. 연화제, 윤활제, 완화제, 그리고 자극제 등이 여기 해당한다. 변비가 매우 심한 경우 관장을 시도할 수 있다. 좌약이나 미네랄 기름 등 처방 없이 살 수 있는 약을 사용하기 전에 먼저 소아과 의사(재활의학과 의사)를 찾도록 한다. 완화제를 과용하는 것은 위험하다.

■■ 수면

모든 부모들은 아이들이 잘 자길 원한다. 불행히도 아이들은 잘 자기도 하고 잘 자지 못하기도 한다. 다른 아이들처럼 뇌성마비 아동들은 잠들기까지가 각양각색이다. 어떤 아이들은 쉽게 잠이 들지만, 다른 도움을 필요로 하는 그렇지 못한 경우도 있다. 예를 들면 천천히 잔잔하게 흔들어주거나, 포대기에 싸서 꼭 안아주거나 따뜻하게 해주어야 한다. 음악을 들려주거나 작고 조용하게 이야기를 해주는 것, 그리고 자동 흔들 그네나 유모차에 태우는 것도 도움이 된다.

　아이가 매우 어린 경우, 특히 입원해 있을 경우에는 이러한 외부적 도움이 자주 필요하다. 빛, 소음, 정맥주사에 의한 통증 등은 아이를 지속적으로 과민하거나 우울하게 만든다. 집에서의 냄새, 소음 역시 아이를 자극시킨다. 만약 이러한 자극들이 아이의 수면습관 형성을 방해한다면, 규칙적인 수면주기를 형성하고, 쉽게 자고 깰 수 있도록 도와줘야 한다. 처음에는 위에 기술된 방법들을 이용하여 잠에 드는 것을 도와주고 점차 조금씩 도움을 적게 하여 스스로 잠에 들게 해야 한다.

처음에는 하루에도 수차례 잠을 자고 주로 수유할 때 마다 잠을 잔다. 아기가 커감에 따라 점차 깨어있는 시간이 늘어난다. 1살 정도가 되면 밤에는 12시간 정도 잠을 자고, 아침, 점심으로 낮잠을 자게 된다. 낮잠 시간에 계속 깨어 있으면 낮잠 시간이 더 이상 필요하지 않게 됐음을 알리는 신호다. 일단 아이가 이 단계에 이르면 얼마 동안 조용히 혼자 놀게 내버려 두는 것도 좋다. 이 시간은 부모에게 꼭 필요했던 휴식과 스스로를 정리할 수 있는 시간이 될 것이다.

아이가 조금 자람에 따라, 수면을 조절하는 것이 문제가 된다. 만약 잘 먹고 편안한 상태라고 생각되면 정해진 시간에 자는 것을 일상화 시켜야 한다. 버릇은 바뀌기 매우 어려운 것이어서 다음과 같은 것들을 절대 조장하면 안 된다. 부모와 함께 자는 것(다시는 따로 재울 수 없을 것이다), 우유병 물고 자는 것(이가 썩는다), TV 보면서 자거나 침대가 아닌 곳에서 자는 것 등이다. 규칙적인 수면을 위해서 따뜻한 물에서 씻기는 것, 이야기를 들려주거나 부모와 함께 조용한 놀이를 하는 것이 도움이 된다(만약 목욕 때문에 아이가 오히려 잠을 자지 못한다면 재우기 전에 씻기지 않는다). 자기 전에 야단법석을 떨고 놀면 재우기 힘들어진다.

부모들은 종종 어떤 종류의 침대가 좋은지 궁금해한다. 난간이 달린 유아용 침대는 처음 2~3년간은 안전하며 잠들기 좋은 조건을 제공한다. 이 시기 이후, 부모는 아이의 자아를 기르고 독립성을 키우기 위한 수면 계획을 생각해야 한다. 만약 너무 오랫동안 유아용 침대에서 재우면, 비록 아이가 운동능력의 발달뿐 아니라 모든 면에서 발달연령이 증가해도 여전히 아기의 이미지만 조장하게 된다.

아이가 유아용 침대를 졸업하면 안정과 자립의 두 가지 문제에 직면하게 된다. 가능하면 아이가 혼자 침대에 오르고 내려갈 수 있어야 한다. 몇 가지 선택이 있는데 안전대가 있는 소아용 침대, 안전대를 설치한 보통 침대, 바닥에 매트리스를 놓아 재우는 것이다. 바닥에 매트리스를 놓는 것이 안전과 독립 두 가지 요건을 모두 충족시킬 수 있는 방법이다. 아이가 안전하게 침대로 기어오르고 내려갈 수 있게 되면 보통 침대로 옮기는 것을 생각해야 한다. 일반적으로 딱딱한 매트리스가 가장 좋다. 한편 몇몇 부모들은 물침대가 따뜻하고, 부드러운 움직임을 줘서 아이의 긴장을 풀고 근 긴장도를 낮출 수 있어 선호한다.

■■ 놀이

놀이는 아이들에게는 일상 업무가 된다. 놀이를 통해 아이들은 협응능력과 인지개념이 발달한다. 또한 아이들은 놀이를 통해 남들과 상호작용하는 것을 배우고, 자신감과 경쟁심을 발달시킬 수 있다. 그러나 놀이가 이렇게 심각한 업무임에도 항상 신나고, 자발적이어야 하고, 그 성과를 바라보고 하는 것이 아니라 과정의 즐거움을 위해 하는 것이어야 한다. 다른 말로 하면 그림을 그리는 것은 단지 그리는 것이 좋아서 해야 하는 것이지, 그림의 완성이나 어른들의 칭찬이 목적이여서는 안 된다는 것이다.

놀이는 탐험놀이, 조작놀이, 그리고 상상놀이 등 세 종류가 있다. 탐험놀이는 아이들이 가장 먼저 접하는 것으로 이 과정을 통해 아이들은 그들 스스로와 주위의 세계를 배운다. 이는 감각운동 자극에 기본을 두고 있는 것으로, 행동이나 움직임은 주변의 모습, 소리, 냄새, 그리고 촉각 등에 반응을 해서 나타난다. 예를 들면 아기는 손이나 발을 입으로 가져가 자신의 몸을 탐구하는 것으로 탐험놀이를 시작한다. 이러한 행위에서 아이는 그네와 시소놀이를 배우게 된다. 두 번째 형태의 놀이인 손으로 다루는 놀이는 아이가 물체를 잡을 수 있으면서 시작된다. 아이가 움켜쥐고, 팔을 뻗고 물체를 잡음에 따라 눈-손의 협응운동, 시각 인지능력, 손의 기능이 발달한다. 또한 크기와 무게 그리고 공감각적 관계에 대해 배운다. 손으로 가지고 노는 장난감으로는 블록, 퍼즐, 찰흙, 그리고 크레용 같은 것이 있다. 마지막으로 상상놀이는 아이들이 그들의 상상력을 믿을 때 나타난다. 이런 놀이를 도울 수 있는 장난감은 인형 옷, 장난감

가구, 차와 트럭, 인형, 작업의자, 그리고 장난감 전화기 등이다.

　아이가 이런 세 가지 형태의 놀이에 대한 준비와 흥미의 수준은 아이의 지적 발달, 사회성의 성숙, 그리고 운동능력에 좌우된다. 만약 아이가 지적 능력과 사회성은 충분하다면, 뒤떨어진 운동능력을 보완하거나 적합하게 변형 시키는 노력을 해야 한다. 예를 들면 아이가 머리와 손의 조절에 문제가 있어 블록 쌓기를 할 수 없다면, 아이가 눈으로 혹은 말로 색깔을 골라 부모가 쌓는 것을 지켜보는 것으로 즐길 수 있다. 가능하다면 어떻게 움직이든 블록 쌓기를 무너뜨리게 하는 경험을 갖도록 하는 것이 좋다. 부모가 인부의 역할로 블록을 쌓는 동안 아이는 건축가가 될 수 있다.

　놀이를 할 때, 장난감의 단순한 변형으로 운동장애를 극복할 수 있다. 예를 들어 손사용이 힘들면, 자석이 붙은 블록이나, 크기가 큰 레고 등을 사용해 탑을 만들 수 있고, 접착천이 붙은 나무블록을 써서 블록 쌓기를 즐길 수 있다. 요즘은 기술이 발달되어서 매우 심한 운동장애를 가진 아이도 카세트테이프를 틀 수 있고, 장난감 피아노를 연주할 수 있고 장난감 강아지가 걷고 짖게 할 수 있다.

　운동장애를 가진 아이들이 컴퓨터를 이용할 수 있게 하는 많은 장치들이 있다. 예를 들면 모니터에 터치스크린을 장치하면 마우스나 키보드를 사용하지 않고도 컴퓨터를 다룰 수 있다. 개조된 스위치나 트랙볼, 마우스 등은 손의 운동장애가 있는 아이들에게 사용될 수 있다. 이러한 도구들과 적합한 소프트웨어의 도움으로 아이들은 연필이나 붓을 잡을 수 없어도 컴퓨터로 그림을 그리고 색칠할 수 있다. 퍼즐, 카드게임 그리고 장기, 부루 마블 등과 같은 보드게임 등의 아이들에게 익숙한 많은 손을 쓰는 게임들 역시 컴퓨터로 가능하게 되었다. 컴퓨터와 CD롬은 뇌성마비 아동들이 놀고 배울 수 있는 기회를 넓혀 주었다.

장난감은 놀이의 도구이며 바라는 만큼 정교하고 비쌀 수 있으나 종종 집에 널려 있는 물건들이나 잡지들이 최고의 장난감이 될 수 있다. 냄비, 접시, 계량 숟가락, 컵, 상자들은 매우 인기가 높다. 이러한 물건들을 가지고 놀게 할 때는 제일 먼저 안전성과 다루기 쉬운가를 염두에 두어야 한다. 그리고 나서 흥미를 고려하고 얼마나 다양하게 갖고 놀 수 있는가를 생각해보아야 한다. 예를 들면 비디오 게임은 단순히 비디오 게임으로 그치지만 트럭이나 인형 같은 장난감 은 여러 가지 방법으로 가지고 놀 수 있다. 마지막으로 아이의 발달연령을 상 기하고 그에 맞는 장난감을 골라야 한다.

부모들은 흔히 아이들이 가지고 놀기에 너무 어렵고 연령 수준에 맞지 않는 장난감을 사준다. 만약 이런 실수를 저질렀다면 아이의 발달수준이 그것을 가 지고 놀기 적합해질 때까지 잘 보관해 두는 것이 현명하다. 아이의 발달수준에 적합한 장난감을 고를 때 의사나 치료사들에게 조언을 구하는 것이 좋다. 또한 주변에 장애아를 위한 장난감 대여점이 있다면 거기서도 도움을 얻을 수 있다. 일반적으로 이러한 장난감 대여점들은 많은 양의 장난감을 구비하고 있으며 대여점 직원은 아이를 위해 장난감 고르는 것을 도울 수 있다.

■■ 보모

만약 아이가 태어난 이후 오랜 기간 입원해 있었다면, 아이를 혼자 있게 하고 싶지 않을 것이다. 그러나 조만간 부모들은 아이들이 뇌성마비거나 아니거나 아이와 떨어져야만 하는 때가 생긴다. 부모들은 아이를 돌보는 것에서 잠시 떨 어져 있는 시간이 필요할 때가 있다. 영화를 보거나, 친구들과의 식사, 근처 박물관 등을 찾아가는 것은 짧고도 꼭 필요한 휴식이 될 수 있다. 다른 자녀들 도 부모와 함께 있는 시간이 필요하며, 장애를 가진 형제자매로 인해 영향을 받지 않을 필요가 있다.

이러한 휴식은 아이들을 교대로 돌보는 것을 의미하기도 한다. 몇몇 가정은 아이를 돌봐줄 친척들이 주변에 살기도 하지만 대부분의 가정은 보모를 필요로 한다. 만약 이러한 경우라면, 보모를 선택하고 교육하는데 관심을 기울여야 한다. 신뢰할 수 있는 보모를 찾아야 하고, 부모가 집에 있는 동안 보모가 아이에 대해 알 수 있는 시간도 가져야 한다. 이렇게 해야 아이를 어떻게 다루고, 해오던 방식에 보모가 익숙해질 수 있다. 그런 후에야 아이를 두고 나왔을 때, 보모가 아이를 보호하는 것에 대해 안심을 할 수 있다. 마음이 좀 더 편하려면 항상 언제든 연락이 닿을 수 있는 전화번호를 남겨야 하고 비상시 대처하는 방법을 알려줘야 한다.

보모를 찾기 위해서는 주변의 다른 장애아 부모에게 추천을 받을 수 있다. 몇몇 가정에서는 뇌성마비 아동이 있는 다른 가정과 함께 보모의 역할을 서로 의논하여 분담하기도 한다. 비슷한 장애가 있는 아이의 부모보다 더 장애아를 다루는데 능숙한 사람이 어디 있겠는가? 또 다른 대안으로는 간호나 특수교육을 전공하는 대학생이나 고등학생 자원 봉사, 부모들의 자조모임, 그리고 지역 복지관련 단체에 문의하는 것이 좋다.

몇몇 단체에서는 검증된 보모의 명단을 제공할 뿐 아니라 일시적 위탁 제도에 대해 알려줄 수도 있다. 또한 전문가로부터 아이를 다루는 방법을 수 시간에서 수주에 걸쳐 교육받을 수 있다. 이러한 관리는 집에서나 혹은 위탁할 가정에서 한다. 비용은 요구에 따라 달라질 수 있다.

부모가 아이와 떨어져 있어야 하는 시간만큼이나 아이도 부모와 떨어져 있는 시간이 필요하다는 것을 기억해야 한다. 다른 어른들과 교감하고 신뢰를 배우는 것은 아이의 발달에 있어 매우 중요한 과정이다. 이것은 아이가 아직 어릴 때 가끔 육아분담을 시행할 수 있다면 아이와 부모 모두에게 쉬울 것이다.

▪▪ 결론

어린 아이를 키우는 것은 전일근무나 마찬가지다. 그러나 뇌성마비 아동의 부모들은 때때로 아이를 씻기고 입히고 먹이는데 과도한 업무를 수행하는 것처럼 보여 진다. 높은 소리와 낮은 소리로 얘기하고, 구강자극의 방어, 보조기구 등이 부모를 지치게 만들 때, 일상의 하루하루가 수월해지는 날은 오지 않을 것처럼 보인다. 하지만 믿어야 한다. 그러한 날은 올 것이다. 의사, 교사, 치료사들은 아이에게 필요한 도움들을 효과적으로 하는 방법을 알려줄 수 있다. 무엇보다 중요한 것을 인내와 끈기로 시간을 보내면 아이를 키우는 일들을 완벽하게 습득하게 되고 하루하루의 아이 키우는 일들은 단순한 일상으로 변할 것이다.

가족과 자부심

부모가 된다는 것은 가장 가치 있는 일들 중 하나이다. 그러나 그것은 가족을 부양해야만 하는 책임감으로 인하여, 가장 고된 일들 중 하나이기도 하다. 부모로서 당신은 자녀들의 신체적 욕구를 충족해 주어야 할 뿐 아니라 감정적 욕구도 채워주어야 한다. 특히, 자녀들 자신이 그들 스스로가 사랑받을 자격이 있고, 가치 있는 사람이라고 느끼는 자부심을 갖게 되는 것은 당신에게 달려 있다.

뇌성마비 아동이 있다는 것은 대부분의 부모에게 있어서 많은 노력을 요하는 힘든 일거리가 생긴다는 것이다. 왜냐하면 뇌성마비는 신체적인 장애이므로 치료적 운동, 영양공급을 위한 특별 식이, 자세 잡아주기 등 신체적인 문제를 돌보는 데에 당신은 엄청나게 많은 시간과 노력으로 헌신해야 하기 때문이다. 동시에 당신은 아이의 육체적 문제로 인한 욕구들이 가정생활에 있어서 가장 중심에 놓이지 않도록 노력해야 한다. 또한 당신 자녀의 육체적 건강만큼 정서적 건강이 중요하며, 더 나아가 장애를 가진 자녀 이외의 다른 가족구성원의 그것도 중요하다는 것을 기억해야 한다. 모든 구성원들은 스스로가 특수한 요구의 필요성을 가졌건 가지지 않았건 간에 그들 하나하나가 모두 특별함을 인지하여야 한다.

모든 이들의 욕구에 대한 균형을 맞춘다는 것은 쉽지 않으며, 특히 시작단계에서 더욱 그러하다. 믿어지지 않을 수도 있겠으나, 뇌성마비 아동이 있는 가정이라고 정상적인 가정생활을 하지 못할 이유가 없다. 정상적인 자녀를 포함하여 모든 가족구성원이 뇌성마비 아동을 돌보는 일에 서로 협조함으로써, 당신은 더욱 화목하고 정상적인 가족관계를 정립하는 놀라운 일을 이룰 수 있다. 가족구성원 모두가 스스로에게 만족스런 감정을 가지고 있는 한, 다른 어느 가족보다 잘 균형 잡힌 가정을 유지할 수 있다.

뇌성마비 아동과 그 가족들이 '뇌성마비'라는 것과 수반하는 어려움들을 받아들이는 것은 매우 다양한 문제를 불러일으키기 때문에, 이번 장에서는 두 부분으로 분리하였다. 전반부에서는 뇌성마비 아동의 존재 자체가 가족의 생활을 복잡하게 만들 수 있다는 것과, 뇌성마비 아동에게 당신 가족들이 적응해 나가는 전략에 대하여 설명하였다. 후반부에서는 자부심에 초점을 맞추어 그것이 당신 자녀가 그들의 한계를 받아들이고, 또한 잠재력을 발휘하는 데에 어떻게 작용하는 가에 대해서 설명하였다. 그리고 가족들의 포용력과 행동이 어떻게 뇌성마비 아동의 높은 자부심 이루는데 큰 힘이 되는지 설명하였다.

가족생활

■■ 부모로서의 역할

당신의 가족들이 얼마나 뇌성마비 아동에게 잘 적응하는가의 여부는 부모에게 달려있다. 다른 형제들과 친척들, 그리고 친구들은 부모들의 지시나 암시에 따르게 된다. 자녀를 보는 당신의 관점이 다른 가족구성원의 관점에 영향을 미친다는 사실을 인지하고, 될 수 있으면 빨리 당신의 자녀를 받아들이는 것이 매우 중요하다.

'받아들임'이란 무엇을 의미하는가? 한 뇌성마비 아동의 어머니인 마시아 레플러(Marcia Lepler)는 다음과 같이 요약하였다.

> "나에게 있어 받아들임"이라는 것은 매일 나의 아이를 돌보는데 있어서 어떠한 즐거움을 찾아내는 것을 의미했다. 그것은 다른 정상적인 아이들을 보면서 나의 아이도 그들처럼 정상적이었으면 하고 바라는 것이 아니다. 나의 아이가 나에게 무엇을 해 줄 수 있겠는가를 생각하는 것이 아니고, 내가 무엇을 함으로써 아이의 잠재력을 키워줄 수 있는가를 생각하는 것이다. '받아들임'이라는 것은 아이가 자신의 속도에 맞추어 커가도록 해주는 것을 의미한다. 그것은 아이가 나의 자녀라는 것을 자랑스럽게 생각하는 것이며, 다른 사람들도 그것을 알게 하는 것이다. 그것은 나의 자부심이 아이의 발달 단계에서 오는 것이 아님을 뜻한다. 진정한 '받아들임'이란 우리가 한때 희망하였던 그 행복한 가정이라는 것을 지금도 실현할 수 있음을 느끼는 것이다."

불행하게도 당신의 뇌성마비 아동을 받아들이고, 장애아가 아닌 매우 특별하고 귀중한 존재로 생각한다는 것이 종종 어렵고 시간을 필요로 한다. 보통 예쁘고 완벽한 아이를 가졌을 때 가지는 흥분에 비해, 그것은 매우 희미하다. 그 대신에 불신감과 충격, 무력감, 고립감 등을 가질 수 있는데, 이러한 감정들은 사랑하는 사람의 죽음과 마찬가지로 뇌성마비 아동을 받아들이는 것을 매우 어렵게 한다. 또한 장애 자녀를 돌보는데 필요한 그들의 능력을 의심하게 되면 점점 더 받아들이기 어려워진다.

받아들임을 어렵게 만드는 감정들

많은 부모들은 자녀의 진단을 듣는 순간 부정한다. 그들은 나쁜 꿈을 꾸고 있다고 생각하며, 언젠가 없어질 상황이며, 진실이 아니라고 생각한다. 제2장에서 설명하였듯이 부당한 상황에 대한 강력한 분노는 불가항력적이다. 또한 죄의식과 수치심, 자기 비하 등이 생길 수도 있다. 그러한 감정들 이후에는 우울, 슬픔, 피로 등이 뒤따른다.

대부분 부모들이 느끼는 이러한 슬픔은 일시적인 것이 아닌, 아이가 자라면서 반복적으로 느끼게 되는 만성적인 비애감이다. 그들의 자녀가 발달단계에 이르는 매 시간마다, 예를 들어 걷기, 말하기, 학교 입학, 사춘기 등의 시기에 부모들은 그들의 자녀가 정상적으로 발달하지 못했음을 상기하게 되고, 그것은 다시 슬픔을 유발한다.

슬픔이 처음에는 부모가 받아들이는 것을 대부분 어렵게 만들지만, 그것이 얼마나 오래 지속되는지는 매우 다양한 양상을 보인다. 나는 뇌성마비와 청각장애, 정신지체를 가진 고등학생 자녀를 둔 부모를 보았었는데, 그들은 아직도 장애의 존재를 인정하지 못하여 새로운 진단을 찾아 의사들을 찾아다니며, 정상으로 돌아올 것이라 생각하고 있었다. 반면에 나는 학동기 전의 뇌성마비 아동을 둔 부모가 정확한 질병에 대한 이해와 자녀의 장애를 받아들인 상태에서, 슬픔의 과정을 극복하고 다른 부모들을 도와줄 자세가 되어 있는 것을 보기도 했다. 왜 어떤 부모들은 다른 부모들 보다 더 쉽게 받아들일 수 있는가?

자녀의 장애를 빨리 받아들일 수 있었던 부모들은 세 가지 성공 요인을 가지고 있었는데, 그것은 대화와 정보습득, 그리고 격려이다. 그들은 가능한 한 다른 가족들이나 친척들, 자신의 가족들과 진실하고 숨김없이 대화하고 그들의 감정을 나누었다. 그들은 뇌성마비라는 장애에 대해 의학 전문가들이나 책, 정기 간행물 등을 읽으며 지식을 습득하였다. 그리고 그들은 가능한 많은 후원자들이나, 종교활동, 명상, 운동과 같이 힘이 되거나 편안함을 줄 수 있는 것들을 찾았다.

당신의 감정들을 다른 이들과 나눌 수 있고, 뇌성마비에 대한 이해를 넓혀가고, 당신의 역할을 멀리서 바라볼 수 있을 때, 당신의 절망적인 감정은 제자리를 찾아가기 시작할 것이다. 사실, 이것은 느리게 진행될 수 있고, 많은 시행착오를 가져올 수 있다. 그러나 세상에 하나뿐인 성장하는 당신의 자녀와 함께 만들어 가는 모든 긍정적인 상호작용 들은 당신이 받아들이는데 이르는 시간을 앞당겨 줄 것이다. 당신의 자녀가 할 수 있게 된 것을 돌아볼 때 당신은 웃음을 되찾을 수 있고, 아이가 눈을 맞춘다든지 원하는 것을 알아차릴 때 당신은 그 아이가 뚜렷한 인성과 가능성을 지녔음을 분명히 알게 될 것이다. 비록 당신의 자녀가 중증의 정신지체라 하더라도, '받아들임'은 자녀의 발전에 대하여 당신의 눈을 뜨게 할 것이다. 이때야 말로 아이가 음성과 빛과 움직임에 대해 반응하는 것을 배우는 것을 바라볼 수 있게 되고, 당신은 아이의 특별한 능력에 대해서 인정하게 될 것이고, 의학적으로 어떠한 발달단계에 속하든 아랑곳 하지 않을 것이다.

제2장은 당신의 아이가 처음 진단을 받았을 때 그것을 받아들이는 것을 도와줄 수 있는 정보와 후원을 얻을 수 있는 곳에 대해 기술하였다. 그리고 이번 장 이후에 기술하게 될 결혼이라는 단원에서는 이러한 이슈와 대화에 대해 더 자세하게 기술하였다.

부모로서 좋은 느낌 가지기

새롭게 된 부모들은 대부분의 경우 자녀들의 발달에 대한 지식과 부양 등, 부모역할에 대한 준비가 거의 되어 있지 않다. 아이가 건강하고 정상적으로 발달하는 경우 부모는 뒤늦게나마 준비하고 대처해 나갈 수 있으나, 뇌성마비 아동에게 이러한 시행착오는 매우 좋지 않은 영향을 미칠 수 있다. 또한 당신은 때로 좋은 부모로서의 자질을 의심하고, 심지어 자신의 가치에 대해 의문을 가질 수도 있다.

부모로서 당신 자신감의 갑작스러운 소실은 충분히 이해할 만하다. 오랜 기

간 장애 어린이의 치료에 관하여 연구해 온 의학적 전문가들의 아이를 키우는 방법에 대한 많은 조언을 접할 때 부모로서의 능력을 의심하게 되는 것은 당연한 것이다. 왜냐하면 뇌성마비는 다발성의 장애를 갖는 질환이고, 하나 하나의 장애들은 당신을 어렵게 만들기 때문이다.

만약 뇌성마비 아동이 맏이가 아니라면, 부모로서의 역할에 적응하는 것이 더 쉬울 수 있다. 당신은 만능 부모가 될 필요가 없다는 것과 아이에게 무엇이든 다 해주는 부모보다 다양한 사람들과 만나게 하는 것이 더 낫다는 것을 깨달을 수 있기 때문이다.

그러나 그 자녀가 맏이라면 당신은 만능 부모 콤플렉스에 시달릴 수 있고, 병원에서 아이를 집으로 데려온 후엔 이 세상에서 아이를 돌봐줄 사람이 자신들밖에 없다는 생각을 갖게 된다. 이러한 생각은 많은 문제를 야기시키는데, 만약 주변에 비슷한 젊은 부모가 없고 아이를 기르면서 느낄 수 있는 정상적인 감정을 느끼지 못한다면 더욱 그러할 것이다. 당신은 좌절하거나 우울해질 수 있으며, 특히 모든 일들이 정상적으로 진행되지 않을 때 죄의식을 가질 수 있다. 그러나 뇌성마비 아동들은 밤에 잠을 잘 자지 않을 수 있고, 또래 아이들만큼 먹지 않는 경우도 많으며, 딸랑이를 흔들거나 웃지도 않는 경우가 있음을 알아야 한다.

만능 부모에 대한 감정은 맞벌이를 하는 부부의 경우 많이 더욱 힘들게 할 수 있는데, 엄마는 일을 마치고 돌아온 후 집안 모든 것을 다 해야한다고 생각한다. 그녀는 아이에게 정말 유용한 시간을 제공하고, 집안을 치우고, 음식과 빨래를 하고, 남편과 다른 가족에게 좋은 관계를 유지하려고 하고, 또 다시 다음날 아침에는 직장에서 만능인이 되려고 노력할 것이다. 아버지도 비슷한 감정을 가질 것으로 생각된다.

뇌성마비 아동을 가졌다는 사실은 스스로 모든 것을 해야 한다는 감정을 증폭시켜 당신은 자녀를 편한 자세로 만들어 줄 수 있는 유일한 사람이라고 생각할지도 모르겠다. 자녀의 안전과 편안함에 대한 걱정은 점점 증가하게 되어 남에게 맡기는 것이 가능하다 하더라도 자녀를 맡기고 주말이나, 저녁 시간에 외출하는 것을 더욱 주저하게 될지 모른다.

자녀를 키우는데 필요한 부모로서의 수고와 이와 관련된 스트레스를 줄일 수 있는 방법들은 여러 가지가 있다. 먼저, 하루하루 매 순간, 그 상황에만 집중하도록 노력하라. 애매모호하고 광범위한 두려움들에 의하여 방해받지 않도록 하라. 또한 당신의 생활 습관을 바꿀 필요도 있는데, 예를 들면 집을 개조하여 집안일을 쉽게 만들거나, 만찬 대신에 조촐한 식사를 하는 것 등이다. 가족 활동에 있어서도 비슷한데, 아이들을 예쁘게 차려 입히고 근사한 레스토랑에 가는 대신에 있는 그대로 소풍을 가는 식이다. 아이를 돌보는데 필수적인 시간을 얻기 위해서 당신은 식사 준비, 세탁, 집안 청소, 잔디밭 손질하기, 기타 다른 허드렛일을 하는 횟수를 줄여야 한다.

당신이 만약 만능 부모가 되어야 한다는 콤플렉스에 괴로워한다면 아이를 돌보는데 도움을 줄 수 있는 보모나 혹은 집안일을 도와주는 가사일 도우미를 찾는 것도 좋은 방법이다. 당신이 모든 것을 다 해야만 할 필요는 없고, 또 그러할 수도 없다는 것을 깨닫는 순간 당신은 좀 더 정상적인 당신의 삶을 찾을 수 있다. 제4장에서 보모를 찾는 적합한 방법에 대해 정보를 제공하였다.

함께 해나가기

뇌성마비 아동을 갖은 부부들을 어려움 속에서도 살아남도록 도와주는 것, 그리고 더욱 잘 성장하도록 도와주는 것은 바로 열린 대화이다. 당신 둘 다 죄의식 없이 느낌을 표현하고, 선입견 없이 당신 파트너의 감정을 받아들이는 자세가 필요하다. 감정은 단지 감정일 뿐이며, 옳고 그름을 따질 수 있는 것이 아님을 기억한다면, 서로를 열린 마음으로 받아들이고 상대방의 느낌을 개방적으로 공유하는 것을 도와줄 것이다. 당신의 감정들이 죄책감과 분노, 사랑과 미움, 좌절과 안도감을 오가는 것은 매우 정상적인 것이고, 당신과 당신의 파트너가 동시에 같은 감정을 가질 수 없다는 것도 기억해야 한다. 예를 들어 하루는 당신이 매우 우울할 때 당신의 배우자는 매우 희망적이고 다가오는 모든 것들을 이겨낼 것 같은 감정을 느낄 수도 있다. 당신이 상대방과 동일한 감정을 가지고 있다는 것을 인식할 수 있다면, 당신은 다른 이에게 필요한 감정적인 도움을 줄 수 있다.

물론 만약 개방적인 대화가 당신의 결혼생활에 완전히 정착되지 않았다면, 뇌성마비 아동으로 인해 그것이 쉽게 이루어지지는 않을 것이다. 만약 당신이 운이 좋게도 의사나 병원의 사회복지사들을 만난다면, 초기에 도움을 받고 다른 부모들과 연결될 수도 있으나, 그러한 수단을 찾기 위해 당신 스스로 많은 노력을 기울여야 할 것이다.

필요한 도움들을 얼마나 쉽게 찾을 수 있는지는 당신이 사는 곳과 구하고자 하는 도움의 종류에 영향을 받는다. 나는 부모들이 이러한 수단을 쉽게 얻을 수 있는 도심지에서 수년 동안 일을 했었다. 일반적으로 부모들이 의사나 물리치료사, 학교, 사회사업가, 지역 정신건강 서비스, 종교 상담서비스와 접촉을 가진다면, 결국 그들이 원하는 서비스를 찾게 되었다. 이후 나는 뇌성마비가 매우 드문 변두리 지역으로 옮겼는데, 그때 나는 그들이 도움을 찾기가 얼마나 어려운지 알게 되었고, 매우 큰 충격과 좌절을 경험하였다. 좀 더 외진 지역에서는 뇌성마비 아동을 가진 다른 부모를 찾는다는 것이 거의 불가능하며, 설사 찾았다고 하더라도 거리와 이동의 문제로 자주 만나기가 힘들었다.

만약 당신이 그러한 고립된 지역에 산다면, 전화 상담이나, 편지 또는 인터넷 상에 존재하는 장애 토론방, 대화방 또는 뉴스 그룹 등이 매우 큰 도움이 될 것이다. 당신의 지역 조직에만 의존할 것이 아니라, 더 큰 국내 조직들, 예를 들면 국립 소아 청소년 장애정보센터(NICHCY)나 뇌성마비연합회, 주 교육부, 지체장애아동 서비스, 주 정신지체청, 주 발달장애청 등과 접촉할 필요가 있다. 특수 교육과가 있는 지방 대학에서 부모 후원 프로그램을 운영할 수도 있다.

몇몇 부모들은 배우자 이전에 동성으로 구성된 후원회에서 감정을 공유하는 것이 더 쉽다고 느끼기도 한다. 그 어머니들은 아직 남편과 대화할 준비가 안 되어 있지만 언젠가는 그렇게 되기를 원하는 다른 어머니들과 오랜 시간 동안 대화하게 되는데, 이것은 내가 후원회에서 자주 듣게 되는 내용이기도 하다. 남편들이 아내와 감정을 공유하는 것을 꺼려하는 경우에 엄마들끼리 모여서 잡담을 나누거나 감정을 나누는 것은 매우 즐거운 일이다.

최근까지 남자를 위한 후원회는 거의 없기 때문에 아버지들이 모여서 대화를 나눈다는 것이 어려웠으나, 다행스럽게도 아버지를 위한 후원 프로그램이 하나씩 만들어지고 있다. 당신은 지역에서 가장 가까운 아버지의 모임에 가서 위에서 언급된 다양한 수단들을 찾을 수 있다. 이러한 단체들은 당신을 도와줄 뿐 아니라 다른 관심사를 가진 아버지들의 새로운 조직을 만들도록 도와주기도 한다. 당신의 교육구청 역시 소규모 가족 서비스 계획(IFSP)의 일환으로 사회사업가나, 정신과 의사, 부모 연락망을 제공할 수 있을 것이다. 이러한 전문가 집단은 아버지 후원회의 조직을 도와줄 것이다.

가끔은 후원회의 도움에도 불구하고 배우자들은 서로에게 자신의 감정을 표현하는데 어려움을 느낄 수도 있다. 몇몇 사람들은 참기 어려움, 분노와 같은 감정과 비효율적으로 시간을 보내고 있는 것 아닌가 하는 생각을 하기도 한다. 이렇게 당신이 느낀다면, 뇌성마비에 대해 관련된 서적을 닥치는 대로 읽는 "독서치료"가 당신의 자녀를 받아들이는 것과, 당신의 결혼과 가족의 함축적 의미를 이해하는 데에 도움을 줄 수 있다. 자부심을 기르고, 대화술을 개선시키며, 스트레스를 다루는 법을 알려주는 오디오 테이프도 사용할 수 있다. 자녀가 진단을 받은 초기에 당신의 감정이 어떤지, 그리고 무슨 일이 일어났는지 일기장에 기록하는 것도 도움이 된다. 부모들은 그 당시에는 너무도 고립된 감정이 느껴진다고 말하고 있으나, 일기를 쓰게 되면 좀 더 넓게 생각할 수 있고 의사에게 물어봐야 할 것들을 곰곰이 생각해 볼 수 있으며 다시 일기장 뒤로 돌아가서 그들의 이해와 받아들임이 어느 단계에 와 있는지 알 수 있다. 결국 그들은 서로의 배우자와 그러한 감정을 공유할 수 있게 될 것이다.

건설적인 단계를 밟아가기

당신의 감정을 나누는 법을 배우는 것은 의사소통의 창을 열어가는 중요한 첫 번째 단계이지만 그것이 의사소통의 모든, 그리고 궁극적인 단계는 아니다. 당신이나 당신의 배우자가 한 번 명확하게 그리고 솔직하게 깊은 슬픔과 걱정을 털어놓는다면 당신은 그러한 감정들을 긍정적인 활동을 통하여 해결해 나갈 수 있다. 예를 들면 많은 뇌성마비 아동을 둔 부모들은 그들과 자녀의 미래에 대한 불안감을 가지고 있는데, 아이가 장차 직업을 가질 수 있을지, 독립적으로 살아갈 수 있을지 또는 여생 동안 부모에게 계속 의존해야만 살아갈 수 있는지에 대한 걱정들이다. 만약 당신과 배우자가 이러한 걱정을 함께 할 수 있다면 당신은 두려움을 이겨내는 다음 단계를 밟아 나갈 수 있다. 예를 들면 뇌성마비 아동을 위해 지역사회가 어떤 직업을 제공하는지, 혹은 독립적인 생활이 가능하도록 집안 개조를 해주는지 등을 알고 적절한 도움을 받는다면, 당신은 보다 더 편안한 생활을 누릴 수 있다.

　대부분에서 의견 차이는 매일매일 생활하면서 부딪히게 된다. 예를 들면 부모 중 어느 한편이 자녀를 돌보는데 있어서 너무 많은 책임이 주어진다고 느낄지도 모르나, 함께 앉아 조용히 감정을 논하거나, 집안일을 공평하게 나눈다면 어떤 분노도 곪아 터지기 전에 누그러뜨릴 수 있다. 따라서 당신은 당신의 해결책이 좋은 효과를 발휘하고 있는지 평가하고, 더 나은 방법을 찾아야 하는지 등을 생각하기 위하여 일, 이주일에 한번 정도의 시간을 마련하는 것이 필요하다. 이 단계를 무시하면 안 된다. 당신의 첫 번째 계획이 배우자의 감정을 제대로 만족시키지 못했다면, 그는 그러한 문제에 더 이상 직면하지 않으려 할 것이다.

당신 자신을 위한 시간을 가져라

부모들은 자녀들을 위해 희생할 각오를 하고 있다. 그들은 자동차의 새 스테레

오 시스템 대신, 치아 보호대를 마련하려 하고, 자녀의 숙제를 위해 기꺼이 저녁시간을 내어준다. 그러나 그들은 아이가 다 자랄 때까지 그들의 꿈을 묻어두거나, 자신이 필요한 모든 것까지 무시할 만한 각오는 되어 있지 않다. 그리고 그렇게 할 필요도 없는 것이다.

불행히도, 뇌성마비 아동의 부모들은 그들 자신만을 위한 시간이 별로 없다. 결과적으로 그들은 마치 정체되어 있다는 느낌을 가지게 된다. 그들의 분노와 좌절은 한 개인의 발전이 사라져 버리는 순간을 지켜보면서 만들어지게 된다. 그들의 자부심은 고통받을 수 있으며, 그들은 부모로서, 직장인으로서, 한 배우자로서 적합하지 않다고 생각하기도 한다.

당신에게 지속적인 간호와 주의가 필요한 자녀가 있다면, 당신은 "나 스스로를 위해 무엇을 하고 있는가?"라는 질문을 스스로에게 해 볼 필요가 있다. 당신은 어떤 사람과, 장소와 활동이 당신을 편안하게 하고, 당신이 편안함을 느끼는 그러한 장소에서 원하는 사람들과 원하는 활동들을 할지 곰곰이 생각해야 할지도 모르겠다. 이것은 가족들이 일어나기 15분 전에 먼저 일어나 커피를 한 잔 마시면서 혼자 시간을 가지면서 하루 일과를 생각해보는 그런 간단한 일일 수도 있다. 또는 그것은 밖으로 나가 어떤 활력소를 가져다 줄 꽃들을 꺾어 오거나, 잠깐 산책을 하는 그런 것일 수도 있다. 일주일에 두 번 정도 에어로빅 운동을 하거나 친구를 만나 점심을 먹거나, 지역 대학교에서 수업을 들을 수도 있는 약간은 더 세심한 계획과 준비가 필요한 것일 수도 있다. 이런 식으로 당신의 정신건강을 돌보는 것은 당신과 가족에게 원기를 북돋아 줄 것이다. 당신의 상쾌한 기분은 당신뿐 아니라 가족에게도 이득이다.

엄마와 아빠는 각자 스스로 일을 해 나가지만, 함께 일을 해야 할 필요도 있다. 정상적인 결혼생활을 영위하고, 최근의 집안 문제들을 의논하기 위해 함께 시간을 가져야 한다. 원만한 결혼생활을 위해서는 방해 없이 각자의 동료들과 어울리거나, 앞으로의 꿈과 목표, 계획들에 대해 이야기할 시간이 필요하다. 당신은 역시 즐겁고 유쾌하고 스스로를 즐길 수 있는 시간을 가질 필요가 있다. 부모가 되는 것은 확실히 당신의 생활에 영향을 주나, 부부로서 함께 할 수 있는 활동들을 지속하는 것이 좋다. 이를 위하여 이미 언급했듯이 적절한 보모를 찾는 것이 필요해 진다.

■■ 당신의 결혼생활

누구에게나 크게 다르지 않다. 즉 뇌성마비 아동이 있다는 것은 결혼생활에 상당한 부담을 준다. 특수 장비를 구입해야 하고 보험이 적용되지 않는 치료비를 부담하는 것은 재정적으로 매우 큰 부담이 되며, 특히 만약 한 배우자가 아이를 돌보기 위해 하던 직장을 그만 두어야 한다면 더욱 그러하다. 뇌성마비 아동을 돌보고, 장비들을 작동시키고, 아이의 이동이나 급식, 언어 소통을 담당하고, 아이를 의사나 치료사에게 데려가거나, 교육 프로그램에 참여시키는 등의 육체적인 부담이 생기게 된다. 이러한 지속적인 요구들은 당신의 배우자와 나누어야 할 시간들을 빼앗게 되고, 지치게 만들 수 있다. 또한 무엇보다도 뇌성마비 아동을 가졌다는 것 자체가 감정적 스트레스가 될 수 있다. 배우자는 아이에 관한 스스로의 감정보다도 배우자의 감정과 배우자에 대한 자신의 감정에 대해 직면하기도 한다. 예를 들면 한 배우자가 자녀를 양육하는데 도와주지 않는다며 화를 내거나, 남몰래 자녀가 배우자 탓이라고 비난할지 모른다.

어떤 결혼생활은 힘든 일들을 서로 나누어 짊으로써 점점 튼튼해지지만, 어떤 결혼생활은 깨어지기 일쑤다. 결혼생활에 있어 뇌성마비 아동이 어떤 영향을 미칠지는 예측하기 어렵다. 그러나 만약 당신의 결혼생활이 긴장의 연속이라면 전문 상담가를 만나는데 주저하지 마라. 상담을 통해서도 상당한 수준의 스트레스를 완화시킬 수 있다.

뇌성마비 아동의 부모가 이혼한 경우 보통 경제적인 부담이 한쪽 부모에게 전가되는 경우가 많으며, 자녀를 돌보거나 의학적인 부담은 다른 편이 하는 경우가 많다. 이것은 양측 모두에게 분노만을 남길 수 있으므로 이혼을 생각하고 있는 부부들은 자녀양육, 재정분담, 직장, 의료보험, 등에 대해 진지하게 의논해야 한다. 부모의 이혼이 자녀의 미래를 망쳐놓아서는 안 되기 때문이다. 장애인의 권리를 옹호하는 변호사가 이러한 문제에 대해서 도움을 줄 뿐 아니라 이혼이 가져올 재정적 문제 이외의 법률적 문제들에 대해 충고해 줄 수 있을 것이다.

당신 부부가 이혼을 선택해야 한다면 당신의 자녀가 감정적으로 상처를 받지 않도록 보호해주어야 한다. 자녀들의 반응은 이혼 당시의 자녀들의 나이에 따라 다르다. 매우 어린 아이는 부모를 영원히 기억하지 못할지도 모르며, 더 나이가 들 때까지 행복한 가정생활을 했었다는 환상을 가질 수도 있다. 당신 부부는 당신의 자녀에게 왜 함께 살 수 없는지에 대해 가능한 한 일관성 있고, 간결한 언어로 설명해야 한다. 당신의 아이 때문이라는 느낌을 받지 않도록 하는 것이 중요하며, 무엇보다 아이 앞에서 금전적 문제를 포함한 아이와 관련된 사항에 대한 논쟁을 피해도록 한다. 앞으로 어떤 일이 일어나고, 어떻게 될 지에 대해 명확하고 단순 명료하게 설명해야 한다.

이혼 과정에서 배우자와 자녀들에 대한 상담은 도움이 되기도 한다. 주변의 정신건강 관청에서도 도움을 받을 수 있으며, 많은 학교와 직장에서 가족문제와 관련된 것들에 대해 상담을 제공하고 있다. 당신은 학교의 상담사나 사회사업가, 당신 회사의 인재개발팀의 상담 프로그램과 접촉할 수 있을 것이다. 만약 아이를 탁아 할 예정이라면, 당신은 독신자 후원회에 가입하고, 독신 부모를 위한 자료나 인쇄물 등과 지역사회의 도움을 얻을 수도 있다.

▪▪ 형제자매

새로운 아기의 출생은 가족관계에 있어서 변화를 가져오고 다른 형제들에게 새로운 도전으로 받아들여진다. 그러나 아기가 뇌성마비를 가졌다면 이러한 새로운 도전들은 큰 압박을 가져온다. 부모와 마찬가지로 형제와 자매들은 이

새로운 가족 구성원을 받아들이는데 있어 매우 강렬하고 고통스런 감정에 휩싸이기 쉽다. 그들은 뇌성마비가 다른 사람의 주목을 끄는 것이므로 매우 걱정할 것이며, 이런 특별한 형제가 생겨서 관심을 받지 못하는데 대해서 화가 나게 된다.

만약 당신의 뇌성마비 아동이 큰 아이라면, 상황은 약간 다를 수 있다. 작은 아이는 보통 큰 아이를 바라보고, 그들이 약간 특별하다고 생각한다. 어린 아이들이 점점 다른 형제들과 비교하기 시작하면, 부모들은 명확하고 정확한 설명을 해주어야 한다. 예를 들면 그들은 대화장치를 어떻게 쓰는지 보여주고, 그들이 사용하고자 하는 단어를 제안하게 하고 대화 판에 추가시켜 새로 고안된 언어를 이용한 게임을 함으로써, 대화방법 상에 차이가 있음을 알게 할 수 있다.

당신 자녀의 감정을 조율하고, 뇌성마비 형제를 받아들일 수 있도록 아이들을 인도하는 것은 매우 중요하다. 이것이 쉽지는 않으나, 그들이 가족의 일원으로서 평등하다고 느낌을 받을 때, 아이들은 진정으로 특별하게 커 나갈 수 있으므로 매우 중요하다. 당신의 특별한 자녀가 가족의 일원의 하나로서 소중하다고 받아들여짐으로써 서로를 받아들이게 되고 강한 친족관계를 나누며 함께 해 나갈 수 있다. 식탁을 정리하는 것은 가족 업무이다. 한 형제는 뇌성마비 형제에게 어떤 색의 냅킨을 쓸 것인지 또는 어떤 컵을 쓸 것인지 고르게 할 수 있다. 그리고 빨랫감을 정리하고 분류하는 일, 쇼핑 리스트에서 음식을 고르는 일, 가족들의 야유회에 갈 장소를 의논하는 일 등 일상적인 일들을 통해 형제자매 간의 긍정적인 감정을 키워나가게 된다.

형제자매들의 감정

당신의 자녀들이 뇌성마비 형제를 받아들이는 것은 당신의 경우와 마찬가지로 지속적인 과정이다. 그들이 뇌성마비 형제를 어떻게 볼지는 그날의 감정적 상태와 발달단계에 영향을 받아 날마다 다르다. 당신의 아이들이 무난히 잘 받아들일 수 있도록 돕기 위해서 당신은 정상적인 발달단계와 감정적인 반응에 대해 알아야 할 필요가 있다.

뇌성마비 아동의 형제가 겪는 나이에 따른 전형적인 감정과 생각들을 요약하면 다음과 같다.

취학 전. 이 시기에 아이의 주된 두려움은 부모와 떨어진다는 것이다. 만약 형제자매가 부모님의 관심과 주의를 모두 가져가 버린다면, 그 아이는 사랑받지 못하고 떠돌이 신세라는 느낌을 가지게 된다. 그는 불끈 화를 낼지도 모르고, 젖병을 달라며 퇴행하고, 주의를 끌기 위해 과도한 목표를 달성하려 노력할지도 모른다.

당신의 취학 전 아동의 적응을 돕기 위해서 아이에게 많은 특별한 시간을 제공할 필요가 있으며, 그들이 가족으로서 충분한 소속감을 갖도록 해주어야 한다. 목욕하기, 잠자기 등은 그러한 감정을 공유하기 쉬운 기회이기도 하다. 목욕 장난감을 고르고 목욕하는 것을 도와주고, 말리고 아이를 즐겁게 해줄 수 있다. 또한 읽을 책을 고르거나 듣고 싶은 음악을 고르고, 뮤직박스의 태엽을 감아서 아이가 웃고 긴장을 풀고 잠이 들게 할 수 있다. 취학 전 아동은 어른 행세하기 놀이를 좋아하며, 그들이 부모가 하는 행동을 따라 한다는 것도 알아야 한다. 뇌성마비 형제가 그들보다 나이가 많으면 그들은 부모가 하는 돌보기의 일부분을 하고 싶어하게 될 것이다. 그들이 다른 방에서 일어난 일들에 정보가 담긴 무언가를 가져올 때 또는 단순한 돌보기를 도와줄 때 자신의 효용성과 가치를 인정받는다고 생각하므로, 취학 전 아동이 뇌성마비 형제들에게 애정을 가질 수 있고 그들을 돌보는 데에 이런 방법으로 참여하도록 한다.

학동기. 아이가 5세에서 12세 사이라면 뇌성마비 형제에 대한 그들의 반응은 매우 다양하다. 이때 아이들은 동료들과 같기를 원하고 주변 아이들에게 장애아가 있는 그의 가족이 다른 아이들과 다르다는 것을 어떻게 말해야 하는지 걱정한다. 그들은 역시 형제에게 무언가 잘못된 것이 있으면 자신들에게도 무언가 잘못되어 있을지도 모른다는 불안을 갖게 된다. 그들은 부당하게도 뇌성마비 형제를 돕기 위해 자신의 개인 활동이 제약받는다고 생각하며, 결과적으로 뇌성마비 형제에게 분노할 수도 있다. 또한 어떤 학동기 아이들은 부모들에 의해 과다한 성취를 이루도록 압력을 받고 있다고 생각할 수도 있다.

이 시기가 어려운 때이지만, 이러한 감정들이 정상적이라는 것을 알게 된다면 도움이 될 것이다. 그들이 죄의식을 느끼도록 해서는 안 되며, 대신 긍정적인 반응을 이끌어내도록 해야 한다. 당신이 그들의 두려움과 죄의식을 다스릴 수 있도록 도와준다면 그들은 뇌성마비 형제가 그들에게 중요한 존재라는 것을 알고 이해하게 될 것이다.

청소년기. 십대들은 종종 이전 어릴 때 가졌던 많은 걱정들을 그대로 가지고 있으며, 또한 새로운 걱정이 생겨나기도 한다. 이 시기 동안 그들은 정체성을 찾기 위해 노력하고 그것은 육체적·성적 성숙과 궤를 같이 한다. 결과적으로 외모와 신체상이 그 시기에는 매우 중요한 의미를 갖는다. 가족구성원의 외모도 물론 중요한데, 십대 딸을 가진 엄마는 딸에게 그녀의 의상과 머리 스타일, 억양과 매너 등에 관하여 질책받는다. 뚜렷한 육체적 장애를 가진 형제자매가 있으면 청소년기에 매우 곤란해 할 수 있다. 청소년들은 가족 중에 뇌성마비 형제가 있으면 나중에 결혼 후 자신의 자녀가 뇌성마비가 될까봐 걱정하게 된다. 또한 청소년기 이후, 성년기에는 미래에 장애인 형제를 어떻게 돌볼 것인가 하는데 대해 걱정하게 된다.

당신의 십대 자녀가 그들의 정체성과 자부심을 만들어 나감에 따라 그들은 형제자매와 더 어른스러운 관계를 만들어 갈 수 있다. 당신은 미래와 관련된 여러 가지 문제점들을 솔직히 논의하면서 어떤 걱정들은 종결시킬 수도 있다. 만약 형제자매들이 나이가 비슷하고, 뇌성마비 아동의 직업, 교육 등의 미래가 명확히 결정된 경우에는 미래의 계획과 걱정거리들에 대해 진실히 논의할 기회를 만들 수 있다. 그러나 뇌성마비 아동이 너무 어리고 잠재성이 명확하지 않은 경우 당신은 십대 자녀들에게 그러한 두려움을 쉽게 극복하도록 도울 수는 없을 것이다. 그러나 성인이 된 후 아이들이 뇌성마비 형제와 연관될 수도 있는 다양한 방법에 대해 의논할 수 있다.

당신 자녀들의 감정 다루기

뇌성마비 아동이 첫째라면 당신은 스트레스를 풀 수 있는 당신만의 시간에 집중할 시간이 있다. 만약 그러나 그 아이 위에 자녀가 있다면 당신은 그들의 감정적 욕구와 당신의 욕구를 함께 다루어야 할 것이다. 그것은 매우 어려울 수도 있는데 특히 많은 주의를 필요로 하는 아이가 있을 때 그러하다. 그러나 당신은 적어도 그들의 감정을 이해하고 그들을 도우려는 노력을 해야 한다. 자녀가 뇌성마비 형제를 받아들이는 것은 전적으로 부모에게 달려 있다는 것을 기억하라. 여기 당신의 아이들을 받아들이게 하는 다양한 전략들을 적어 놓았다.

정보

모든 아이들은 모르는 것에 대해 두려움을 가지는데 침실 창 밖에서 이상한 소리가 난다거나 신비로운 상황은 아이들을 놀라게 할 수 있다. 그러나 아이의 나이가 몇이건 상관없이 두려움에 대한 확실한 방법은 정확하고 정직한 정보를 주는 것이다. 뇌성마비에 대해서 어린 아이들의 나이에 맞게 정확히 설명해 준다면 이해하고 받아들이게 될 것이다. 그들은 당신이 배우자와 뇌성마비 아동에 대해 논의할 때 당신의 감정적 상태를 정확히 이해할 것이고 그러한 정직함은 당신의 감정을 그들이 이해하는데 도움을 줄 것이다. 반면 정확한 정보를 아이들에게 주지 않는다면, 숨겨진 감정들이 그들을 혼란스럽게 만들고 화나게 할 수도 있다. 당신의 뇌성마비에 대한 정보의 공유는 뇌성마비 아동에게도 마찬가지이며 이번 장의 뒤에서 논하게 될 것이다.

자녀가 뇌성마비로 처음 진단받은 후 장애의 정도나 미래의 일들에 대한 불안감이 있을 것이다. 그러나 당신이 자녀들에게 현재 무엇이 알려져 있고 지금 무엇을 해야 하는지 말해 준다면, 아이들은 받아들이게 될 것이고, 어떤 불확실성에 대한 두려움을 덜 느낄 것이다. 어린 아이들은 매우 쾌활하고, 때로는 변화와 해결을 따라잡아서 뇌성마비 형제를 돌보게 될 것이며 그것들은 당신을 놀라게 할 것이다. 예를 들면 "형이 과자를 원해요. 그러면 울기를 멈출 거에요", "그녀는 지금 마루바닥에서 놀고 싶어해요", "그는 지금 당신이 일하는 것을 볼 수 있는 곳에 앉고 싶어해요" 이러한 제안들은 때로는 유용하다.

일반적으로 당신이 새로운 상황에 대해 자녀에게 정보를 주면 줄수록, 가족들이 원하는 새로운 요구를 더 많이 그들이 받아들일 수 있게 될 것이다. 예를 들면 등교시 스스로 해결해야 하는 상황에 대해 이렇게 설명할 수 있다. "빌리(Billy)는 특수학교에 갈 계획이야. 그래서 빌리를 학교 버스에 태우기 위해 데려가야 하고, 가방에 도시락을 싸 주어야 하고, 잠자는 시간과 아침 먹는 시간을 적은 쪽지를 선생님께 드려야 해. 그래서 네가 너의 학교 가는 것을 도와주지 못할지도 모르겠어. 우리가 어떻게 이것을 맞추어 가야 하는 지 알아보자꾸나."

의사소통

이 장에서 강조하듯이, 모든 가족구성원이 뇌성마비 형제에 대한 그들의 느낌을 공공연히 공유한다는 것은 매우 중요하다. 그러나 아이는 어른들이 그러하듯 그들의 감정을 표현하는데 많은 어려움을 가질지도 모른다. 때로 그들은 단순히 그들이 어떻게 느끼는지 설명할 단어를 찾지 못할 때도 있다. 때로는 뇌성마비 형제에 대해 분노와 질투와 같은 나쁜 감정을 가질 수 있으며, 죄의식 때문에 그들의 감정을 억누를 수도 있다. 부모는 역시 정상적인 감정에 대한 죄의식을 느끼도록 아이들을 내버려 둘지도 모른다. 예를 들면 아이에게 새로운 동생이 생겨서 관심이 멀어지게 되면 화를 내게 되고 , 그러나 부모들은 훼방꾼에 대해 명확히 걱정할 때, 그 아이는 화를 낸 것에 대해 부끄러워한다.

당신의 자녀가 감정을 표현하지 못하거나 하려하지 않으면, 그들의 행동에서 단서를 잡아서 그들의 느낌을 추론하라. 예를 들면 만약 9살짜리 아이가 당신에게 그의 친한 친구가 집에 놀러 오지 않는 수많은 이유를 말하면, 당신은 아마도 진짜 이유는 당신의 자녀가 친구에게 뇌성마비 형제를 보여주고 싶지 않아서 일 것이다. 당신의 아이가 뇌성마비 형제와 함께 있다는 것이 얼마나 어려운지 이해시킨다면, 이 다른 아이를 받아들이는 데 도움을 줄 수 있을 것이다.

당신의 자녀가 당신과 감정을 공유할 수 있든지 없든지, 당신은 그들의 나이와 비슷한 아이들과 감정을 나눌 수 있는 기회가 필요하다. 당신의 아이가 특별한 돌봄이 필요한 아이를 가진 사람들 중에 혼자가 아니라는 것을 알 필요가 있다. 이 책 뒷면의 자료 안내에서 장애 아이가 있는 아이들을 위한 국가적 네트워크를 기술해 놓았다. 덧붙여서, 지역 학교의 특수교육 프로그램은 종종 형제 후원회를 제공한다. 소아 병원이나 대학교의 특수교육 프로그램 역시 때로는 후원회를 제공한다. 뇌성마비연합회나 가까운 지역의 적십자사(ARC)에 도움을 요청해도 된다.

균형

당신은 무엇보다 뇌성마비 아동을 가족의 중심에 두는 것을 피해야 한다. 어렵겠지만 당신은 뇌성마비 아동을 돌보는데 너무 많은 시간을 소비하여, 다른 자녀에게 소홀히 해서는 안 된다. 당신의 뇌성마비 아동은 첫걸음을 걸을 때 물론 칭찬받아야 할 일이지만, 그의 누나 역시 자전거를 탈 수 있었을 때 칭찬받아야 한다. 당신은 당신의 뇌성마비 아동이 "예, 아니요"라는 표현을 할 수 있을 때 매우 흥분되겠지만, 당신의 7살 난 아이가 개에 대한 이야기를 할 때 칭

찬 해 주어야 한다. 당신이 만약 아이들의 욕구에 대해 균형을 맞추어 주지 못한다면, 당신은 소외된 아이의 자부심에 상처를 줄 수도 있다.

당신의 균형 맞추기의 일환으로, 자녀에게 집안일의 책임을 어느 정도 나누어 주도록 하여라. 당신의 뇌성마비 아동이 육체적으로 다른 아이들이 할 수 있는 일들을 하지 못할지라도, 그녀는 적어도 어느 정도의 짐은 들 수 있다. 도움이 있다면 심한 운동장애가 있는 아이라도 강아지 먹이주기, 식기 세척기 켜기, 접시 놓기 등을 할 수 있다. 뇌성마비 아동만 빼놓고 집안일을 맡긴다는 것은 정당하지 않으며, 그 부당함은 당신의 다른 자녀들이 뇌성마비 형제를 받아들이는데 나쁜 영향을 미친다.

당신이 집안일들을 나누는 동안 당신의 자녀가 뇌성마비 형제를 돌보는데 얼마나 많은 일을 하고 있는지 눈여겨 보아라. 아이는 도움이 되기를 원하고, 보통 형제의 치료에 도움을 주는 등의 행위로서 가족의 일환이 되는 것을 기뻐한다. 그들은 선생님 놀이를 즐기거나, 약간의 작은 개선을 보는 것을 즐길지도 모른다. 이러한 활동들은 그들이 아이의 생각이라고 간주하거나 그들의 자유와 독립성을 제한하지 않는다면 매우 즐거울 것이다. 아이들은 뇌성마비 형제를 돌보기를 강요당하는 것을 싫어하며 오히려 어머니가 되고 싶어한다.

특히 아이들이 청소년기에 접어들면서, 당신은 그들에게 그들 자신의 정체성을 세우는데 집중하도록 잘 살펴야 한다. 그들에게 아이를 돌보라고 요구하기 보다는 당신은 그들에게 더 어른스런 방법으로 도움을 요청해야 하는데 예를 들자면 그들에게 아이의 매일 돌보기를 개선시키거나 가족들이 함께할 수 있는 일들을 제안하도록 요구하는 것이다. 당신이 아이들의 욕구를 균형을 맞추어 주고, 당신의 요구를 채워주는 것이 중요하다.

개별성

당신이 아이들에게 뇌성마비 아동의 형제가 되는 것은 정말 위대한 일이라는 메시지를 주는 것이 중요하다. 그러나 메시지를 전달하는 과정에서 당신이 의도적으로 그들의 정체성이 뇌성마비 아동의 형제가 되는 것에 한정시키지 않도록 주의해라. 모든 아이들은 유일한 개별성을 가지고 있으며 만화경같이 흥미와 재능이 다양하다. 그들의 각자의 개별성을 인식하기 위해서 당신의 아이들이 가족에서 멀리 떨어져 있을 필요가 있다. 당신은 집 밖에서 그들이 그들 각자의 흥미와 활동을 친구들과 같이 하도록 독려해야 한다. 가족 밖에서의 성공은 가족 내에서 적응하는데 더 도움이 되며, 결과적으로 당신과 당신 뇌성마비 아동의 부양에 더욱 도움이 될 것이다.

██ 가족활동

뇌성마비 아동을 가지고 있다는 것은 가족활동에 있어서 정도의 차이가 있으나 장애가 된다. 당신 자녀의 활동능력과 필요로 하는 특수장비에 따라, 어떤 활동들은 가족 모두가 함께 하기 어려울 수 있다. 또한 다른 이들의 반응도 있다. 수근거림과 쳐다보기, 무례한 질문 등은 대부분의 야외활동을 망치게 될 수도 있다. 당신이 만약 자녀들과 자녀들의 성취를 자랑스러워한다면, 수근거림과 쳐다보기 등은 문제가 안 된다. 많은 사람들이 무례함 때문이 아니고 호기심과 무지, 그리고 걱정스런 마음 때문에 질문한다는 것을 기억해라. 아무것도 하지 않는 것이 단순하고 신경쓸 일 없는 것이라 생각되기도 하지만 말보다 행동이 중요하다는 것을 기억해야 한다. 만약 당신이 가족구성원이 하나의 큰 가족으로서 행복감을 가지도록 하려면, 당신은 가족답게 행동해야 한다. 그것은 함께하는 것을 의미하며, 진료 약속이나 치료기간, 검사에 단순히 함께 가는 것이 아니라 재미있는 것을 하는 것이다.

당신의 가족이 함께 즐길 수 있는 많은 행동들이 집에서 이루어질 것이다. 예를 들면 당신은 모든 아이들이 할 수 있는 게임을 할 수 있고, 당신이 재미있어 하는 비디오를 보는 동안에 팝콘을 먹고, 퍼즐 게임을 할 수 있다. 그러나

집 밖에 나가서 외부 세계에서 필요한 것들을 배우도록 도울 수 있는 다양한 활동들도 중요하다. 장애의 유무에 관계없이 아이들은 공원에서 놀도록 기회를 가져야 하고 도서관에서 책을 마음껏 빌려보고, 슈퍼마켓에서 원하는 것을 고르고, 식당에서 마음껏 먹고, 운동경기를 보고 신앙활동에 참가하게 해야 한다.

카누 타기, 하이킹, 캠핑 등의 야외활동은 당신의 새로운 상황에 대해 적합하도록 다시 고려되어야 하고, 조정될 필요가 있을지도 모르겠다. 예를 들면 어머니와 아버지만이 포함된 카누 옮기기는 매우 어렵기 때문에 좀 더 접근하기 쉬운 곳에 있는 것이 나을 것이다. 당신의 아이가 만약 휠체어를 사용한다면, 호수 근처의 방학용 오두막집을 빌리는 것이 모래 해변에 가는 것보다 나을 것이다. 몇몇의 놀이공원은 만약 함께 타지 못한다면 그리 즐겁지 않을 수도 있다. 불행하게도 신체적 장애물을 감소할 필요가 있다는 인식이 증가됨에도 불구하고, 장애자용 주차장이나 수송수단 등에는 아직도 많은 장애물이 존재하며 어떤 활동의 즐거움을 감소시킬지도 모른다. 여전히 당신은 다른 부모나 교사, 치료사를 통해 즐겁고, 가능한 즐거움에 대한 아이디어를 얻을 수 있을 것이다.

물론 야외활동은 당신이 다른 사람의 반응과 직면하는 것이다. 많은 장애 자녀를 둔 부모들은 사회에 적응하기가 그들의 큰 걱정거리 중 하나라고 말한다. 이것은 당신에게 쉽지 않을 수 있다. 당신은 자녀의 외모와 행동이 다른 사람

의 기분을 상하게 할지 모른다고 생각할 수 있으며, 당신은 다른 사람들이 당신 자녀에 대한 반응이 두려워 노출을 머뭇거릴지도 모르겠다. 당신의 가족구성원 혹은 친구들이 자녀의 장애를 배울까봐 당신 가족을 멀리 한다면, 당신은 그 걱정을 정당화할지도 모르겠다. 당신이 당신의 자녀를 데리고 나간다면, 당신은 다른 사람의 반응이 당신 자신의 자녀를 받아들이는 자세와 관련이 있음을 알 수 있을 것이다. 당신이 대중들 안에서 당신의 자녀가 반응할 때, 지켜보는 사람들은 당신으로부터 암시를 받을 것이다. 당신이 당신 자녀와 편안해 보인다면, 당신이 어떤 대화를 하든, 자녀에게 집중하든, 당신이 조용히 무엇을 하든 간에 지켜보는 이들은 편안해 할 것이고 더 이상 당신을 응시하거나 호기심을 가지지 않을 것이다. 게다가 당신이 만약 당신의 자녀에게 진정으로 열중한다면, 당신과 자녀는 지나가는 사람들이 무엇을 하는지에 관심을 갖지 않을 것이다.

장애아의 부모로서 역할 중 하나는 일반 대중들에 대한 교육자가 되는 것이다. 이것은 당신과 당신의 자녀를 위한 역할이기도 하다. 사람들은 호기심을 보이고, 흥미를 가지기도 하고, 두려워하기도 하며, 때로는 무례하기도 하다. 그러나 일반적으로는 당신을 이해하고 돕고 싶어 할 것이다. 당신이 자녀를 어떻게 대하느냐는 비슷한 장애아를 대하는 태도의 귀감이 될 것이다. 사람들이 직접적으로 당신에게 부적절하거나, 무례한 질문을 한다면 당신은 조용하고 정확하게 말할 필요가 있다. 당신의 자녀가 충분한 나이와 능력이 된다면 자녀가 직접 질문에 대답하게 한다. "이 애가 몇 살인가요?"라고 사람들이 물으면 "직접 애한테 물어 보세요"라고 대답할 수 있다. 당신은 아이를 보고 "몇 살이지?"라고 물어 보고 하는 것은 적절한 행동이다.

몇몇 부모들은 뇌성마비 아동의 가정과 함께 외출하는 것이 좀 더 쉬운 방법이라고 생각한다. 게다가 이것은 강점이 있는데, 그것은 차에서 아이를 내리고 휠체어에 태우고 하는 것이 얼마나 오래 걸리는지 이해하는 사람들, 그리고 아이를 레스토랑에 데리고 가는 것이 얼마나 어려운 일인지 아는 사람들과 함께 일하는 것이다. 더 중요한 것은 당신의 가족을 모두 받아들일 수 있는 다른 부모들과 아이들과 함께하는 것은 모두의 자부심을 키우기에 좋은 것이다.

아이의 자부심을 최대화 하도록 도와주는 법

지금까지 이번 장에서는 가족구성원이 뇌성마비 아동에 적응하는 방법에 초점을 맞추어 왔다. 이미 언급하였듯이 가족들의 이해는 가족들 간의 정상적인 관계 형성에 있어서 핵심적인 요소이다. 또한 가족관계는 당신 자녀의 자부심의 발달에 초석이 된다. 그리고 자부심은 많은 연구들이 입증하듯이 모든 아이들의 성공의 필수 요건이다.

만약 당신의 자녀가 높은 자부심을 가지고 있다면, 아이는 스스로 높은 성취를 이룰 수 있을 뿐 아니라 성취를 이루기 위한 위험들을 감내하는 능력을 가질 수 있다. 더불어 아이는 자신의 삶의 만족을 위한 그리고 스스로 삶을 즐기기 위한 기초를 가지게 될 것이다.

뇌성마비 아동에게 높은 자부심을 가지게 하는 과정들은 때로는 다른 정상적인 아이들에 비해서 매우 다른 과정이거나 매우 어려운 과정일 수도 있다. 예를 들면 아이가 저학년일 때 당신의 아이는 그들의 욕구가 다른 아이들이나 형제들과 똑같지만 서로 다른 환경에 처할 수 있다. 각각의 아이들이 집에서, 학교에서, 사회에서 경험하는 것은 서로 다르다. 그러나 뇌성마비 아동들이 자부심을 가지게 되는 과정 중에 겪게 되는 전형적인 장애물들이 있다. 이 단원에서는 이러한 장애물들에 대해 논의해보고 당신의 가족구성원들이 그 아이들을 도울 수 있는 방법에 대해 생각해 보겠다.

■■ 자부심을 기르는 법

자부심을 가지기 전에 아이는 먼저 자아를 일깨워야 한다. 다시 말하면 아이는 자신의 신체가 다른 이와 다르다는 것을 인식해야 한다.

대부분의 아기들은 손가락 발가락을 사용하는 놀이 등을 통해 신체의 움직임과 촉감을 경험함으로써 자신의 신체에 대해 알아가기 시작한다. 점차적으로 그들이 가족구성원과 또는 자신의 삶에 있어 중요한 다른 사람과 부딪히면서 아이들은 자신을 사회 구성원으로 인식하기 시작한다. 예를 들면 그들은 자신과 엄마 또는 자신을 돌보아주는 사람들과의 차이점을 알게된다.

시간이 지나 2살 정도가 되면 아이들은 전형적으로 중대한 사건에 부딪히게 되는데, 바로 자신에 대한 진짜 인식을 하게 된다는 것이다. 아이는 다른 사람들을 모방하거나 그들과 무생물을 구별할 수 있다. 아이의 자율성 혹은 자립성이 드러나게 되고, 아이는 "나", "너", "내 것"과 같은 세계를 경험하게 된다. 아이는 또한 웃음, 언짢음과 같은 다른 아이들의 행동에 대해 반응하기 시작하며, 동료들에게서 인정받는 것과 비난받는 것이 아이에게 매우 중요한 것이 된다.

아이가 한 번 어떤 일들과 사람들, 자신의 신체에 대한 경험에 대해 해석하게 되면, 아이는 자부심을 기를 수 있는 능력을 갖추게 된다. 이제 아이가 하는 모든 경험은 아이의 자부심을 한껏 부풀리거나, 김이 빠지게 할 수 있다. 다음 단락은 아이들이 삶의 초기 몇 년간 겪게 되는 전형적인 경험들에 대해 기술하고 이러한 경험들이 아이의 자부심에 어떤 영향을 미칠 수 있는지 알아보겠다.

■■ 각각의 발달단계에 따른 감정들

1살. 1살 경에는 아이는 보통 엄마와 함께 있음을 즐기게 되고, 아이가 다가가면 엄마가 안아주고 먹여준다는 것을 알게 된다. 아이는 또한 배우면 할 수 있다는 어떤 감정을 느끼게 되고, 장난감을 잡거나 기어서 이동하는 것, 입으로 가져가기 등의 원하는 것을 하기 위해 자신의 신체에 대해 확신을 가지게 된다. 적절한 양육이 있다면 설사 아이가 제한된 운동능력을 가지고 있다고 해도 자신과, 타인, 환경에 대한 이러한 확신이 생겨날 수 있다. 사실 뇌성마비가 일찍 발견된 아이에게서는 이러한 확신을 가질 기회가 훨씬 많다. 일례로 나는 최근에 다발성의 신체정신장애를 가진 아이를 치료했었다. 그 아이는 비위관을 통해 영양을 공급 받았지만 작업치료사는 아이의 어머니가 아이를 다정스럽게 껴안도록 하여서 아이가 엄마의 얼굴을 볼 수 있도록 하였고, 엄마의 손이 아기의 입으로 가져가게 하여서 빨고 깨물 수 있게 하였다. 이 아이들은 엄마에게서 따뜻한 마음을 느낄 수 있었고 자신의 신체와 감각에 대한 인식을 더욱 가질 수 있었다.

2~3살 경. 2~3살 경에는 아이들이 자신의 능력의 한계 내에서 자립심을 가지게 된다. 걷기, 이야기 하기, 대소변 가리기 등이 중요한 과제들이다. 아이들은 때로는 불가능함에 좌절하기도 하지만, 아이들이 신뢰하는 이들의 도움을 요청할 수 있다. 조심스런 지도로 아이들은 신체적·사회적 한계 내에서 다양한 활동들을 선택하게 된다. 이러한 선택들은 제한되어 있고 명확한데 예들 들자면 두 가지 음식 중 무얼 먹을까와 두 가지 옷 중 무얼 입을까 등이다. 아이들이 활동을 선택하고 성공적으로 성취함에 따라서 자신감이 자라나게 된다. 그러나 아이들이 자립심을 기르는 것이 허락되지 않는다면 아이들은 자신감에 대해 의구심을 갖게 된다. 왜냐하면 뇌성마비 아동이 있는 가정에서는 종종 과잉보호를 하기 때문에 아이들의 선택에 매우 제한을 두게 되기 때문이다.

4~5살 경. 학동전기가 다가옴에 따라서 어떤 신체적 작업보다 추상적인 사고를 통한 배움이 중요하게 된다. 아이들은 상징이나 언어를 사용할 수 있게 되고 과거와 현재의 경험을 연관시킬 수 있게 된다. 환상과 상상은 아이의 생활에 중요한 놀이가 되고, 소방수, 우주비행사, 간호사, 예술가 등 자신의 미래에 대해 생각하는 것에 대해 많은 시간을 쏟게 된다. 이러한 인지적인 발달은 아이의 발달능력에 따라 다양한 양상을 보인다.

이 시기 동안 아이들은 양심이라는 것을 알게 되고 자신의 사고와 행동에 대해 죄의식도 느끼게 된다. 아이들은 흑과 백, 선과 악으로서 사물을 보게 된다.

아이들은 다른 사람이 자신의 행동이나 생각에 대해 나쁘다고 말할 때 죄의식을 느낀다. 종종 아이들은 자신의 행동이 자신 혹은 다른 이에게 나쁜 영향을 미치게 될 때 인과 관계에 대해 알게 된다. "엄마는 내가 너무 말이 많다고 했어, 그래서 난 편도선을 떼어내게 된 거야"라든가, "내가 여동생의 장난감을 뺏어가서 그 애가 울었기 때문에 그 애가 아프게 되었어" 등이다. 어떤 죄의식들은 발달에 있어서 중요하다. 죄의식과 그에 대항하는 것은 주도권과 성취감으로 이끌어 준다. 하지만 과도한 죄의식은 자부심으로 가는 길에 방해가 된다.

만약 체벌이나 비판이 현명하게 행해진다면, 죄의식이 최소화될 수 있다. 체벌은 일관성 있고 아이가 이해할 수 있는 것이어야 한다. 부모는 때로는 아이의 행동에 나쁘다는 꼬리표를 붙이고 혼내기 이전에 아이들의 사고 과정에 대해 이해할 필요가 있다. 예를 들면 종이에 낙서하는 것은 괜찮고, 벽에다 낙서하는 것은 나쁜가? 왜 강아지에게 과자를 주는 것은 괜찮은데 아기에게 과자를 주면 안 되는가 등이다.

이 시기의 후반부에는 자부심이 강한 아이들은 자신의 행동에 대한 확실한 이해를 가지게 된다. 아이들은 자신이 가치있고 유능하며, 스스로 일을 성취할 수 있음을 느끼게 된다. 반면에 자부심이 약한 아이들은 자신이 처한 상황을 조절할 수 없다는 감정을 자주 느낀다. 그러한 아이들은 좋은 결과를 단순한 운이라고 생각하고, 그러한 결과에 대해 칭찬받을 처지가 아니라고 생각한다. 아이들은 "그는 종이에 예쁜 스티커를 얻어서 행운이야", "나는 차트에 별을 얻어서 운이 좋아"라고 말할 것이다. 아이가 자신감을 발전시켜감에 따라 아이들은 자신 행동의 결과와 자신의 노력 여부를 연관시킬 수 있게 된다.

■■ 뇌성마비 아동의 자부심 고양하기

당신의 아이를 과잉보호하지 말 것

발달과정의 중요한 부분은 자신의 힘과 한계에 대해 이해하게 되는 것이다. 당신은 얼마나 위엄 있고 다부진 사람이 되고 싶어 했는지 기억하는가? 당신은 아름다운 사람이 되고 싶었을 때 당신 가족의 우두머리가 되었는가? 모든 이들은 자신감에 도달하기 위해 성공과 실패를 경험하고 새로운 일에 도전해야 한다. 이상적으로 모든 이들은 그들의 힘과 한계에 대해 받아들이는 법을 배워야 한다.

아이가 자신의 나래를 펴는 것을 지켜보는 것이 때로는 부모에게 고통일 수도 있다. 당신의 자녀가 다른 형제는 할 수 있는데 자기 자신은 할 수 없음에 좌절하는 것을 본다는 것은 매우 힘든 일이다. 당신의 뇌성마비 아동이 자신의 한계를 느끼고 좌절함을 알게 된다는 것은 그냥 지켜보는 것보다 훨씬 힘든 일이다. 종종 뇌성마비 아동의 부모들은 과잉보호를 통해 그러한 고통을 피하려 한다. 부모들은 모든 것을 대신해 주려 할지도 모른다.

이러한 과잉보호는 일면 이해는 가지만 아이의 자부심에 큰 타격을 주게 된다. 시작단계에서 당신의 아이가 실패의 경험을 하지 못하게 가로막는다면 아이가 자기 스스로를 이해하는 것에 대해 인공적인 방해물을 놓는 셈이다. 게다가, 당신의 아이가 당신의 과잉보호를 자신이 실패한 것이며, 혼자서 아무것도 할 수 없다라는 생각을 심어주게 한다. 결과적으로 아이는 소심해지고 두려워하고, 위축되고 새로운 것을 시도하려 하지 않을 것이다. 게다가, 과잉보호 받는 아이는 덜 성숙하고, 버릇없고, 요구사항이 많다. 그들은 부모가 뭐든지 다 해줄 것이라고 생각할 것이다.

힘들겠지만, 당신은 자녀가 현실을 알고, 한계를 경험하도록 해야 한다. 자녀가 먹는 기술을 익히고, 혼자 옷을 입고, 공을 던지고, 자신이 원하는 것을 스스로 표현하게 하라. 자녀에게 선택의 권한을 주어라. 그리고 자녀가 할 수 있는 것을 못하게 하는 것은 과잉보호라는 것을 기억하라. 엄마가 차로 운전해서 학교에 가는 것 대신에 스쿨버스를 태우는 것이 좋은 예이다. 버스를 타는 것은 시간도 많이 걸리고 복잡한 방법이지만, 안전하기만 하다면, 당신의 아이가 독립성을 기르고, 동료와 더 친해질 수 있는 기회이다.

다른 아이들처럼, 당신의 자녀는 고통과 좌절을 느껴야 하고, 목표에 도달하기까지 자녀의 한계와 방법들을 찾는데 있어서 무엇이 중요한지 결정해야 한다. 당신의 자녀는 성취하기 위한 동기를 가진 것을 성취할 기회가 필요하다. 아이는 자신 스스로의 현실을 받아들여야 할 것이다.

당신의 자녀가 스스로 자신을 보호하는 것뿐 아니라, 부모는 자신의 자녀들을 보호하려고 한다. 그들은 이방인들이 자녀의 장애에 대해 부정적으로 반응할거라고 두려워하며, 그래서 가능한 한 집에서 보호하려 할지 모른다. 그러나 당신의 자녀를 사회로부터 단절하는 것, 그리고 바깥세상과 어울리는 것을 차단하는 것은 그 어떤 처다봄이나 말보다 길게 보면 더욱 손해가 되는 것이다. 당신의 두려움이 당신의 아이의 독립성과 정상적인 사회생활을 할 수 있는 기회를 제한해서는 안 된다. 대신 당신의 아이가 집 밖에서도 자랄 수 있도록 용기와 자유를 제공해야 한다. 당신은 당신의 자녀가 세계에서 그리고 가족 중에서 가치 있는 구성원이라는 생각을 갖도록 하고, 당신의 개성을 갖도록 하여 당신의 자녀가 당신의 즐거움임을 입증해야 한다. 다른 사람의 반응은 자녀에 대한 당신의 받아들임과 관련되어 있음을 기억하라.

과잉보호에 대해 이야기 하는 것은 한 면만 보는 것일 수도 있다. 명확하게 당신은 보호하지 않거나 방관하는 부모가 되고 싶지는 않을 것이다. 당신은 아이가 가능한 한 전형적으로 잘 자라주기를 원할 것이다. 그러기 위해서 당신은 정상적인 발달에 대해 알아야 하며, 당신의 자녀가 할 수 있도록 도와주어야 한다. 각각의 아이는 다른 욕구를 가진 다른 존재이다. 당신 자녀의 장애가 일찍 알려졌다면, 그리고 의료적 교육적 전문가가 당신의 가족과 일하고 있다면, 아이가 언제 일정한 활동과 기술을 할지에 대해서 당신을 인도해 줄 것이다. 직접 관찰하면서 당신의 의견이 반영되도록 해야 한다.

당신과 자녀가 이런 팀의 일부가 아니거나 당신이 과잉보호로 인해 아이의 발달이 지장이 있었다면, 당신은 자녀가 스스로의 책임을 완수하도록 천천히 도울 필요가 있다. 당신은 확실히 아이가 스스로의 욕구를 위해 기술을 습득하기 시작하기 전까지 아이를 위한 일들을 그만두기가 힘들 것이다. 이러한 상황을 다루어 보았던 전문가와 다른 아이들의 부모들이 당신의 아이의 독립성을 기르는 방법에 대해 도움을 줄 수 있다.

뇌성마비 아동을 이해하고 사랑하는 가족이라는 환경 안에서 보호하는 것이 더 쉬울지도 모른다. 그러나 옛말을 기억하라. 우리는 아이를 가까이 끌어안고 그를 보내주어야 한다. 아이가 날개를 펴게 하고 날 수 있게 하라.

아이에게 정직하라

당신의 아이에 대한 자세나 행동은 아이 자신의 받아들임과 이해에 가장 큰 영향을 미치며, 당신이 아이에게 하는 말 또한 중요하다. 아이가 이해가 가능하자 마자 당신은 아이에게 뇌성마비라는 것에 대한 정보와 당신의 감정, 기대를 말해주어야 한다.

아이와 대화 중에 중요한 원칙은 정직하라는 것이다. 당신이 말하는 것, 설명하는 법은 아이의 인지와 감정적 발달에 달려 있다. 아이의 발달에 따라 당신의 언어를 변화시켜야 하고, 너무 기술적이고 과도한 설명은 삼가해야 한다. 예를 들면 작은 아이는 미래에 무얼 해야 할지 할 수 있을지에 대해 설명할 필요는 없는데 그때는 그것에 대해 개념이 없기 때문이다. 대신에 아이는 예를 드는 일과 설명해 주는 것이 필요하다. "이것은 꽉 조일 거야", "이 약은 체리맛이 난단다". 나중에 학교와 직업과 삶의 선택에 대한 정확한 토론은 아이가 십대가 되면 적절하고 필요하다.

어린 아이에게는 우리가 때로 깨닫거나 결론을 도출하는 것보다 잘못된 생각을 더 많이 관찰할 수 있다. 예를 들면 아이가 8시 30분에 자는 것은 뇌성마비 때문이며, 가족이 아이를 일찍 학교에 데려다 주어야 되기 때문에 결정한 것이 아니라고 생각한다. 아이의 결론은 이전에 의사가 잠에 관하여 한 질문이나 대화와 관련되어 있을지도 모른다. 아이가 질문하고, 의견을 표현하며 아이의 관찰을 공유하도록 하는 것은 매우 중요하다. 아이가 의사소통에 제한이 있으면, 아이는 생각이나 두려움 등을 표현하는데 노력하도록 한다. 서로 다른 발달단계에서 아이들의 정상적인 감정에 대한 지식은 당신의 아이가 무슨 생각을 하는 지 아는데 도움이 된다. 예를 들면 당신이 2살짜리 아이를 조기 개발 프로그램에 두고 왔다면, 당신은 분리 불안과 버려짐에 대한 불안에 대해 알 수 있다. 아이가 7살 경이 되면 다른 친구와 다르다는 것에 대해 걱정한다는 것을 예상할 수 있다. 십대가 되면 아이는 신체적 매력과 성 정체성에 대해 생각하게 된다.

아이가 스스로의 장애를 이해하고 받아들이며, 좋은 자부심을 개발하게 하는 것뿐 아니라 열린 대화도 다른 가족구성원에 관한 아이의 감정을 다루는데 도움이 된다. 자연적으로 우리는 자신을 다른 이들과 비교하게 되고, 우리는 우리의 비교적인 단점뿐 아니라 장점을 인식할 필요가 있다. 형이 어린이 야구단의 스타라면, 가족은 게임에 가서 응원하고 아이에게 자부심을 심어 줄 수 있다. 그러나 그 아이는 뇌성마비 아동에게서 컴퓨터를 고치는 방법에 대해 조언을 들을 수도 있다.

당신의 가족의 긍정적인 자세와 각각에 대한 자부심을 갖는 것은 뇌성마비 아동이 다른 형제들과 비교하는 것을 막을 수 있다. 성취에 대한 인식과 사회적·감정적·정신적·지적·신체적 장점은 당신의 모든 가족의 성취를 돋보이게 하는 방법이 될 것이다. 열린 진솔한 대화는 당신이 아이의 장점을 개발하는데 도움이 될 것이다.

아이에 맞는 현실적인 목표 세우기

당신이 인식하든 안하든 끊임없이 당신 자신을 위한 목표를 세워야 한다. 그것이 5파운드의 체중을 감량하는 것일 수도, 전화 사용료를 낮추는 것 또는 당신의 정신건강을 위해 일을 끝내는 것일 수도 있다. 목표는 우리의 삶에 방향을 제시해 주고, 성공을 측정하도록 도와준다. 목표를 설정하고 성취한다는 것은 자부심의 중요 요소이다.

뇌성마비 아동의 부모로서, 당신은 아이를 위한 목표를 설정하는데 많은 시간을 소비해야 한다. 물리치료사, 작업치료사, 언어치료사와 특수교육자는 모두 요구사항에 대해서 장·단기간의 목표를 아이에게 제공할 것이다. 당신은 아마도 가족 내에서 자녀의 목표를 설정할 수 있을 것이다. 당신의 아이가 최대한의 잠재력에 도달하도록 하기 위해, 높지만 가능한 목표를 세우는 것이 중요하다. 아이가 자부심에 중요 요소인 성취에 있어서 아이가 성취할 수 있는 목표를 만들어 주는 것이 더 중요하다.

아이에게 현실적인 높은 목표를 세우는 방법은 대화이다. 당신이 먹는 것, 물리치료, 언어활동, 사회태도들에 대한 목표를 세울 때, 당신은 아이의 발달단계가 허락하는 범위 내에서 해야 한다. 그렇지 않으면 당신의 아이는 격려받지 못하고, 진실하지 않고 잘 듣지 않으며, 목표의 성취에 대한 동기가 떨어질 것이다.

당신은 독립적으로 컵으로 물마시기를 가르칠 수 있는 방법이 있다. 당신은 아이와 이야기를 하면서, 아이가 마실 준비가 되어 있고, 할 수 있다는 것을 먼저 논해야 한다. 당신은 그리고, 작고 단기간의 목표, 즉 먼저 당신의 아이가 빈 컵을 만지게 하고, 둘째 아주 작은 양의 물을 다루게 하고 결국은 컵에 우유나 주스를 가득 따라서 마시게 훈련하는 것이다. 모든 단계에서 당신은 아이에게 용기를 주고 피드백을 주며, 각 상황에 따라 계획을 수정해야 한다.

학령기 때의 아이에 대한 계획을 세울 때, 당신은 명확하고 다룰 만한 목표를 세워야 한다. 만약 당신이나 6살 난 아이가 날카로운 소리 대신 말소리를 내도록 배우게 할 수 있다. 당신은 아이에게 첫 주 저녁에 두 번 정도 적절한 발성에 대해 요구하고, 그리고 나서 점차적으로 횟수를 늘려나가서, 더 이상 날카로운 소리를 내지 않도록 한다.

당신의 아이가 초등학교 고학년이나, 그 이상이 되었을 때 목표 설정이 다소 어려워진다. 예를 들자면 아이가 침을 흘리고, 툴툴거리거나, 조절 불가능한 움직임이 있는 경우, 아이가 사회생활에 있어서 자신감을 가질 만한 목표를 설

정하기가 더욱 힘들어진다. 그러나 시
간이 지나면서 당신과 아이는 그것들을
성취할 목표와 방법을 의논하는 습관을
가지게 되고, 당신은 편안한 목표를 설
정할 기회가 많아 질것이다. 예를 들면
14살된 딸이 예뻐보이지 않는다고 안경
을 끼지 않겠다고 가정해보자. 당신이
아이에게 공부시간에 안경을 써야 하는
이유를 말해줄 수 있고, 동료의 찬성이
필요하다면, 당신과 아이는 더 예쁜 안
경으로 바꾼다는 약속 아래, 안경의 착
용시간을 약속할 수 있을 것이다.

　당신이 실질적인 목표를 세우는 것과 마찬가지로, 당신은 목표를 이루기 위
해 실질적인 시간계획을 가져야 한다. 모든 뇌성마비 아동이 같은 속도로 배우
는 것은 아니며, 개개인은 어떤 때는 더 잘 배우기도 한다. 참을성을 가지도록
해야 한다. 일반적으로 당신이 좋은 교사가 아니라는 죄책감을 피할 수 있고,
잘 다룰 줄 아는 사람이 아니라는 비난을 피할 수 있다면, 당신의 아이는 목표
를 잘 이룰 것이다. 또한 목표를 추구하는 동안 함께 웃을 수 있다면, 삶은 점
점 더 즐거울 것이다. 실수에 대해 웃어주는 것은 아이가 균형있는 견해를 가
지도록 도와줄 것이다. 예를 들면 새로운 조리가 엉망일 때 가족들이 비난하기
보다는 웃어주고 하면 당신은 얼마나 기분이 좋겠는가?

스스로 선택하기

이미 언급했듯이 아이가 스스로 선택할 수 있게 하는 것은 아이의 자부심 개발
에 매우 중요한 요소이다. 선택을 한다는 것은 아이가 자제력을 기르게 하고,
자신의 적성을 알게 한다. 자제력을 갖는다는 것은 신체나 목소리를 조절할 수

없는 아이들에게는 더욱 더 중요하다. 선택하기는 아이의 자신감과 독립성의 개발에도 중요한 역할을 한다.

아마도 당신은 자녀가 선택하는 것이 잘못될까봐 꺼리고 주저하게 된다. 그러나 어느 정도의 정신지체가 있는 아이조차도 잘못된 선택의 결과로부터 배우게 된다. 그들은 다른 아이의 장난감을 빼앗는 것은 다른 아이가 때리게 되고 또는 왕따를 당하게 만든다는 것을 배운다. 언어장애 아이들은 소리를 낼 수는 있다. 당신은 아이가 웃음이나 찡그림, 눈의 응시, 손 떨림으로써 예 아니요를 뜻하는 방법을 알게 될 것이다.

당신이 아이에게 주는 선택은 아이가 가능한 것이어야 하는데 너무 쉽지는 않지만 너무 좌절하지 않을 만큼 도전적인 것이어야 한다. 예를 들면 2~3살된 아이에게 먹을 것과 입을 것에 대한 선택은 적절하다. 아이의 옷에 대한 선택이 당신의 색깔 조합에 대한 느낌과 차이가 날지라도, 당신은 아이가 직접 선택함에 대해서 감사할 수 있다. 유치원 교사는 아마도 아이의 치나친 의상에 대해 자세히 생각하지 않을 것이고 만약 그렇다고 해도 그게 문제가 되지는 않는다.

시작단계에서, 아이가 힘들지 않도록 두 가지 정도의 선택 권한을 주어라. 예를 들면 당신이 3살짜리 아이와 10조각짜리 퍼즐을 할 때, 아이는 어쩔 줄 몰라 하면서, 아무것도 하지 않으려 할 것이다. 당신은 두 조각을 집어서 아이가 적절한 위치에 넣도록 한 개를 선택하게 할 수 있다. 아이가 적절한 조각을 선택한 후에 당신은 퍼즐이 완성될 때까지 일련의 선택을 하게 할 수 있다. 아이가 자라면서 선택들은 더더욱 복잡해지고, 양자택일을 해야 할지도 모른다. 예를 들면 아이는 어떤 친구랑 오늘 놀 것인지, 어디로 갈 것인지, 어떤 생일 장난감을 학교에 가져갈 것인지에 대해 선택할 수 있다.

아이는 그들의 능력 범위에서 가족의 결정에 동참해야 한다. 주말 가족활동은 무얼 할 것인지, 방학 때는 어디로 갈 것인지는 당신의 아이가 도움이 될지도 모른다. 당신의 아이가 선택한 것이 비록 항상 선택되지는 않더라도, 당신이 모든 이의 의견이 경청되고 고려된다는 것을 확신 시켜 준다면, 당신의 아이는 자신감 있고 자부심을 가진 사람으로 성장할 것이다.

체벌과 자부심

뇌성마비 아동의 부모는 아이로부터 적절한 행동을 요구하는 것을 꺼릴지도 모른다. 그들은 아이가 좋은 행동의 원칙과 필요성을 이해하지 못한다고 생각할지도 모른다. 또는 아이들을 체벌할 때 미안하고 안타까워할 수도 있다. 그러나 자녀가 나쁜 짓을 하게 놔둔다면, 아이는 나쁜 짓을 계속할 것이다. 당신이 일정하게 사용하지 않는 다면, 자녀를 받아들일 만한 품행과, 안전 사회적 관계, 교육에 대해 가르칠 정당한 체벌에 대해 위험에 빠뜨리게 될 것이다.

체벌은 다른 이유 때문에서라도 중요하다. 아이의 자부심을 개발하는 것은 매우 중요한 것이다. 그것은 당신이 인내심 있고, 친절하고, 정당한 한, 아이의 존경심과 사려 깊음을 끌어낼 것이다. 징벌은 나쁜 행동에 대한 벌을 주는 것이라고 생각하기보다는, 현명한 결정을 할 수 있는 아이로 키우기 위한 훈련이라고 생각해야 한다. 아이가 나쁜 행동의 원칙적인 결과에 대해 경험할 때, 아이는 다음에는 더 적절하게 행동할 것이다.

체벌이 효과적이기 위해서는 당신은 정확한 한계선을 설정하고, 체벌 전에 깊이 그 원칙에 대해 생각해야 한다. 원칙이라는 것은 당신이 일관적으로 수행하지 못하면 더 이상 옳은 것이 아니라는 것을 기억하라. 원칙이 끊임없이 변한다면 아이는 혼란스러워 할 것이고, 언제 그 행동이 옳은지 나쁜지 알 수 없을 것이다. 아이들은 동시에 모든 일을 수행할 수 없으므로, 원칙들이 최소화 되도록 하라. 가족들은 안전과 건강, 타인의 권리를 보호할 원칙을 가져야 한다. 성냥을 가지고 놀지 말고, 낯선 이에게 문을 열어주면 안 되며, 물건을 빌리기 전에 물어봐야 한다는 것 등이다. 그러나 가령 모든 이들은 저녁 식사 전에 한 시간 씩 숙제를 해야 한다든지, 학교 가기 전에 방을 청소해야 한다는 원칙들이 있다면 불필요하고, 유효하지 않은 것들이라고 생각한다. 만약 당신이 몇 가지 명확하고 필요한 원칙들을 세운다면 자녀들은 당신을 존경하게 될 것이다.

가능하면 가족회의에서 원칙을 의논하며, 모든 자녀들이 참여하게 하라. 왜 어떤 원칙이 필요하며, 만약 행해지지 않으면 어떤 결과가 일어날지에 대해 이야기하라. 자녀들이 원칙에 의해 야기되는 한계에 대해 말하게 하도록 하고 경청하라. 당신의 아이는 원칙을 세울 때 참여했다면 좀 더 존경심을 가지고, 당신을 잘 따를 것이다.

자녀들 모두 가능하다면 원칙에 따르도록 해야 한다. 자연스럽게, 자녀의 나이나 지적 능력, 상황에 따라 다르게 원칙이 적용될 수 있다. 모두에게 적용되는 원칙은, 예를 들면 저녁시간에 음식을 마루에서 던지지 않는 것이다. 십대에게는 친구들과 과자를 먹고 나서 접시를 씻는 것들이 될 수도 있다.

일반적으로 징벌은 적절하고 원칙적이고 행동의 자연스런 과정이어야 한다. 예를 들면, 주방을 치우는 것은 과자를 만드는 것과, 저녁 준비 전에 모든 식기를 썼던 결과이다. 멈춤은 사회적으로 받아들이기 어렵고 조절이 잘 안 되는 행동들에 대한 적절한 결과이다. 멈춤시에 당신은 자녀를 조용한 장소로 옮겨 차분해지고 자제력을 되찾도록 해야 한다. 이때 항상 같은 장소를 사용하도록 하여, 자녀가 왜 그 장소에 있는지를 이해하도록 돕는다. 멈춤의 장소는 산만하지 않고, 조용하고, 진정시켜 주고, 편안한 곳이어야 한다.

부적절한 행동에 대한 명확한 결과가 있어야 하는 것처럼 좋은 행동에 대해서는 웃어주기, 안아주기, 뽀뽀하기, 칭찬하기 등으로 보상해 주어야 한다. 선행에 대한 즉각적인 칭찬을 하도록 하고 무엇인가 어른들의 기준에 맞지 않다고 비판하지 않아야 한다. 예를 들면 장난감을 멀리 두는 것이 자녀의 책임이라는 것 같이 자녀가 할 수 있는 능력 내에서 이루어져야 한다는 것이다.

자녀가 훈육에 대한 필요성을 받아들이게 하기 위해서는 당신은 자녀의 훈육시 감정상태에 대해 논해야 하고, 그것을 숨기지 않도록 북돋워 주어야 한다. 자녀가 모든 이들이 화가 나고 좌절하고 상처받을 수도 있다는 것을 알게 해주어야 한다. 당신은 자녀에 대한 감정을 말해 줄 수도 있다. 당신이 충동적으로 화를 내고, 벌을 주었다면, 진정되고 나서 당신의 느낌을 말해 주어야 한다. 그때 자녀가 그 상황에서 어떤 느낌을 받았는지 주의를 기울여야 한다.

자녀가 책임감 있고, 의지력 있는 사람이 되기 위해서는 지속적인 일이 필요하다. 뇌성마비 아동의 부모에게는 이러한 과정이 죄스럽고 좌절되고, 화나고 지치는 일일 수도 있다. 정당하고 일관성 있는 훈육과정을 돕거나 올바른 행동을 하도록 당신을 도와줄 만한 책들이 많이 있다. 일부는 이 책의 뒷면의 읽을거리에 쓰여져 있다.

자녀 격려하기

동기. 자녀가 성장하면서 당신은 자녀가 성장과 행복에 필요한 목표를 좇아갈 원동력을 개발하길 원할 것이다. 당신은 자녀가 목표를 스스로 결정하고, 외부적인 압력 없이 그것을 추구하기를 원할 것이다. 자녀가 어릴 때는 자녀의 행동이 주변 사람들을 즐겁게 해주는 것일 수도 있는데 예를 들면, 우표를 모으는 것들이다. 가족 모두가 자신의 성공을 원한다는 것을 알았을 때 아이는 어려운 일도 기꺼이 할 수 있기 때문에, 모든 가족은 아이에게 경청하고, 용기를 북돋워 주어야 한다.

아이의 동기는 무언가 성취할 때 긍정적인 면을 경험함으로써 강화될 수 있다. 예를 들면 원하는 장난감에 닿는 것은 매우 힘들 수 있다. 그러나 일단 성공하게 되면, 스스로 했다는 성취에 대해 자부심을 가지게 된다.

아이의 성취로 인한 자부심을 반박하면서 상처를 주지 않는 것은 중요하다. 비판은 아이가 한 일들이 기대되지 않은 것이고, 화가 나게 만드는 것이다. 아이의 동기를 높이기 위해서는 당신은 맡아주는 것을 피해야 한다. 당신이 맡아줄 때, 당신은 자녀를 맹목적으로 비판하는 것이고, 자녀가 할 수 없다고 생각하는 것을 보여주는 것이다. 자녀가 옷을 벗고 있으려고 할 때 당신이 대신 해준다면 자녀는 도와달라고 하기 전에 도와준 것에 대해 화를 낼 것이다.

항상 아이는 노력하려 하므로 아이 안에 느끼는 자부심을 북돋워 주도록 해라. "좋은 시도였어, 거의 다 해냈어", "혼자서 해냈구나. 곧이어 넌 다 해낼 수 있을 거야", "우리는 실수를 했지만, 우리는 새로운 것을 배운 거야" 등의 말들은 큰 용기를 준다.

칭찬.   칭찬은 자부심을 기르는데 필수적이다. 자신의 가치를 믿는 것은, 우리는 성공적이었다고 말하고 가족의 사랑과 감사를 느끼는 것이다. 나는 매우 어린 뇌성마비 아동의 부모가 움직임과 먹기, 말하기 등 작은 활동을 할 수 있음을 느끼고, 그들의 성취에 대해 놀라움과 자부심을 보여주는 모습을 보면서 매우 감명을 받았다. 매우 힘들게 공들인 노력의 과정이 비록 느리지만 가치있는 결과를 낳은 것이며, 따라서 자신의 가치감을 느끼기 위해 자발적인 칭찬이 필요하다.

칭찬은 뇌성마비 아동을 가르치는데 필요한 긍정적인 강화요소의 큰 부분이다. 만약 당신이 그것을 기억한다면, 당신은 집에서 긍정적인 가르침을 받을 환경을 만들 수 있다. 6살된 아이가 학교에서 7~8시간 보조기를 착용하고, 물리치료를 수 시간 하고 난 이후 숙제를 하고, 저녁을 먹고 목욕을 하는데 어떤 생각을 할지 생각해 보아라. 만약 당신이 "오늘은 자기 전에 이야기는 안 들려줄 거야. 이미 오늘 저녁 너한테 많은 시간을 보냈구나"라고 말한다면 어떻게 느껴질지 생각해 보아라. 자녀가 당신이 그렇게 말한다면 기분이 좋아지겠는가? "나는 정말로 네가 새로운 스케줄을 얼마나 잘 조절하는지 감명받았어. 그렇게 놀지 않고 열심히 하는 것은 힘들 거야"와 같이 작은 관심과 존경, 긍정적인 태도는 가족의 감정적 상태를 좋게 한다.

칭찬은 아이의 실수에 대한 비밀 무기가 될 수 있다. 아이가 나쁜 행동을 했을 때, 당신은 아이의 행동을 그 상황에서 긍정적인 면을 이끌어내거나, 무언가 좋은 것을 할 때까지 기다려서 칭찬을 해주는 방법으로 개선시킬 수 있다. 예를 들면 아이가 저녁식사 내내 접시에 흘리고, 뒤죽박죽으로 만들면, 아이에게 우유를 마실 때 스트로우로 먹으면 좋은 기술이라고 칭찬해 주고, 우유를 마시게 할 수 있다. 이것은 음식을 흘리는 자신에게 주의를 전환 시킬 수 있다. 물론 행동이 심각하고 위험하다면 직접 다루어져야 한다. 아이가 다른 아이를 깨문다거나 하면 당신은 즉시 멈추게 해야 한다. 많은 바람직하지 않은 행동들이 무시되어지고 당신이 적극적으로 바꾸려 노력하지 않는다면, 개선되지 않을 것이다.

아이를 칭찬함에 있어서, 정직해야 하고 다른 데로 빠지면 안 된다. 많은 사람들이 그들은 한 번도 칭찬을 받아본 적이 없어 칭찬을 받는데 어려움이 있다. 당신의 자녀는 역시 그것이 과다하다고 생각되면 칭찬을 받아들이기 어려울 것이다. 지금까지 본 그림 중 최고라고 하면서 자녀의 그림을 칭찬하는 것은 받아들이기에 과분할 수도 있다. 만약 당신이 그림의 주제를 골라주는 기쁨을 표현한다면, 칭찬은 더 정직할 것이다. 진정한 칭찬을 하고, 아이의 성취의 정도에 맞게 하라.

가족 모두에게서의 사랑. 자녀에게 음식이나, 보온, 옷 등에 대한 기본적인 욕구가 채워지면, 사랑에 대한 욕구가 감정적 발달에 가장 중요한 것이 된다. 그러나 자녀가 장애를 가지고 있는 경우, 부모는 다른 신체적 요구에 집중하게 되어, 다른 아이들처럼 사랑에 대한 요구에 대해 잊어버리게 된다. 아이가 자라감에 따라서 아이는 다른 가족구성원처럼 같은 사랑을 받고 싶어한다. 이것은 따스함에 대한 느낌을 강화시키고, 자부심을 키워준다.

아이가 이해할 수 있는 사랑을 보여주는 방법은 많다. 어떤 부모들은 안아주기, 뽀뽀하기, 껴안기 등을 많이 한다. 다른 이들은 말로 표현하거나 도시락통에다가 사랑의 메시지를 넣거나, 가능한 특별한 날에 특별한 카드를 주기도 한다. 어떤 이들은 작은 호의나 가족들이 좋아하는 것을 기억하고, 사랑의 상징인 가장 좋아하는 저녁 음식, 만화, 사탕, 꽃 등으로 놀래 주기도 한다.

많은 사람들은 무조건적인 받아들임과 사랑을 원한다. 역시 당신의 뇌성마비 아동도 마찬가지이다.

뇌성마비 아동은 모두 받아들여져야 하고 다른 형제들이나 사촌들과 같은 친척들에게서도 마찬가지로 사랑받아야 한다. 아이는 과잉보호 받거나 다른 아이들 이상으로 의존하는 것을 원하지 않는다. 아이는 개인적인 장점과 가족의 헌신에 대해 사랑받을 필요가 있다. 그리고 당신은 이러한 것들을 도와주고, 이러한 종류의 사랑과 보살핌을 받아들이게 할 필요가 있다.

모든 가족에게서 사랑을 받게 하는 것은 매우 느리고 교육적인 과정이지만 할 만한 가치가 있는 일이다. 당신은 먼저 찾아보고 당신의 슬픔, 화, 죄의식 등을 통해 일해야 하는데 그것은 모든 가족과 열린 마음으로 대화할 수 있게 할 것이다. 그때 당신은 정보를 사려 깊게 준비한 다른 가족들과 함께 당신의 아이가 배우는 것들을 공유할 수 있을 것이다. 손자, 고모, 삼촌, 사촌들 모두, 아이를 그 자체로 받아들일 기회가 있어야 한다. 그들이 자녀를 알 수 있도록 함께 할 자리를 제공하라.

이러한 받아들임의 과정을 돕기 위해서, 당신은 가족을 후원회나 전문 치료 프로그램에 포함시킬 수 있다. 장애 아이의 부모에 대한 간담회에서 발언을 했던 한 의사는 가능한 한 환자들을 다 알도록 노력한다고 했다. 그들이 받아들일 만한 치료법을 보호자들이 알 만하게 만드는 법을 알고 있었고, 성공적으로 수행해냈다. 부모관계는 훈련되어지는 것이 아니기에, 우리는 우리 집에서 그들이 하는 것을 본 방식으로 하는 경향이 있다. 이것은 당신의 친척들이 당신의 부모관계가 어떻게 다루어지고 있는지가 중요하게 될 수 있고, 친척들이 가까이 살지 않더라도 그렇다.

나는 먼 친척들에게서의 받아들임과 사랑이 그들이 아이들에 대해 어떻게

느끼는가와, 그들이 세상을 어떻게 바라보는지에 따라 다른 차이점을 나타낸
다는 것을 발견하였다. 십대의 조카가 여름방학 때 그의 단순작업을 도와주었
던 삼촌은 그를 아주 생산적이라고 생각할 것이다. 뇌성마비 손녀와 정신지체
아이를 매주 초대하는 할머니는 아이를 특별하게 생각할 것이다. 당신의 보호
아래, 즉각적이고 넓은 가족들의 모든 구성원들은 당신 자녀의 가치 있는 자부
심 형성을 도울 수 있을 것이다.

▨ 결론

이번 장에서 나는 받아들임의 주제를 강조하였다. 당신과 가족은 정상적인
관계를 만들 수 있고, 정상적 가족생활을 하기 위해서 자녀를 받아들일 필요가
있다. 당신이 뇌성마비 아동을 받아들인다면 뇌성마비 아동이 자신의 장애를
받아들이고, 높은 자부심을 성취하는데 도움이 될 것이다. 그러나 기억할 것은
받아들임에는 여러 가지 다른 그늘이 있다는 것이다. 실패라는 것을 받아들이
는 좌절의 체념과 아울러 무언가 드물고 가치를 매길 수 없는 기대되지 않은
선물을 받아들이는 진정한 기쁨이 있다. 당신의 가족들이 어떤 느낌으로 자녀
의 뇌성마비를 인정하는지는 많은 요소에 의해 영향을 받지만, 그러나 대부분
은 당신에게 달려 있다. 당신이 자녀를 환영할 수 있다면, 그것은 당신의 가족
들에게도 영향을 미칠 것이고, 그렇다면 그 자녀를 가족에게 편입시킴에 있
어서 무슨 문제가 있다 한들, 당신은 해결책을 찾을 때까지 기꺼이 노력할 것
이다.

아이를 돌보고자 하는 가족의 받아들임이 있는 한, 어떤 뇌성마비 아동들도
자신에 대하여 긍정적인 태도를 가질 수 있을 것이다. 자라나면서 성공을 경험
하고, 가족들로부터의 칭찬과 도움은 그녀가 더 어려운 목표를 성취하는데 큰
힘이 될 것이다. 자부심으로 향하는 길이 비록 쉽지 않지만, 많은 뇌성마비 아
동들과 가족들은 그들과의 관계가 성공적으로 수행될 수 있음을 입증해 왔다.

뇌성마비가 아무리 당신 아이의 능력에 영향을 미쳐도, 당신 가족의 받아들임과 보호는 아이에게 행복하고 충실한 삶을 보장해 주는 자부심을 강화하도록 도울 수 있을 것이다.

06

제리 쉬말즈 블랙크린

아동의 발달

아이들은 마술가로 태어난다. 먹고, 자고, 우는 것 외에 그 어떤 것도 할수 없는 무기력한 존재들이다. 그들은 눈뜨기도 전에 바로 그들 스스로는 인격체들과 의사소통을 시작하게 된다. 미소 짓고 옹알이를 시작하고 웃는다. 머리를 들고 뒤집기를 하고 긴다. 컵에 손을 뻗고 엄마와 아빠를 인식하고 깍꿍놀이를 한다. 아이들을 보노라면 성장과 변화의 기적적인 과정을 경험하게 되고—또는 발달—배움은 부모와 아이들을 연결시켜주는데 도움을 준다.

뇌성마비 아동을 가진 부모들도 의심할 여지도 없이 다른 부모가 발견하는 것처럼 매혹적인 발달단계를 보게 될 것이다. 하지만 당신은 당신의 아이가 같은 또래의 다른 아이처럼 빠르게 자라지 않는 것에서 매우 좌절감을 맛보게 될지도 모른다. 아이는 혼자 앉지도 못하고 자신의 손가락을 이용해서 먹지도 못하고, 말도 잘 못할 수도 있을 것이다. 이때 이런 문제들로 야기되는 갈등들은 당신으로 하여금 아이들의 성장과 발달을 도와주는 다양한 관계들조차도 어렵게 할 수도 있다. 그러나 뇌성마비 아동들이 보통은 어떤 기술을 배우는데 늦다하더라도 항상 그런 것은 아니다. 오히려 많은 아이들에서 올바른 지침이 내려졌을 때 상당한 발달을 보이기도 한다. 부모들은 아이들의 육체적·감정적 성장을 도와주는 일차적인 역할을 한다.

이 장에서는 아이의 잠재력을 최대화할 수 있도록 도와주는 개괄적인 정보를 제공한다. 아이들의 발달에 영향을 주는 특별한 상황뿐 아니라 기본적인 인간의 발달에 대해서도 논의할 것이다. 더 중요하게, 이 장에서는 우리가 아이의 많은 발달을 위해 선생님, 물리치료사, 다른 직업의 사람들과 어떻게 협력할 수 있는지 설명할 것이다.

■■ 발달이란?

발달이란 아이가 육체적·지적·감정적으로 성장하면서 변화하는 불가사의한 일생의 과정이다. 그 과정은 유전적 배경이 다르고, 다른 문화적·감정적·육체적·신경학적·환경적인 요소들에 의해 영향을 받기 때문에 모두 다르게 나타난다. 이런 요소들의 관계들은 각각의 아이들이 언제 어떻게 성장하고 발달하는지 결정한다.

각각 아이의 발달은 특별할지라도 보통 기술들은 예측할 수 있는 순서로 나타나게 된다. 각각의 수행은 다음의 더 많고 연속된 기술들의 기초가 된다. 예를 들면 기기 전에 뒤집기를 배워야 하고 말하기 전에 옹아리를 배워야 한다. 향후 블록을 쌓는 것과 같은 이런 기술들을 모아 놓은 것을 '발달이정표(milestones)'라고 한다. 아이들은 발달에 영향을 미치는 요소들이 다르기 때문에 각기 다른 나이에 이런 발달이정표에 도달하게 될 것이다. 종종 아이들은 평균 나이보다 약간 빠르게 또는 느리게 걷거나 말을 하

▓▓ 표 1. 평균 발달이정표	
발달이정표	**평균습득 연령**
뒤집기	4~10개월
혼자걷기	9~17개월
옹알이	5~14개월
첫 단어	12~18개월
동요부르며 놀기	7~15개월
숨겨진 물건 찾기	9~17개월

게 될지도 모르지만, 아직은 정상적인 단계로 봐야 할 것이다. 예를 들어 아이들이 걷기 시작하는 평균 나이는 12개월 정도이고, 6개월까지는 정상적으로 자란 아이들도 걷기를 시작하지 못한다. 표 1을 보면 아이가 정상적인 몇몇 발달이정표에 도달하는 평균 연령을 보여주고 정상 범주 내에 아직은 있을 수 있다. 의사들은 아이들의 전체적인 능력과 발달이 조직적이고 예측할 수 있는 방법으로 발전해 간다는 확신 속에 성장의 질적인 부분을 고려한다.

　뇌성마비 아동이 얼마나 발달이정표에 빨리, 그리고 잘 도달하는지에 대해 확실하게 영향을 미친다. 그러나 뇌성마비의 진단만으로 향후 발달을 예측하지는 못한다. 뇌성마비 아동들은 학습의 형태와 강점 혹은 약점이 다양하기 때문에 이러한 여러 요소들은 아이의 성숙 정도에 따라서 혹은 부모의 특별한 치료에 의해서 여러 가지 모습을 보이게 된다. 조기치료를 통해서 당신은 아이의 강약을 확인하고 아이가 배울 준비가 된 새로운 기술들을 소개할 수 있도록 훈련받을 수 있다. 이런 지식을 통해서, 아이의 발달을 최상화할 수 있는 방법으로 아이들과 상응하도록 준비할 수 있다. 당신의 아이는 후에 성공적인 학교생활에 필요한 능력인 언어와 인지·감정 등을 발전시킬 수 있을 것이다.

발달영역

발달은 의무기록상으로 단순히 발달이정표가 정해진 단계로 진행한다고 생각해서는 안 된다. 오히려 발달은 당신 아이의 연관된 영역에서 성장과 변화를 보는 과정이다. 아동전문가들은 보통 아이의 발달을 6단계로 나눈다. 1) 대운동, 2) 미세운동, 3) 언어, 4) 인지, 5) 사회, 6) 자조.

아이는 한 영역에서 새로운 기술들을 배움에 따라서 다른 영역에서 기술들을 배우기 위한 기초를 쌓게 된다.

대운동능력. 대운동기술은 팔, 다리, 복부 같은 몸의 큰 근육들의 사용을 필요로 한다. 이런 기술들은 앉고, 걷고, 들고, 오르는 것 등과 같은 것들이다. 아이가 움직이고 주변 환경을 살핌으로써 이런 기술들은 다른 영역에서의 발달을 위한 기초를 쌓게 된다.

미세운동능력. 미세운동능력은 아이들로 하여금 작고 세밀한 운동을 조절할 수 있게 한다. 여기에는 손가락, 손, 눈, 얼굴과 혀의 근육들이 관여하는 기술들을 포함한다. 작은 물체를 들어 올리고 웃고 눈으로 물체를 따라가는 등이 중요한 미세운동기술이다. 미세운동기술들은 조기탐구, 인체인식, 놀이 및 섭식 등에 필수이다.

말과 언어능력. 의사소통을 배우는 것은 아마도 유아기에 가장 괄목할 만한 습득이며 또한 제일 중요한 것 중에 하나일 것이다. 언어발달은 보통 두 단계 즉, **수용언어**와 **표현언어**의 발달로 나눠진다. 수용언어는 단어와 몸동작, 상징 등을 이해하고 기억하는 능력이다. 표현언어는 단어, 몸동작 및 쓰여진 상징 등을 의사소통을 위해 사용하는 능력이다. 아장아장 걷는 아이는 일반적으로 표현언어보다 수용언어가 먼저 발달하고, 말하기 전에 먼저 의사소통을 위해 몸동작을 쓴다. 구어를 위해서는 입술, 혀, 이빨, 볼, 구개 등의 조화된 움직임이 필요하기 때문에 아이들은 아는 것을 말할 수 있기 전에 언어에 대한 방대한 이해가 필요하다.

인지능력. 인지는 생각하고 이미지를 생성하거나 경험과 물체 등에 대한 생각들을 합리적으로 생각하고 문제를 해결할 수 있는 능력을 말한다. 인지의 성장은 더욱더 많은 개념을 정복하고자하는 동기에 의해서 부분적으로 영향받는 것으로 생각되어진다. 전형적인 인지에 대한 개념들은 물체행위, 원인과 결과 관계, 수단과 결말의 개념 등을 포함한다. 이런 개념들에 대한 실례로는, 시야에 보이지 않는 목적을 찾고(물체행위), 차를 움직이기 위해 버튼을 누르고(원인과 결과), 그리고 장난감을 얻기 위해 막대기를 뻗는 것(수단과 결말) 등이 있다.

사회적 기술. 사회적 기술은 아이들로 하여금 성인과 다른 모습으로 아이들 사이의 관계를 정립하게 한다. 사회적 기술은 사랑과 접촉, 방어 그리고 후에 의사소통 등에 의해 감정적인 연결들로부터 발전하게 된다. 부모와 아이 사이에 성립된 소속감, 신뢰 그리고 사랑은 매우 어린 아이들 조차도 관계들을 성립할 수 있게끔 도와준다. 맨 처음 아기는 그의 부모와 떨어질 수 없지만 사람들과의 차이를 배우면서 자신만의 인격이 나타나게 된다. 아장아장 걷는 아이는 사회적인 기술이 발달함에 따라 행동함에 있어서 옳고 그름을 배우게 되지만, 성인 세상에서 더욱더 많은 것을 그리고 그에 대한 기대 등을 배우기 위해 규칙 등을 경험하게 된다.

자조기술. 자조기술은 아이들로 하여금 일상생활에서 스스로에게 필요를 돌볼 수 있게 도와주는 것들이다. 섭식, 옷 입기, 목욕, 용변 보기 등이 기본적인 자조기술이 예들이다. 아이들은 이런 많은 기술들을 익히면서 점진적으로 자신에 대해 더욱더 만족하게 되고 그들 부모의 아이들에 대한 부담을 덜어 줄 수 있다.

위에 말한 6개의 특징적인 발달영역 외에도 다른 두 가지 영역이 감각능력 및 육체적 성장이나 기술습득에 영향을 미칠 수 있다. 감각능력 또는 촉감, 청각, 시각, 후각 그리고 움직임에 대한 감각들을 받아들이고 느끼는 능력은 아이의 발달에 있어 매우 중요하다. 예를 들어 꽃의 향기는 해먹을 흔들 때 나는 것과는 다른 감각을 만들어내지만, 둘 다 강한 즐거움이나 불쾌감에 대한 반응을 만들 수 있다. 꽃의 냄새를 즐기기 위해서 아이의 감각들은 꽃의 향기에 편안해 해야만 한다. 해먹에서 즐기기 위해 아이는 받아들일 수 있는 어지러움의 느낌을 발견해야만 한다. 불행히도 몇몇 뇌성마비 아동들은 촉감, 청각, 시각 및 움직임에 민감하거나 덜 민감한 감각의 지연을 갖기도 한다. 전형적으로 즐겁게 느껴지는 감각들 대신에 통증이나 불쾌감 등을 유발하게 된다. 분명히 감각의 장애는 아이들로 하여금 발달에 필수인 경험을 더 어렵게 만든다. 이러한 것들은 이 장의 뒤에서 더 자세히 논의된다.

육체적 성장은 또한 아기의 발달에 있어 매우 중요한 역할을 한다. 건강한 뼈에 신체조직은 운동, 의사소통 및 다른 기술들의 발달에 있어 필수이다. 이른 시기에 적절한 영양분을 얻지 못한 아이들은 나중에 인지·언어·운동감각 발달이 늦어질 수 있다. 소아과 의사는 아이의 키와 몸무게의 변화를 감시하면서 필요 열량을 계산하므로 규칙적으로 정해진 진찰이 중요하다.

뇌성마비 아동에게 있어서 섭식문제는 삼키기와 적절한 칼로리 소비를 더욱더 어렵게 할 수도 있다. 그들은 또한 특별한 음식에 대한 감각이나 느낌에 저항할 수도 있다. 자녀에게 이런 감각들을 조직화하도록 도와주는 것은 아이의 생존에 중요한 역할이 될 수 있다. 첫 번째 삼킴에서부터 조직화할 수 없는 아이는 지속적으로 토하거나 질식할 수도 있다. 그런 행태가 계속되면 아이는 폐렴이 걸리거나 중대한 질병을 앓을 수도 있다. 섭식문제를 막을 수 있는 많은 중재들은 제4장에서 논의될 것이다.

발달은 위에서 말한 영역들로 자주 나누어 설명할지라도 당신은 전체적으로 아이의 발달을 살피도록 노력해야만 한다. 모든 아이들은 육체적·지적 성장에 기여하는 그들만의 강점과 약점을 갖는다. 몇몇은 예정에 바로 맞춰 이정표에 도달할 수도 있지만, 뒤쳐질 수도 있으므로 학습윤곽은 정상발달척도에 교차한다. 전체적인 그림을 보고 아이의 필요를 알아내는 것이 매우 중요하다. 누구도 숙련자는 아니라는 것을 기억하라.

■■ 발달순서

당신은 아마도 아이가 태어나면 아이의 발달에 대해 궁금하게 될 것이다. "내 아이로부터 무엇을 기대할 수 있을까?" "언제 내 아이가 걸을 수 있을까?" "처음으로 말하는 단어가 무엇일까?" 이런 것들이 뇌성마비 아동 부모에게서 접하게 되는 전형적인 질문들이다. 아이의 발달을 전체적으로 파악하기 위해 당신은 인간발달의 단계에 대해 먼저 배우는 것이 도움이 될 수 있다. 아이가 정상적으로 각각의 단계를 통한 서로의 관계와 능력을 얻는 순서. 무엇을 기대해야만 하는지 아는 것은 당신으로 하여금 당신의 아이를 지지해 주는데 도움을 줄 수 있다.

아동의 첫 5년

인생의 초기 몇 년이 아이의 미래발달에 결정적인 영향을 준다는 연구들이 있다. 이 시기 동안 아이는 성장과 학습에 있어 장족의 진보를 하고 부모에 대한 완전한 의존성에서 반 독립적으로 발달한다. 이 부분은 아이가 첫 60개월 동안 전형적으로 경험하는 10개의 발달단계를 다시 보여준다. 각 단계의 나이 범위가 고정된 기준을 의미하는 것이 아니라 단순한 기준에 지나지 않는다는 것을 명심해라. 당신 자녀가 뇌성마비를 가지고 있기 때문에 그 아이는 아마도 대부분의 아이들보다 몇 가지 기술이 더 늦게 익혀지게 될 것이다. 제 때에 익히거나 더 일찍 익힐지도 모르지만, 중요한 것은 그들이 익힌 것은 나이가 아니라 익힌 기술들 간의 관계와 순서이다.

표 2에서 보통 아이의 초기 3년 동안 습득되는 몇 가지 기술과 그 기술이 습득되는 나이에 대해 거론한 바 있다. 다시 말하지만 이러한 도표는 아이가 기술을 습득하는 정확한 시기를 의미하는 것은 아니다. 대신에 당신은 아이가 발달 순서에 따라 걸음을 내딛기 전에 일어날 사건과 같은 내용을 알아두어야 한다. 이 장에 나와 있는 도표와 정보를 참조하여 자녀의 발달을 도와주도록

해라. 그러나 자녀의 미래발달의 예언처럼 매달리지는 말아라.

1단계 : 태어나서 생후 6주까지. 아기의 초기 몇 주는 부모에게 신비의 시간이다. 이 시기 동안 아기는 바깥 세계와 자신의 몸과 필요를 인식하게 된다. 또한 그의 어머니에게 애착을 가지고 상호 결속을 형성하기 시작한다. 처음에는 빨기를 포함하여 눈과 손, 팔의 대부분의 동작이 자발적인 조절에 의한 것이 아니라 반사적인 것으로 행동된다. 반사행동은 아기의 보호와 생존을 위한 선천적 적응 운동이다. 그것은 아기가 그의 몸을 더 인식하게 되면 사라지기 시작한다. 예를 들면 다른 방향의 사건을 알아채고 고개를 돌리는 것은 이 단계의 아기가 반사에서 벗어나는 하나의 방식이다. 전형적으로 이 시기의 아기들은 기쁨이나 불안과 관련된 목소리를 내기 시작할 뿐 아니라 별다른 이유 없이 울기도 한다.

2단계 : 6주에서 4개월까지. 인생의 다음 몇 개월을 보내면서 아기의 동작은 보다 의도적으로 되어간다. 아이가 근육을 잘 조절하게 됨에 따라 그의 어깨와 목을 뻗어서 어머니의 관심을 끄는 방법을 배운다. 어머니가 떠나면 의도적으로 그녀에게 집중하여 울기까지 하며, 그녀가 돌아와야 긴장을 푼다. 아이는 자신의 환경에서 보이는 것과 들리는 것을 구별 짓고 들리는 쪽으로 보기 시작한다. 아이는 대조적인 색깔과 그림자를 가진 물체에 집중한다. 그러나 이 단계에서 보이지 않는 물체는 여전히 관심 밖이다. 이 시기의 아이들은 즐거움을 표현하기 위해 울고 웃고 비명 지르는 것 이상의 목소리를 낸다. 그들은 또한 딸랑이를 잡을 때 자기 손에 주목하고 바라본다.

3단계 : 4개월에서 8개월까지. 이 단계의 아이는 점차 자기 몸을 인식하게 된다. 그의 대운동 움직임을 조절할 수 있음을 인식하고 심지어 집 주변을 기어 다니거나 돌진하기도 한다. 장난감을 이 사람 손에서 저 사람 손으로 이동시킬 수 있고, 넘어지지 않고 일어설 수 있게 된다. 손, 팔, 다리 동작의 미묘한 변화를 실험하면서 끊임없이 논다. 부모가 빙빙 돌려주는 것을 즐거워하면서 엄마나 아빠가 지겨워할 정도로 놀이를 반복하려 한다. 그는 또한 장난감이 부분적으로 눈에 보이지 않으면 찾고 찾는 게임을 한다. 6개월 정도 되면 반복된 자음을 포함한 말하기 놀이에서 "마마"와 "다다" 같은 자음과 모음의 결합이 나타난다.

4단계 : 8개월에서 12개월까지. 4단계의 특징은 의도적인 행동—아기가 바라는 목적을 이루기 위해 하는 행동—의 출현이다. 예를 들면 이제 아기는 옆에 없

▓▓ 표 2. 기술습득(나이 : 1~3세)

	1기 : 출생~6주	2기 : 6주~4개월	3기 : 4개월~8개월	4기 : 8개월~12개월
대운동	• 초기 반사가 나타남	• 목을 가눔 • 옆으로 몸통 돌리기	• 머리 가누기 • 혼자 앉기 • 뒤엎기	• 혼자 서기 • 도움받아 걷기

미세
운동
	• 주먹 쥔 채 어른 손
	  가락 잡기
		• 딸랑이 잡기
		• 두 손을 매달린 물
		  건에 뻗기
			• 입방체 줍기
			• 장난감 부딪치기
			• 엄지 사용과 앞
			  손가락 잡기
				• 두 입방체 쌓기
				• 잡은 물건 놓기
				• 두 손가락 잡기
				• 크레용 잡기

언어	• 갑작스런 소리에 놀
	  람
	• 꼴깍꼴깍 소리 내기
	• 호흡이 규칙적
		• 옹알이 소리 내기
		• 엄마 소리에 고개돌
		  리기
			• 재잘대기 시작
			• 아빠, 엄마 말하기
				• 아니요 대답하기
				• 손흔들며 인사하기
				• 단어 반복하기
				• 한두 단어 사용
				• 물건 얻기 위해
				  몸동작 하기

인지	• 잠시 얼굴을 마주치
	  려 함
		• 거울 속 자기 모습
		  보기
		• 사람과 물체 주시
		• 시야에 있는 컵을
		  기다림
			• 낙하물 쳐다보기
			• 장난감 부딪치고
			  소리내기
				• 숨겨진 물체 찾기
				• 장난감 상자 안에
				  넣고 빼기
				• 상자 포개어 넣기

자조	• 부모에 완전 의존	• 빨면서 조용함 유지 • 컵 인식	• 손잡이로 컵 올리기 • 손가락으로 음식 먹기	• 양말 벗기 • 스푼 사용 시도

사회성	• 엄마에 대한 호감
	  표현 시작
		• 웃고 얼굴을 인식	• 까꿍 같은 몸동작으
			  로 사회성 게임
			  즐기기
				• 낯선 사람 경계하기
				• 다른 친구 옆에서 놀기
				• 더 부정적 의사 표시

■■ 표 2. 기술습득(나이 : 1~3세)

	5기 : 12~18개월	6기 : 18~24개월	7기 : 24개월~29개월	8기 : 29개월~36개월
대운동	• 공 던지기 • 계단 오르기 • 서서 구부리기	• 구부린 자세로 서기 • 의자에 오르기 • 한 발로 서있기 • 큰 장난감차 타기 • 공 차기	• 두 발로 내려가기 • 두 발로 달리고 뛰어 오르기	• 제자리에서 점프 • 세발자전거 타기
미세 운동	• 손잡이 돌리기 • 장난감 밀고 잡아당기고 찌르기 • 책 페이지 넘기기	• 크레용으로 낙서 하기 • 단순한 퍼즐 완성 하기	• 구슬 꿰기 • 더 잘 걷기 • 더 정교한 낙서	• 걸쇠와 훅 작동 • 가위 사용
언어	• 많은 초기 단어 출현 • 재잘거리기 시작 • 문장으로 말하지만 종종 비지적임 • 그가 말한 것 이상을 이해하기	• 20개월까지 300단어 사용 • 짧은 대화 시작 • 아직 다른 사람 말 따라하기 • 질문 이해하기 시작	• 2단계의 지시 듣기 (양치하고 빗질해라) • 이해력 증가 • 정확한 문법의 • 2~4단어 문장 말하기 시작 • 질문과 대답	• 지시 따르기 • 대화 이해와 많은 질문 제기 • 이웃에게 이해 가능한 언어 사용
인지	• 물건을 연장으로 사용(장난감 망치로 나무못 박기) • 시행착오 경험 • 물건의 기능 알기	• 색, 모양, 재질 같은 물리적 특성에 따라 물건 분류하기	• 블록으로 자가용을 만들기 시작 • 물건의 특성 알기 • 색깔로 물건 분류 • 크기로 물건 분류	• 물건을 연관성과 기능에 따라 분류(가위와 칼은 둘 다 자르는 것이라는 것을 알게 됨) • 즉각적 시간감각을 가짐("곧", "점심 먹고")
자조	• 더 규칙적 모음 소리 내기 • 옷 지퍼 열고 사탕 껍질 까기 • 손가락이나 스푼으로 혼자 먹기	• 배변훈련에 흥미를 보임 • 옷 벗기 • 엄마의 빗질 흉내 내기	• 배변훈련 참여 • 장난감 치우기 • 스스로 옷 입고 씻기	• 액체를 쏟음 • 배변훈련 • 매일의 스케줄 알고 있음
사회성	• 악몽 꾸기 • 자기 의사 표현 • 담요 또는 공갈젖꼭지에 애착 • 근처의 새로운 사람에게 접근하기	• 물건과 상상놀이(인형에게 젖병을 물리거나 반쯤 먹은 빵 조각을 총으로 사용하기) • 근처의 다른 친구들과 놀기	• 자장가에 참여함 • 종종 거절함 • 자기 행동을 조절하는 것을 좋아함	• 초인적 영웅과 상상놀이 • 마술을 믿음 • 자기중심성

는 장난감을 얻기 위해 부모에게 지시하는 동작을 사용할 수 있다. 총체적 근육 운동의 조절이 용이해짐에 따라 기어다니고, 멈추어 서 있거나, 도움받아 걷고, 물건을 찾아다니는 등 그의 환경을 활동적으로 탐험하게 된다. 그리고 크레용을 잡거나 스푼을 사용하기 시작한다. 또한 이 단계의 아기는 자신과 다른 사람들의 환경을 보다 잘 인식하게 된다. 그는 짧은 단어나 동작으로 의사소통하려 하나 낯선 사람에게는 부끄러워할 것이다. 인식하는 기술이 발달함에 따라 아기는 당장 눈에 보이지 않는 물체를 찾기 시작하고 그러한 활동을 통해 숨겨져 있는 장소를 찾을 수 있다는 것을 배운다. 게다가 그는 탐구하는 크기나 모양에 있어서 보다 체계적으로 되어서 큰 상자 안에 작은 두 개의 상자를 포개어 넣는 것을 배운다.

5단계 : 12개월에서 18개월까지. 12개월에서 18개월 사이의 아기는 언어의 힘을 이해하기 시작한다. 아이가 사용하는 동작이 줄어들고 자신이 활동하기 싫을 때 목소리를 내어 항의하는 것을 배운다. 또한 장난감, 음식 또는 다른 물건을 얻기 위해 짧은 문장이나 단어를 사용하기 시작하고, 단순한 지시에 따를 수 있게 된다. 아이의 운동기술의 종류가 확장되면서 신체탐구와 놀이방법이 발전된다. 그는 이제 멈출 수 있고, 서 있거나 스스로 걸어다닐 수 있다. 그리고 뛰거나 점프를 위해 무릎을 굽힐 수도 있다. 음식을 먹거나 자유롭게 음식을 가지고 노는 것을 즐기지만 여전히 부모에게 의존하거나 낯선 사람을 의심스러워하기도 한다. 이 시기의 아기는 종종 단순한 그림책에 홍미를 느낀다. 손잡이를 돌리거나 단순한 퍼즐을 맞출 수 있으며 하나의 블록을 다른 블록의 꼭대기에 올리고는 성취감에 웃기도 한다.

6단계 : 18개월에서 24개월까지. 이 단계는 모든 분야에서 놀라운 진보를 기록하여 유아와 부모에게 홍미로운 단계이다. 의사소통 기술이 정교해지고 말과 생각으로 실험할 수 있다는 것을 증명하고 자기 생각을 가지게 된다. 단순히 다른 사람의 말을 홍내내기보다는 이제 스스로 단어를 결합하기 시작한다. 예를 들면 원하는 것을 손으로 가리켜 표현하는 대신에 "더 많은"을 "주스"에 결합시켜 '더 많은 주스'라고 표현할지도 모른다. 그는 자기가 원하는 것과 원하지 않는 것을 표현하게 되고, 자신의 독립성을 보여주려 할 때마다 "아니요"라는 단어를 사용하기 시작한다. 그들은 함께 놀 다른 아이들을 찾게 되지만 아직 공유할 준비는 되지 않아서 친구에게서 장난감을 뺏기도 한다. 신체적으로는 자기가 원하는 것에 대해 탐구할 수 있고, 바라는 목표에 도달하는 데에 장애물이 있음을 발견하게 된다. 그는 때때로 넘어질지라도 두 발로 달리고 점프하기 시작한다. 또한 숨바꼭질을 몇 번 반복하고 마음 내키는 대로 게임을 바꾸는 것을 즐긴다. 다행히도 이러한 새로운 기술을 개발하는 것 외에는 짧은 시간이나마 어떤 것을 기다리는 능력 또한 개발된다.

7단계 : 24개월에서 29개월까지. 이 단계에서는 유아가 진정으로 신체적·정신적 능력을 시험하기 시작한다. 자녀의 행동을 제한하기 위해서 먹고 자는 습관을 형성하는 데에 부모가 많은 시간을 할애하는 것은 당연한 일이다. 아이가 몇 가지 자기보호 기술을 가지고 여전히 도움을 필요로 할지라도 지속적인 습관은 보다 지속적으로 독립성을 갖게 한다. 아이가 주인정신의 개념을 이해하기 시작하고 "내 것"이라는 단어를 좋아하게 된다. 놀이는 보다 정교해지고 흉내내기 놀이를 포함하여 다른 친구와 장난감을 교환하기도 한다. 계속해서 아이의 의사소통 기술이 발달함에 따라 짧은 대화를 나누고, 묻고 대답하는 것에 흥미를 느끼게 된다. 특히 질문을 좋아하고 물건의 재질, 모양, 크기와 관련된 개념을 이해하기 위해 물건의 기능을 탐구하게 된다. 이 단계에서는 질문에 대해 간단히 대답해도 충분하다.

8단계 : 29개월에서 36개월까지. 세 번째 생일까지 아이들은 그들의 문화에 대한 사회적 관습을 익히기 시작한다. 예를 들면 어른의 흉내내기를 좋아해서 부모의 신발을 신거나 부모의 언어로 말하기 시작한다. 아이가 개를 꾸짖는 것을 보면서 당신의 질책을 인식하게 될지 모른다. 또한 이 시기의 아이는 괴물과 영웅을 믿게 만드는 게임을 시작하게 된다. 괴물의 세계는 너무나 현실적이어서 아이는 종종 악몽을 꾸게 된다. 잠자는 동안 괴물이 벽장에 숨어있지 않다는 것을 확인하기 위해 아이가 옷장에서 자신을 찾고 있는 것에 놀라지 마라.

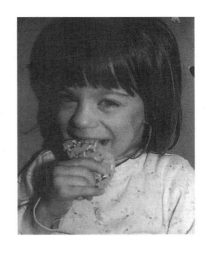

이 단계에서 아이들은 매우 사회적으로 변한다. 낯선 사람과 알기 쉬운 대화를 시작하고 이어갈 수 있으며 이웃도 아이의 말을 이해할 수 있게 된다. "어제"나 "내일"을 명확하게 이해하지는 못해도 아이들은 문법을 이해하기 시작하고 과거와 미래 동사를 사용하여 생각을 표현하게 된다. 그들은 달리고, 뛰어오르고, 기어오를 수 있지만 높은 곳에 대해서는 건강상의 주의를 기울일지도 모른다.

9단계 : 36개월에서 48개월까지. 3살에서 4살 사이에 아이들은 공동체에서 보다 활동적으로 변한다. 이웃과 유치원은 그들의 세계에서 차지하는 부분이 크다. 가정의 세계는 아이의 경험의 세계로 혼합된다. 아이들은 세계에 대해 호기심이 생기고 대체로 "왜"라는 단어로 많은 질문을 하게 된다. "왜 비가 오죠?" 또는 "아기는 어디서 나오죠?"라는 전형적인 질문인데 단순하고 즉각적인 대답은 그들의 호기심을 충족시킨다. 서너 살의 아이들은 달리고, 뛰어오르고, 차고, 기어오를 수 있으며 자기보다 어리거나 나이가 많은 아이들과 게임을 하는 새로운 세계에 눈을 뜨게 된다. 그는 선행학습에 흥미를 보일 수 있는데 숫자와 색깔, 문자와 관련된 개념을 알고 물건을 분류하게 된다. 그리고 크기, 모양, 색깔의 비슷하고 다른 점에 따라 그림을 그릴 수 있게 된다.

10단계 : 48개월에서 60개월까지. 이 시기에 아이는 자기가 우주의 중심이라고 믿는다. 이러한 자기중심적 사고는 이기주의의 부산물이라기보다는 세계는 마술이고 그가 세계의 중심에 있다는 생각에 따른 것이다. "맥도날드가 어디에 있는지 알아요"라는 5살 아이의 말에서 알 수 있듯이 그는 아이들 사이에서 자신의 자리를 이해하기 시작한다. 이 단계에서 아이들은 자신의 행동이 자신에게 일어나는 모든 사건에 영향을 준다고 느낀다. 예를 들면 차를 타고 갈 때 달이 그들을 따라온다고 생각한다. 또는 강아지와 산책하게 해달라고 부탁했던 날에 더 일찍 화를 내서 그의 개가 죽었다고 불행하게 결론을 짓기도 한다. 이러한 자기중심적 사고에도 불구하고 학령전 아동은 매우 사회적이다. 아이는 여전히 상상놀이를 좋아하지만 이제 많은 부분에서 드라마의 영웅처럼 자신을 생각할지 모른다. 학교경험의 시작으로 무엇을 자르고, 풀칠하고 그림을 그리는 것과 같은 활동은 보다 중요해진다. 그리고 특정기술이 문제를 일으킬 때 아이들은 집중하게 된다. 아이들은 앞으로 일어날 일을 예측하고 지난 일을 분석하기 위해 질서와 예언을 사용한다. 예를 들면 텔레비전 재방송이나 예언 가능한 일상에 기초한 시간을 기억하고 있을 것이다.

▪▪ 뇌성마비 아동의 발달

아마도 당신은 당신의 아이가 뇌성마비에 걸렸다는 걸 들었을 수도 있다. 처음에 아이가 발달장애, 운동지연 내지는 신경학적 발달의 지연을 보이는 그런 진단을 의사나 치료사로부터 들었을 때 꽤 충격으로 다가올 것이다. 이제 뇌성마비라는 새로운 꼬리표는 이전에 작은 문제로 고려될 수 있었던 것과는 다소 다른 차원의 문제로 다가오게 된다.

당신은 당신 아이의 발달이 정상인지 아닌지 궁금할지도 모른다. 당신은 아이가 얼마나 잘 크는지를 확인하기 위해 발달이정표를 찾을지도 모른다. 정상 발달로 간주되는 범위는 넓다는 것을 기억해야 한다. 당신의 아이는 몇몇 영역에서는 정상이지만 다른 영역에서는 다양하고 또는 늦게 성장할 수도 있다. 많은 부분이 아이의 특별한 강점과 약점에 달려 있을 것이다. 예를 들면 12개월에 걷지 못하는 아이를 고려해 봐라. 아마도 같은 아이는 장난감을 얻기 위해 눈을 당신의 방향으로 돌릴 수 있을 것이고(9~12개월 기술), 시야 밖에 숨겨진 물건을 찾고 놀 수 있을 것이다(9~12개월). 단지 대운동 영역만 다른 부분에 비해 뒤쳐진다. 시간과 동기 부여에 따라서 걷기가 도달할 수 있는 목표가 될 수도 있다. 기억하라. 당신의 아이가 그의 능력에 알맞은 기술에 적응하는 것을 보면서 당신은 아이만의 고유한 인격과 동시에 아이가 가지고 놀 수 있는 선물까지도 이해하는데 도움을 받을 것이다. 당신이 당신 아이의 발달을 전체적으로 개관해서 볼 수 있을 때, 일시적인 육체적 한계를 한 단계 더 뛰어넘어 볼 수 있게 될 것이다.

뇌성마비 아동에게 있어서 발달의 속도보다는 발달의 질이 더 중요하다. 얼마나 빨리 기술을 습득하는가 하는 것은 그가 얼마나 그런 것들을 적용할 수 있는지 만큼 중요하지 않다. 아이로 하여금 의무기록상에 정상범위의 발달이 정표에 단순히 도달하게 강요하기보다는 그가 이미 정복한 기술들을 더 잘 쌓아갈 수 있도록 격려해라. 예를 들면 다른 아이들이 걸을 수 있는 나이임에도 당신의 아이가 이제 뒤집기를 하는 수준이라면, 걷는 단계로 넘어가지 말고 네 발기기 먼저 가르쳐야 한다.

모든 아이들은 발달의 질과 속도가 매우 다양하기 때문에 아이의 치료사들은 아이의 미래를 예언하지 않을 것이다. 대신에 치료사들은 아이의 성장과 성숙에 대해 규칙적으로 재평가를 계획할 것이다. 숙련된 의사는 당신에게 다양한 영역에서 아이의 적절한 발달과 인식하는 방법을 가르쳐 줄 수 있고 미래의 발전에 대한 계획을 가르쳐 줄 것이다. 당신이 믿는 치료사의 충고에 의지하게 되었다면, 재평가에 대한 계획과 교육 프로그램에 대한 계획에 앞서 놀라지 말아야 한다.

당신의 치료사는 아이의 성장과 발달을 도와주는 장비를 권할지도 모른다. 치료사는 휠체어, 보청기, 의사소통을 도와주는 기구, 컴퓨터로 작동하는 장비, 다른 필요로 하는 기술 등을 제공하는 업체들과의 연결고리 역할을 종종 하기도 한다. 더불어 치료사는 부모가 아이의 치료를 시작할 때 직면하는 보험, 주, 연방 그리고 교육적인 어려움에 대해 가이드를 할 수 있어야만 한다.

치료가 진행되는 동안 아이에게 다른 기술을 소개할 때 당신이 아이에게 동기를 유발하기 위해 어떻게 관찰해야 하는지 배우는 것은 매우 어렵다. 당신 아이의 발달의 변화와 분발을 인식했을 때, 당신은 새로운 성취를 위해 문을 열 수 있다. 좌절의 위험 없이 아이에게 호기심을 갖도록 북돋아주는 것이 당신 아이에게 줄 수 있는 가장 중요한 동기를 유발시키는 지침이라고 할 수 있다. 제5장에서 설명했던 것처럼 아이의 시도를 칭찬하고 너무 많이 하는 것은 삼가하도록 함으로써 아이에게 용기를 주는 것이 중요하다. 당신이 아이로 하여금 스스로의 힘으로 하게끔 도와준다면 그는 스스로 도달하는 방법을 배울 수 있다. 그리고 아이의 성장과 변화가 가능하다는 것에 대한 발견을 하게 됨으로써 당신은 보상을 받기 시작할 것이다.

당신 아이의 미래에 대한 성취를 계획하기 위해 당신은 아이의 모든 발달영역을 통해서 강점 약점을 전체적으로 파악하는 것이 필요하다. 이 장에서 설명했던 것처럼 당신은 아마도 바로 전체적으로 파악하지 못하고 단계별로 주기적으로 평가, 재평가되어질 것이다. 아직도 뇌성마비 아동의 발달에 영향을 줄 수 있는 많은 상태들이 있다. 당신 아이의 발달의 힘과 필요 등을 이해하고 인식하는데 도와주고자 다음 부분은 더욱더 많은 상황들 중 몇몇을 재고해 보도록 하자.

지속적인 원시반사

모든 아이들은 생존을 위해 자신의 근육을 이용해 수의적인 조절을 할 수 있을 때까지는 반사 혹은 불수의적인 반응들에 의존한다. 이런 반사적 움직임들은 보통 생후 몇 개월만에 사라지고 대신에 복잡한 기술들이 나타나게 된다. 뇌성마비 아동들은 이러한 기술들이 종종 더욱더 늦게 나타나고 반사들은 유아기까지 지속될 수도 있다.

반사가 일정한 시기에 사라지지 않을 때 이것을 '지속적인 원시반사'라고 한다. 지속적인 원시반사는 종종 발달을 방해한다. 예를 들면 깜짝 놀람 반사가 정상보다 오래 지속된다면 아이는 먹는 걸 배우는데 곤란함을 겪게 될 것이다. 보통 생후 6주 안에 사라지는 이 반사는 갑작스런 큰 소리나 자세의 갑작스런 이동에 반응하여 나타난다. 놀라는 동안 아이의 팔과 다리는 몸통으로부터 멀리 뻗어지게 되고 동시에 뻗뻗해지고 부자연스러워진다. 아이가 머리 가누기가 늦어질 때 인근 방에서 나는 소리나 자세의 작은 움직임에도 계속해서 놀라게 된다면 아이를 돌보는 것은 거의 불가능 할지도 모른다. 지도를 통해 부모는 아이를 더 잘 돌보기 위해 아이를 편하게 하는 기술을 배울 수 있다. 예를 들면 아이의 배에 팔을 마주치게 해서 포대기에 싸거나 따뜻하고 어둡고 조용한 방에서 돌보는 것이 도움을 줄 수 있다.

깜짝 놀람 반사 외에도 뇌성마비 아동에서 오랫동안 지속되는 다양한 반사들이 있다. 표 3은 출생시 나타나는 더 흔한 반사들과 그것들이 사라지는 상대적 속도를 보여준다. 이런 반사들의 존재가 움직임에 어떻게 영향을 주는지 아는 것은 당신이 아이를 다루는 방법에 영향을 미칠 것이다.

근 긴장도

모든 뇌성마비 아동들은 근 긴장도에 문제를 갖고 있다. 신전과 저항시 그들 근육들 간의 상호작용. 제1장에서 설명했듯이 몇몇 아이들은 축 쳐져 있거나 이완 또는 근 긴장 저하 상태가 되어 있다. 다른 아이들은 근육들이 비정상적으로 단단하거나 과다근육 긴장상태로 있다. 또 몇몇 아이들은 근 긴장도에서 불수의적인 움직임, 진전, 의도된 움직임 동안에 근육의 강, 약의 변화 등을 보이기도 한다. 이런 근 긴장도 형태에 따라서 후에 아이의 발달은 영향을 받을 수 있다. 물론 가장 중요한 효과는 대운동과 미세운동의 발달이다. 높은 근 긴장도를 갖은 아이들에게 있어서 유연성이 적은 관절과 동반된 과다한 근 긴장은 움직임을 더욱 어렵게 만든다. 낮은 근 긴장도를 갖은 아이들에게 있어서

너무 부드러운 관절과 약하고 축쳐진 근육은 늦고 부정확한 움직임을 초래한다. 근 긴장의 변화는 또한 아이가 움직임을 조절하는 것을 더욱더 어렵게 할 수도 있다. 당신 아이의 근 긴장도가 운동발달에 얼마나 영향을 주는지는 뇌성마비가 근육의 어디에 어떻게 영향을 주었는지에 달려 있지만 그래도 약간의 지연만을 기대할 수도 있다.

움직이는 기술의 지연 외에도 근 긴장도와 관련된 문제는 또한 다른 영역에서의 발달을 지연시킬 수도 있다. 높은 근 긴장도를 갖는 아이는 인지를 발달시키는 활동에 참여하는 것이 어려울 수도 있다. 예를 들면 벽돌탑을 무너뜨리기 위해 손을 올릴 수 없어 벽돌들이 무너지는 것을 볼 수 없다면 원인과 결과 사이의 관계를 이해하는데 어려울 수도 있다. 대운동체계가 심하게 손상받았다면 그의 장애가 고개를 돌리며 그 자세로 유지할 수 없게 하기 때문에 누군가가 탑을 파괴하는 것을 못 보게 할 수도 있다. 또한 과대근육 긴장은 옷 입기나 먹기 같은 자조기술을 습득하는 아이의 능력을 방해할 수도 있다. 예를 들면 혼자 스푼을 잡지 못할 수도 있고 접시에서 입까지 스푼을 들어올리지 못할 수도 있다.

근 긴장 저하 또한 비슷한 지연을 초래하지만 이유는 다르다. 예를 들면 목, 어깨, 턱 그리고 언어구사와 관련된 근육들에서의 근 긴장 저하를 갖는 아이들은 피로 때문에 먹는데 어려울 수 있다. 약한 빨기로 컵에서부터 마실 수 있을지 모르지만 잠들 때까지 점점 더 지쳐서 먹는 것을 잊어버리게 된다. 용변보기는 몸통에 있는 근육들이 약하고 축쳐져 있는 아이에게 발달하기 더 어려운 또 다른 자조기술이 된다. 예를 들면 중력에 대항하여 그의 근육들이 힘쓰는데 노력하므로 순간적으로 근약증을 이겨내는 걸 잊어버리게 될 수도 있다.

제7장에서 말했듯이, 움직임에 장애를 갖은 아이의 발달지연을 도와주는 것

■■ 표 3. 반사의 이정표			
일반적인 반사	발달에의 영향	반사 출현	반사 소실
놀람반사 큰 소리에 반응하여 머리를 갑작스럽게 이동 또는 자세의 갑작스런 이동은 깜짝 놀라는 반응을 일으킨다. 아이의 팔과 다리가 오무라지고 양다리는 쭉 펴지고 고관절은 굴전된다.	• 아이가 숙면에서 깰 수 있다. • 아이가 집에서 나는 소음이나 말을 듣고 성가셔하거나 민감해한다. • 소리나 움직임에 의해 주위가 산만해져 돌보기가 어렵다.	출생	4~5 개월
비대칭 긴장성 목반사(펜싱 자세) 아이의 머리를 한쪽으로 돌릴 때 같은 쪽의 팔, 다리가 머리쪽으로 짝 펴짐.	• 얼굴이 아래로 눌렸을 때 아이가 숨쉬는 걸 도와준다. • 옷 입었을 때 확인된다면 주먹을 꼭 쥔 팔에 놓기 전에 짝 핀 팔을 쉽게 침대차에 옮길 수 있다.	2~3 주	5~6 개월
목 정립반사 아이가 반듯이 누운 상태에서 머리를 한쪽으로 돌리면 어깨와 몸통이 같은 쪽으로 돌아감.	• 이 반사는 똑바로 누웠다가 엎어지는데 사용된다. • 몸통, 어깨, 목 근육들이 약하다면 치료사는 근 긴장도와 조화를 강화시키는 운동을 시도할 수 있다.	2~3 개월	8~10 개월

을 전공하는 치료사들이 있다. 근 긴장도의 형태와 그것에서의 변화를 확인하고 움직임을 향상시키는 기술을 시도하도록 훈련받고 능숙해진다. 치료사들은 아이가 자신의 근육들을 사용해 다양한 목표에 도달할 수 있도록 하기 위해 당신이 아이와 함께 일하는 방법을 보여줄 수도 있다. 그들은 또한 움직임을 더 쉽게 하기 위한 특수한 장비를 고안하기도 한다. 당신의 치료사들은 또한 지나친 육체적·감정적 스트레스 없이 아이의 움직임을 도와주는 많은 생각들을 갖고 있을 수도 있다.

■■ 뇌성마비와 관련된 여러 상태

제1장에서 설명했듯, 뇌성마비는 운동을 조절하는 뇌의 부분이 손상되어 발생한다. 그러나 아이의 중추신경계의 손상이 있을 때, 운동발달 외의 다른 영역의 발달도 영향을 받을 수 있다. 그 결과 많은 아이들은 뇌성마비와 관련된 생각, 추론, 대화, 감각 등에 영향을 미치는 상태를 가지고 있다.

당신이 다음 단락을 읽으면서 이것들은 뇌성마비를 지닌 아이들이 지닐 수 있는 상태라는 걸 명심해라. 당신의 아이는 이들 중 몇 가지 혹은 모두를 가지거나 한 가지도 가지지 않을 수 있다. 만약 당신의 아이가 이 상태 중 어느 하나를 가지고 있다면 그것을 이해하고 아이의 발달에 미칠 영향을 이해하는 것이 당신의 현실적인 목표를 세우는데 도움을 줄 것이다.

정신지체

정신지체는 대부분의 부모들이 두려워하는 무거운 굴레와도 같은 것이다. 과거에 이 용어는 보통 정신적 무능력을 뜻하며 때때로 공공시설에 들어갈 수 있는 지표로 통용되었다. 그러나 정신지체란 무능력을 뜻하는 것이 아니며 단지 정신적인 발달이 느리거나 지연된 것을 뜻한다. 정신지체가 있는 어린이들은 배우는 것을 못하는 것이 아니라 다른 아이들처럼 빠르게 배우지 못할 뿐이다.

최근까지도 뇌성마비 아동들의 2/3 정도가 정신지체를 지니고 있다고 여겨진다. 그러나 현재는 조기에 처치가 이루어지고 기술이 발달한 덕에 운동과 대화에 심각한 문제를 지닌 많은 아이들이 그들의 진정한 능력을 훨씬 더 잘 발현할 수 있게 되었다. 그 결과로 몇몇 전문가들은 정신지체의 정도가 25% 미만으로 믿고 있다.

지능지수란 인지와 수행을 평가하는 표준화된 방법에 기초를 두고 있음을 명심해야 한다. 뇌성마비 아동들은 그들의 운동능력의 장애가 평가를 수행하는데 방해요인이 될 수 있기 때문에 불리한 입장에 있기 마련이다. 예를 들어 의자차를 탄 아이는 정신능력을 측정하는 어떤 평가에서 요구되는 두 가지 임무 즉, 뛰거나 한 줄로 걷기를 할 수 없다. 이와 비슷하게 어깨, 팔, 손가락 등을 잘 쓰지 못하는 아이는 시간에 맞춰 퍼즐을 맞출 수 없다. 표준화된 평가는 당신 아이의 점수를 그 나이 또래와 비교할 수 있는 방법으로써 비춰질 수 있을지 모른다. 그러나 지능평가는 당신 아이의 잠재능력을 정확하게 나타내 줄 수는 없다.

당신의 아이가 정신적으로 지체된 범주에 드는 점수를 받았다면 당신은 아이의 발달이 또래에 비해 느리다는 것을 알 수 있을 것이다. 그러나 "정상" 사람들처럼 지체가 있는 아이들도 넓고 다양한 범주의 능력을 가지고 있다. 제1장에서 논의했듯이 지체가 생각하고 추론하는데 어느 정도 관련이 있는지는 정신지체의 중증도와 관련이 있다. 당신의 아이는 단어와 개념을 이해하는데 시간이 더 필요할 수 있다. 그러나 만약 당신이 정보를 더 간단하고 더 이해하기 쉽게 알려준다면 당신의 아이 또한 새로운 개념을 배울 수 있을 것이다.

당신 아이의 지능지수가 배우는 것과 배우는 속도에 어느 정도의 제한을 줄 수 있지만 조기치료와 특수교육 프로그램을 통해서 아이의 인지발달에 정신지체가 미치는 영향을 줄일 수 있을 것이다. 때론 "정신지체"라는 평가가 아이에게 가장 적절한 교육 프로그램을 받을 수 있도록 도울 수도 있을 것이다. 정신지체 아이를 위한 프로그램은 그의 새로운 능력을 자신 있게 습득할 수 있도록 교과과정을 계획한다. 제8장에서 설명하듯 이것은 당신이 아이의 발달 과정상 강점과 약점을 인식하여 아이의 능력을 발휘할 수 있는 교육 프로그램을 당신 스스로 짤 수 있게 해준다는 점에서 중요한 의미가 있다. 만약 교과과정이 적절하다면 아이는 스트레스를 덜 겪고 적절한 성취감을 얻을 수 있을 것이다.

지능검사에서의 높은 점수가 아니라, 기술의 발달이 항상 당신의 목표가 되어야 함을 기억하라. 당신의 아이가 배우는 속도가 다른 아이들에 비해 느릴 수 있는 건 사실이지만 이것이 그의 성취도를 의미 없는 것으로 만드는 것은 아니다. 당신의 지지와 지도가 당신 아이를 평생 꾸준히 배울 수 있도록 한다.

미숙

많은 미숙아는 자궁 밖에서의 삶에 적응하는데 더 긴 시간을 필요로 하기 때문에 같은 또래아이들에 비하여 느리게 발달한다. 그러나 미숙아는 2년 안에 지치고 힘든 초기단계에서 벗어나 같은 나이 또래의 아이들을 따라잡기 마련이다. 의학이 발달하면서 많은 미숙아들은 완전히 건강한 유아기를 가지기 마련이다.

대부분의 대도시에서는 신생아 클리닉이 있고 미숙아의 발달을 추적, 관찰하여 만약 발달지연이 지속된다면 치료를 한다. 아이가 신생아 중환자실에 있는 동안은 아이의 자궁 밖으로 나오는 것에 대한 스트레스의 반응을 평가하여야 한다. 치료법은 이 작은 미숙아의 스트레스를 줄이고 안전한 감정을 조장하도록 이루어져야 한다. 부모들은 아이가 개개인이 다르며 아이들이 스트레스에 대항할 수 있도록 돕는 전략을 배운다.

대부분의 미숙아는 살아가면서 계속 발달이 지연되고 때때로 출산시 저체중뿐 아니라 숨쉬는 문제 혹은 폐질환 등의 다른 건강문제도 동반하고 있다. 게다가 미국의 뇌성마비 아동 30만명 중 대략 3명에 1명이 출생시 2,500gm 미만이다. 그러나 반드시 저체중이 발달지연을 일으키는 것은 아니다. 힘든 초기단계에서 회복하는 데는 폐의 성숙과 심장박동수와 호흡수가 중요한 역할을 한다. 생애의 초기에 저체중 아기는 보육기, 감시장치 등과 같은 특별한 장치와 상당한 의학적 주의를 필요로 한다. 간혹 이 아이들은 약이나 음식 등에 혹은 다른 건강문제에 더 예민한 알레르기 반응을 일으킨다. 예를 들어 아이는 오랫동안 기관 삽관을 했다면 입에서는 더 예민하게 될지도 모른다.

만성질환은 아이가 그 주변의 사람이나 사물에 집중하는 것을 어렵게 할 수 있기 때문에 아이가 배울 준비가 되기 전에 건강해야 하는 것은 필수이다. 건강한 아이가 더 잘 자고 정상발달을 하게 된다. 그래야만 아이들은 배울 수 있다. 치료사들은 아이가 발달속도를 회복하도록 부모가 안고 자극하고 먹이는 여러 가지 다른 방법을 가르칠 수 있다. 사실 제태연령 28~32주 아이들을 위한 발달 기준이 있다. 신생아 중환자실에서조차 부모들은 아이의 이른 표현을 어떻게 해석할지 배울 수 있다. 그들은 또한 아이의 운동조절과 감각에 대한 반응에 기초를 둔 특별한 수유기술을 배울 수도 있다. 만약 당신의 뇌성마비를 지닌 아이가 미숙아였다면 자주 정상발달을 점검하여야 미숙아 아이의 지연을 정확하게 알게 할 것이다. 당신의 아이를 돌볼 전문가 팀은 필요할 때 적절한 중재를 해 줄 수 있다.

경련

제3장에서 논의 하였듯 경련이란 아주 빈번히 뇌성마비와 연관되어 있다. 어떤 연구자들에 따르면 특히 근 긴장이 높은 아이가 경련을 일으킬 수 있다고 한다.

경련을 일으키는 뇌의 비정상 전기적 신호는 다양한 증상을 일으킨다. 가장 흔한 형태의 경련은 긴장간대발작(대발작)―의식 소실을 동반하거나 동반하지 않는 대량 발작, 그리고 실신발작(소발작)―일시적으로 근 긴장이 사라지고 의식을 잃는 매우 잠깐의 경한 경련이다.

이 경련이 아이의 주의 집중력을 잃게 하기 때문에 경련은 정보통합을 방해하고 인지능력을 배우는 것을 어렵게 한다. 경련을 가진 아이는 어릴 때 부모와 눈을 잘 맞추지 못해 배우는 것이 더 어렵게 하는 장벽이 되기도 한다. 부모의 얼굴 표정을 관찰하는 것이 인지 대화술을 발달시키는 것뿐 아니라 웃기와 같은 사회성 발달에도 중요하다. 만약 아이가 경련을 한다고 생각하면 소아과 의사(재활의학과 의사)와 상의하라. 의사는 경련을 진단하기 위해 필요한 검사를 하고 만약 필요시에는 경련의 빈도와 아이의 주의를 향상시킬 수 있는 약을 처방할 수 있다.

시각문제

뇌성마비를 가진 많은 아이들은 어느 정도 시각 문제를 가지고 있다. 근시나 원시뿐 아니라 발달을 저해할 수 있는 여러 문제를 지닐 수 있다. 이는 흔하게 한 눈은 초점을 맞추나 다른 눈은 맞추지 못하는 사시, 복시, 불수의적인 안구의 떨림인 안구진탕 등을 포함한다. 이 문제들과 증상들은 잠재된 질환을 의미할 수 있다. 예를 들어 안구진탕이 있는 아이들은 한 곳에서 다른 곳으로 움직일 수 있게 하는 균형과 신체 인지에 영향을 주는 감각의 지연을 내포하고 있을 수 있다. 이러한 증상들은 곁눈질하거나 쉴 때 눈의 갑작스런 움직임, 사람이나 물체를 볼 때 초점을 맞추지 못 하는 것들이 포함된다. 당신 아이의 나이가 3개월이라면 소아안과의사에게 시력검사를 할 수도 있다.

청력저하

뇌성마비 아동은 다른 아이들에 비해 더 청력문제를 지니고 있을 수 있다. 움직임에 영향을 미치는 영구신경손상은 또한 감각신경성 청력 손실을 일으킬 수 있다. 가장 흔한 형태의 중이(middle ear) 문제인 중이염에서는 진공 혹은 중이액이 소리의 전달을 방해한다. 중이의 문제는 때때로 약으로 치료되지만 감각신경 질환은 보청기를 필요로 한다. 적절한 치료법을 얻는 것은 언어를 늦게 습득하는 것과, 말은 느리지만 꾸준하게 언어발달하는 것 사이의 차이를 만들 수 있다.

　듣는 것은 아이의 발달에 필수적이기 때문에 당신은 아이의 청력 손실의 증상을 주의 깊게 살펴야 한다. 만약 아이가 소리를 감지하지 못하고 이름에 반응하지 않으며 골똘히 단어의 뜻을 알기 위해 당신의 얼굴을 살핀다면 당신은 청력문제를 의심해봐야 한다. 당신의 아이가 이러한 증상을 보이건 보이지 않건 4개월에 시작하여 정기적으로 청력을 검사하여야 한다. 만약 필요하다면 당신의 청력전문가는 적절한 보청기를 고르고 아이가 언어를 배울 수 있는 프로그램을 권유할 수 있다.

말과 언어장애

청력과 관련된 언어문제뿐 아니라 뇌성마비 아동은 여러 가지 다양한 말과 언어질환을 보일 수 있다. 예를 들어 그들은 단어가 무엇을 의미하는지 기억하는 데 어려움이 있어 단어와 생각을 이해하기가 힘들 것이다. 뇌성마비 아동들은 단어를 듣고 그 들린 소리의 구성과 순서를 이해하는데 또래아이들보다 시간이 더 걸리기 때문에 언어를 습득하는데 보다 어려움을 가질 수 있다. 게다가 얼굴, 목, 어깨도 근 긴장의 문제는 있다. 음성을 만드는 근육을 조합하지 못하는 입 운동의 질환 즉, 구강운동장애를 유발할 수 있다. 언어치료사는 아이가 스스로를 표현하는 방법을 찾는데 도움을 줄 수 있다. 몸동작, 그림판과 컴퓨터는 아이의 근육발달이 뒤쳐져 있더라도 아이가 말할 수 있는 힘을 줄 수 있다. 제7장에서는 당신이 아이의 발달을 최적화 하기 위해 당신 아이의 언어치료사와 당신이 어떻게 협조해야 하는가를 설명한다.

감각장애

많은 뇌성마비 아동은 감각의 장애나 그들이 느끼는 여러 감각의 전달과 질을 조절하는데 어려움을 지닌다. 그들은 소리와 맛, 움직임, 보고 만지고 냄새 맡는 데에 비정상적인 반응을 보일 수 있다. 예를 들어 뇌성마비 아동은 만지는 감각을 조절하는데 어려움을 가질 수 있다. 옷을 입은 느낌이 불편하여 울 수도 있다. 만약 감각의 장애가 있다면 어떤 감각에서도 화가 나거나 두려워하는 행동을 일으킬 수 있다. 그 결과 감각장애가 있는 아이는 야단법석을 떨거나 괴팍하고 뒤틀린 행동을 하기도 한다. 만약 당신의 아이가 어떤 감각에 저항하려 한다면 먹이고 입히고 놀고 자는 일상생활의 일이 당신을 어렵고 성가시게 할 수 있고 당신의 아이 또한 육체적으로 힘든 일일 수 있다. 뿐만 아니라 당신의 아이는 인지력과 자립심, 언어, 감정 또는 운동조절에 지연이 있을 수 있다.

이것은 아이의 감각은 그의 세계에 대해 배우고 탐구하는 토대가 될 수 있기 때문이다. 만약 아이가 어떤 감각에 저항하려 한다면 아이는 자신의 경험을 도와 줄 사람과 사물과의 접촉을 피하려 할 것이다. 예를 들어 아이는 기저귀가 젖거나 더러워지는데 매우 예민하다면 기저귀가 젖을 때마다 괴팍한 행동을 할 것이다. 또한 아이는 근 긴장도가 높다면 엄마는 아이의 우는 목소리를 조절할 수 없을 것이다. 이와 비슷하게 잇몸에 닿는 것을 예민하게 느끼는 아이는 젖꼭지를 입에 물릴 때마다 자꾸 피하려 들 것이다. 아이를 먹이는 것이 귀찮고 끝이 없는 일일 수 있다. 게다가 문제가 과장되면 아이는 엄마가 아이를 먹일 때마다 큰 소리를 내고 붙드는 것에 대해 과도하게 반응할 수 있다.

치료사와의 협동을 통해서, 당신은 당신 아이의 발달이나 여러 감각의 수용능력, 그리고 당신의 아이에 대한 이해 정도에 대한 차이를 알아야 한다. 작업치료사는 특히 당신 아이의 감각장애에 도움이 되는 매우 가치 있는 치료법을 제공할 수 있다. 작업치료에 대해 더 많은 정보를 알고 싶다면 제7장을 보라.

섭식문제

균형 잡힌 영양은 육체와 인지의 발달에 매우 중요하다. 아이들은 정상적으로 자라기 위해 뼈와 조직에 비타민과 미네랄이 적절하게 공급되어야 한다. 그리고 영양을 충분히 공급받은 아이가 영양결핍 아이에 비해 인지와 언어지연이 적다는 연구가 있다.

불행하게도, 영양결핍은 뇌성마비 아동의 흔한 문제이다. 그들이 육체, 감정적인 원인 때문에 섭식장애를 보일 뿐 아니라 불수의적인 움직임으로 인해 간단한 움직임을 보일 때에도 더 많은 칼로리를 소모할 수 있다. 결과적으로 발달보다는 생존을 위해 영양원이 사용되기 때문에 발달이 지연될 수 있다.

뇌성마비 아동에게 섭식장애는 때때로 무엇인가 불만을 나타내는 첫 번째 증상일 수 있다. 섭식장애의 원인은 아이가 경험할 수 있는 여러 가지 형태의 지연만큼 다양하다. 예를 들어 감각의 문제가 있는 아이는 입안의 젖꼭지의 느낌을 싫어해서 먹기를 피한다. 먹지 못하면 영양이 불충분해지고 몸무게가 주는 것이 흔한 문제이다. 빨거나 삼키는 것을 조율하는 데 문제가 있는 아이는 먹이자마자 바로 사래가 들거나 우유를 토해낼 것이다.

만약 문제가 지속되거나 심각하다면 당신의 의사는 몇 가지 검사를 하고 아이가 적절한 영양공급을 할 수 있도록 관급식을 처방할 것이다. 또한 그는 치료사가 섭식문제를 줄이는 것을 도울 수 있도록 의뢰를 할 수도 있다.

어떤 아이들은 뇌성마비와 관련된 육체적 문제뿐 아니라 먹이는 방법에 대해서도 감정적인 행동을 보이기도 한다. 환경을 이겨내려는 자신의 조절을 제한하는 운동제약을 보상으로서, 그들은 삶에서 하나의 일상적인 일을 조절하기 위하여 먹는 것을 거부할지도 모른다. 이런 경우에 일상적으로 먹도록 유도하고 또 유지하는 것이 매우 중요하다. 아이들은 자신이 사랑받고 안전하다고 느끼는 따스한 감정을 받아들일 뿐 아니라. 규칙적인 시간에 영양공급을 받는 일을 일상적으로 느낄 수 있도록 배워야만 한다.

섭식문제는 대부분 간단한 해결책을 가지고 있지 않다. 보통 전문가 팀이 문제를 풀기 위하여 함께 일해야만 한다. 팀은 발달전문 소아과 의사(재활의학과 의사), 영양사, 간호사, 언어치료사, 혹은 사회복지사를 포함할 수 있다. 제3장과 제4장이 섭식장애와 치료에 대한 더 많은 정보를 줄 것이다.

▪▪ 당신 자녀의 발달 돕기

이 장에서 강조했듯이 뇌성마비 아동의 성취 가능성을 예언하는 것은 불가능하다. 꼭 같은 잠재능력을 가지고 태어난 뇌성마비 아동은 아무도 없다. 실로 당신 자녀의 발달은 그의 뇌성마비와 그에 따른 정신지체로 인해 다소 제한되어 있다. 그러나 이러한 모든 조건의 영향력을 줄일 수 있는 방법이 있다. 발달지연 조건의 영향을 최소화시키기 위해 아이와 상호작용하는 전문적인 주요방법에는 조기교육이 있다. 그러나 자녀에 대한 당신의 기대와 그 기대가 현실이 되도록 돕는 것이 중요하다고 하겠다.

당신 자녀의 발달을 위한 도움받기

당신 아이가 도움을 받을 첫 번째 단계는 문제를 정확히 확인하고 난 후 발달 지연을 최소화시키는 것이다. 이것을 당신이 아직까지 그렇게 하지 않았다면 모든 발달영역에서 자녀의 능력과 필요에 대한 평가를 정리할 필요가 있다는 것이다. 평가는 체육교사, 직업 치료사, 발달전문의사, 사회복지사, 언어치료사

를 포함하여 대부분 전문적 팀에 의해 관리될 것이다. 또한 몇 팀 에는 간호사, 심리학자, 영양사, 그리고 유아교육자가 포함될 것 이다. 당신의 자녀를 관찰함으로 써 이러한 전문가들은 당신의 자 녀가 이미 가진 기술과 성취 가능한 발달이정표를 결정할 것이다. 평가가 결정 되면 평가팀은 자녀에게 필요한 것과 자녀가 받아야 하는 특수치료와 교육이 무엇인지 아주 자세히 나타낸 발달의 그림을 당신에게 제안할 수 있을 것이다. 제8장에서 당신 자녀의 평가가 어떻게 정리되는지 설명해줄 것이다.

당신 아이의 특별한 필요가 확인되면, 아이는 공적이고 사적인 다양한 자원 으로부터 발달지체에 대한 도움을 받을 수 있을 것이다. 1991년 이래로 미국장 애인교육법(IDEA)에서는 주에서 발달장애의 위험을 가진 아이들이 태어나면 서부터 계속해서 확인하도록 규정하고 있다. 각 주에서는 도움이 필요한 아동 을 확인하는 기관을 지정하여 개별화 가정서비스 프로그램(ISFP)의 발달을 통 한 서비스를 정해주고, 계획을 이행해야 한다. 많은 주에서는 25%의 발달지연 이 장애 위험이 있는 아동인지 아닌지를 결정하는 기준으로 사용된다. 당신이 개별화 가정서비스 프로그램(ISFP)에 입력하고 사인하는 것이 당신의 주에서 확인된 서비스와 조기 교육을 위한 무료 공적 서비스를 받는 마지막 단계이다.

조기 교육 서비스는 제8장에서 더 자세히 논의 될 것이다.

공립학교 서비스에 덧붙여 말하면 발달에 도움을 줄 수 있는 자원에는 다른 여러 가지가 있다. 예를 들어 대학교에서 특수교육과 임상 프로그램을 하는 것처럼 병원과 의료기관에서 종종 뇌성마비 아동의 평가와 치료를 제공하기도 한다. 대부분의 공동체는 특수아동과 아이를 위해 훈련된 사설기관의 의사, 치료사, 심리학자 그리고 교육자를 두고 있다. 때때로 그들의 서비스에 대한 부담은 의료보험과 그룹 건강계획에 의해서 이루어진다. 특히 당신이 시골이나 원거리 지역에 산다면 당신은 전문보장팀으로부터 동등한 정보를 받도록 배려를 받게 될 것이다. 표 4에 나와 있는 그들의 담당 분야와 전문가의 리스트를 보아라. 당신 지역에서 이용 가능한 서비스에 대한 정보를 알려면 당신 지역의 연합 뇌성마비지부나 지체시민연합 또는 시민단체나 장애 아이를 가진 다른 부모에게 연락해 보아라. 당신을 도울 수 있는 연합들의 자원 안내가 책의 뒷부분에 나와 있으며 그들이 부여한 자격을 가진 전문가와 서비스에 대해서도 나와 있다.

▓▓ 당신의 기대와 아이의 발달

당신의 자녀가 뇌성마비 아동이라면 어느 날 갑자기 발달이 이루어지길 기대하기는 어렵다. 당신은 자녀가 말을 하게 될 것인지, 기어다닐 수 있을 것인지 지금 알기를 원한다. 그러나 당신 자녀의 하루하루의 성취나 그의 작은 성공에 집중하는 것은 그의 발달을 지지할 수 있는 가장 좋은 방법이다. 당신과 당신의 아이가 잠재력 안에서 근소하더라도 진보를 할 수 있다고 믿는 한 당신의 아이는 훨씬 더 많은 진보를 하게 될 것이다.

당신의 기대가 아이의 발달에 심각한 영향을 준다는 사실을 이해하는 것은 어렵지 않다. 만약 당신의 아이가 언젠가는 컵으로 물을 마시는 기술을 습득할 것이라고 기대한다면 당신은 아이가 성공하기 전에 가능하면 보다 많은 기회

▪ 표 4. 평가되어져야 할 영역 및 담당 직업

영역	평가되어지는 기술	전문가
말/언어	조음, 발음, 어구력, 어휘, 지시에 대한 이해 및 반응	언어치료사
대운동	대근육 사용하기-걷기, 깡충깡충 뛰기, 뛰기, 던지기, 균형잡기, 조화	물리치료사
미세운동	작은 근육 사용하기-손으로 글씨 쓰기, 단추누르기, 퍼즐하기, 눈 따라가기, 먹기, 손의 우성	작업치료사
지각/감각 처리	시각적 지각, 디자인 복사, 신체움직임 계획, 감각운동발달을 위해 필요한 공간에서의 움직임과 촉각의 인내 같은 기술	작업치료사
인지/학습	지능, 학습스타일, 성취, 사고, 추론, 이해	특수교사/심리학자, 정신과의사
듣기		이비인후과의사
보기		안과의사
영양	열량 섭취, 습관, 다양한 음식, 성장, 영양 상태	영양사
의학	뇌 성숙, 관계된 상태	소아과의사/재활의학과의사/신경과의사

를 줄 것이다. 반면에 당신이 그렇게 기대하지 않는다면 당신은 그가 보내는 첫 번째 어려움의 신호에 도움을 준다거나 그가 필요한 것보다 더 많은 도움을 주게 될 것이다. 그로 인해 그가 그 기술을 습득하지 못하게 될 것이 틀림없다.

당신의 아이가 성공하려면 당신은 현실적이고 성취 가능한 목표를 설정해야 한다. 당신 아이의 행동과 탐구를 관찰하는 것이 첫 번째 단계이다. 당신의 치료사들은 당신 아이의 발달단계에 기초한 가능성을 공동으로 결정하도록 당신을 안내할 것이다. 또한 당신 아이는 당신에게 선택된 목표가 적절한지에 대한 중요한 실마리를 줄 수 있다. 그의 언어가 이해하기 힘들면 그의 몸짓과 표출

되는 행동을 보아라. 아이와 활동하는 사람들과 이야기해 보고 당신의 직관에 귀 기울여 보아라.

아이의 목표를 설정했다면 그의 기술을 발달시키기 위해 아이의 동기를 유발하는 일이 가장 중요하다. 아이가 자신의 약점을 받아들이고 그의 강점을 세워가도록 돕기 위해서는 반드시 성취의 기쁨에 주목하고 공유하여라. 당신 아이가 스스로 완수한 것에 대해 더 높이 평가할 뿐만 아니라 좌절의 목전에서 인내하도록 더 많은 용기를 줄 수 있을 것이다.

물론 아이가 반복해서 실수를 하더라도 계속해서 시도하도록 격려하는 하는 것이 그냥 해준다고 말하는 것보다 종종 더 쉽다. 아이가 서투른 행동으로 목표에 실패하고 우유를 엎지르는 것을 보는 것은 매우 힘든 일이다. 균형감이 아직 불안하여 노력할지라도 넘어지는 아이에게 걷도록 격려하는 것은 고통스러운 일이다. 그러나 당신과 치료사가 아이를 위해 설정한 목표는 성취 가능한 것이고, 아이에게 성취 가능한 목표를 시도하게 하고 위험을 감수하도록 하는 것은 아이에게 줄 수 있는 최대의 선물이다. 아이는 시간이 흐름에 따라 성취할 수 있는 가능성과 자신이 받아들여야 하는 신체적 그리고 그 외의 한계에 대해 배우게 될 것이다. 자신의 재능과 한계를 아는 아이들은 주변 세계와 자신의 불완전성을 적절히 이해하게 된다. 그들은 자신의 가능성을 현실적으로 평가하고 자신의 잠재력을 최대한 발달시킬 수 있다.

■■ 결론

뇌성마비라는 증상은 아이가 자라고 학습하는 방법에 영향을 줄 것이라는 것을 부인할 수 없다. 그러나 아이가 자라고 또 배울 것이라는 것 또한 부인할 수 없다. 아이가 얼마나 빠르게 잘 발달할지는 아이의 뇌성마비의 유형과 심각성 그리고 관련된 다양한 조건에 다소 달라질 수 있다. 그러나 다행히도 당신 아이의 발달과정은 당신이 조절하는 여러 요인들에도 영향을 받는다. 당신과

아이의 교사, 의사, 치료사가 좋은 교육 프로그램과 아이에게 격려하는 가정환경을 제공한다면 당신은 보다 빨리 성취 가능한 목표를 달성할 수 있다. 지속적인 활동과 격려에도 불구하고 솔직히 당신의 아이는 다른 아이들이 자동적으로 배우는 기술 몇 가지를 익히지 못할지도 모른다. 아이는 농구나 유창하게 읽기 또는 자전거 타기를 하게 될 수도, 하지 못할 수도 있다. 그러나 당신의 아이가 농구공을 골대에 슈팅할 수 없을지라도 별을 향해 슈팅하지 못한다는 법은 없다.

07

린네 홀츠 · 조지아 드간지 ·
다이에나 루이스

물리치료, 작업치료 및 언어치료

뇌성마비는 당신과 당신의 아동에게 많은 역경을 줄 것이다. 그러나 당신만 이러한 역경에 직면하게 되는 것은 아니다. 뇌성마비 아동이나 다른 운동장애를 갖고 있는 아이들이나 그의 부모들이 겪을 수 있는 문제들을 이해하기 위해 노력하는 많은 전문가들이 있다. 그들은 당신의 아이들이 적절하게 발달할 수 있도록 도와줄 수 있다. 그들은 가능한 최소한의 장해를 가지고 살아갈 수 있도록 도와줄 수 있다.

당신의 아이를 도울 수 있는 많은 전문가들 중에서, 당신이 가장 흔히 접할 수 있는 세 종류는 물리치료사, 작업치료사, 그리고 언어치료사이다. 당신 아이의 운동능력과 의사소통 수단의 성격과 정도에 따라서 아이는 아마도 한 가지 혹은 그 이상의 서비스가 짧거나 긴 기간 동안 요구될 것이다.

이 책에서는 뇌성마비 아동에게 어떤 치료가 필요한가 하는 것을 인지시키기 위해서 물리치료, 작업치료, 그리고 언어치료가 그들에게 어떻게 도움이 되는지를 간략하게 설명하고자 한다. 또한 당신이 아동에게 꼭 필요한 치료사를 어떻게 찾을 것인가, 그리고 치료로부터 어떤 것을 기대할 수 있는가 하는 것을 논의하고자 한다.

마지막으로 아이에게 제공되는 모든 치료 중에서 부모와 아이들에게 도움이 될 수 있는 몇몇 실제 치료법을 소개하고자 한다.

물리치료

■■ 물리치료란?

물리치료의 목표는 운동과 자세에 있어서의 문제점을 찾아내고 치료하는 것이다. 초창기 물리치료는 제1차 세계대전 때 신경, 근육 혹은 뼈 손상을 입은 전상자들의 기능 회복을 위해 이용되었다. 같은 이론과 원칙들은 오늘날 신경계 손상 때문에 운동기능장애를 가지고 있는 영·유아들의 치료에 사용될 수 있다. 특수한 운동, 수기, 그리고 계속적인 격려를 통해서, 물리치료사들은 아이들이 좀 더 잘 구르고, 앉고, 기고, 그리고 서는 것을 배울 수 있도록 도와줄 수 있다.

뇌손상 때문에 운동기능장애를 갖고 있는 뇌성마비 아동은 조기에 물리치료를 시작하는 것이 매우 중요하다. 생 후 첫 5년이 중추신경계가 가장 변화에 가장 민감한 시기이기 때문이다. 물리치료를 필요로 하는 특별한 문제들은 아이들에 따라 서로 다르지만, 뇌성마비 아동들이 흔히 갖고 있는 운동장해는 다음과 같다.

자세. 아이들이 대운동을 습득하기 위해 반드시 익혀야 할 여러 가지 중요한 자세들이 있다. 여기에는 배에서 등으로 뒤집기, 등에서 배로 뒤집기, 앉기, 옆으로 눕기, 무릎기기, 무릎서기, 그리고 서기 등이 있다. 뇌성마비 아동들은 뇌손상 때문에 여러 가지 자세들에서 중력을 이겨내고 머리, 몸통, 팔과 다리를 적절한 자세로 유지할 수 없는 경우가 있다.

뇌성마비 아동들은 신체의 각 부분들을 독립적으로 움직일 수 없다.

예를 들면 아동이 오른쪽을 보고자 할 때, 몸통을 고정할 수 없기 때문에 눈과 함께 머리와 어깨를 동측으로 같이 돌린다.

과도기 동작. 제6장에서 설명한 것과 같이, 아이들이 한 곳에서 다른 곳으로 이동하는 운동기술을 배울 때 대개 일정한 순서에 따라서 배우게 된다. 예를 들면 정상적으로 아동은 뒤집고, 네발기고, 그리고 걷는 순서로 배워간다. 아이들이 좀 더 상위의 운동을 습득하기 위해서는 반드시 이동은 한 동작에서 다음 동작을 연결시켜 줄 수 있는 "과도기 동작(transitional movement)"을 배워야한다. 예를 들면 대부분의 아이들이 배우는 최초의 과도기 동작 중의 하나는 배에서 등으로 뒤집는 것이다. 그 후에 등에서 배로 뒤집기를 배우고, 그 다음에는 앉기 위해서 팔에 의지하며 몸을 밀면서 앉는 동작을 배운다. 이것을 할 수 있을 때면 아동은 "등으로 누운 자세에서 앉는 동작"까지 익히게 되는 것이다.

뇌성마비 아동의 경우, 비정상적인 근 긴장은 정상적인 과도기 동작을 어렵게 하거나 혹은 불가능하게 한다. 예를 들어 바닥에 앉았다가 서는 동작을 생각해 보라. 보통 당신은 두 무릎을 꿇고 나서, 한쪽 다리를 반 무릎으로 선 다음, 다리를 밀어 펴면서 서게 된다. 그러나 강한 근 긴장을 갖고 있는 아동은 그들의 다리가 뻣뻣하고 움직이기 어렵기 때문에 의자에서 서려면 손을 사용해야만 한다. 근 긴장이 약한 아동은 발을 넓게 벌려 몸의 중심을 잡고 양손을 몸통 앞으로 내민 후, 양다리엔 많은 힘을 주지 않은 상태에서 양손으로 바닥을 밀면서 선다. 근 긴장이 강하거나 혹은 약한 아동에게서 서는 동작에 필요한 반 무릎 서기는 어렵고 또한 비효율적이다.

원시반사의 지속. 아동의 자세와 운동에 영향을 미치는 또 다른 요인으로는 남아 있는 원시반사이다. 이러한 반사들은 보통 태어날 때 나타나며 생후 6개월 전에 사라진다. 그러나 뇌성마비 아동들은 지속적인 원시반사라고 불리는 것들을 갖고 있거나 혹은 평균보다 더 오랜 기간 동안 원시반사를 갖고 있다. 이러한 반사들은 흔히 강한 근 긴장을 갖고 있는 아동에서 남아 있는 경향이 있으며, 이것들은 종종 뇌성마비 아동들이 구르거나 앉는 것과 같은 운동기술을 배우는 것을 더욱 어렵게 만든다.

지속되는 원시반사 중의 하나가 비대칭 긴장성 목반사(asymmetric tonic neck reflex : ATNR)이다. 이 원시반사는 아이가 등으로 누운 자세에서 머리를 한쪽으로 돌릴 때 나타난다. 아이가 오른쪽으로 머리를 돌리면, 아이의 우측 손은 반사적으로 우측 팔은 곧게 펴고, 좌측 팔은 구부린다. 이러한 반응을 흔히 "팬서 자세(Fencer's position)"라고 부른다. 그 이유는 팬싱을 하는 사람의 자세와 비슷하기 때문이다. 때때로 머리를 돌리면 아동의 다리는 반사적으로 팔과 같은 자세를 취한다. 비대칭 긴장성 목반사는 아동이 인형을 찾거나 유사한 다른 동작을 습득하는데 필요한 눈과 손의 조화(eye-hand coordination)를 발달시키는데 도움이 될 수 있다. 그러나 이 원시반사가 아동이 머리를 돌릴 때 항상 나타나면 아동이 구르거나 앉을 때 균형잡는 동작 등에 방해가 될 수 있다. 만약 아동에게 근 긴장에 문제가 있다면, 이 반사의 영향은 신체의 한쪽에 더욱 심각한 영향을 줄 수 있다.

균형. 정상적으로 발달하는 아동은 출생 초기에 스스로 몸을 가누기 위해서는 어떻게 움직여야 하는지 배운다. 예들 들어 10개월된 아이가 앉은 자세에서 균형을 잃게 되면, 아동은 넘어지는 것을 막기 위해 머리, 몸통, 그리고 팔을 사용하여 그 상황에 대처할 줄 안다. 아동은 넘어지는 쪽의 반대쪽으로 몸통을 이동시키며, 한 팔은 밖으로 뻗으며 몸을 가누려 한다.

그런 반면 뇌성마비 아동은 주먹을 꽉 쥐고 어깨를 귀 있는 곳까지 들어 올린다. 뇌성마비 아동은 균형을 잃으면 몸통을 가누기 위해 손을 자유롭게 들어올리지 못하고, 몸통과 하나인 채로 그냥 넘어진다.

감각 손상. 뇌성마비 아동이 빛, 소리, 운동, 그리고 촉각과 같은 감각들에 과다하게 혹은 과소로 반응한다면, 운동기술의 습득은 더욱 어렵다. 종종 뇌성마비 아동에게서 "감각이 좋다"는 것은 부모가 기대하는 것과는 아주 다를 수 있다. 예를 들면 어떤 뇌성마비 아동은 신체의 특정부위, 특히 얼굴, 손, 그리고 발을 만지는 것을 좋아하지 않는다. 이것은 이들이 자신의 신체를 탐험하는 것으로 방해할 수도 있는 것이다. 또 다른 아이들은 부모가 무릎에 앉히는 것, 혹은 한 동작에서 다른 동작으로 빠르게 움직이는 것을 싫어한다. 아동이 강한 근육경직을 갖고 있다면, 가정에서 일어날 수 있는 이런 동작들이 아동에게 근육의 긴장을 더 증가시킬 수 있고, 자의적인 움직임을 더욱 어렵게 할 수도 있다.

관절 움직임. 뇌성마비 아동들은 흔히 비정상적인 관절움직임 혹은 관절유연성을 가지고 있다. 그들의 근 긴장도에 따라, 정상아동보다 더 많은 혹은 더 적은 유연성을 가지고 있다.

경직형 근 긴장은 종종 고관절, 무릎관절, 그리고 발목관절의 움직임을 더욱 어렵게 하며, 또한 관절가동 범위를 제한하는 결과를 초래한다. 관절가동 범위의 제한은 한쪽 근육을 다른 한쪽보다 더 끌어당길 때 발생한다. 아동이 과긴장증을 가지고 있다면, 당신은 대퇴부 뒤쪽근육이 당긴다(이 근육은 고관절과 무릎관절의 운동제한을 유발할 수 있다)거나, 혹은 발뒤꿈치가 당긴다(이 근육은 땅바닥에 발뒤꿈치를 붙이는 것을 어렵게 하고 첨족보행을 유발할 수 있다)는 이야기를 들을지도 모른다.

근력이 저하된 아이들은 관절 가동범위 제한을 가진 경우가 비교적 적으나, 과도한 관절 유연성을 가진 경우는 많다. 이러한 유연성은 충분한 운동형태로 발전하는데 방해가 될 수 있다. 예를 들어 과도한 관절 움직임을 가진 아동은 종종 공간에서 발과 손을 고정시키기 위해 무릎과 팔목을 뒤로 제치곤 한다.

또한 관절의 과도한 운동은 관절을 지지하는 인대를 신전시켜 보다 쉽게 손상을 입힐 수도 있다.

▓▓ 물리치료사란?

물리치료사란 위에서 언급한 바와 같이 운동에 문제가 있는 아동들을 평가하고 치료하는 전문가를 말한다. 그들은 당신 아동의 어린 삶에서 가장 중요한 사람의 한 명일 수도 있다. 그들은 당신 아이의 운동기능이 가능한 최대한도로 발달하는 것을 도울 것이다. 또한 당신의 아동이 자신감을 갖고 잘 자라도록 하는 법을 이해하도록 도와줄 수도 있다. 아마도 물리치료사는 당신 아동의 장애와 특별한 움직임에 대한 문제들에 대한 첫 번째 선생님일 것이다. 또한 물리치료사는 아동의 의학적 문제들과 특수교육학적 문제들에 대한 중재자로서 중요한 안내자가 될 수도 있다. 물리치료사는 당신이 필요한 서비스에 대한 조력자로서, 중재자로서, 그리고 혹은 당신이 자신의 주장을 펴는데 필요한 정보를 줄 수도 있다.

물리치료사는 대개 석사학위 취득이 요구되며 이런 과정에는 보통 고등학교 졸업 후 6년이 소요된다. 그들은 대개 그들이 근무하는 주정부의 면허를 취득해야 한다. 많은 물리치료사들은 미국 물리치료사협회에 소속되어 있고, 이 단체가 소아물리치료사에 대한 자격 유무를 인정해준다. 물리치료사는 소아영역에 특별한 치료자격을 가지며, 더 나아가 발달장애를 가지고 있는 영·유아 영역을 주 치료영역에 한정할지도 모른다. 또한 당신 아동을 치료하는 물리치료사는 신경발달치료법(NDT)이나 뇌성마비와 같은 운동장애를 갖고 있는 영·유아의 치료를 위해 특별히 만들어진 특별한 훈련과정을 이수할 수도 있다. 가끔 물리치료사들은 감각통합치료법(SI)이 장의 작업치료영역에서 자세히 설명하고 있음에 관한 훈련과정을 더 이수하기도 한다.

뇌성마비 아동들에게는 많은 다른 특별한 치료방법들이 제공될 수 있다. 거

기에는 근막이완(myofascial release), 도수치료(manual therapy)가 있는데 이
것은 연조직의 길이에 영향을 주기 위하여 물리치료사들에 의해 시행될 수 있
다. 많은 아이들은 수치료, 승마치료로 도움을 받을 수 있다. 물리치료사는 이
러한 치료들이 당신의 아이에게 도움이 될 수 있을지 여부를 이야기해 줄 수
있다.

그 밖에 치료법들로는 다음과 같은 것들이 있다. MOVE 프로그램(Mobility
Opportunities Via Education ; 아동이 지지하고 걷기 등과 같은 기능적인 운동
기술을 습득하기를 돕는 치료법), 도만-델라카토 방법(Doman-Delacato method ;
초기 운동순서들이 발달하도록 수동적인 패턴을 사용하는 방법), 그리고 콘덕
티브 교육법(Conductive education ; 동유럽에서 흔히 사용하는 치료법) 등이다.

물리치료사들은 아이들의 집이나 병원에서 또는 초기 검사센터나 학교, 특
수교육팀 등에서 치료를 수행할 수 있다. 그리고 제8, 9장에서 설명하듯이 많
은 뇌성마비 아동들은 그들을 위한 법적으로 보장된 특수교육 프로그램의 일
부로서 치료비를 지불하지 않고 무료로 물리치료 서비스를 받을 수 있다.

■■ 물리치료사는 당신의 아이를 어떻게 평가하는가

뇌성마비 아동들에게 치료를 시작하기 전에, 물리치료사는 먼저 아동의 움직
임과 장애를 완전히 파악해야 한다. 시험과 관찰을 통해서, 치료사는 앞에서
설명한 각각의 움직임에 대한 잠재적 문제점들을 평가한다. 아이들에게 필요
한 치료 프로그램을 재단하기 위하여, 물리치료사는 아이들이 어떤 치료기법,
어떤 자세에서 안정되고 어떤 자세에서 움직이는지 등에 반응하는지를 살펴야
한다. 또한 치료사와 부모와의 인터뷰도 아이의 평과과정의 하나이다.

표준화된 평가법들

아이들의 대운동을 평가에는 여러 가지 표준화된 평가방법들이 있다.

1. 대운동기능평가법(Gross Motor Function Measure : GMFM)

2. 소아장애평가법(Pediatric Evaluation of Disability Inventory : PEDI)

3. 아동 기능적독립성평가법(Functional Independence Measure for Children : WeeFIM)

4. 피바디 운동발달척도(Peabody Developmental Motor Scales : PDMS)

5. 영·유아운동평가법(Toddler and Infant Motor Evaluation : TIME)

6. 베일리영·유아발달척도(Bayley Scales of Infant Development : BSID)

7. 운동평가척도(Movement Assessment Inventory : MAI)

이러한 평가방법들은 당신의 아동에 대해 다음과 같은 정보를 제공할 수 있다. 신체적 특징, 골격이상, 기능능력(대운동, 소운동, 일상생활동작, 구강운동, 의사소통, 적용기술), 자세, 능동적, 수동적 관절가동범위, 감각 및 지각능력, 근력, 특수장비에 대한 필요성 등등 표준화된 검사의 결과들을 통해서 당신의 아동이 운동발달지연을 가지고 있는지 유무를 알 수 있으며, 또한 치료사는 물리치료 프로그램으로 어떤 이익을 얻을 수 있는지를 알 수 있다.

관찰

뇌성마비 아동의 운동기술발달을 방해하는 것이 무엇인지를 알아내기 위해 물리치료사는 아이들의 운동형태 혹은 아이가 어떻게 움직이는가 하는 것을 관찰할 것이다.

특히, 치료사는 아이가 새로운 기술을 습득하는 것을 늦추거나 방해하는 자세 등 아이가 자주 사용하는 자세를 찾아내려고 노력할 것이다. 예를 들면 아이가 근 긴장저하증을 가지고 있다면 치료사는 아이가 바닥에 앉을 때 양다리를 넓게 벌리고 있는 것을 관찰하게 될지도 모른다. 아이는 장난감이 다리에서 멀리 떨어져 있으면 울지만, 장난감이 다리 안쪽에 놓여 있으며 즐겁게 놀 것이다. 물리치료사는 아이가 앉아 있을 때 양다리 사이를 양손으로 집고 앉아 있는 것으로 볼 수 있으며, 또한 체중을 한쪽 다리로 교대로 옮기는 것을 어려워하는 것을 보게 될 것이다. 아이들의 이러한 자세는 아이가 한쪽의 무엇을 잡으려 하거나 앉은 자세에서 네발기기 자세로 옮겨가는 것을 방해하기 때문에 물리치료사는 아이가 새롭고, 보다 효율적인 습관을 배울 수 있도록 도와야 한다는 것을 인지하게 된다.

아이들의 운동형태를 관찰하는 것과 더불어, 물리치료사는 아이들이 각자의 신체 양쪽의 협응능력 정도를 관찰할 것이다. 예를 들면 치료사는 아이들이 앉을 때 한쪽으로 기우는지, 우측으로 돌아눕는데 좌측으로는 돌아눕지 못하는지, 혹은 물건을 잡는데 한쪽 손만을 사용하는지 등을 관찰할 것이다. 종종 이러한 비대칭성들은 신체의 양쪽을 사용하는 능력이 서로 다른 경우 근 긴장 이상에 의해 발생하거나 정상적인 근 긴장도에 어떤 변형(고 긴장증, 저 긴장증, 혹은 변화하는 긴장증)에 의해 발생한다.

결과 수집

관찰이 끝나면, 물리치료사는 아이의 특별한 근력과 손상에 대해 당신과 이야기 할 수 있을 것이다. 당신은 장·단기목표와 더불어 즉시 시작할 치료목표의 설정을 위해 함께 일하게 될 것이다.

아이들에 대한 첫 번째 평가 후, 부모들은 종종 물리치료사는 아이들의 증세가 향 후 어떻게 진행될 것인가 하는 것에 대해 예측할 수 있을 것으로 기대하지만 불행하게도, 예측은 아이들에 대한 적극적인 치료가 어느 정도 진행되기 전에는 보통 불가능하다. 모든 아이들은 치료에 대해 그들 자신의 스타일과 반응 속도를 가지고 있으며, 이것은 부분적으로는 아이들의 욕구, 능력, 신체적 손상정도 등에 의해 결정되어진다. 단순히 평가한 것 하나만으로 예후를 예측하기 보다는 어느 정도 시간이 지나면서 아이들의 변화를 관찰하는 것이 아이들의 회복 정도를 예측하는데 보다 좋은 지표가 된다.

아이들의 회복 정도를 측정하기 위하여, 물리치료사는 정기적으로 정형화된

방법으로 재평가하며, 어린아이들을 위해서는 매 3~6개월에 한 번씩, 그리고
좀 더 큰 아이는 6개월에서 1년에 한 번씩 재평가를 하게 된다. 이러한 재평가
는 모든 영역에서 아이가 회복되는 것을 측정하기 위해 시행되는 발달평가의
일부가 될 수 있다. 이 시기는 시험을 통해 나타나는 아동의 행태를 걱정스럽
게 바라보는 부모들에게 종종 긴장된 시간이 된다. 하지만 치료사는 평가결과
에 억매이지 않으려고 노력해야 한다. 이러한 평가는 당신 아동의 치료 프로그
램을 수정하는데 도움을 주는 것이지 아이들에 대해 부모들에게 알려주는 기
록이 아니라는 것을 꼭 기억해야 한다.

██ 물리치료사는 당신의 아이를 어떻게 치료하는가

아동에 대한 평가가 끝나면 다음 단계는 각각의 아이들을 위한 치료 프로그램
을 세우는 것이다. 계획은 보통 아이가 성장했을 때 가장 중요한 목표가 되는
운동을 부모와 치료사가 함께 논의하면서 시작한다. 치료적 목표들은 대개 똑
바로 서기, 좀 더 나은 균형 반응으로 발달시키기, 지지하고 섰을 때 손을 잡거
나 발을 바로 펴고 있게 하기, 좋아하지 않는 자세에서 좀 더 오래 서있기, 관
절의 유연성을 유지하기, 신체의 각 부분들과 서로 협응운동하기, 그리고 육체
적인 지구력 증강 등이다. 가족들의 목표로는 좀 더 쉽게 옷 입고 식사하기,
목욕하는 동안 이동하고 손 쓰는 법 배우기, 가족 나들이 동안 유모차나 보모
등에서 좀 더 참기 등이 있다.

또한 계획을 세우는 동안, 물리치료사는 특별한 장비들, 보조기, 특수 의자,
그리고 공, 혹은 아이들이 목표를 이루는데 도움이 되는 다른 치료장비들을 권
하기도 한다. 덧붙여서 치료사는 당신이나 당신의 가족이 집에서 아이를 다루
는 방법들에 대해 논의할 것이다. 물리치료사는 당신 아이의 목표를 최적화하
기 위해 당신의 도움을 필요로 한다.

신경발달치료법(NDT)으로 잘 알려진 보바스 치료법은 미국에서 뇌성마비

아동을 위하여 사용되는 가장 일반적인 치료법이다. 이 치료법은 1950년대에 영국 런던에 근무하던 칼 보바스(Karl Bobath)와 베타 보바스(Berta Bobath) 부부에 의해 소개되었다. 보바스 치료법의 목표는 '기능적 움직임' 즉, 식사하기, 옷 입기, 목욕하기 등과 같이 가능한 독립적으로 살아가는데 필요한 동작들이 가능하도록 아이들의 자세와 움직임을 준비시키는 것이다. 치료는 비정상적인 운동패턴보다는 정상적인 운동패턴을 사용하도록 권장하고 운동기술의 발달을 더욱 저해하는 근육의 구축과 기형을 예방하는 것이다.

신경발달치료 테크닉의 사용과 더불어, 치료사는 아동의 물리치료 프로그램에 다른 치료개념의 일부를 통합시킬 수도 있다. 예를 들면 물리치료사는 존 아이리스(A. Jean Ayres)에 의해 개발된 감각통합치료법(Sensory Integration : SI)의 테크닉을 사용할 수도 있다.

특히 아이가 편마비 아동이라면, 치료사는 부룬스토롬 치료법(Brunnstrom method)을 사용할지도 모른다. 이 치료법의 이론적 배경은 신체 한부분(예를 들면 손)의 섬세한 움직임이 만들어지기 전에, 운동패턴이 손 움직임과 함께 조화롭게 작동되어야 하는 다른 부분(예를 들면 팔)에 의해 자극되어져야 한다는 것이다. 만약에 아동이 구강운동장애를 가지고 있다면, 치료사는 루드 치료법(Rood method)을 사용할지도 모르며, 이는 어름, 진동, 혹은 가벼운 촉각 등을 이용하여 운동기능을 촉진시키는 방법이다.

어떤 물리치료사들은 특정한 근육들의 근력을 증진시키기 위해 전기치료를 사용한다. 이때 소형치료기를 사용하여 근육을 수축시키기 위해 전기적 자극을 준다. 이 치료기는 잠자는 동안 혹은 낮에 잠깐 동안 사용할 수 있다. 현재 이 치료법의 효용성에 대한 연구가 진행되고 있다.

물리치료사가 어떤 치료기법을 사용하건 치료사는 적어도 일주일에 한 번은 치료를 실시하도록 계획을 세울 것이다. 아동의 운동발달이 빨리 변화하는 시기에 있다면, 치료사는 아이가 새로운 기술에 보다 빨리 적응할 수 있도록 보다 자주 아동을 만나려고 할 것이다. 당신은 물리치료사가 근무하는 사무실,

학교, 센터 혹은 병원에 아이를 데리고 갈 것이다. 또한 물리치료는 집에서 제공될 수도 있다. 이것을 가정치료라고 부르며, 이는 의학적인 문제로 학교나 사무실로 아동이 갈 수 없는 경우에 사용된다. 제8장에서 당신이 실제로 경험할 수 있는 치료 및 교육 상황에 대해 보다 세밀한 정보가 제공된다.

아동의 치료과정

첫 번째 치료에서 치료사는 아동의 신뢰를 얻기 위해, 그리고 아동과 좋은 관계를 맺기 위해 집중할 것이다. 이것은 생후 8개월에서 2살 사이의 아동들이 흔히 부모로부터 떨어지는 것에 두려움을 갖거나, 또한 낯선 사람에 대해 공포를 갖기 때문이다. 어떻게 하면 아이가 부모로부터 잘 분리되는가 하는 것을 보기위해, 치료사는 당신이 직접 치료침대에 아이를 내려놓아보라고 요구할지도 모른다. 그 후, 치료사는 당신이 아이를 다루는 동안 큰 인형을 사용하여 치료기법을 시범으로 보여줄 수도 있다. 때때로 각각의 치료하는 과정에서 아이에게 작은 인형이나 장난감을 쳐다보게 하는 것도 아이가 치료사를 보다 편하게 느끼게 할 수 있다. 궁극적으로는 물리치료사 자신이 아동을 맡게 되고, 일정한 자세로 아동을 고정시키고 혹은 움직이면서 아동의 반응을 관찰할 것이다. 만약에 아동이 쉽게 적응하고 그리고 새로운 운동감각을 즐기는 듯 보이면 물리치료사는 치료적 수기를 시작할 것이다.

치료적 수기의 목적은 아동을 위해 새로운 운동을 만드는 것이다. 예를 들면 강한 근육경직을 가지고 있는 아동을 치료하는 경우, 물리치료사는 아이의 경직을 줄여주기 위한 특별한 자세를 사용한다. 이런 자세로는 당신의 무릎에 옆으로 눕히기, 공에 지지하여 앉히기, 당신의 다리에 배로 엎드려 눕히기 등이 있다. 뻣뻣한 몸통을 가지고 있는 아이들에게 이러한 자세는 처음에는 이상하게 느껴질지도 모른다. 그러나 아이들의 몸통이 보다 이완되면, 아이는 보다 쉽게 많은 움직임을 발견할 것이다. 예를 들면 어깨나 몸통을 지지해주면 아이는 보다 쉽게 중력을 이겨내고 머리를 위로 들고 있을 것이다. 아이는 매우 즐거워할 것이고, 또 이러한 새로운 움직임에 의해 자극될 것이다.

아이들을 다룰 때, 물리치료사는 아이들이 특히 좋아하는 자세와 흔히 사용하는 자세를 관찰하게 된다. 또한 치료사는 아이들이 좋아하지 않는 자세를 조사하고 또 매우 점진적으로 이런 행동을 해나간다. 예를 들면 아이가 등으로 눕는 것은 좋아하지만 배로 엎드려 눕는 것은 싫어할 수도 있다. 이것은 아이가 머리에 중력을 이기고 쳐들기 어렵다는 것에 대한 경각심 때문인지도 모른다. 그러나 아이가 머리를 들고 있을 수 없다면 아이의 시야는 제한된다. 물리치료사는 아이를 자신의 무릎에 놓고 기는 자세를 유도하려고 노력할 것이다.

중요지점(key point)들, 그 중에서도 머리, 어깨, 그리고 골반을 지지함으로써 치료사는 아이들이 보다 쉽게 움직일 수 있게 해준다.

치료적 수기 외에도 물리치료사들이 아이들의 움직임을 자극하기 위해 사용하는 다른 방법들이 있다. 예를 들면 치료사는 공이나 베개모양의 움직이는 표면을 제공하는 장비를 사용한다. 이런 움직이는 표면은 아이들의 근 긴장을 변화시켜 보다 움직이기 쉽게 하는데 도움이 된다. 또한 물리치료사는 특수한 장비 즉, 아이가 바로 서는 것을 배우게 하기 위해 배쪽으로 기대고 세우는 기계 혹은 기립기계를 사용할지도 모른다. 이것은 특히 심리적 또는 사회적 발달을 위해 중요하다. 많은 학년기 전의 아동들은 그들의 부모와 음식 만들기와 같은 활동을 함께하면서 즐거워하며, 이때 사용하는 도구들은 아이들이 당신과 함께 참여하는 것을 돕는다.

종종 아이들은 그들의 형이나 누나가 새로운 활동을 하는 것을 보면 자신도 따라하려는 동기를 갖게 된다. 그러므로 물리치료사는 아이들이 형, 누나, 사촌, 그리고 다른 아이들과 이런 종류의 학습을 함께 하기 위해서 어떻게 그들과 어울리게 할 수 있는가 하는 것을 가르쳐준다. 이런 종류의 상호작용은 가족구성원들이 서로 놀이를 통해 배우는 것을 도울 수 있다.

또한 물리치료사는 아이들이 여러 종류의 감각자극(듣고, 보고, 만지고, 냄새 혹은 맛보고, 그리고 움직임에 대한 자각과 같은 아동의 감각에 대한 반응들)을 경험할 수 있도록 격려할 수 있다. 예를 들면 아이가 집중하는 것을 돕기 위해 노래를 부르거나 카세트를 틀 수도 있고, 아이가 일정한 자세로 머리를 유지하게 하기 위해 아이의 가슴을 두드리며 자극을 줄 수도 있다. 또한 치료사는 가볍게 두드리거나 주무르기와 같은 마사지 같은 기술을 사용할 지도 모른다.

물리치료사는 서로 다른 크기, 모양, 재질의 인형을 사용하여 아이의 운동목표에 도달하도록 돕고자 할 수도 있다. 예를 들면 치료사는 신체의 중심부에 놓여 있는 인형을 집을 수 있는 인형집게를 보여주면서 아이가 이 인형을 집고자 할 때 어깨와 팔을 사용하도록 격려할 수도 있다. 혹은 블록, 작은 자석, 작은 가방을 이용하여 아이가 스스로 물건을 펼치도록 유도하기도 한다. 아이가 서는 동작을 보다 쉽게 느끼게 하기 위해서, 치료사는 아이가 진공청소기, 유모차, 혹은 어깨 높이에서 받쳐 줄 수 있는 다른 장난감을 들고서 서고 걷도록 격려해 줄 수도 있다. 이러한 인형들은 또한 아이에게 어떤 성취감, 원인과 결과와의 관계, 그리고 제6장에서 설명한 중요한 인지개념에 대해 가르쳐 준다. 물리치료사는 아이의 발달 정도에 가장 적절한 인형(아이의 나이보다는 실제로 아이가 갖고 있는 실제 능력에 맞는 인형)을 선택하는 것을 도와줄 것이다.

당신은 일정한 기간 동안 물리치료사가 치료하는 것을 보면서, 치료사가 반복적인 치료법을 사용하는 것을 보게 될 것이다. 실습과 반복은 아이가 어떤 기술에 익숙해지고 또 세련되어지는 것에 도움을 준다. 아이가 단 한 번의 치료과정에서 한 가지의 기술을 연습했을지라도, 아이는 그 기술을 행하는 것을 배운 것이다. 예를 들면 아이가 치료실의 특수한 매트에서 네발기기를 배웠다고 생각하자. 아이가 집으로 돌아간 후, 부엌으로 들어갈 때 아기는 네발기기를 하지 않고 구르기를 계속할 것이다. 아이가 배운 기술을 실제 상황에서 사용하도록 하기 위해 치료사는 아기의 집이나 학교 혹은 운동장으로 갈지도 모른다. 또한 치료사는 아이가 여러 가지 환경에서 새로운 기술을 수행하도록 돕기 위해 당신에게 여러 가지 아이디어를 제공할 것이다.

■■ 특수장비

집에서 사용하기 위해, 당신의 물리치료사는 당신에게 치료과정에서 치료사가 사용할 장비(예를 들면 작은 의자, 치료 볼)를 구입하도록 제안할지도 모른다. 제4장에서 설명한 것처럼, 당신의 아이는 보다 특별하게 제작된 자세를 잡아주는 장비나 움직임을 만들어주는 장비가 필요할 수도 있다. 예를 들면 당신의 아이는 등을 받쳐 주면서 가슴 앞에 책상이 달려 있는 기립장비, 식사, 목욕, 이동에 사용하는 특수한 의자, 보행에 도움을 주는 보행기 또는 목발 등이다. 당신의 물리치료사는 아이에게 도움이 될 수 있는 장비를 고르는 것, 그리고 그것을 사용하는 법에 대해 도움을 줄 것이다.

때때로 아이의 의사와 물리치료사는 서로 상의하여 '보조기'를 고를지도 모른다. 보조기는 몸무게를 지탱하기 위하여 적절한 방향으로 다리와 발이 정렬되도록(치료사들은 이를 "자연스러운" 자세라고 부른다) 지지해 주기 위해 각각의 아이에 맞게 제작된다. 자연스러운 자세는 서고 걷는데 가장 효율적인 자세다. 보조기에는 다음과 같은 것들이 있다.

1. 발목보조기(SMO) 혹은 발바닥깔창(shoe inserts) : 발의 위치를 잡아주고 발목운동을 도와준다.
2. 단하지보조기(AFO) : 발과 발목을 자연스러운 위치로 고정시켜 주며(바

닥에서 90°) 장단지까지 연장되어 있다.

3. 억제고정기(inhibitive fiberglass casts) : 발과 발목을 자연스러운 위치(바닥에서 90°)에서 고정시켜 주며, 단하지보조기보다 더 단단하게 고정을 시켜 주고, 밤에 수면시에도 사용할 수가 있다.

4. 장하지보조기(KAFO) : 무릎, 발목, 그리고 발의 위치를 자연스럽고, 기능적인 위치에서 고정시켜 주며, 보조기는 대퇴부까지 연장되어 있다.

보조기는 종종 특수하게 교육받은 보조기 제작자에 의해 만들어진다. 보조기 제작자는 아기가 점점 자라나고 변화하기 때문에 조절해야 하는 부분에 대하여 의사와 물리치료사에게 자문을 구할 것이다. 보조기는 아이들의 특별한 욕구에 따라서 단기간용, 혹은 장기간용으로 사용될 것이다. 많은 물리치료사들은 의사의 자문을 받아 스스로 다리 부목을 만들기도 한다.

■■ 수술 후의 물리치료

제3장에서 설명한 대로, 기능을 향상시키기 위해 발뒤꿈치 안에나 대퇴부 뒤쪽 근육의 길이를 늘이거나 혹은 변형을 교정하는 수술이 권장된다. 수술 후의 고정과 사용하지 않음으로써 생기는 근약증 등으로 아이들의 이동능력은 일시적으로 나빠질 수 있다. 그러나 이러한 초기 치유과정 후에 수술은 아이들에게 많은 새로운 기술을 배울 수 있게 해준다. 예를 들면 다리의 뻣뻣함이 풀어지면 종종 몸통과 팔의 근 긴장도 줄어든다.

이것은 손의 기능을 엄청나게 향상시킬 수 있으며 글쓰기, 먹기, 그림판 조작하기, 혹은 아이 손으로 의자차 밀기 같은 기술을 행할 수 있다.

물리치료는 수술 후 24시간에서 48시간 내에 시작되며 아이의 회복을 최대한 증진시키기 위해 필수적인 과정이다. 수술 후 물리치료를 시작하는 정확한 시간은 아이를 수술한 의사나 수술에 대한 아이의 반응에 따라 의해 결정된다.

아이가 새로운 것을 배우려는 욕구가 강하고 또 두려움이나 불안한 마음이 적다면 바로 새로운 운동패턴으로 배워야 한다. 왜냐하면 아이는 수술 후 처음 6개월에서 12개월 내에 가장 큰 회복을 보이기 때문에, 물리치료사는 이 시기에 보다 많은 치료를 하도록 요구할 것이다. 집에서도 같이 아동을 치료하는 것이 또한 중요하다.

수술 후 물리치료를 받기 위해 당신의 보험회사나 건강관리 의료단체(HMO)로부터 심사를 받아야 한다. 그러기 위해서는 수술 전에 물리치료의 필요에 대한 소견서를 받아두는 것이 종종 필요하다. 이러한 소견서는 수술의사와 물리치료사의 의견을 첨부한 일차 진료의사에 의해 작성된다. 이 사전 소견서가 승인되면 아이는 적절한 형태와 적당한 횟수의 물리치료를 받을 수 있게 된다. 아이가 수술을 하기 전에 이러한 소견서를 반드시 받아두고 또 수술 후의 물리치료에 대해서도 꼭 확인해 세워두어야 한다. 또한 보험회사는 수술 후에 아이에게 계속 물리치료가 필요한지 여부를 결정하기 위해 수술 후의 경과기록지를 요구할지도 모른다는 것을 알고 있어야 한다. 시의적절하게 합리적인 결정이 내려질 수 있도록 의사와 물리치료사와 함께 아이의 경과에 대하여 상의해야 한다는 것을 명심해야한다.

비록 수술 후 아주 짧은 기간 내에 아이의 운동 회복이 매우 빠르더라도, 너무 무리하게는 시키지 않은 것이 중요하다. 아이는 약간의 통증이나 불편함을 느낄 수도 있고, 운동이 느려지고 힘들 수도 있다. 수술 후 수 주일 동안 적절한 자세를 유지하기 위하여 둥근 일체형 혹은 두 조각의 석고고정이나 무릎 고정기(벨크로로 고정하는 캔버스 부목)가 사용될 수도 있고, 혹은 전혀 사용되지 않을 수도 있다. 이러한 결정은 정형외과의사에 의해 결정될 것이다. 아이가 석고고정을 하게 된다면, 당신은 아이를 들고 이동할 때 수술 전보다 더 많은 노고를 하게 될 것이다. 그러므로 물리치료사는 이러한 아이의 회복기 동안 당신의 신체(건강)에 대해서도 신경을 쓸 것이고, 당신이 다치지 않도록 아이를 나르는 법등에 대한 조언과 시범을 보여줄 것이다. 아이가 보다 쉽게 이동하기 위하여 짧은 기간 동안 의자차나 특별한 유무차가 필요할 수도 있다.

▦ 물리치료 프로그램에 참여하기

당신의 아이가 매우 어리면 아이의 치료 프로그램의 주된 치료자의 일부로 당신도 참여하게 될 것이다. 아이가 치료사에게 잘 적응하도록 도와주는 것 외에 당신은 아이를 다루는 법, 먹이는 법, 새로운 운동패턴을 격려하며 같이 놀아주는 법 등을 배우게 될 것이다. 그러나 아이가 2~3살이 되면 치료사는 학교 프로그램의 일부분으로 아이를 돌볼 것이다. 이것은 아이가 독립심을 갖도록 도와줄 뿐 아니라 아이가 학교를 마치고 당신과 다시 만날 때 새로운 기술을 선보이는 기회를 제공하기도 한다.

당신이 치료 프로그램에 실제로 참여를 하든 안하든 아이의 치료 프로그램 속에서 당신의 역할은 매우 중요하다. 치료 초기부터, 당신은 아이와 가족들을 위하여 중요한 운동목표에 대하여 가치로 따질 수 없는 소중한 정보를 치료사에게 줄 수 있다.

예를 들면 아이가 유아원 생활을 시작할 때, 아이는 화장실 사용하는 법을 알고 있어야 한다. 치료사는 아이가 화장실을 독립적으로 혹은 약간의 도움을 받으려 잘 사용할 수 있도록 하는 아이디어를 제공할 수 있다. 이와 같이 식사하기 등과 같은 날마다 일생생활에 관한 당신의 식견은 물리치료사가 아이에게 필요한 특수한 장비를 선택하는데 도움이 될 수 있다. 더불어, 아이가 집에 있을 때 치료실에서 배운 새로운 기술을 활용하는 것으로 당신에게 인식시켜 줄 것이다. 치료사는 아이가 새로운 운동패턴을 보다 쉽게 배울 수 있게 위해 당신이 아이를 어떻게 움직이고, 만지고 또 자세를 잡아야 하는지를 가르쳐 줄 것이다.

때때로 뇌성마비 아동들은 치료 프로그램을 거부함으로써 부모의 관심을 끌 수 있다는 것을 배운다. 그들은 "W" 모양으로 앉거나 등기립대에서 기어나오

거나 혹은 보조기 신는 것을 거부할지도 모른다. 치료사는 이러한 관심을 끌고
자 하는 행위들을 구별할 수 있도록 도와주며, 또한 그들을 올바른 방법으로
다룰 수 있도록 도와줄 것이다. 예를 들어 보조기를 신는 것을 거부하는 아이
에게는 아이가 편히 쉴 수 있고 보조기를 신지 않고 자유롭게 움직일 수 있는
하루 중의 특별한 시간(학교 수업 후)이 필요할 수도 있다.

치료사와 부모는 아이가 보조기 신는 것을 흔쾌히 수용하는 '보조기 신기 시
간표'를 짜는데 공동으로 작업을 할 수도 있다.

당신 아이가 자신의 홈 프로그램을 스스로 조절하는 것을 허락하지 않는 것
이 중요하다. 이것은 종종 가족들 사이에 갈등을 일으키는 요소가 된다. 비록
부모들은 진정으로 아이들이 모든 치료목표에 잘 협조해주기를 바랄지라도 아
이들은 치료기대효과를 왜곡하는 동작을 배울 수도 있다. 치료사는 아이와 부
모 사이의 이러한 갈등을 잘 알고 있으며, 처음에는 치료과정에서 그리고 나중
에는 홈 프로그램 과정 중에서 서로가 타협하는 것을 도와준다.

당신의 지지와 격려는 아이의 진전에 매우 필요한 요소이기 때문에, 치료사
는 아이의 작은 진전에도 어떻게 흥분하여 표현하는 것이 좋은가 하는 것을
보여줄 것이다. 보행과 같은 운동이정표가 매우 중요하지만, 그래도 당신은 아
이가 머리를 똑바로 가누는 것, 넘어졌다가 스스로 서는 것, 장난감 갖고 노는
것, 혹은 도움을 받지만 서 있는 것 등도 놓치길 원치 않을 것이다.

당신은 당신 아이의 필요에 따라서 물리치료사의 특별한 기술을 배우게 될
것이며, 그 내용으로는 종종 다음과 같은 것들의 교육이 포함된다.

1. 식사하기
2. 돌보기
3. 옷 입기
4. 앉기
5. 이동(독립적 혹은 보조에 의해서)

6. 감각경험 제공

7. 아이의 단서 이해하기

8. 운동목표와 언어, 인지 그리고 교육목표를 결합하기

9. 아이의 독립성과 자존심을 격려하기

비록 물리치료사가 각 치료과정에서의 특별한 제안을 당신에게 해줄지라도, 그것들이 당신의 삶에 어떻게 통합할 것인가 하는 것은 당신의 몫이다. 당신이 그런 기술들을 가족환경에 적용할 수 있다면 당신은 아이가 보다 성공적으로 목표에 도달하도록 도울 수 있다. 물리치료사는 부모들이 치료방법에 관심을 가지고 즐겁게 수행한 솜씨에 감사한다. 당신의 솜씨를 그들과 공유하라.

종종 물리치료사들은 치료방법을 기록하기 위해 공책을 사용하며, 공책이나 사진을 통해서 아이의 진행과정을 보존하고자 한다. 이것은 당신이나 아이를 위한 물리치료 프로그램에 참여하는 모든 사람들을 위해 유익한 방법이다. 공책은 또한 아이가 성장해 가는 모습을 돌이켜 보고 또 성장과정을 자세히 관찰할 수 있게 해준다.

■■ 물리치료사 구하기

많은 조기검사센터나 유아원 프로그램에서 뇌성마비와 같은 운동장애를 갖고 있는 아동들을 위한 물리치료 프로그램을 시행하고 있다. 일부 부모들은 사설 물리치료기관을 선택하기도 한다. 만약 당신이 사설 물리치료기관을 선택하려 한다면, 물리치료사를 선택하는데 여러 가지 고려해야 할 사항들이 있다.

치료사들은 각종 시설에 근무하지만 대개 대도시에 집중되어 있다. 만약 당신이 소도시나 지방에 살고 있다면, 당신의 아이에게 필요한 소아전문 물리치료사를 찾기는 어려울 것이다. 당신과 당신의 아기는 성인을 주로 담당하는 물리치료사에 의해 치료를 받게 될 것이지만, 정기적으로 다른 도시로 가서 소아

담당 물리치료사의 자문을 얻어야 할 것이다. 소아담당 물리치료사와의 만남은 당신과 치료사 모두에게 아이가 어떻게 진전되고 있는가 하는 것을 재검토해줄 것이며, 또 함께 새로운 치료 아이디어를 찾는 기회를 줄 수 있을 것이다.

　교육적인 자질 이외에, 물리치료사를 선택할 때 생각해야 하는 또 다른 고려사항이 있다. 여기에는 뇌성마비 아동을 다루는 전문적인 경험, 아이의 동기를 유발시키기 위해 장난감을 사용하는 능력, 그리고 아이와 좋은 관계를 유지할 수 있는 능력 등이다. 아이를 위하여, 당신은 열정을 가지고 있는 치료사, 그리고 동시에 자제할 줄 아는 사람을 원할 것이다. 당신 자신을 위하여, 당신은 자신의 생각, 느낌, 그리고 관심을 편안하게 논의할 수 있는 치료사를 원할 것이다. 당신 아이의 담당 재활의학과 의사가 이러한 자질을 갖고 있는 물리치료사를 통해서 소개해 줄 수 있을지도 모른다. 또한 발달센터가 있는 중소병원이나 다른 뇌성마비 부모들이 물리치료사의 이름을 제공해 줄 수 있다.

작업치료

■■ 작업치료란?

뇌성마비 아동을 위해 작업치료를 하도록 추천하면, 부모들은 대개 "우리 아이는 작업을 배울 필요가 없다"고 말한다. 실제로 "작업치료"라는 이름은 잘 못쓰여진 것이다. 작업치료, 소위 영어로 짧게 "OT"라는 명칭은 제1차 세계대전 때 군인들의 팔과 손의 기능을 되찾기 위해 치료할 때 붙여진 이름이다. 그 당시 치료는 주로 무엇을 만들고 작업하는 것에 중점이 맞추어져 있었다.

　새로운 이론과 치료방법이 발전하면서 작업치료는 엄청나게 변하여 왔다. 여기는 육체적인 장애, 정신건강, 그리고 소아에 대한 작업치료가 포함된다. 이러한 각 영역에서 작업치료의 목적은 다음과 같다. 사람들은 그들이 처해 있는 환경 안에서 최대한 효과적으로 기능하도록 돕는 것 등이다. 어른이나 아동

에게 의미 있는 치료적 활동이나 운동을 가질 수 있도록 함으로써 작업치료사
는 그들이 공부하고 일상생활 기술을 배우는데 영향을 미치는 감각, 운동, 그
리고 지각에 있어서의 문제 등을 극복하도록 도와준다. 치료 프로그램은 각각
의 개인에 따라서 짜여지며 각자의 지적, 언어적, 그리고 사회-정서적 능력에
맞추어 진행된다. 뇌성마비 아동의 경우에, 생후 1년 이내에 작업치료를 받는
것이 종종 필요하며, 이에 따라서 아이가 스스로 옷을 입고, 식사하기, 화장하
기, 글씨쓰기, 그리고 다른 기술을 행할 수 있을지 없을지를 결정하게 될 수도
있다.

종종 부모들은 물리치료와 작업치료의 차이에 대해 혼동한다. 이것은 이해
할 수 있는 일이다. 왜냐하면 물리치료와 작업치료는 일부 겹치는 부분이 있기
때문이다. 예를 들면 두 가지가 모두 누운 자세에서 앉기, 네발기기, 걷기, 그
리고 균형능력 및 반사의 발달을 위한 치료들로 서로 겹치는 것이다. 그러나
일반적으로 물리치료는 보다 대운동기술—다리나 몸통과 같은 큰 근육의 움직
임에 중점을 두고 있다. 반면, 작업치료는 섬세한 운동—팔, 손, 그리고 얼굴과
같은 작은 근육의 움직임에 주안점을 두며, 그리고 시각, 청각, 촉각, 그리고
움직임에서 나오는 감각을 사용하고 조작하는 것에 초점을 두고 있다. 아래에
뇌성마비 아동을 위한 작업치료 영역을 일부 소개하고자 한다.

1. 아이가 팔과 손을 효과적으로 사용하는 것을 방해하는 근 긴장과 움직임
   의 절적인 문제들(뻣뻣하게 움직임)—예를 들면 적절하게 독립적으로 움
   직일 수 있도록 머리, 몸통, 그리고 어깨를 유지하는데 있어서의 문제들.
2. 물건을 잡고, 만지고, 내려놓은 것과 같은 기본적인 손동작들. 또한 물건
   을 싸거나 판에 핀을 꼽는 동작, 그리고 제6장에서 설명한 것과 같은 작
   은 물건 집는 동작 등
3. 가위로 물건 자르기, 글씨 쓰기 등과 같은 보다 복잡한 손동작 등
4. 공을 던지고 잡는 것과 같은 눈과 손의 협응동작

5. 네발기기와 같이 손으로 몸무게 지탱하기, 물건을 잡기 위해 서로 다른 방향으로 손뻗기

6. 옷 입기, 화장하기 등과 다른 일상생활 기술들

7. 식사하기, 그리고 씹고 삼키는 동작 등과 같은 입과 얼굴 주변의 근육 사용하기

8. 공간개념을 이해하는 지각기술 예를 들면, 퍼즐 맞추기, 깊이에 대한 지각, 블록 쌓기 등과 같은 구성력, 그리고 편지나 모양 인지

9. **감각 구성능력**—감각을 받아들이고 이해하기
   예를 들면 신체의 일부가 공간에서 움직이고 닿는 것에 대한 감각적 각성 능력

10. **감각통합**, 혹은 기술을 배우고 발전시키기 위한 감각정보 사용하기. 일반적으로 영아는 촉각, 운동감각, 그리고 위치감각에 의존하여 균형을 발전시키고, 좌우 신체를 조화롭게 사용하고, 그리고 어떤 움직임을 계획하고 순서를 정하는 것 등을 배운다. 놀거나 일상생활을 하는 동안 느끼는 촉각, 운동감각, 위치감각은 청각과 시각과 연결되어 있다. 예를 들면 아이가 새로운 인형을 만지는 동안, 처음에는 인형을 쳐다본다. 나중에 아이는 촉감만으로도 그 형태를 알 수 있다.

11. 기본적인 비언어적 의사소통(제스처 쓰기 및 이해하기)과 기능적인 놀이 (여러 가지 방법으로 장난감 놀이 배우기)

▦ 작업치료사란?

여러 종류의 작업치료사가 있다. 신체적인 장애를 가지고 있는 성인들을 위한 재활센터의 작업치료사, 정신질환을 가지고 있는 사람들을 위한 정신질환시설에서 근무하는 **작업치료사**, 그리고 어린이들과 일하는 작업치료사가 있다.

이 세 번째 작업치료사는 소아작업치료사이며 곧 당신의 아이를 위한 작업

치료사이다. 소아작업치료사들은 여러 종류의 발달장애를 갖고 있는 영·유아들의 진단과 치료를 위해 특별히 훈련을 받는다. 그들은 대개 작업치료영역에서 석사학위를 갖고 있으며, 소아작업치료사 자격을 얻기 위해 6~9개월간의 인턴 과정을 수료해야 한다. 물리치료사와 같이 작업치료사도 중추신경계 질환에 의한 운동장애를 다루는 치료법인 신경발달치료(NDT) 과정을 수료가 요구되기도 한다. 덧붙여서, 소아작업치료사는 섬세한 운동조절 이상이나 감각을 분류하고 조절하는 과정의 문제 때문에 발생하는 읽기와 같은 지각기술에 이상이 있는 아동을 돕기 위해 구성된 치료법인 감각통합치료법(SI)을 교육받기도 한다.

작업치료사는 병원, 학교, 그리고 집 등에서 일한다. 그들은 종종 조기 진단 팀원, 혹은 특수 교육팀원의 일원이 되기도 하나, 단독으로 개업을 하기도 한다.

▓▓ 작업치료사는 당신의 아이를 어떻게 평가하는가

뇌성마비 아동에게 물리치료와 작업치료가 모두 필요한지 여부는 아이의 필요성에 달려 있다. 때때로 생후 18개월 이전의 아이들은 물리치료나 작업치료 중 한 가지 영역 예를 들면, 머리 가누기, 혹은 앉기에만 문제를 가지고 있다. 이러한 경우에는 아이들에게 물리치료와 작업치료가 모두 필요할 때까지는 한 가지 영역을 시행하는 것이 적절하다고 말할 수 있다. 다른 뇌성마비 아동들은 여러 가지 요구들을 갖기도 하고 또 같은 문제에 서로 다른 치료적 접근에 의해 도움을 받을 수도 있다. 이러한 아이들은 물리치료, 작업치료, 그리고 언어치료를 모두 같이 실시함으로써 보다 많은 도움을 받을 수도 있다.

작업치료가 아동에게 어떤 도움이 될 수 있는지를 알기 위해서는 아이는 전반적인 작업치료평가과정을 거쳐야 한다. 당신의 아이가 아직 전반적인 발달 평가를 받지 않았다면, 작업치료사가 아이를 위해 가장 적절한 평가를 권해주기를 바랄 것이다.

제8장에서 발달평가에 대해 자세하게 논하고 있다. 아이를 평가하기 위해, 작업치료사는 당신의 아이에게 섬세한 운동, 지각, 그리고 구강운동발달을 평가할 것이다. 치료사는 아이가 여러 가지의 동작들에서 느껴지는 촉감이나 움직임들 즉, 서로 다른 촉감의 장난감들을 어떻게 다루나 치료용 공에서 어떻게 균형을 잡는가 하는 것을 관찰할 것이다. 또한 치료사들은 아이들이 어떻게 옷을 입고 어떻게 식사를 하는지 등 자신의 관심영역을 알아보기 위해 부모들과 인터뷰를 하기도 한다.

아동평가의 세세한 내용은 아이의 나이와 장애 정도에 의해 결정될 것이지만, 이전에 이미 서술한 대로 가능성 있는 모든 문제들이 포함될 것이다. 대부분의 뇌성마비 아동들은 진행과정의 이해와 더 필요한 치료에 대한 정보를 얻기 위해 매 6개월에서 9개월마다 재평가를 받아야 한다.

▓ 작업치료사는 당신의 아이를 어떻게 치료하는가

작업치료사가 아동에 대한 평가가 끝나면, 치료사는 각 아동에게 필요한 치료 프로그램을 세운다. 치료 프로그램을 세우는 과정에서 당신은 아동이 성취해야할 목표를 설정하는데 도움을 줄 수 있다. 예를 들면 당신은 아이가 수저로 밥을 먹는 것을 바랄 수도 있고 또는 아이가 옷을 입는 과정에서 지퍼를 잠그거나 단추를 잠그는 것을 원할 수도 있다. 또는 당신은 당신의 아이가 연필로 그림을 그리는 것이나 병뚜껑을 여는 것을 할 수 있기를 바랄 수도 있다.

뇌성마비를 갖고 있는 영·유아를 위해 가장 많이 사용하는 치료법은 신경발달치료법(NDT)과 감각통합치료법(SI)이다. 작업치료의 중요한 역할은 가능하면 아이가 독립적으로 성장하는 것을 돕는 것이기 때문에 작업치료사는 자기 스스로를 다루는 기술을 배우는 것을 돕기 위해 특별한 장비를 사용하기도 하고 또 섬세한 운동기능이나 지각이 발달하는 것을 돕기 위해 컴퓨터를 사용하기도 한다. 여기서는 작업치료사가 뇌성마비 아동을 위한 치료 프로그램에서 신경발달치료법, 감각통합법, 그리고 특별한 장비를 어떻게 사용하는가 하는 것을 기술하고자 한다.

신경발달치료법

아이가 섬세한 운동기술을 발달할 수 있기 전에, 아이는 좋은 상체 조절이 필요하다.

다시 말해 자신의 팔을 자유롭게 뻗기 위해서는 몸통, 어깨, 그리고 골반을 적절한 위치에서 유지할 수 있어야 한다. 이 책의 물리치료 부분에서 설명한 것처럼, 손을 좀 더 자유자재로 사용하기 위해서 아이의 자세와 움직임을 증진시키는 것이 신경발달치료의 주된 목표이다. 아이의 기능적 움직임을 준비하기 위하여, 작업치료사는 처음에 다양한 신체적 수기를 사용한다.

1. 아기의 근 긴장을 이완시키고
2. 아이의 척추, 골반, 그리고 어깨의 골격을 제자리로 정렬시켜 주고
3. 체중을 지탱하도록 팔과 다리의 사용을 도와준다. 이러한 목표에 도달하기 위하여 치료사는 아이를 그들의 무릎에 앉히기도 하고 아이의 신체 여기저기를 움직여주고 혹은 치료용 의자나 공과 같은 특수한 장비를 사용하기도 한다.

아기의 골격구조가 잘 정렬되면, 치료사는 신체적 수기와 더불어 물건을 향해 아이가 손을 뻗고, 잡고, 놓는 등의 치료적 활동들을 함께 사용한다. 예를 들어 아이가 손을 꽉 쥐고 물건을 잡기위해 손을 뻗치지 못한다면, 치료사는 처음에는 조심스럽게 아이의 자세를 잡아준다. 치료사는 아이를 완전히 이완시키면서 목, 척추, 골반이 잘 정렬되도록 아이의 자세를 잡아주며, 또한 양손으로 물건을 잡을 수 있도록 양쪽 어깨를 적절한 위치에 자리잡아준다. 치료사는 부드럽고 반복적인 어깨운동으로 아이의 어깨와 손 근육의 긴장을 풀어 줄 수 있다. 다음에 치료사는 아이와 함께 물건을 잡기 위해, 아이가 자신의 팔을

뻗고, 잡기 등에 필요한 동작인 자신의 양발에 힘을 주고 서 있는 자세를 만들어간다. 그리고 치료사는 아이가 양손을 넓게 벌려 인형을 잡아서 그것을 입에 가져가는 동작을 해본다. 이런 동작들은 아이가 손을 뻗어 물건을 잡는 행위를 유도할 뿐만 아니라 스스로 식사하는데 필요한 손과 입을 연결하는 동작을 준비시켜 준다.

학교 취학전 나이의 아이라면, 작업치료사는 신경발달치료법(NDT)을 사용하여 보다 복잡한 수기들 즉, 스스로 식사하기, 지퍼나 단추 잠그기, 가위사용하기, 혹은 그림그리기 등을 도와줄 수 있다. 예를 들면 2살짜리 경직성 양지마비아동은 숟가락으로 떠먹기를 하기 어렵다. 왜냐하면 이 아이는 손으로 물건을 쥐고 있는 동안 손바닥이 위로 올라오도록 손을 돌릴 수 없기 때문이다. 유아들은 스스로 밥을 먹고자 하는 과정에서, 어깨를 높이 쳐들고 팔목을 몸통쪽으로 당기려고 노력하는 것을 볼 수 있다. 이러한 문제를 해결하기 위해, 처음에 치료사는 아이를 바닥에 한쪽으로 눕히는 동작을 취하면서 아이가 스스로를 지탱할 수 있게 하기 위해 어깨를 내리고 팔목을 펴는 동작을 유도한다. 다음으로 치료사는 아이의 전완과 손목을 자유롭게 사용할 수 있도록 여러 가지 수기를 사용하기도 한다.

마지막으로, 아이들이 보다 문제의 동작들을 수행하도록 동기를 주기 위해, 작업치료사는 섬세한 운동과 식사에 요구되는 동작들에 주목할 뿐 아니라 즐거운 놀이와 언어적 기술에도 관심을 기울인다. 예를 들면 치료사는 아이에게 서로 붙여주는 자석조각을 주고 숟가락 사용하는 듯한 손동작을 사용하여 가짜 아이스크림 모형을 만들어 보도록 할 수 있다. 다음에 치료사는 아이가 땅콩버터나 푸딩 같은 것을 숟가락으로 퍼는 동작을 연습함으로써 식사하는 기술을 배우도록 도울 수 있다. 궁극적으로는 아이가 숟가락을 사용하는 것으로 방해하는 각각의 운동에 있어서의 문제점들을 찾아내서 훈련시킴으로써 치료사는 아이의 식사 기술을 증진시킬 수 있다.

종종 부모들은 물리치료사와 작업치료사 모두 신경발달치료법(NDT)을 사용하기 때문에 그들 사이의 차이점에 대하여 혼란스러워 한다. 비록 그들 모두 기초적인 신경발달치료법에 대한 교육을 받지만, 배운 것을 어떻게 활용하는가 하는 것은 서로 다르다. 물리치료사는 주로 네발기기, 걷기 등과 같은 대근육 운동발달에 초점을 맞추는 반면 작업치료사는 소근육운동, 식사하기, 자조기술발달 등에 주로 관심을 기울인다. 예를 들면 물리치료사와 작업치료사 모두 아이가 걷고 서는 동작을 훈련시키지만, 각기 서로 다른 이유를 갖고 있다. 물리치료사는 아이가 움직임을 보다 잘 할 수 있도록 하기 위한 반면, 작업치료사는 아이의 양팔이 좌우측에 제대로 잘 유지할 수 있게 하거나 팔이 뻣뻣하지 않으면서 물건을 나르거나 책상 위에 가지런히 놓여 있게 하기 위해서이다.

이렇게 물리치료와 작업치료 목표의 중복되는 것은 뇌성마비 아동들에게 매우 유익할 수 있다. 예를 들면 아이가 냉장고의 높은 곳에 자석을 붙이기 위해 손을 위로 뻗는 동작이나 양손으로 큰 공을 나르는 동작 등의 작업치료를 수행한 후에 골격구조를 잘 정렬시키는 물리치료가 보다 쉽게 이루어질 수도 있다. 뒤에서 언급될 말과 언어에 대한 설명에서와 같이, 작업치료의 목표는 말이나 언어치료의 목표와도 또한 중복될지도 모른다.

감각통합치료법

감각통합이란 환경으로부터 나오는 감각을 받아들이고, 분류하고 또 상호 연결시키는 중추신경계의 능력을 말한다. 이러한 감각들에는 보고, 듣고, 맛과 냄새와 아울러 촉감, 중력 또는 빙글 도는 것으로부터 느끼는 것 등이 있다.

대부분의 아이들은 영아 때부터 이러한 감각으로부터 어떻게 정보를 얻고 해석하는가 하는 것으로 배운다. 촉감, 움직임, 그리고 자세감각을 분석하는 것을 배우는 것은 특히 이 시기에 매우 중요하다. 왜냐하면 이러한 감각은 운동발달에 매우 큰 영향을 미치기 때문이다. 영아는 이러한 세 가지 감각 정보를 사용하여 움직임에 대한 계획과 순서를 정하고, 좌우측을 서로 조화롭게 사용하고, 눈과 손의 협응운동을 만들고, 자신의 신체감각을 발전시킨다. 그 후 이러한 기술들은 지각운동발달로 더욱 발전하며, 사물의 모양과 위치를 감별하는 능력으로 발전한다. 이것은 또한 읽기, 쓰기, 그리고 계산하기 등의 기술에도 필요하다.

불행하게도, 대부분의 뇌성마비 영·유아는 감각통합에 대한 결손 혹은 감각을 받아들이고 조절하는 능력에 문제가 있다. 이러한 문제들은 촉각과 움직임에 대한 과대감

각 혹은 과소감각, 그리고 계획적인 움직임이나 순차적인 움직임 등에서 나타난다. **감각통합치료법**(Sensory Integration : SI)은 작업치료사 존 아이리스(A. Jean Ayres)에 의해 개발되었으며 이러한 문제들을 가지고 있는 아이들을 도울 수 있다. 앞으로 뇌성마비 아동들의 감각통합에 있어서의 문제점들과 작업치료사들이 이것들을 어떻게 치료하는가 하는 것을 기술하고자 한다.

과대 혹은 과소 촉감. 흔히 과 긴장성 뇌성마비 아동은 **과대촉감**(tactile defensive-ness 혹은 tactile hypersensitivity)을 가지고 있다. 그들은 촉감에 매우 민감한 감수성을 가지고 있으며, 다른 아이들은 잘 견기거나 즐길 수 있는 정도의 촉감에 반대로 반응하기도 한다.

예를 들면 경직을 가지고 있는 아이는 종종 그들의 손과 발에 체중을 싣는 것이 어려우며, 그 결과로 이러한 신체에 정상적인 촉감 체중에 대한 정상적인 경험이 없다. 이런 아이들은 손바닥 대신 주먹을 주고 바닥을 집기도 하고, 누가 손바닥을 펴면 자신의 손을 몸쪽으로 잡아당기며, 손바닥에 촉감에 너무 민감하기 때문에 물건이 닿는 것에 대한 저항을 한다. 과 긴장을 가지고 있는 아이의 전형적인 자세 목을 뒤로 신전하고 어깨가 올라가며, 팔은 굴절하는 것은 촉각을 더욱 민감하게 만든다. 이렇게 움직임에 문제가 있는 아이들이 얼굴이나 목, 그리고 어깨 등을 만지는 것을 좋아하지 않는다면, 옷 입거나 목욕하는

것은 만지는 것과 움직임의 어려움으로 두 배의 문제를 갖게 된다.

저 긴장을 가지고 있는 아이는 때때로 촉감에 대해 과소 혹은 과대 민감성을 동시에 갖는다. 그들은 대개 어떤 특별한 자세를 특히 선호하며, 다른 자세로 바꾸려할 때 새로운 자세에 저항할 뿐 아니라 바닥에 신체의 다른 부분이 닿는 것도 싫어한다. 예를 들면 아이가 습관적으로 W자 모양으로 앉으며, 배로 눕히면 매우 싫어한다. 저 긴장성 아이는 손바닥이 바닥에 닿는 것을 피하기 위해 손등으로 집으며, 혹은 발바닥이 바닥에 닿은 것이 싫어서 발가락으로 걷곤 한다. 과도한 민감성을 갖고 있는 동안에, 저 긴장성 아동은 때로 과소한 민감성을 갖기도 한다. 예를 들면 아이는 가구에서 떨어져도 웃기도 하고, 주목하지 않고 의자에서 반쯤 내려오거나 반쯤 오르기도 하며, 아파서 몸을 비틀지도 않으며, 또 손을 뒤로 꼬기도 하고 통증 없이 자신을 물기도 한다.

촉감에 대한 과도한 민감성을 치료하기 위하여, 작업치료사는 압력에 대해 촉감을 느끼는 발바닥이나 손바닥 같은 민감한 신체부분을 감지시키기 위하여 촉감에 대한 경험을 준다. 예를 들면 치료사는 이아들에게 스틸로폼 조각이나 마른 땅콩조각에 손바닥이나 발바닥으로 눌러보게 하거나 아이들을 담요로 둘둘 말아서 핫도그 모양으로 문지르거나 플라스틱 빗으로 손바닥이나 발바닥을 긁거나 혹은 손에 보다 많은 촉감을 전달하도록 털이 있는 블록을 갖고 놀게 하기도 한다.

과소한 민감성의 아동을 위해서는 촉감을 자극하기 위하여 딱딱하고, 강한 압박을 제공한다. 제공되는 활동들은 과도한 민감성을 가지고 있는 아동 등을 위해 기술한 것과 비슷하다.

움직임에 대한 불안감과 욕구. 뇌성마비 아동에게 문제를 야기하는 감각통합의 또 다른 영역은 운동과 자세에 대한 감각이다. 예를 들면 경직성 아동은 다른 아이들처럼 그들의 자신의 움직임에 대한 운동감각을 갖고 있지 못하기 때문에 누워있을 때, 앉아 있을 때, 혹은 서 있을 때 그들의 체중을 좌우로, 앞뒤로 이동시키지 못한다(운동감각, 다른 말로 **전정기관**은 자세와 균형유지에 도움을 주며, 또한 운동안정성과 정상적인 근 긴장도를 유지하는데 도움을 준다).

과도한 긴장성 아동은 움직일 때 비정상적인 방법으로 반응한다. 예를 들면 문을 통과할 때 허리를 뒤로 제치거나 또는 머리를 뒤로 신전시키며 지나간다. 보통 이런 아동은 치료사가 새로운 운동패턴을 소개할 때 매우 무서워하며, 특히 목자세의 변화가 동반된다. 이들은 공위에서 움직여지는 것이나, 치료 도중에 많은 움직임이 있는 것을 좋아하지 않는다.

과도한 긴장성 근육을 가지고 있는 아동과는 달리, 낮은 긴장의 근육을 가지고 있는 아동은 움직이는 것을 즐긴다. 부모들이 당황할 만큼, 아이들은 가구에 갔다가도 뒤로 오고 또 격렬하게 다시 돌아가는 것을 좋아한다. 그들은 또한 그들만이 좋아하는 움직임이 있으나 새로운 방법으로 움직이는 데에는 아주 취약하다. 예를 들면 아이는 배로 뉘면 울지도 모르며, 돌아눕거나 다른 움직임으로 변형되는 것에 저항할지도 모른다. 낮은 긴장성 근육 아동은 특징적으로 움직임을 시작하는 것이 느리고, 오랜 기간 동안 누워있거나 앉아 있곤 한다. 그리고 낮은 긴장성 아동은 반대로 새롭고 색다른 움직임에 두려워할 때 일정한 동작에 대한 욕구를 보이기도 한다.

움직임에 대한 불안감이나 욕구를 가지고 있는 뇌성마비 아동을 치료하기 위하여 작업치료사는 감각통합법과 신경발달치료법을 병행하여 사용한다. 예를 들면 경직성 아동은 아빠와 난폭하게 노는 것을 좋아할지도 모른다. 그러나 그들이 그렇게 노는 동안 아이의 다리가 더 뻣뻣해질 수도 있기 때문에, 치료사는 아빠가 아이와 거칠게 노는 동안 아이의 두 다리를 벌려 아빠의 허리에 갖다놓으라고 권한다.

운동계획에서의 문제. 많은 뇌성마비 아동들은 운동계획을 세우는데 혹은 운동의 순서를 세우는데 문제(실행증)를 가지고 있다. 예를 들면 그들은 '깡총' 뛴다던지, 두 손으로 드럼을 치는 것과 같은 서로 다른 동작을 동시에 한다던지,

혹은 새로운 자세를 취하기 위해 어떻게 해야 하는지를 모른다. 일부 어린이에서 이렇게 운동순서를 모르는 것은 한 장소에서 다른 장소로 이동하는 능력에 영향을 미칠 수 있다. 예를 들면 어떤 어린이는 주위를 몇 바퀴 돌고 여러 동작을 취하고 나서야 스스로 벤치를 찾아 앉는 방법을 알게 되기도 한다. 또 다른 아동에서는 운동순서에 있어서의 문제는 불록을 쌓는 구성력이나 새로운 그림을 그리는 능력 등 섬세한 지각기술에도 영향을 미친다. 왜냐하면 보통 이런 아이들은 자기 스스로를 조절하는데 너무 많이 부모에게 의존하기 때문에 자기또래 아이들과 잘 어울려 놀지 못한다. 보통 이들은 지퍼 잠그기, 단추 채우기, 신발 끈 매기, 그리고 안전벨트 매기 등의 필요한 운동순서를 배우는데 문제를 가지고 있다.

작업치료사는 뇌성마비 아동들이 이러한 문제를 극복하도록 돕기 위해 적극적으로 개입한다. 치료사의 주된 임무 중의 하나는 문제점을 찾아내고, 아이들이 새로운 기술을 배우는 데에 방해되는 방해물을 제거하는 방법을 찾아내는 것이다. 또한 치료사들은 이러한 문제에 관여할 것으로 예상되는 것들에 대해 심사숙고해야 한다. 좌절감, 새로운 일에 대한 저항, 작은 것이 변할 때 짜증을 내는 것과 같은 행동 등이다. 다음으로 치료사는 아이들이 새로운 것을 배우고 또 욕구불만을 줄이도록 동기를 유발하는 방법을 알아야 한다. 예를 들어 스스로 종이를 들고 가위로 그것을 자르는 것을 못하는 아이를 가정해 보자. 좌절감을 줄이기 위해, 먼저 치료사는 종이보다 들기 쉬운 진흙놀이를 시킨다. 동기를 유발시키기 위해, 치료사는 동물 먹이를 만들도록 진흙을 가위로 잘라 작은 덩이를 만드는 것을 시킨다.

종종 치료사는 운동순서의 기초적인 감각을 읽히도록 하기 위해 가르치는 방법을 뒤집어보기도 한다. 예를 들면 새로운 움직임에 대한 "감"을 잡게 한다. 움직임에 대한 "감"을 배우려면, 많은 아이들은 체계화된 운동과 아울러 촉감이나 운동활동을 체험하는 것이 필요하다. 에들 들면, 아이들이 끈적끈적한 종이위에서 네발기기를 하거나 발바닥의 촉감을 강화하여 느끼게 하기 위해 발에 큰 신발을 신겨 걷는 것을 연습시킬 수도 있다.

■■ 기능적 활동

앞에서 논의한 것처럼, 작업치료의 목표 중의 하나는 가능한 한 아이들이 독립적으로 살아가는데 필요한 기능적 기술을 습득하도록 돕는 것이다. 때로 작업치료사는 아이들이 이런 기술을 배울 수 있도록 새로운 방법을 찾아내야 한다. 흔히 사용하는 새로운 방법에는 아이들의 특성에 맞게 고안된 도구나 자세 교정용 보조기구, 그리고 컴퓨터 장비가 있다.

고안된 도구들은 뇌성마비 아동들이 다른 방법으로는 익힐 수 없을지도 모르는 식사하기, 옷 입기, 그리고 글쓰기 같은 기술을 배우는 것을 돕는다. 특히 이런 기구들은 각각의 아이들의 관점에서 발달의 필요성에 맞추어 제작된다. 예를 들면 근력이 아주 약한 아동은 스스로 팬티를 끌어 올리지 못한다. 화장실 훈련을 시키고 있는 부모들에게 이것은 매우 중요한 문제이다. 작업치료사는 허리의 양쪽에 둥근 끈을 재봉한 느슨한 팬티를 입혀서 아이가 그 끈에 팔을 넣고 팔을 구부리면 팬티가 올라가도록 고안할 수 있다. 동시에 치료사는 보통 아이들이 옷을 입으려는 동작을 취하려는 아이의 손을 잡아주면서 옷 입는 동작을 도와준다. 아이가 이런 방법으로 옷 입는 방법을 익힌 후에, 치료사는 아이가 허리 벨트를 사용하여 팬티를 입는 것을 배우도록 도울 수 있다.

아이들에게 필요한 도구들을 고안하는 것 외에도, 작업치료사는 시중에서 판매되는 특별한 도구들을 제안하기도 한다. 예를 들면 일정한 도구들은 아이들이 독립적으로 식사하는 것을 도울 수 있다. 잘 잡을 수 있도록 고안된 특수 손잡이가 달린 수저, 마실 때 목의 위치를 안정시켜주도록 고안된 컵, 그밖에 여러 가지가 변형된 도구들이 있다. 덧붙여 아이들이 눕고 앉고 그리고 서 있는 동안 섬세한 운동기술을 사용하기 위하여 상체조절에 필요한 고안된 여러 가지 자세 조절 도구들이 있다. 제4장에서 보다 상세하게 이러한 장비들에 대해 논의하였다.

최근에 작업치료사들은 뇌성마비 아동들이 새로운 기술을 배우도록 돕는 수단으로 컴퓨터 테크닉을 도입했다. 가장 간단한 것으로, 작업치료사들은 아이들은 기술개발을 자극하기 위하여 현재 전자식 장난감을 사용하고 있다. 아이들은 스스로 조작할 수는 없을지라도 특수한 스위치가 달려 있는 배터리로 작동하는 장난감을 사용할 수 있다. 아이가 스스로의 의지에 의해 장난감 스위치를 켜고 끄는 동작을 수행하도록 유도함으로써, 치료사는 그들이 자신의 동작에 의한 원인과 결과를 배우도록 도울 수 있다. 아이들이 활동할 수 있는 환경을 제공함으로써, 치료사는 막혔던 의사소통을 풀어주고, 자극되지 않았을지도 모르는 인지기능을 열 수 있도록 도와준다. 예를 들면 말을 할 수 없었던 작은 아이는 여러 스위치 중의 하나를 누름으로써 "펑"이라는 소리를 만들 수 있다. 컴퓨터가 그런 소리를 만들어 낸 후에 엄마는 아이가 "펑"소리를 다시 만들도록 아이에게 비눗방울을 날린다.

좀 더 세련된 방법으로서 작업치료사는 지각, 협응, 그리고 글쓰기 개발 등을 증진시키기 위해 여러 가지 컴퓨터 프로그램을 사용하기도 한다. 많은 컴퓨터 프로그램들이 영아에서 학년기 아동들을 위해 개발되었다. 프로그램은 환상적인 색상과 움직임이 표현되어 있어 아이들이 적절한 선택과 시간에 반응하는 게임을 시작하고 끝내고, 조절하면서 배우도록 할 수 있다. 이런 프로그램들은 아이들이 선택한 그림을 지정하기 위하여 간단한 스위치 패드나 키보드로 사용한다. 소아영역에 특별히 교육을 받은 작업치료사는 어떤 특정한 아이가 이런 기술을 가장 잘 사용할 수 있도록 도와줄 수 있는 스위치나 키보드를 제작하는데 참여하기도 한다.

▪▪ 작업치료 프로그램에 참여하기

각각의 가정은 그들이 작업치료를 통해 얻고자 하는 기대가 각기 다르다. 어떤 가족들은 자신들이 집에서 일주일에 여러 번 운동하고 작업하도록 아이들에게 가르치기 위해 치료사가 행하는 모든 것을 배우고 싶어한다. 이것은 치료를 최적화하고 아이에게 좋은 예후를 갖게 하는 훌륭한 방법이다. 이것은 경제적으로 넉넉하지 않아서 그들이 원하는 만큼 치료 횟수를 가질 수 없는 가정을 위해서도 좋은 방법이다.

그렇지만, 스트레스를 갖고 있는 가정을 포함하여, 모든 가정이 광범위한 가정 프로그램을 원하고 또 배울 수는 없다. 일부 부모들은 그들이 할 수 있는 모든 것을 배우기 시작하고 또 열심히 행하기도 한다. 그러나 그들은 지치고 자신들의 역할을 줄이고자 한다. 좋은 작업치료사는 부모들의 욕구에 적절히 반응하고 그들이 배우고자 하는 것 이상으로 부모들에게 부담감을 주지 않을 것이다.

뇌성마비 아동의 작업치료 프로그램 안에서 당신의 역할은 바로 당신에게 달려 있기 때문에, 당신이 프로그램 안에서 원하는 것이 무엇인지를 치료사가 알려주는 것이 좋다. 당신은 놀이과정에서 당신이 아이와 어떻게 어울릴 것인가, 일상생활 속에서 아이를 어떻게 다룰 것인가, 그리고 아이가 가족구성원의 일원이 되도록 하기 위해 치료사로부터 무엇을 배울 것인가를 결정해야 한다. 당신은 치료사로부터 놀거나 공부하는데 도움이 되는 장난감을 고르는데 도움을 받고자 하는지 혹은 특별한 장난감이 필요한 아이를 위해 장난감을 빌려주는 대여소를 알기를 원하십니까? 당신은 놀이나 일상동작에 필요한 아이의 좋은 자세를 잡는 방법을 배울 치료사가 필요하십니까? 아니면, 더 나아가 당신은 당신의 아이와 가족을 위한 당신 자신의 목표를 치료가정에 통합시키기 위해 도움을 줄 수 있는 치료사를 원하십니까? 예를 들면 당신은 당신의 전체 가족이 풀장에서 물놀이를 하기 위해 어떤 간단한 물놀이 법을 배우길 원할지도 모른다. 당신과 아이 그리고 가족이 모두가 작업치료사로부터 무엇을 원하는지를 결정함으로써 당신은 시행될 치료코스의 모형을 만드는 것으로 도울 수 있다.

▓ 작업치료사 구하기

많은 유능한 작업치료사가 공립학교기관에서 일하고 있다. 불행하게도, 이들은 종종 너무 많은 아이들을 담당하고 있어, 필요한 만큼 아이들 개개인에게 충분한 시간을 할애할 수가 없다. 혹시 학교에서 근무하는 작업치료사를 구하고 있으며, 또한 아이를 위해 어떻게 도울 것인가에 대해 보다 많은 것을 배우고 싶어하거나 또는 남보다 조금 더 아이에 대한 개인적인 관심을 가져주기를 원한다면 당신은 사설 작업치료사의 도움을 구하는 것이 더 좋을지 모른다. 당신의 경제적인 사정이 넉넉지 않다면, 당신은 1~2회/주일 작업치료 프로그램보다는 1회/달 프로그램을 마련할 수도 있다.

당신 아이의 치료를 위한 적절한 작업치료사를 구하기 위해서는, 당신은 당신의 아이에게 필요한 욕구와 맞는 기술을 가진 작업치료사를 구해야 한다. 소아작업치료분야에서 조차도 상당한 전문성이 필요하다. 일부 치료사들은 학습장애아동들만 다루는 반면, 다른 이들은 대개는 중증장애아동을 치료한다. 일부 치료사들은 신경발달치료법만을 사용하며, 다른 치료사들은 감각통합법만을 사용한다. 점점 많은 작업치료사들이 신경발달치료법이나 감각통합치료법에 대한 교육을 받지만, 뇌성마비 아동을 위하여 보다 포괄적인 치료를 제공할 수 있다. 당신은 아이를 위한 치료 약속을 하기 전에, 치료사의 기술이 무엇인 자를 알고자 하는 것은 좋은 생각이다. 당신의 아이를 평가한 치료사와 담당치료사가 다르다면, 당신은 치료를 담당할 치료사를 만나서 그가 어떻게 치료사는 지를 보기 위해 몇 차례의 치료 과정을 관찰 할 수도 있다. 당신이 올바른 치료사를 구하는 것을 돕기 위해, 당신이 요구할 약간의 질문들을 요약해 놓았다.

1. 치료사는 신경발달치료법을 연수받았고 또 그 자격증을 가지고 있는가. 없다면, 신경발달치료법을 사용해 본 경험이 있는가, 그리고 신경발달치

료법 연구교육에 참여한 적이 있는지 혹은 신경발달치료법 자격증이 있는 치료사에게서 교육을 받은 적이 있는가.

2. 치료사는 신경발달치료법과 아울러 감각통합법에 대한 자격증이 있는가. 만약 아이가 감각통합과 운동장애를 동시에 가지고 있다면 이것이 매우 중요하다. 일반적으로 치료사가 감각통합법 자격증을 가지고 있는 것보다 감각통합법을 뇌성마비 아동에게 적용해본 경험이 있는 것이 보다 중요하다. 감각통합법 자격증은 학습장애를 가지고 있는 아동을 평가하고자 하는 치료사에게 요구되는 자격이다.

3. 치료사는 어떤 나이의 아동치료에 전문성을 가지고 있는가. 어떤 치료사는 영·유아에 보다 많은 경험이 있으며, 다른 치료사는 좀 더 나이가 있는 즉, 학년기 아동의 치료에 관심이 있다.

4. 만약 당신이 이미 아이에게 필요한 작업치료의 내용을 알고 있다면, 당신은 치료사에게 그 방면에 대한 경험이 있는지를 물어볼 수도 있다. 예를 들면 당신의 아이에게 글쓰기나 식사기술에 대한 연습이 필요하다면, 치료사가 이러한 방면에 치료경험을 가지고 있는가.

당신은 아이의 요구에 부응하는 치료사를 선택하는 방법 이외에, 당신에게 가장 호감이 가는 치료방법을 제공할 수 있는 치료사를 선택할 수도 있다. 어떤 치료사는 당신의 집으로 올 수도 있다. 이것은 치료받기 위해 오래 차를 타면 쉽게 지치는 아이에게는 특히 좋은 방법이다. 유아기나 학년 전의 어린 아이들은 흥미로운 장난감들과 여러 가지 시설이 있는 센터에서 더 잘 배울 수 있다. 당신 아이조차도, 센터 프로그램이 최선의 방법일 수도 있다. 이것은 일부 센터는 아이들을 위해 아주 우수한 치료 서비스를 제공할 뿐 아니라 변호나 상담을 포함한 가족 서비스를 제공하기도 한다.

작업치료사의 이름을 제공하는 곳으로는 신경발달치료협회나 미국작업치료사 협회 등이 있으며, 이들 모두 이 책의 뒤에 소개되어 있다. 당신 아이를 담

당하는 소아과 의사(한국의 경우 재활의학과 의사) 혹은 다른 뇌성마비 아동의
부모들로부터 당신이 찾고 있는 치료사를 소개받을 수도 있다.

언어치료

■■ 언어치료란?

일상 대화 속에서 우리는 "말"(speech)과 "언어"(language)를 서로 교체할 수
있는 용어로 사용한다. 예를 들면 우리가 "당신의 언어를 보라"라고 말할 때,
우리는 진정 자기가 스스로 말하는 것에 주의를 기울이라는 것을 가리키는 것
이다. 그러나 말과 언어치료에 관한 모든 것을 이해하기 위해서는 그 둘 사이
에 아주 큰 차이가 있다는 것을 알아야 한다.

기계적으로 말하면, 말이란 소리를 만들어 내는 과정이며, 의사소통을 하기
위하여 소리를 섞어 단어를 만드는 것이다. 반면, 언어란 다른 사람들과 의사
소통을 하기 위하여 소리로 만들어진 일련의 조합, 글로 쓰여진 기호, 혹은 제
스처들을 의미한다. 영어, 스페인어, 중국어 등과 같은 말로 표현하는 언어 이
외에도 완전히 제스처로 만들어진 미국수화나 기호로 만들어진 점자와 같은
언어들도 있다.

제6장에서 언급한 것과 같이, 어떤 언어로 의사소통을 하기 위해서는 우리
는 다른 사람에게 메시지를 전달할 수 있는 능력(표현언어)이 있어야 하며, 다
른 사람의 메시지를 이해할 수 있는 능력(수용언어)을 모두 가지고 있어야 한
다. 말과 언어치료의 목적은 표현언어, 수용언어, 그리고 말에 어떤 문제가 있
는지를 평가하고 치료하는 것이기 때문에 말과 언어치료라는 것은 의사소통의
모든 문제에 관한 것이라 말할 수 있다.

뇌성마비 아동이 가지고 있는 의사소통과정에 있어서의 문제는 대부분 말과
관련된 어려움이다. 말이란 호흡(숨쉬기), 발성(소리 만들기), 그리고 조음(소

리 만들기)에 관련되는 근육의 조화에 의존하기 때문이다. 신체의 어느 부분이건 근 긴장에 이상이 있으면 말을 만드는데 영향을 미친다. 예를 들면 체간 근육의 저 긴장은 말을 만드는 호흡근육의 조절이 어렵다. 그 결과로 저 긴장의 뇌성마비 아동은 매우 숨찬 말을 하며, 단어나 문장을 끝마치기 전에 숨을 다 써버리게 될지도 모른다. 종종 혀와 입술은 저 긴장증이 같이 오며 이는 뇌성마비 아동에게 여러 가지 말소리를 만드는 것을 어렵게 할지도 모른다. 입술주변의 저 긴장은, 예를 들면 종종 [m], [b], [p], 그리고 [w]음을 만드는 것을 어렵게 한다. 그리고 혀 앞쪽에 저 긴장증이 생기면, [t], [d], [n], [l], [s], [sh], [z] 소리를 발음하기 어렵게 한다. 이렇게 근 긴장에 문제가 있는 뇌성마비 아동들에서 나타나는 조음장애는 느리고, 굼뜨고, 단조로운 말하는 것을 가리키는 용어이다.

말과 언어치료는 아이의 근 긴장도를 증진시킬 수 있으며 또한 명확하고 유창한 말을 방해하는 운동실행증과 같은 다른 문제들도 도움을 줄 수 있다. 운동실행증을 가지고 있는 아이는 운동을 만들 수 있는 능력은 있으나, 움직임을 처음 시작하는데 필요한 해당 근육으로 항상 바르게 메시지를 전달하지 못한다. 말과 언어치료 또한 식사, 침 흘림, 비 구강식사, 혹은 다른 구강운동기능에 있어서의 문제—다시 말해, 얼굴과 구강 내 그리고 그 주변에 있는 근육의 움직임—를 치료하는데 도움을 줄 수 있다. 덧붙여서, 영구적으로 혹은 일시적인 말로써 의사소통을 할 수 없는 아동에게 다른 방법으로 의사소통을 하는 방법은 수화, 사진, 그림판, 혹은 모르스 부호를 습득하게 할 수 있다.

의학적 상태가 안정화되어 있다면 보통 뇌성마비 아동들은 유아처럼 말과 언어치료를 시작할 수 있다. 의사소통의 문제는 보통 사회적, 정서적, 그리고 인지적인 문제로 전이되기 때문에 아기가 조기에 말과 언어치료를 받는 것이 중요하다. 가능한 한 빨리 치료를 시작함으로써, 정상적인 운동패턴으로 발달하도록 이끌 수 있으며, 나중에 교정되어야 할지도 모르는 비정상적인 패턴이 발생하는 것을 막을 수 있다. 마지막으로 뇌성마비 아동은 지적으로 의사소통을 할 수 없게 황폐화되기 전에 대체언어전략을 배울 수 있다.

■ 언어치료사란?

언어병리사(speech language pathologist), 말 치료사(speech therapist), 말 선생님(speech teacher), 그리고 말 임상가(speech clinician) 등 여러 가지로 불려지는 말-언어치료를 제공할 수 있도록 교육을 받은 전문가이다. 이런 여러 가지 명칭들은 교육의 양과 종류에 따라 달리 붙여진다. 보통은 언어병리사라고 불리는 사람이면서 미국 말언어청각협회에서 주는 임상자격증(Certificate of Clinical Competence : CCC)을 가지고 있는 사람에게 치료를 받는 것이 가장 좋다. 이러한 전문치료사란 대학이나 대학원과정을 거쳤고 또 같은 분야의 전문가에게서 인턴과정을 이수했다는 것을 증명하는 것이기 때문이다. 임상자격증을 받기 위해서는 석사학위를 이수해야 하며, 임상강사과정을 거쳐 국가공인시험에 합격해야 한다. 언어병리사라는 자격증을 얻기 위해서는 석사학위를 이수하고, 미국말언어청각협회에 등록하여야 한다.

작업치료사와 물리치료사와 같이, 언어병리사(우리나라에서는 대개 언어임상가 혹은 언어치료사라고 호칭한다)도 소아와 발달지체아동을 위해 특화되어 있다. 그들은 또한 뇌성마비 아동을 돕기 위해 많은 테크닉에 대한 특별한 수련을 받는다. 예들 들어 그들은 신경발달치료법, 감각통합법, 그리고 대체언어(수화, 제스처, 혹은 그림판과 같은 말이 아닌 다른 테크닉) 자격증이나 훈련을 받는다.

그 밖에도 언어치료사가 배우는 여러 가지 테크닉들이 있다. 예를 들면 일부 언어치료사는 두부미추치료법(craniosacral therapy), 근막이완법(myofascial release)보다 정산적인 운동패턴을 촉진시키는데 사용하는 테크닉을 배운다. 덧붙여서, 일부 언어치료사는 아이의 청각능력을 향상시켜주기 위해 고안된 여러 가지 청각훈련 테크닉과정(예를 들면 토마티스, 베라드, 패스트 휘월드 훈련)을 이수한다. 부모들은 그들의 언어병리사가 이런 테크닉을 이수했는지, 또 그런 테크닉이 어떻게 아이에게 도움을 주는지를 물어볼 수 있다. 많은 언어치료는 부모들에게 주기 위하여 이런 치료법들에 대한 설명서를 가지고 있거나 혹은 부모들에게 더 많은 정보를 제공하기 위해 해당 학회를 일러주기도 한다.

■■ 언어치료사는 당신의 아이를 어떻게 평가하는가

작업치료사나 물리치료사가 하는 것과 똑같이, 언어치료사는 치료 프로그램을 계획하기 전에 먼저 당신 아이의 능력과 장애를 평가해야 한다. 그러나 당신은 평가를 예약하기 전에 먼저 의사소통발달에 영향을 줄 수 있는 청력장애 유무를 알아보기 위해 청력평가사를 만나는 것이 중요하다. 자격증이 있는 많은 청력평가사들이 미국 말언어청각협회와 연결되어 있다.

대부분 언어치료사는 이전에 아이를 치료했던 다른 사람들 즉, 물리치료사, 작업치료사, 청력평가사, 심리치료사, 특수교사에 의해 작성된 서류를 검토하는 것으로 평가를 시작한다. 아이의 성장 배경을 좀 더 명확히 알기 위해, 언어치료사는 당신에게 임신병력, 그리고 아이의 의학적 발달병력 등에 대해 물어볼지도 모른다. 이러한 정보들을 개관하고 아이는 당신과 상호작용하는 것을 관찰한 후, 언어치료는 어떻게 평가할 것인가를 계획할 것이다. 아이의 나이, 기술 정도, 언어병리사와의 친밀도 등에 따라서 그는 당신의 아이가 어떻게 움직이고, 놀고, 당신과 어떻게 관계를 맺는지 혹은 여러 가지 표준화된 검사를 함으로써 평가를 시작한다.

적어도 일 년에 한 번은 언어치료사는 두 영역, 식사하기와 말 등의 구강운동기술과 언어기술을 철저하게 평가해야만 한다. 또한 언어치료사는 당신 아이가 말하는 능력을 대신하여 대체언어가 필요한지도 평가해야 한다. 앞으로 이런 각 영역에서 당신 아동에게 필요한 것을 어떻게 평가하는가를 설명하고자 한다.

구강운동능력

평가를 시작하면서, 언어치료사는 당신 아이의 감각운동능력에 대한 좋은 아이디어를 얻을 필요가 있다. 예를 들면 촉감, 냄새, 빛, 소리 등의 감각입력에 어떻게 반응하는지 아이가 어떻게 움직이는지, 이것은 아이의 근 긴장도와 감각운동통합에 있어서의 문제들이 아이의 구강운동기능 즉, 아이가 혀, 입술, 그리고 턱을 어떻게 사용하는 것 등에 반드시 영향을 미치기 때문이다. 예들 들면 촉감에 대한 과민반응은 아이가 서로 다른 느낌의 음식이나 서로 다른 온도의 음식을 먹는 것을 어렵게 한다. 그리고 저 긴장도는 앞에서 언급한 대로, 어떤 소리를 만드는 것을 어렵게 한다. 이러한 문제들을 가지고 있는 뇌성마비 아동을 치료했던 언어치료사가 이들을 얼마나 많이 훈련을 시킬 것인가 하는 것을 결정하기 위하여, 언어치료사는 물리치료사나 작업치료사의 도움을 얻기도 한다.

아동의 감각운동능력을 평가하는 동안, 언어치료사는 아마 아이가 어떻게 숨을 쉬는가 하는 것을 평가할 것이다. 왜냐하면 적절한 호흡은 식사하고 말하는데 필수적인 요소이다. 언어치료사는 아이가 복식호흡을 하는지 혹은 흉곽호흡을 하는지를 평가할 것이다. 정상적으로, 6개월의 영아나 어린아이는 주로 복식호흡을 한다. 그들이 성장하면서, 복식호흡과 흉곽호흡을 같이 사용함으로써 보다 효율적인 호흡을 할 수 있다. 이러한 능력을 가지고 있지 못한 아이는 충분한 공기를 흡입하는데 문제가 있으며, 긴 음절의 단어나 긴 문장을 만드는데 어려움을 갖는다. 또한 언어치료사는 아이의 호흡횟수를 측정한다. 왜냐하면 이것은 마지막 음절을 발음하는데 영향을 미치기 때문이다. 덧붙여서, 언어치료사는 아이가 쉬고 있을 때 입을 다물고 숨을 쉴 수 있는지를 검사한다. 많은 뇌성마비 아동은 쉬는 동안에도 흔히 감기나 몸통, 머리, 그리고 목 근처 근육조절의 문제 때문에 입을 다물고 있지 못한다.

다음으로 언어치료사는 아이의 식사기능을 평가할 것이다. 아이는 대개 평가의 일부로 식사가 포함되기 마련이므로, 아이가 약간 배가 고플 시간에 평가

를 위한 예약을 하도록 주선해보
라. 또한 어떤 특수한 의자, 컵,
컵 받침대, 또는 아이가 집에서
식사할 때 사용하는 보조도구 등
을 가져가라. 아이가 아직 영아라
면, 언어치료사는 아마 당신에게
아이가 어떻게 식사를 하는지 보
여 달라고 할 것이다. 그리고 당
신의 아이가 영아보다 더 크다면,
언어치료사는 직접 아이가 먹는
것을 보고자 할 것이다. 만약 당
신의 아이가 비위관이나 위루관

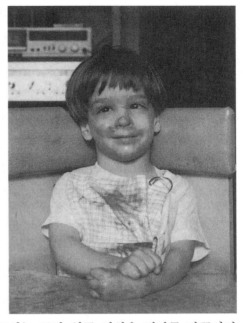

으로 영양을 공급받는다면, 언어치료사는 구강 얼굴 영역을 평가를 바꾸어서
관식을 평가할 것이다. 그러나 당신 아이의 나이나 능력이 어떠하든 간에 언어
치료사는 1) 아이가 얼마나 먹는지, 2) 아이가 견딜 수 있는 음식의 질과 온도
정도, 3) 아이가 식사할 수 있는 자세, 4) 아이가 빨고 삼기기 위해 입술과 혀를
어떻게 사용하고 씹기 위해 턱을 어떻게 사용하는지를 검사할 것이다.

당신의 아이가 식사에 문제를 가지고 있다면, 다른 여러 "식사평가 팀"의 구
성원들이 아이의 평가를 위해 언어치료사를 도와줄 수도 있다. 예를 들면 음식
이 아이의 폐로 들어갈 가능성이 있다면, 위장전문의와 같은 소화기계 장애의
전문가가 변형된 바리움 삼킴 검사와 같은 방사선 검사 처방을 낸다. 영양사는
아이에게 필요한 열량을 평가하고 추적, 관찰한다. 그리고 심리치료사는 당신
과 당신의 아이가 식사하는 동안 어떻게 관계를 맺고 있으며, 아이가 식사하는
것을 격려하는 방법 등을 관찰할 수도 있다.

흘림의 평가도 식사평가에 포함된다. 왜냐하면 아이의 삼킴 능력은 아이가
얼마나 효과적으로 침을 삼키며, 그리고 얼마나 입 앞쪽에 침이 고여 있는 것

을 느끼느냐에 의해 결정되기 때문이다. 언어치료사는 아이가 침을 흘리는 것이 감각의 문제인지, 운동의 문제인지 혹은 둘 모두의 문제인지를 결정함으로써 시작한다. 예를 들어 아이가 온종일 침을 흘린다면, 이는 아이의 입과 얼굴의 감각장애 때문이며, 아이는 옷이 젖는 것에 대한 조심성이 줄어들 수 있다. 만약 아이가 아프거나 피곤할 때, 혹은 아이가 무릎기기, 서기, 걷는 동안 혹은 오래 유지하기, 어려운 자세로 오래 있는 동안만 침을 흘린다면 침 흘림은 아마도 운동장애 때문일 것이다. 또한 언어치료사는 아이의 턱이 젖어 있는 것에 대한 타인들의 지적에 아이가 어떻게 반응하는지도 중요하다. 만약 침 때문에 다른 아이의 인형이 더럽혀졌고, 이것 때문에 다른 아이가 불평을 했을 때, 이것에 대해 아이가 기분 나쁘게 반응한다면, 이러한 반응은 아이가 침 흘림을 조절할 수 있도록 격려하는 방법이 될 수 있다.

　구강운동평가를 하는 동안 언어치료사는 "말이 아닌 입 운동"이나 "조음" 등을 같이 평가한다. 말이 아닌 입 운동평가로, 언어치료사는 말을 하는데 필수적인 입술이나 혀 움직임(예를 들면 키스하기, 휘파람불기, 비눗방울불기, 혀 내밀기와 혀 꿈틀거리기)을 얼마나 흉내 낼 수 있는가를 평가한다. 또한 그는 당신의 아이가 의미 없는 음절(예를 들면 "푸-투-쿠")을 흉내낼 수 있는지 여부를 결정할 것이다. 당시의 아이가 여러 가지 소리를 조음할 수 있는지를 평가하기 위하여, 언어치료사는 어떤 모델이나 힌트를 주고 아이가 정확하게 그런 말을 만들어 낼 수 있는지를 검사할 것이다. 마지막으로, 언어치료사는 당신의 아이가 대화 중에 어떻게 말소리를 만드는지를 기록할 것이다.

언어능력

당신 아이의 구강-운동기능 평가를 끝마친 언어치료사는 아이의 언어능력을 평가할 것이다. 대부분 언어치료사는 다음 영역을 평가하기 위해 여러 가지 표준화된 검사도구들을 사용할 것이다.

1. 수용 및 표현언어

2. 어휘—아이가 인지하고 이해할 수 있는 단어들, 그리고 개념 사물에 대한 일반화(예를 들면 먹을 수 있는 것과 먹을 수 없는 것과의 차이를 아는 것)

3. 청각과정—당신 아이의 뇌가 청각을 통해 들어온 정보를 어떻게 사용하는 가. 예를 들면 당신 아이의 뇌는 순차적인 정보 혹은 어떤 행동이 이루어 져가는 순서를 이해하는 것이 필요한 정보를 어떻게 처리하는가(당신은 깡통에서 소다를 퍼내기 전에, 먼저 깡통 뚜껑을 열어야 한다). 당신 아동은 어떻게 단어 회상을 하는가. 혹은 어떤 그림이나 힌트를 본 후 자신이 아는 단어를 사용하는 능력. 단어나 어떤 소리에 대한 단기 기억은 어떠한가?

4. 어용론(언어의 의미)—언어가 어떻게, 왜 사용되는지를 이해하는 것. 예를 들면 누군가 당신에게 시금치를 주는 것을 멈추고자 할 때, 당신은 "싫어" 라고 말하는 것. 당신 아이의 언어능력을 평가하기 위하여 언어치료사는 여러 가지 평가도구를 가지고 있다. 선택은 아이의 나이, 능력, 육체적인 장애 정도에 따라 결정된다. 만약 당신의 아이가 이해할 수 있는 말을 못 할지라도, 아이가 치료사와 눈을 맞출 수 있거나 어떤 지적에 반응할 수 있다면, 문법, 어휘, 개념, 그리고 언어적 표현에 대해 아이가 얼마나 알 아듣는가 하는 것을 평가할 수 있다. 언어치료사는 아이의 육체적인 장애에 따라서 평가방법을 수정할 있다. 만약 아이가 4개의 그림판에서 한 개를 지적할 때 손을 잘 움직일 수 없다면, 언어치료사는 그림을 크게 확대 복사하여 그것을 잘라서 평가에 사용할 수 있다. 언어치료사는 또한 당신의 아이가 눈으로 쳐다보는 것으로 그림을 지적할 수 있도록 그림검사 도구를 재배치할 수도 있다.

당신의 아이에게 표준화된 검사를 하기 전에, 언어치료사는 아이가 어떻게 의사소통을 하는지를 관찰할 것이다. 아이는 단어, 구절, 문장을 사용하는가?

"버블"을 위한 "버"를 제대로 발성하는가? "대체언어체계"를 사용하는가? 아이
는 먼저 대화를 시작하는가 아니면 누군가가 먼저 자신을 부르길 기다리는가?
예를 들면 아이가 과자를 원할 때, 아이는 자신이 원하는 것을 가리키기 위해
제스처나 소리를 내는가 아니면 누군가가 아이에게 "과자 먹고 싶니?"라는 말
을 할 때까지 아이는 그냥 오랫동안 과자상자를 쳐다보고만 있는가? 아이는 대
화를 하는 동안 불안정해 보이는가? 언어치료사는 아마 아이의 음성대화, 자음
과 모음의 분석, 아이의 문장구조를 기록하고 분석하기 위해, 그리고 아이가
어떻게, 왜 음성을 사용했는지(예를 들면 누군가에게 인사할 때, "하이"라는 말
을 사용)를 분석하기 위해 녹음기를 사용할 것이다.

보완의사소통

평가의 마지막 부분으로, 언어치료사는 당신의 아이에게 대체의사소통방법이
필요한가를 보아야 한다. 보조 의사소통기구나 장비는 말을 하기 어려운 아이
들에게 도움을 줄 수 있다. 가능하면 빨리 아이에게 이런 대체의사소통방법이
필요한지를 감별해내는 것이 중요하다. 왜냐하면 앞에서 언급한 대로, 너무 오
랫동안 말하기만을 기다리는 것은 아이의 인지나 사회성 발달까지 너무 늦게
만들거나 또는 악영향을 미칠 수 있기 때문이다. 대체의사소통방법은 빠르게
는 10개월에서 12개월의 어린 나이에도 선택해서 그들의 의사선택에 사용할
수 있다. 더 나이가 든 아이를 위해서는, 컴퓨터나 수준 높은 기계가 아이의
학문이나 학업개발에 많은 도움을 줄 수 있다. 사실 문헌을 찾아보면 아이들은
대체의사소통방법을 이용하여 보다 빠르게 기능적인 말을 발전시키는 것을 알
수 있다. 그리고 그들은 보통 자신의 말을 발전시킨 후에는 대체의사소통방법
을 사용하지 않는다.

아이들에게 대체의사소통방법이 도움을 줄 수 있을 것인가 하는 것을 결정
하는 중요한 결정요인은 아이들이 얼마나 알아듣는가(수용언어) 하는 것과 또
얼마나 표현하는가(표현 언어) 사이에 어느 정도 가격(차이)이 있는가 하는 것

이다. 만약에 당신의 아이가 3살 수준의 언어를 이해하지만, 12개월에서 14개월 수준인 몇 단어 정도의 말만을 할 수 있는 아이라면, 그 아이는 대체의사소통방법을 사용하기에 적합한 아동이다. 상점 점원 같이 아이를 모르는 사람이 아이의 말을 충분히 이해하지 못한다면, 대체의사소통방법의 사용을 신중히 고려해야 한다.

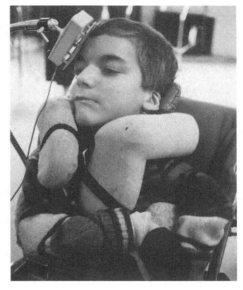

만약 언어치료사가 당신의 아이에게 대체의사소통방법이 도움이 될 것 같다고 결정을 하면, 다음 단계는 가장 적절한 대체의사소통방법을 고르는 것이다. 다음과 같은 방법들이 당신 아이의 말을 대신하여 사용할 수 있는 것들이다.

1. 일반적으로 이해되는 제스처들
2. 수화
3. 사물이 그려진 판(아이가 원하는 것을 선택하도록 그림이 그려진 판)
4. 사진 판(사진이 붙어 있는 판)
5. 그림 의사소통 판(여러 개의 그림이 나열되어 있는 판)
6. 글씨 판(글씨가 쓰여 있는 판)
7. 소리를 낼 수 있는 만들어진 고성능기기 판
8. 컴퓨터(아이들이 사용할 수 있도록 사전에 만들어진 프로그램이 있는 컴퓨터)

언어치료사는 아이들의 특별한 요구에 맞게 대체의사소통방법을 어떻게 조합할 것인가를 살펴보아야 한다. 예를 들면 언어판에 추상적인 표시를 그리는 대신 실제 공이나 실제 과자를 구체적으로 그릴 것인지, 컴퓨터를 작동하기 위하여 어떤 스위치를 사용할 것인지, 혹은 위에 열거한 여러 가지 방법을 어떻게 조합하여 사용할 것인지 등이다.

이러한 평가기간 동안, 언어치료사는 당신이나 당신 아이에게 어떤 종류의 대체의사소통방법을 더 선호하는지 물을 것이다. 예를 들면 그들은 당신에게 어떤 의사소통방법을 원하고 있는지, 수화를 배우고 싶어하는지 혹은 컴퓨터를 작동할 수 있는지 등에 대해 질문을 할지도 모른다. 언어치료사는 또한 작업치료사나 물리치료사에게 의뢰할지도 모른다. 왜냐하면 대체의사소통방법은 보통 전신적인 능력을 요구하기 때문이다. 예를 들면 아이가 무엇을 적절히 손으로 지적하거나 눈으로 응시할 수 있으려면 올바른 자세로 앉아 있을 수 있어야 하기 때문이다.

대체의사소통방법을 선택하는데 가장 중요인 선택의 기준은 아이의 나이, 운동조절능력, 인지능력에 달려 있다. 예를 들면 손으로 수화를 하려면, 적절한 운동조절능력이 있어야 한다. 흔히 뇌성마비 아동은 학교에 들어가기 전에 오직 몇 가지의 수화동작만을 배울 수 있을 뿐이다. 그리고 아이에게 계속해서 대체의사소통방법이 필요하다면, 언어치료사는 아이에게 보다 낮은 수준의 운동 조절능력이 필요한 이차원적인 언어판의 사용을 가르칠 것이다. 그 후에 아이가 학교에 들어가면, 그때는 아이는 전자시스템을 사용하게 될지도 모른다. 아이를 위하여 어떤 대체의사소통방법이 추천되어지든 간에, 언어치료사는 가능하면 아이가 독립적으로 그것을 사용할 수 있도록 가르치려고 노력할 것이다.

■■ 언어치료사는 당신의 아이를 어떻게 치료하는가

평가가 끝나면, 언어치료사는 당신의 아이에게 필요한 적절한 치료 프로그램을 만들 것이다. 당신의 도움을 받으면서, 언어치료사는 아이가 가지고 있는 문제점을 포함하여 구강운동기능과 언어발달의 각 영역에 맞추어 장, 단기 목표를 세울 것이다. 예를 들면 언어치료사는 단어의 어떤 위치에서건 [ㅂ]과 [ㅍ]를 사용할 수 있도록 장기목표를 세울 것이다. 이러한 목표에 도달할 수 있도록, 당신이 아이가 말의 초성에서 이러한 소리를 만들어내는 단기목표를 세워 줄 수도 있다. 또한 언어치료사는 당신의 아이가 그러한 목표에 도달하기 위하여 어떤 방법이나 어떤 도구를 사용할 것인지를 정확히 계획을 수립할 것이다. 만약에 목표가 당신의 아이가 학교의 여가시간에 참여하는 것이라면, 언어치료사는 작은 소리를 만들어내는 말하는 컴퓨터의 사용을 권할 것이다. 아이의 목표가 무엇이든지 집, 시장, 음식점 같은 곳에서 당신이 아이와 대화할 수 있는 방법을 찾도록 언어치료사는 도움을 줄 것이다.

언어치료사는 치료시간에 어떻게 아이를 치료할 것인가를 계획하는 것 이외에, 그들은 당신과 당신 가족들이 아이가 식사하고 의사소통을 하는데 어떻게 도와줄 수 있는가 하는 방법도 계획할 것이다. 치료과정에서 치료사는 당신이 집에서 당신의 아이를 다루는 방법을 가르쳐 줄 것이다. 예를 들면 당신의 아이에게 얼굴의 촉각 과민반응을 감소시키기 위해서 또는 근력 강화를 위해 얼굴 마사지가 필요하다면, 언어치료사는 당신이 적절하게 근육을 자극하도록 하기 위해 당신 손의 위치를 잡아 줄 것이다. 각 치료과정에서 언어치료사는 "집에서 시행할 숙제"를 공책에 써 줄 것이며 다음 치료시간에 어떻게 하였는지 확인할 것이다.

다음에 언어치료사가 뇌성마비와 관계된 당신의 아이를 위해 치료하는 방법 중 일부를 소개한다.

구강-운동법

식사하기. 당신의 아이가 얼굴의 근 긴장도나 감각통합에 문제가 있어서 빨고, 씹고 혹은 삼키는데 문제가 있다면, 언어치료사는 아이가 보다 식사를 잘 할 수 있도록 하기 위해 어떻게 마사지 하는가를 보여줄 것이다. 또한 치료사는 아이가 얼마나 먹는지 또는 일정한 양을 먹는데 시간이 얼마나 걸리는지 등을 물을 것이다. 덧붙여, 그는 어떤 종류(질)의 음식, 어느 정도 온도의 음식이 가장 아이의 구강근육을 자극할 수 있는가 하는 것을 설명할 것이다. 예를 들면 얼음을 **빠**는 것이 어떤 아이에게는 입술 운동에 도움을 줄 수 있고, 프리첼(과자)을 자르고 씹는 것 혹은 된 음식을 긁어먹는 것이 혀 운동을 강화하는데 도움을 줄 수 있다. 또한 언어치료사는 아이가 비구강 식사로부터 벗어나는 것을 도와줄 수 있다. 예를 들면 언어치료사는 아이가 점차 빨고 삼키는 능력이 향상되는 것을 보면서 비구강 식사를 줄일 수 있다.

물리치료사와 함께 언어치료사는 아이가 더 편하게 먹을 수 있는 자세나 아이에게 필요할지도 모르는 특수 자세교정 장비 등을 주문하는데 도움을 줄 수 있다. 작업치료사와 함께 언어치료사는 아이에게 컵, 수저 등을 어떻게 줄 것인가, 그리고 아이가 보다 쉽게 먹을 수 있게 해주기 위해 어떻게 컵이나 수저를 변형시켜 줄 것인가 등을 조언해 줄 수 있다. 제4장에서 보다 자세하게 자세교정방법과 특수장비 등에 대해 논의하였다.

말. 당신의 아이가 비정상적인 소리를 교정하기 위해서, 당신은 처음에 아이가 자신의 입술과 혀를 어떻게 준비하는지를 시범으로 보여줄 것이다. 예를 들면 당신의 아이가 [b], [p], [m], [w], [oo] 소리를 어려워한다면, 주스를 빨거나 휘파람을 불거나 혹은 비눗방울을 불어보도록 제안할 수 있다. 그 다음에 언어치료사는 당신에게 아이가 목표하는 소리를 만들도록 어떻게 도울 것인가를 설명할 것이다. 예를 들면 아이가 [t], [d], [n] 소리를 만들지 못한다면, 땅콩버터나 꿀을 치아 바로 뒤에 놓는가 하는 것을 보여줌으로써 언어치료사는 혀끝을 어떻게 적절한 위치에 놓는가 하는 것을 설명한다. 필요하다면, 언어치료사는 혀를 입의 양쪽 좌우 끝으로 가져가는 기초 훈련을 할 수도 있다.

종종 언어치료사는 식사와 말이 함께 필요한 근육을 발달시키려고 할 것이다. 예를 들면 언어치료사는 입술운동을 증진시키기 위해 수저 핥기, 빨대 빨기 등을 시킬 수도 있다. 그러한 운동들은 [o], [oo], [b], [m], [p] 소리를 만들어

내는데 필요한 근육들이다. 식사하는 동안 입술근육 운동을 증진시키는 것은 보통 말소리 만드는 동안 사용하는 입술 운동과 연관이 있다.

적절한 호흡은 좋은 말의 기초가 되기 때문에, 언어치료사는 당신에게 보다 정상적인 호흡패턴을 증진시키는 방법을 배우도록 권할 것이다. 이러한 기술은 아이의 근 긴장도를 정상적으로 하기 위해 아이가 자세를 바로잡는 방법을 당신이 어떻게 배우느냐에 달려 있다. 만약 아이가 호흡 훈련 중이라면, 아이가 스스로 한 말이나 노래를 다시 듣고 재충전시키기 위해 녹음기를 사용하는 것도 좋다.

침 흘림. 만약 아이가 감각되먹임에 문제가 있어 침을 흘린다면, 언어치료사는 당신에게 아이가 젖은 것에 대한 감각을 증진시키기 위해 여러 가지 재질의 세수 수건이나 천조각으로 아이의 얼굴을 어떻게 마사지하는가를 보여줄 것이다. 또한 언어치료사는 아이가 젖은 것과 마른 것의 차이를 알 수 있도록 어떻게 도와주는가 하는 것을 당신에게 보여줄 것이다. 만약 아이가 운동능력 때문에 침을 흘린다면, 언어치료사는 가능하면 정상적인 근 긴장도를 갖게 하기 위하여 아이의 머리와 몸통을 어떻게 자세 잡는가 하는 것을 보여줄 것이다. 또한 언어치료사는 보다 정상적으로 삼키는 것을 자극하는 방법을 가르쳐 줄 것이다. 덧붙여, 언어치료사는 아이가 쉬고 있는 동안 자신의 입을 다물고 있게 하기 위해 입술을 어떻게 조절하는가 하는 것을 보여줄 것이다.

음운론(언어의 의미)/언어사용

종종 뇌성마비 아동은 움직이는데 어려움이 있기 때문에, 친구들이나 가족들이 그들의 요구를 대신해 주는 습관이 있다. 그들은 아이가 침대에서 곰 인형을 요구하기도 전에 혹은 아이의 제스처를 알아보기도 전에 인형을 갖다 주곤한다. 불행하게도 당신이 아이의 모든 요구를 대신해 준다면, 아이는 무엇을 찾을 필요도 없고 의사소통을 하려는 노력도 하지 않는다. 결과적으로, 그 아이의 언어적 표현은 망가지고 만다.

언어치료사는 당신과 당신의 가족들에게 당신 아이의 언어적 표현을 자극하는 방법을 알려줄 수 있다. 종종 언어치료사는 당신과 당신의 아이가 역할분담 연극을 어떻게 이용하는가를 보여주곤 한다. 예를 들면 치료사는 당신의 아이가 "더 요구" 하는 것을 자극하기 위한 제스처로써 곰 인형을 가지고 다과회를 연출할 수도 있다. 혹은 언어치료사는 당신의 아이에게 어린 꼭두각시 인형을 주고 할머니 꼭두각시 인형과 이야기하도록 유도한다. 치료사는 또한 당신이 실제 상황에서 아이의 언어로 이야기해보도록 시키기도 할 것이다. 예를 들면 언어치료사는 당신이 아이의 요구에 동참하지 않으면 야단을 칠 것이며 당신에게 아이가 사람들에게 인사하고 묻고 대답하는 것을 권하라고 할 것이다.

언어

개념. 적절한 나이에서 개념적 이해(크고 작음, 높고 낮음, 다르고 같음)는 성공적인 의사소통에 필수적이다. 그러나 종종 아이들은 그들이 직접 경험하지 않은 행동과 관계되는 개념을 이해하기 어렵다. 예를 들어 뇌성마비 아동은 그들이 육체적인 어려움으로 실제로 어떤 장애물의 위로 혹은 아래로 지나갈 수 없다면, "위"와 "아래"의 차이를 배우는데 어려움이 있을 수 있다. 만약 아이가 학교에서 개념을 배우고 있는 중이라면, 언어치료사는 아이가 이중으로 배우는 것을 피하기 위해 선생님과 상의할 것이다. 언어치료사는 처음에는 실제 물건을 사용하여 개념을 가르칠 것이다. 예들 들면 언어치료사는 "뜨겁다"와 "차갑다"라는 개념을 배우게 하기 위해 뜨거운 물건이나 차가운 얼음을 피부에 대어본다. 그 후에 그는 보다 추상적인 단계로 개념을 다시 한번 강조한다. 치료사는 아이들에게 그림을 보여주고, 아이들에게 뜨거운 것과 차가운 것을 지적해보도록 혹은 말로 이야기해보도록 요구한다.

청각과정. 제3장에서 논의한 것과 같이, 뇌성마비 아동은 여러 가지 이유로 듣는데 문제를 가지고 있다. 이러한 문제들은 아이들의 청각과정 혹은 아이들의 뇌가 소리에 반응하는 것을 방해할 수 있다. 결과적으로, 뇌성마비 아동들은 단기 청각기억력(말 듣고 따라하기, 방금 배운 것 반추하기, 그리고 생각을 조직화하기)에 문제가 있을 수 있다.

언어치료사는 당신의 아이의 청각과정이 증진을 돕고자 여러 가지 방법을 사용할 수 있다. 보통, 그는 당신의 아이가 어려움을 가지고 있는 정도의 길이와 복잡성에 따라서 정확하게 예시를 보여주면서 시작한다. 만약 당신의 아이가 16개월 정도의 문장(예를 들면 "아기에게 키스해")을 이해지 못한다면, 치료사는 그 단계에서 치료를 시작한다. 치료사는 다음과 같은 놀이를 하곤 한다. 예를 들면 아이와 "베드로 이야기(Simon Says)"를 한다. 혹은 실제 생활모습을 보여주기도 한다. 예를 들면 점심식시하기 전에 아이에게 칼과 포크를 가져오라고 한다. 언어치료사는 아이의 청력과정을 증진시키기 위해 상업용 녹음테이프나 책자를 이용하기도 한다.

문법/문장. 문법적 지식(말의 다른 부분을 사용하거나 만들기 위한 규칙)이나 문장(구와 절을 만들기 위해 단어들을 나열하는 순서)은 효과적인 의사소통에 필수적 요소이다. 뇌성마비 아동은 올바른 문법적 사용이 느릴 수 많다. 왜냐하면 그들은 단어의 끝에 복수 "들"자를 붙일 수 있게 숨을 길게 쉬기가 어렵거나, 발달장애를 동반하고 있어 문법을 배우는 것이 늦을 수 있다.

언어치료사는 아이들에게 어려움을 주는 각각의 문법적 구조를 가르치려고 노력하고 있다. 예를 들면 당신의 아이가 "이것은 철수의 자동차다"와 같은 "의"를 사용하기 어렵다면, 언어치료사는 처음에는 "철수의"라는 말만 연습시킨다. 그런 다음에 "이것은 누구의 자동차지요?" 하고 물으며, 절절한 반응을 유도한다. 치료사는 아이와 자동차 놀이를 하면서 이러한 연습을 할 수도 있다. 만약 아이의 반응이 느린 것이 부적절한 호흡 때문이라면, 예를 들면 아이가 숨이 짧아서 문장 끝의 복수 "들"이나 소유격의 "의"를 발음하지 못한다면-치료사는 체간 근육의 긴장도를 높이기 위해 특별한 운동을 가르칠 것이다.

보완의사소통

이것은 당신의 참여가 당신 아이의 성공에 필수적인 치료분야이다. 당시의 아이가 대체의사소통법으로부터 최대한의 효과를 얻기 이해서는 모든 사람들이 하루 종일 그 아이와 함께 그 장치를 사용해야 한다. 목표는 1시간 사용하는 것이 아니라 하루 24시간 사용할 수 있도록 하는 것이다. 당신과 당신 가족이 아이의 컴퓨터, 언어판, 혹은 표시들을 치워 놓거나 잃어버린다면, 이것은 아이가 심한 후두염을 앓게 하는 것과 같다. 당신은 아이가 이런 대체의사소통법을 배우는 것이 매우 느리게 때문에 아이가 이런 방법으로 의사소통을 할 수 있을 때까지 많은 인내심을 가져야 한다.

아이가 이런 대체의사소통 법을 성공적으로 배우는 데는 당신의 지지가 필수적이기 때문에, 당신 가족들은 전동 휠체어를 사고자 결정했을 때처럼, 이 분야에서도 당신들이 내린 결정을 기쁜 마음으로 받아들여야 한다. 예를 들면 당신의 뇌성마비 아동은 표시나 제스처를 배우고자 한다면, 당신과 다른 아이들도 또한 그것을 배우려는 의지가 있어야 한다. 당신은 언어치료사와 상의하여 매주 조금씩 표시를 배울 것인가 아니면 하루 날을 길게 잡아서 많은 양의 표시를 배우는 것을 정해야 한다. 그 밖에 언어치료사가 사진이나 여러 개의 심볼들이 그려져 있는 언어판의 사용을 권한다면, 당신은 그것을 배우기 위해 준비해야 하며 또한 예를 들면 디즈니랜드, 해변가, 혹은 특별한 식당 등에 갈 때 사용하기 위해 새로운 심볼을 추가하는 방법들을 물어야 한다.

마지막으로 당신의 아이가 소리를 만들어내는 장치나 컴퓨터를 사용하고자 한다면, 당신은 그것을 작동하는 방법을 배워야 할 뿐 아니라 그것이 고장 났을 때 어떻게 해야 하는지도 배워야 한다. 또한 컴퓨터 장비를 사용하는 아이는 항상 언어판을 떨어뜨릴 수 있기 때문에, 당신은 언어판을 사용하는 방법을 배워야한다. 더 나아가 당신은 보모, 친척들, 다른 치료사들, 선생님들, 그리고 아이와 함께 지내는 다른 사람들에게 이 장비를 사용하는 방법을 가르쳐야 한다.

많은 주정부와 지방정부 소속 학교에는 아이들에게 대체의사소통방법의 사용을 결정할 때 좋은 정보를 줄 수 있는 대체의사소통 팀들을 가지고 있다. 그들은 시범적으로 사용할 수 있는 다양한 성능을 가진 장비를 가지고 있다.

■■ 말과 언어치료 프로그램에 참여하기

전 장에서 당신의 아이를 위해 당신이 할 수 있는 여러 가지 홈 프로그램을 기술하였다. 그러나 당신의 단순한 참여만으로는 당신 아이가 치료로 좋은 결과를 얻으리라고 보장받을 수 없다. 당신 아이의 홈 프로그램이 효과적으로 진행되기 위해서는, 당신이 집에서 어떤 것을 행 할 수 없다면 이에 대해 언어치료사에게 정직해야 한다. 예를 들어 만약에 당신이 하는 것에 대해 확신이 없다면 언어치료사에게 그것을 말하고 정확하게 설명을 듣고 바르게 이해하라. 그 밖에, 당신이 요구하는 것을 언어치료사가 원치 않는다면, 혹은 언어치료사가 당신의 일상생활 패턴에 맞지 않는 무언가를 해주길 원한다면 당신 아동을 위한 홈 프로그램을 포기하지 말라. 언어치료사와 대화하면서 아이를 위한 동일한 목표를 위해 또 다른 방법을 모색할 수 있다. 예를 들면 언어치료사는 식사 때 아이의 빠는 기술과 삼킴 기술을 향상시키기 위해 아이가 두 손으로 컵을 잡아주길 원하지만, 당신은 같은 식사 시간에 다른 세 아이를 돌보아야 한다면, 위와 같은 목표는 간식시간에 해주는 것이 더 현명할 수도 있다.

당신, 당신 아이, 그리고 언어치료사는 서로 모여서 무엇을 치료할지, 그리고 엄마와 아빠를 위하여 집에서 아이가 훌륭한 작업을 했을 때 어떤 상을 줄지 무엇을 상을 줄지를 결정해야 한다. 비록 궁극적으로는 아이가 칭찬을 받기 위해 훈련을 할지라도, 처음에는 흥미를 주고 동기를 부여하기 위해 아이에게 무언가를 선물로 주는 것이 도움이 된다. 예를 들면 스티커, 공룡들, 혹은 농구공 등이 있다. 처음엔 좋은 성과가 있을 때마다 즉시 선물을 주는 것이 도움이 되지만, 시간이 지나면서 선물을 줄여가야 한다.

가족들은 언어치료사의 목표를 여러 가지 방법으로 강화할 수 있다. 앞에서 논의한 대로, 당신의 아이에게 프리첼(딱딱한 과자)을 씹도록 주는 것은 아이의 입과 얼굴 근육의 긴장도를 보다 발전할 수 있도록 도와줄 수 있다. 이러한 테크닉을 "음식치료"라고 부른다. 덧붙여, 차를 타고 가면서 종종 편리하게 치료 목표대로 시행할 수 있다. 예를 들면 테이프를 따라 혼자 노래를 부르면서 호흡조절운동을 할 수 있으며, 차창 너머로 당신이 보는 것 중에 특별히 어떤 소리로 시작하는 단어를 말해보는 것도 있다.

당신은 아동의 홈 프로그램에 참여하는 것 외에도, 언어치료사로부터 실제 치료과정 중에 도움을 요청받을 수도 있다. 흔히 언어치료사가 특정한 근육을 치료하고 있는 동안 뇌성마비 아동의 자세를 바로 잡아주기 위해 다른 사람의 도움이 필요한 경우가 있다. 예를 들면 언어치료사가 치료용 공 위에 아이를 올려놓고 보다 정상적인 호흡을 자극하는 훈련을 하는 동안, 당신에게 비눗방울을 불어 줄 것으로 요청할 수 있다. 당신의 아이가 비눗방울을 잡으려고 손을 뻗을 때, 아이는 보다 정상적인 호흡을 할 수 있는 자세를 갖게 될 것이다.

특히 아이가 더 크면, 당신은 치료실 밖에 나가서 스크린을 통해서 혹은 관찰실 안에서 있어야 할 때가 더 자주 있을 것이다. 언어치료사는 부모가 주변에 없을 때 아이가 어떻게 독립적으로 의사소통을 하는가를 보고자 한다. 이런 경우에, 치료사는 치료과정의 끝부분에 당신을 위하여 새로운 기술을 보여주거나 혹은 숙제를 내주곤 할 것이다. 뇌성마비 아동 중 일부는 치료과정의 이런 끝부분이 어려울 수도 있다. 왜냐하면 아이들이 피곤하기 쉽고, 언어치료사와 부모가 자신에 대해 서로 이야기하는 것을 싫어하거나 불쾌하게 생각하기도 하기 때문이다. 당신과 언어치료사는 컴퓨터 놀이나 스티커 주기, 특별한 장난감 주기, 녹음기를 작동할 기회를 주기, 그 밖에 적절한 것들을 가지고 놀 수 있도록 함으로써 이러한 껄끄러운 상황을 보다 쉽게 만들 수 있다.

■■ 언어치료사 구하기

언어치료는 조기 어린이 특수교육 프로그램의 일부이다. 그러나 당신이 아이가 보다 집중적인 치료로부터 보다 더 좋은 효과를 얻는 것 같이 느낀다면, 개인적으로 더 많은 언어치료를 받도록 언어치료사를 구해야 한다.

　당신이 사는 도시의 크기에 따라서 당신은 당신의 아이를 치료할 만한 언어치료사를 구할 수도 있고 또 그렇지 못할 수도 있다. 언어치료사를 구하는데 있어서, 여러 가지 중요한 전문적인 자격을 참고해야 한다. 언어치료사는 미국 말-언어-청각협회에서 주는 임상자격증(CCC)을 가지고 있어야 하며, 주정부에서 주는 자격증이 있어야 한다. 또한 그는 신경발달치료법 자격증을 가지고 있거나 그 연수과정을 이수했어야 한다. 소아영역을 주로 관여하여 왔으며, 당신의 아이 같은 발달장애아동을 치료한 경력이 있는 치료사가 적당하다. 언어치료사는 아동의 전신을 바로잡아 정상적인 근 긴장도를 갖도록 함으로써 언어기능을 최적화시킬 수 있는 능력이 있어야 하기 때문이다. 신경발달언어치료 교수인 저자의 스승 레슬리 데이비스(Leslie Davis)는 "당신이 엉덩이에 올려놓은 것은 입술을 통해 표현된다"고 말하였다. 다시 말해, 당신이 아이의 전신 근 긴장도와 근육패턴을 정상화되도록 노력하는 동안, 당신은 아이의 호흡과 구강-운동영역도 역시 비슷하게 회복되는 것을 볼 수 있을 것이다. 아이가 중증의 장애를 가지고 있는 경우엔, 당신은 당신의 아이에게 적절한 비-구강언어 테크닉을 위해 대체의사소통법을 훈련시킬 수 있는 언어치료사를 찾길 원할 수도 있다.

　언어치료사의 자격증만큼 중요한 또 다른 것은 당신의 아이, 당신의 가족, 그리고 학교와 강한 유대를 가지고 함께 치료과정을 만들어가는 능력이다. 언어치료사가 당신과 함께 일할 때, 그는 당신의 아이가 그의 치료의 중심이며 관심의 중앙에 있다는 확신을 주어야 한다. 치료사는 당신 아이에게 자신의 능력 모두를 가지고 헌신적이어야 하며 당신에게 희망과 지지가 되어 주어야 한다. 치료사는 당신 가족의 마음(아이를 너무 과도하게 몰아가지 말 것과 남보다 더 많은 도움을 줄 것)을 읽을 줄 알아야 한다. 덧붙여, 언어치료사는 당신이 당신 아이의 개인적인 치료 프로그램과 학교 프로그램, 그리고 또 다른 치료 프로그램들과도 잘 조화할 수 있도록 도와주어야 한다. 언어치료사는 당신 아이의 다른 치료사들과 전화를 통해서, 아이의 학교 프로그램을 관찰함으로써, 혹은 운동이나 치료진행과정에 대한 기록을 통해 조절할 수도 있다. 마지막으로 언어치료사는 아이 하루 전체의 치료 프로그램이 부담이 되기보다는 즐거운 경험이 되도록 목표를 설정할 수 있도록 당신을 도와야 한다.

당신 아동을 치료할 수 있는 적절한 자격을 갖춘 언어치료사가 되기 위해 당신은 미국 말-언어-청각협회와 접촉할 수 있다. 그 곳에는 임상자격증(CCC)을 가지고 있는 사람들의 목록을 보유하고 있다. 또한 당신은 신경발달치료법에 대한 자격증을 가지고 있는 언어치료사를 구하기 위해선 미국신경발달치료협회에 의뢰할 수도 있다. 당신의 아이를 치료할 수 있는 적절한 자격을 갖고 있는 사람을 구하려면, 당신의 소아과 의사(재활의학과 의사), 뇌성마비 아동의 부모들, 당신 주의 말-언어치료사협회, 학교에 있는 치료사들 혹은 소아진단 팀을 갖춘 동네 병원 등에서 문의해 보라.

■■ 하나의 팀으로서 함께 일하기

이 장에서 논의한 대로, 당신 아동에 대한 물리치료사, 작업치료사, 그리고 언어치료사의 치료는 많은 부분에서 서로 중복된다. 때때로 서로 다른 치료사들이 당신 아이에게 같은 목표를 가지고 치료한다. 예를 들면 작업치료사와 언어치료사는 모두 아이의 식사기술을 증진시키기 위해 아이의 구강-운동조절을 위해 치료한다. 때로 치료사들은 아이의 발달을 촉진시키기 위해 일부로 그들의 치료목표를 조합할 수도 있다. 예를 들면 물리치료사가 아동에게 앉고 서는 것을 훈련시킬 때, 언어치료사도 동시에 "위"와 "아래"에 대한 개념을 가르칠 수가 있다. 또 다른 경우에는, 당신의 아이가 어떤 치료사와 치료를 하는 과정이 다른 치료사와 치료하는 과정에 직접, 혹은 간접적으로 영향을 줄 수가 있다. 예를 들면 물리치료사가 아이의 몸통조절에 관한 치료를 하면 이것은 작업치료사가 아이의 손 움직임을 훈련시키는 것을 쉽게 해준다. 물리치료사와 작업치료사에 의해 아이의 근 긴장도가 회복되면 이것은 언어치료사의 치료증진에 중요한 기본적인 바탕이 된다.

때때로 치료사들은 동시에 당신의 아이를 관찰하고 싶어한다. 예를 들면 물리치료사는 치료공 위에 아이를 올려놓고 호흡과 말을 위해 적절한 근 긴장도를 만들기 위해 치료를 한다. 동시에 언어치료사는 당신 아이 앞에서 좋아진 긴장도를 가진 근육을 이용하여 아이가 노래를 부르거나 비눗방울을 불도록 격려할 수 있다.

작업치료, 물리치료, 그리고 언어치료가 너무 많이 중복되기 때문에, 당신 아이의 치료사들은 하나의 팀으로 작업하는 것이 매우 필요하다. 그들은 서로의 목표, 그리고 아이의 요구사항과 아이의 능력에 대한 각자의 관찰 결과를 공유하기 위해 서로서로 대화를 해야 한다.

만약 당신 아동의 치료사들이 어떤 특정한 센터나 학교소속이라면, 그들은 이미 벌써 팀으로서 작업을 할 것이다. 학교나 센터는 당신 아동에게 서비스 조력자들(당신 아이의 치료사들로부터 정보와 생각을 모으고 서로 다른 서비스를 조절하는 의사, 교육자, 그리고 사회복지전문가들)을 배정했을 것이다.

만약 당신이 당신 아이를 치료하는 치료사들을 하나의 팀으로 모았다면, 당신은 그들의 서비스를 조절하기 위해 보다 적극적인 역할이 요구된다. 당신은 당신 아동의 사례 관리인(case manager)으로의 역할을 할 수도 있고, 치료사 중에 한 명에게 그 역할을 요구할 수도 있다. 당신은 한 치료사에서 다른 치료사에게 혹은 학교선생님과 학교치료사에게 돌면서 전달될 수 있는 경과기록지를 가지고 있는 것이 도움이 될 수도 있다. 이런 경과기록지에, 당신의 각각의 치료사들은 가정활동, 놀이와 자조 자세, 권하고 싶은 장난감들, 다른 적절한 정보를 적을 수 있다. 그들은 또한 아이와 함께한 사진이나 운동치료에 대한 그림을 그려서 경과기록지에 수록할 수 있다.

당신 아이의 치료사들이 치료에 대한 정보를 서로 공유하는 것이 중요한 것처럼, 아이에 대한 정보를 가지고 있는 것이 더 중요하다. 무엇보다도, 당신은 다른 누구보다도 당신 아이의 욕구와 능력을 더 잘 알고 있으며, 당신의 아이와 놀고 치료할 수 있는 기회를 가장 많이 가지고 있다. 그렇기 때문에 당신이 정보를 가지고 참여하는 것이 아이의 치료 프로그램의 성공의 열쇠이다.

다행히도, 대부분의 치료사들은 부모들이 치료 팀의 일원으로 참여하는 것이 중요하다는 것을 알고 있다. 그들은 기꺼이 전문적인 치료기술, 관찰방법, 그리고 치료과정에서 아이가 최대한 치료효과를 얻기 위해 필요한 치료전략을 가르쳐 줄 것이다. 더욱 중요한 것은, 그들은 당신의 관심에 대해 귀를 기울일 것이며 어떤 것은 하고, 어떤 것은 하지 말고, 또 아이가 하고 싶어하는 것은 무엇인가 등에 대한 당신의 의견을 경청할 것이다. 만약 당신의 치료사가 다른 치료사의 능력에 비해 못 미친다면, 당신은 새로운 치료사를 구해야 한다. 기억하라. 당신의 아이는 모든 구성원들이 서로의 이야기를 들어주고, 당신과 당신의 아이를 위하여 치료하고 서로 아이디어를 발전시키기 위해 노력하는 치료 팀을 원하며 그럴 권리가 있다.

08

메리안 자레트

조기개입과 특수교육

당신의 자녀가 뇌성마비라는 것을 발견하기 전부터, 아마도 당신은 자녀 미래의 교육에 대해 생각했을 것이다. 아마도 당신은 아이가 읽기와 수 세기를 가능한 한 빨리 할 수 있도록 학령전 교육을 계획할지도 모른다. 혹은, 당신은 자녀가 유치원에 들어갈 나이가 되기 전까지 집에서 함께 지내며 그냥 아이로서 즐겁게 시간을 보낼 수 있게 할 수도 있다. 당신의 계획이 무엇이었든, 자녀가 뇌성마비로 진단받은 이후로는 그 계획은 분명 급진적으로 변했을 것이다.

대부분의 뇌성마비 아동들은 비장애 아동들보다 훨씬 더 빨리 공식적인 교육을 시작할 필요가 있다. 뇌성마비 아동들이 가능하면 최대한으로 빨리 정상적으로 기능하는 것을 돕기 위해서는, 그들의 가족과 지역사회 안에서 특수교육과 치료 서비스의 제공이 필요하다. 예를 들어 많은 뇌성마비 아동들의 운동기술 향상을 돕고, 때때로 의사소통기술을 발달시키도록 돕는 서비스가 필요하다. 정신지체 혹은 학습장애 아동들 역시 문제해결과 다른 인지적인 기술들의 발달을 돕도록 고안된 서비스를 필요로 한다. 더구나, 아동이 뇌성마비일 때, 모든 가족들은 아동과 함께 공부하고 놀 수 있는 가장 좋은 방법을 배울 수 있도록, 지원과 지침을 제공할 수 있는 종합적인 개입 프로그램을 필요로 한다.

다행히, 뇌성마비 아동과 그들의 가족들을 위한 교육기회는 많이 향상되었다. 제9장에서 설명하듯이, 최근 수십 년 동안 국회는 뇌성마비 아동과 그 밖의 다른 장애아동들이 서비스를 받을 중요한 권리를 보장하는 몇몇 중요한 법을 통과시켰다. 현재 조기개입 서비스가 출생부터 2살까지의 장애 영·유아에게 제공되고 있으며, 3살부터 21살까지의 아동과 청소년들에게는 특수교육 서비스가 제공된다. 부모들은 그들의 자녀를 위한 이러한 서비스들을 계획하고 점검하는 중요한 역할을 하게 된다.

당신은 자녀교육에서 당신의 역할을 준비하는 것을 돕기 위해, 이 장에서는 출생부터 5살까지의 뇌성마비 아동을 위한 가능한 서비스의 영역을 살펴볼 것이다. 또한 당신의 자녀가 받는 특정한 서비스가 어떻게 결정되는지 설명하고, 조기개입 및 당신과 당신 자녀와 함께 일할 특수교육 전문가에 대하여 소개할 것이다. 그리고 마지막으로 이 장에서는 당신이 자녀를 위해 최상의 교육 프로그램을 선택할 수 있는 지침을 제공할 것이다.

■■ 프로그램들

당신 자녀의 연령에 따라 그리고 장애 정도에 따라, 아동은 다양한 환경과 다양한 전문가들로부터 필요한 서비스를 받게 된다. 만약 3살 이하라면, 아동은 "조기개입"("early intervention") 서비스라고 불리는 서비스를 받을 것이고, 3살부터 5살 사이라면, 학령전 프로그램(preschool program)을 통한 서비스를 받을 것이다. 어떠한 경우라도, 부모님의 의견을 반영하여 개별아동의 특수한 학습적 요구에 따라서 치료적 서비스와 교육적 서비스가 고안될 것이다.

조기개입 프로그램

조기개입 서비스는 3살 이전에 시작되어야 하며, 발달지체 혹은 발달장애아동의 발달을 향상시키기 위해 계획되었다. 이 서비스는 특수한 교수, 물리, 작업, 혹은 언어치료, 건강 서비스, 가족훈련과 상담, 혹은 보조공학 서비스를 포함할 수 있다.

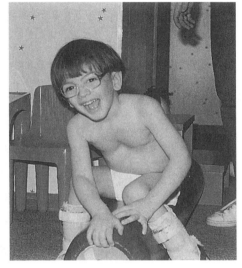

만약 당신의 자녀가 운동기술에 문제를 가지고 있다면, 뇌성마비로 진단받은 경우이든 아니든, 아동이 가능한 빨리 특수교육과 치료 서비스를 받는 것이 중요하다. 인생의 어떤 다른 시기도 출생 후 초기 몇 년 동안 학습하고 발달하는 것처럼 빨리 발달하지 못하기 때문에, 개입의 핵심은 가능한 빨리 시작하는 것이다. 조기개입은, 뇌성마비 영·유아 아동들의 자세잡기, 근 긴장상태, 그리고 움직임 유형이 좀 더 정상적으로 발달할 수 있도록 도우며 그들이 이후에 해야 할 스스로 먹기, 목욕하기, 그리고 옷 입기와 학교 생활하기를 배울 수 있고 그들의 독특한 요구에 맞게 수정된 놀이와 교수경험을 통하여 학습할 수 있다.

조기개입 프로그램은 당신 자녀의 최적의 발달을 위한 최상의 기회를 제공하는 것 이외에도 당신이 아동과 아동의 특수한 요구에 관해 알 수 있으므로, 당신의 가족에 지원과 지침을 제공할 수 있다. 프로그램을 통해 당신은 자녀가 뇌성마비라는 것을 알게 된 이후로 느낄 수 있는 좌절, 분노 혹은 슬픔에 대처할 수 있도록 도움을 받을 수 있다. 또 당신과 다른 가족구성원들이 이 초기발달 기간에, 아동과 함께 좀 더 쉽고 즐겁게 놀이할 수 있는 방법을 배울 수 있다. 그리고 당신의 자녀가 가능한 자신의 최대한의 능력을 발휘하는 사람이 될 수 있도록 돕는데 있어서 당신의 역할이 무엇인가에 대해 배울 수 있도록 도와준다. 조기개입은 당신의 자녀가 할 수 없는 것보다는 할 수 있는 것에 초점을 맞추며, 자녀의 성장과 발달을 계획하는데 좀 더 긍정적으로 시작할 수 있게 돕는다.

자녀가 운동성 지연이라는 것을 알게 되자마자, 당신은 조기개입 서비스를 구해야 한다. 만약 자녀가 경도의 문제를 가지고 있고 당신이 개입을 빨리 시작한다면, 아동은 유아 시기와 학령전 초기 동안에만 서비스를 받게 될 것이다. 만약 아동의 운동성 문제가 중도이거나 혹은 정신지체와 같은 다른 장애와 복합되어 있다면, 아동은 학령기 동안 특수교육적 그리고 치료적 서비스를 계속하여 받을 필요가 있을 것이다. 그러나 개입을 빨리 시작함으로, 아동이 스스로 움직이고 돌보는 것을 더 어렵게 하는 다음 상태로 진행될 수 있는 근육 구축과 기형을 예방할 수 있다. 또한, 다른 아동들처럼 장난감과 같은 도구들을 조작하고 다루기가 어렵기 때문에 생기는 학습문제도 완화할 수 있다.

뇌성마비 아동을 위한 조기개입 프로그램은 **가족 중심적**(family centered) 접근을 해야만 한다. 당신의 자녀가 가족에게 자신의 생존과 복지를 의존하고 있기 때문에, 아동의 프로그램은 당신이 아동과 가족을 위해 중요하다고 여겨지는 목표를 설정하고, 그것을 중심으로 설계된다. 예를 들어 당신은 자녀가 자기 스스로 빨고 삼키는 능력을 향상시켜서, 30분 이내에 젖병 한 병을 마실 수 있기를 원할 수 있다. 혹은 자녀의 나이가 조금 많아지면, 당신은 자녀가 자신이 좋아하는 음식 이름을 배워서 집과 친구, 가족들과 의사소통 할 수 있게 되는 것을 원할 수 있다. 당신은 자녀가 스스로 걸을 수 있도록 도움을 받아 않고 일어설 때 균형을 맞추는 것을 연습하기를 원할 수도 있다. 이러한 목표의 종류들은 **기능적 성과**(functional outcomes)라고 불리는데, 이는 자녀가 당신의 가족과 지역사회 안에서 가능하면 정상적이며 독립적으로 기능할 수 있도록 돕는 의도가 있기 때문이다.

때때로, 조기개입은 가족 중심의 서비스보다 **아동 중심적**(child centered)으로 접근되기도 한다. 당신은 좀 더 어린 아동을 위해서 만들어진 학령전 혹은 초등학교 프로그램과 비슷한 프로그램을 찾을 수도 있다. 아동을 위한 목표와 목적은 교사와 치료사에 의해 결정되며, 부모들은 이러한 각각의 전문가들에게 아동이 무엇을 할 수 있는지에 대한 보고를 받게 된다. 만약 당신의 자녀가 이러한 프로그램에 참여하고 있다면, 당신은 부모로서 팀의 가치있는 구성원임을 프로그램 진행자들에게 보여줄 수 있는 방법을 찾도록 노력해야 한다. 기억해야 할 것은, 당신은 자녀의 전문가들이 세운 목표와 관련된 정보를 알고, 또한 당신의 자녀를 위한 다루기, 자세잡기, 그리고 학습경험에 대해 알고 있을 필요가 있다는 것이다. 자녀는 자신의 조기개입 프로그램의 대부분이 될 당신의 자원과 지원을 필요로 한다.

학령전 특수교육 프로그램

특수교육은 장애아동의 독특한 학습요구에 맞도록 특별하게 고안된 교수이다. 조기개입과 마찬가지로 특수교육의 목표도 아동이 가능하면 최대한 독립적으로 생활할 수 있도록 하는 것이다. 결과적으로, 특수교육은 읽기, 수학, 그리고 사회과목과 같은 전통적인 학업과목의 교수를 포함하며, 발달의 모든 영역에서 아동의 지체를 극복하도록 돕기 위해 계획된 특수치료 및 다른 서비스를 포함한다. 이러한 서비스들은 장애아동과 함께 일하도록 훈련된 한 명 혹은 그 이상의 전문가로부터 제공된다. 법에 따라, 아동의 특수교육 프로그램은 아동의 교육 프로그램을 통해 이익을 얻는데 필수적인 모든 특수한 서비스(관련 서비스)를 포함해야만 한다. 뇌성마비 아동을 위한 서비스는 작업, 물리, 그리고 말-언어치료, 상담, 혹은 특수한 치료장비 혹은 컴퓨터 보조도구 제공 등이 포함될 수 있다. 공립학교 시스템에 의해 제공되는 특수교육 서비스는 3살에 시작한다.

　학령전 특수교육 서비스는 일반 학령전 교육이 일반 초등교육과 다른 것처럼 학령기 특수교육과 다르다. 학령전 교육 프로그램은 종일 프로그램보다 반나절 프로그램이 많다. 어린 학령전 아동들은 4, 5살 아동들이 보통 일주일에 5일 반나절을 학교에 가는 것에 비해, 일주일에 2일 혹은 3일만 프로그램에 참여한다. 때때로 많은 도움이 필요한 아동은, 학기 중의 정규 프로그램 외에도 여름방학 프로그램에 참여하기도 한다. 당신의 자녀는 학령전 교육을 위해 전형적인 발달을 따르는 아동들의 학급에 통합될 수도 있고, 그렇지 않을 수도 있다.

학령전 특수교육 프로그램은 학령기 아동의 프로그램에 비해 부모의 참여가 더 요구된다. 왜냐하면 학령전 아동의 발달적 요구와 가족구성원으로서 그들이 학습과 양육에 쓰는 시간의 양이 많기 때문에, 부모가 교실에서의 학습경험을 집으로까지 연계시켜야 할 필요가 있다. 또한 부모는 아동의 운동, 인지, 의사소통, 사회적·정서적 요구에 대한 정보를 학교관련 전문가들과 공유할 필요성이 있다.

▓▓ 전문가들

뇌성마비 아동은 때때로 한 영역 이상에서 발달지체를 나타내기 때문에, 다양한 전문가들로부터 특수한 치료와 교수를 제공받을 필요가 있다. 조기개입과 학령전 특수교육 프로그램 모두 각 아동의 최적의 발달을 확실하게 하기 위해, 다학문적 팀으로서 각각 다른 영역의 전문가들이 함께 협력해야 한다. 전문가 명칭과 책임의 영역들은 장소에 따라 각기 다를 수 있지만, 다음과 같은 종류의 전문가들이 당신과 자녀의 학교생활 전 경력 중에 함께 일하게 될 가능성이 많다.

특수교사

당신 자녀의 프로그램에 따라, 이 전문가는 유아발달전문가 혹은 특수교사로 알려질 수 있다. 그 전문가의 명칭이 무엇이든, 그들은 아동이 사회성, 자조기술, 그리고 인지 혹은 문제해결능력 등을 발달할 수 있도록 돕는 데에 초점을 맞출 것이다. 그들은 학령전 아동이 어떻게 자신의 겉옷을 걸 것인지, 어떻게 친구와 장난감을 함께 가지고 놀 것인지를 학습하는 것을 도와줄 수 있다. 그들은 아동이 어떻게 모양에 따라 분류하는지, 어떻게 자신의 요구에 대해 의사소통할 것인지에 대해 학습하는 것을 지도할 수 있다.

당신의 자녀가 학습하는 것을 돕기 위해서, 교사는 어떻게 아동이 자신의 환경과 상호작용할 것인지에 초점을 맞출 것이다. 예를 들어 만약 교사가 당신의 자녀가 블록을 들자마자 그것을 바로 입에 넣는 것을 본다면, 교사는 자녀에게 어떻게 두 개의 블록을 마주쳐 소리가 나게 하는지, 혹은 어떻게 통 안에 블록을 넣는지를 가르쳐 줄 것이다. 교사는 또한

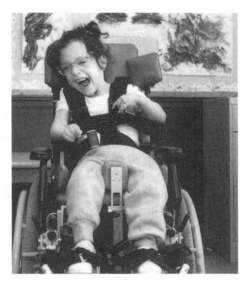

아동의 학습 스타일(learning style)을 이해하기 위해 노력하며, 어떻게 하면 아동이 사람과 사물과 상호작용하며 최대한 학습할 수 있을지에 대해 도움을 줄 것이다. 예를 들어 당신의 자녀가 듣는 것과 동시에 시각적인 자료를 제시하였을 때, 최대의 학습효과를 보인다면, 교사는 당신 자녀의 이해를 돕기 위해 이야기와 관련된 그림을 보여주면서, 큰 소리로 이야기를 읽어 줄 것이다. 당신의 자녀가 무엇에 대해 공부하기 전에 그 과제에 대해 공부할 시간이 필요한가? 제시된 새로운 기술을 바로 하지는 못하지만, 이후에 스스로 혼자 하게 될 것인가? 가정에서 아동이 무엇을 하는가에 대한 당신의 의견과 함께, 유아전문가 혹은 특수교사는 자녀의 학습 스타일을 이해하기 시작할 것이다.

각각의 아동은 모두 독특하기 때문에 학습 스타일이 매우 다양하다. 당신의

자녀는, 다른 모든 아동과 같이, 개별적으로 교수받을 필요가 있다. 당신의 자녀가 정신지체를 동반하지 않을 수도 있지만, 그가 가진 운동기술 문제는 다른 아동이 하는 것에 비해 더 많은 교수방법과 도구적 수정을 필요로 할 수 있기 때문이다. 만약 당신의 자녀가 정신지체를 가지고 있다면, 교사는 당신 자녀가 학습하는 것을 돕기 위해 자료를 반복할 필요가 있을 것이다. 만약 자녀의 주의 집중 시간이 짧다거나, 쉽게 주의가 분산된다거나 문자와 단어를 적절하게 받아들이는 것이 어렵다면, 그는 학습장애 아동처럼 교수받을 필요가 있다. 예를 들어 교사는 당신의 자녀와 함께 조용한 공간에서 함께 공부할 필요가 있을 수 있다. 혹은 당신의 자녀에게 적합한 방법을 찾을 때까지 교사는 새로운 개념들을 가르칠 다양한 방법들을 시도해야 한다.

당신 자녀를 위해 일하는 팀의 한 사람으로서 특수교사는 물리치료사, 작업치료사, 그리고 언어치료사에게 어떻게 당신 자녀의 운동문제를 적합하게 수정할 수 있을지에 대한 특별한 제안을 할 수 있는 자원으로서의 가치가 있다. 예를 들어 작업치료사와 물리치료사는 어떻게 하면 당신의 자녀가 바르게 지탱하고 균형을 잘 잡아 의자에서 올바른 자세로 직선을 똑바로 그릴 수 있도록 할 수 있는지 설명해 줄 수 있다. 만약 당신 자녀의 언어가 부족하다면, 언어치료사는 문장 대신에 "예" 혹은 "아니요"로 대답할 수 있는 기술을 제시해 줄 수도 있다.

특수교사는 자녀의 능력과 특별한 문제에 대해 당신이 가진 영향력을 존중해야만 한다. 부모로서 당신은 자녀가 집에서 할 수 있는 기술인데 학교에서는 하지 못하는 기술들의 예를 제시해 주어야 한다. 그는 아마도 학교에서 차, 블록, 곰 인형을 분류할 수 없을지도 모르지만, 그는 집에서 빨래하는 당신을 돕도록 양말, 속옷, 그리고 셔츠를 분류할 수 있을지도 모른다.

당신의 자녀가 어린 영아 시기에, 유아 교사는 아이의 학습이 올바른 발달선상에 있는지 확인하기 위하여 일주일에 한 시간이나 두 시간만 만날 수 있다. 그러나 당신의 자녀가 집 밖에 있는 조기개입 프로그램에 들어가거나, 유치원에 들어간다면, 특수교사는 당신과 자녀에게 서비스를 제공하는 전문가의 한 사람으로써 점점 중요도가 커진다. 때때로 특수교사는 아동의 서비스 조정자-가족과 당신의 자녀에게 서비스를 제공하는 모든 전문가들 사이에 대화를 유지해주는 전문가-로서 역할을 하기도 한다.

소아물리치료사

물리치료사는 아동의 운동기술을 발달시키고, 아동의 근력, 자세, 그리고 운동의 범위를 향상시키도록 당신의 자녀와 함께 일할 것이다. 물리치료사는 일반적으로 구르기, 기기, 걷기와 같은 활동을 하는데 사용하는 대근육에 초점을 맞춘다. 물리치료사는 어떻게 아동과 함께 특별한 운동을 하는지 보여줄 것이며, 또한 일상생활과 놀이시간 동안 아동을 어떻게 다루어야 하는지를 가르쳐 줄 것이다.

물리치료사가 일주일 중 아동과 직접적으로 일하는 시간은 단 몇 시간에 불과하다. 그러나 그들이 사용하는 운동이나 다루기 기술은 정기적이고, 일관적으로 이루어져야만 한다. 물리치료사가 하는 것을 면밀히 관찰하고, 전문가의 관리 내에서 당신이 가정 내에서도 할 수 있도록 다루기와 자세잡기 기술에 대해 자녀를 함께 연습시키는 것은 매우 중요하다. 만약 당신의 자녀가 치료사와 함께 다루기와 자세잡기에 점점 좋아지게 된다면, 당신은 조금의 변화를 기대할 수 있을 것이다. 치료사로부터 목욕하기, 옷 입기, 밥 먹기, 그리고 놀이하기와 같은 일상생활 활동에서 당신의 자녀가 특별히 필요로 하는 근육을 적절하게 사용할 수 있는 방법에 대하여 자문을 구할 수 있다.

당신 자녀의 근력을 향상시키고, 운동기술을 발달시키는 능력을 위해, 물리치료사는 커다란 공이나 혹은 바퀴와 같은 특별한 도구를 사용할 수 있다. 처음에는 아동이 이러한 활동을 좋아하지 않을 수 있지만, 대부분의 아동들은 일단 익숙해지면 이러한 활동을 좋아하기 때문에, 새로운 활동을 시작할 때 부모는 그 장소에서 직접 지원을 할 수 있다. 물리치료사는 치료 동안에 자녀가 요구하는 특별한 도구에 대해 조언을 해 줄 수 있거나 먹기, 마시기, 놀기 혹은 학습을 위해 더 나은 자세잡기를 해 줄 수 있을 것이다. 자녀의 필요에 따라, 수정된 유모차 혹은 높은 의자, 세워지는 책상, 혹은 코너 의자 등과 같은 특별한 도구들을 추천해 줄 수도 있다. 제4장에서 뇌성마비 아동을 도울 수 있는 특별한 도구의 다양한 종류들을 설명하였다. 제7장에서는 물리치료에 관하여 자세히 논의하였고, 어떻게 치료사를 선택할 것이며 또 함께 협력하는지에 대하여 설명하였다.

소아작업치료사

작업치료사는 당신의 자녀를 위해 다양한 방법으로 일하며, 물리치료사의 일과 유사하다. 그러나 작업치료사는 아동이 스스로 놀이하고 먹을 수 있는 기능적인 면에 더 초점을 맞출 것이다. 만약 자녀가 통합환경에 속해 있거나 전형적으로 발달하는 또래와 함께 교육 프로그램을 받고 있다면, 작업치료는 특별히 더 중요하다. 작업치료사가 자녀를 위해 운동을 제안한다면, 일반적으로 집과 학교에서 정기적으로 하는 활동에 중점을 둘 것이다.

만약 당신의 자녀가 어떠한 물건에 다가가서 그것을 잡을 수 있다면, 작업치료사는 자녀가 어떻게 장난감으로 가지고 놀고, 어떻게 연필이나 크레파스를 잡고, 어떻게 스스로 먹고, 옷을 입는지를 보기 원할 것이다. 만약 아동이 활동하는데 어려움이 있다면, 작업치료사는 아동이 쉽게 움직일 수 있도록 아동의 자세 잡는 방법을 바꾸거나, 아동이 쉽게 사용할 수 있도록 장난감을 수정하고, 먹는데 사용되는 도구를 수정할 것이다.

아동이 근육을 적절하게 사용하여 움직이도록 돕는 것 외에도, 작업치료사는 또한 아동이 자신의 근육과 시각이나 청각과 같은 감각으로부터 받는 감각적 신호를 해석하는 것을 도울 수 있다. 예를 들어 그들은 아동이 만지거나 움직이는데 과도의 민감성을 극복하도록 도울 수 있고, 더 나은 눈, 손 협응을 발달시키도록 도울 수 있다.

당신의 자녀가 조기개입 서비스에 속해 있을 때, 작업치료사는 놀이와 자조 기술에 초점을 맞출 것이다. 자녀의 힘과 협응능력의 저하 때문에, 그는 독립적으로 먹거나, 장난감으로 가지고 혼자서 놀 수 없을 수도 있다. 이때, 작업치료사는 장난감이나 접시를 테이블에 고정시켜 아동이 사용할 때 움직이지 않도록 할 수 있다. 그녀는 숟가락의 손잡이를 크게 만들어 쉽게 잡을 수 있게 할 수도 있다. 아동이 유치원에 들어감에 따라, 작업치료사는 그리기, 색 연결하기와 같은 학령전 기술에 더욱 초점을 맞추게 될 것이다. 그녀는 숟가락과 같이 연필의 손잡는 부분을 만들거나, 아동이 퍼즐을 할 때 구멍에 맞춰 넣을 수 있도록 퍼즐조각에 쥐는 부분도 만들 수 있다.

작업치료사에게 가정에서 작업치료사의 제안에 따라 아동이 어떻게 하였는지를 말해주는 것은 아주 중요하다. 그것은 작업치료사가 자신의 제안의 효과를 평가할 수 있게 하고, 필요할 때 교육 프로그램을 변화시키도록 할 수 있다. 예를 들어 아동이 학교에서 옷 입는 능력을 나타낸 것보다 집에서 더 의존적일 수 있다. 혹은 당신은 아동을 위해 치료 혹은 교실활동을 수정할 더 나은 방법을 찾아낼 수 있을 수 있다. 예를 들어 당신은 아이가 구슬을 꿸 때, 줄의 끝에 테이프로 두 번 감싸준다면, 아동이 구슬을 더 쉽게 꿸 수 있다는 것을 발견할 수 있다.

작업치료와 작업치료사에 대한 정보는 제7장에 더 제공되어 있다.

언어치료사

많은 뇌성마비 아동들은 입 근육을 조절하는 것이 힘들다. 만약 당신의 아동에게 이러한 문제가 있다면, 언어치료사가 말, 언어, 그리고 의사소통 학습의 발달을 위해 자녀를 도울 것이다.

다른 아동들과 같이, 당신의 자녀는 말할 수 있게 되기 전에 당신과 의사소통을 시작할 것이다. 언어치료사는 당신이 아동이 무엇을 원하고 무엇을 느끼는지 알 수 있도록 아동이 사용하는 표정과 몸짓의 의미를 알도록 도울 것이다. 예를 들어 당신의 자녀가 당신이나 장난감과 함께 놀이 하는 것에 싫증이 났을 때는 다른 곳을 볼 것이고 또는 자신이 화가 나거나 스트레스를 받았을 때는 몸이 경직될 것이다. 언어치료사는 또한 아동에게 장난감을 줄 때마다 장난감 이름을 반복하는 것, "이리와!"라고 말하면서 아동에게 팔을 뻗는 시늉을 하는 것과 같이, 당신이 아동의 언어를 이해할 수 있도록 돕는 방법을 제시할 것이다. 이후, 그녀는 당신의 자녀가 자신이 아는 단어들을 사용하고, 어휘를 확장시키는 방법에 대해서 제시할 수 있을 것이다.

아동의 말을 발달시키는 것을 돕기 위해, 언어치료사는 입, 호흡 근육이 가능한 최대한으로 기능하도록 하기 위해, 당신의 자녀와 함께 먹는 시간이나 초기 소리산출(early sound production) 기간 동안에 일하기 시작할 것이다. 당신의 자녀가 점점 성정하면, 언어치료사는 아동의 발음에 주력할 것이고 이것은 아동의 발음이 다른 사람들에게 좀 더 명확하게 전달될 수 있도록 하는 것이다.

때때로 아동의 운동성 문제가 심각하거나 복잡할 때는 아동은 남들이 그를 이해하기에 충분하게 명확하거나 빨리 말할 수 없을 수 있다. 언어치료사는 의사소통을 돕기 위해 그림판, 수화, 컴퓨터 의사소통 도구 등 다양한 보조도구와 기술을 제공할 수 있을 것이다. 이러한 도구들은 각 아동에 따라 개별적으로 수정되고, 다양한 수준, 단순한 한 단어 대답부터 복잡한 생각을 표현하는 것까지, 모두 고려되어 프로그램이 고안된다. 언어치료사는 자녀가 다니는 어린이집이나 통합교육 프로그램을 방문하여 자녀가 의사소통하기 위해 이러한 도구들을 어떻게 사용하는지 보여줄 수 있다.

당신의 자녀가 조기개입을 받고 있는 동안에, 언어치료사는 아동과 직접적으로 함께 일할 뿐 아니라, 또한 정기적으로 당신과 다른 전문가들에게 제안을 할 것이다. 학령전 기간 동안 아동의 발달에 따라 언어치료사는 아동과 함께 어휘표현, 말 명확성, 언어이해를 향상시키도록 직접적으로 치료를 제공할 것이다. 만약 당신의 자녀가 신체의 다른 부위뿐만 아니라 얼굴과 입 근육에서도 운동성 문제가 있다면, 그는 독립적으로 먹는 것을 배우기 위해 도움이 계속적으로 필요할 것이다.

제7장에서 언어치료사에 대해 심도 있는 논의를 제시하였다.

서비스 조정자

조기개입 프로그램은 서비스 제공에서 조화롭게, 협력적으로 접근하는 것을 강조한다. 당신 자녀의 서비스 조정자(service coordinator) 혹은 사례관리자 (case manager)로서 역할을 하는 전문가는 가족과 아동이 각각 다른 기관으로 부터 받는 서비스들을 조정해 줄 것이다. 예를 들어 조기개입 프로그램으로부터 특수교육과 언어치료를 받는 것과 더불어, 자녀는 개별적인 사설 기관을 통해 물리치료를 받을 수 있다.

서비스 조정자는 자녀와 함께 일하는 다른 전문가들과 마찬가지로 당신과 가족들이 아동의 지체(delay)나 장애(disability)에 대해 알아가는 과정에서 직면하는 감정들과 문제들을 잘 처리할 수 있도록 도울 수 있으며 아동의 요구를 충족시키기 위한 서비스를 확실히 하는 것을 도울 수 있다. 또한 가족, 친구, 종교와 같은 지원을 찾고 이용하도록 도울 것이며, 가족들의 개별적인 지지 유형을 인식하도록 도울 수 있다. 서비스 조정자나 다른 가족 지원자는 가족의 문제에 대한 해결책을 제시할 수 있고, 가족의 고려점과 요구에 맞게 교육 · 치료전문가들이 반응하는 것을 도울 수 있도록 아이디어를 제시할 수 있을 것이다.

당신의 자녀와 가족의 요구에 맞게, 다른 전문가들이 아동 서비스 팀의 일원이 될 수 있다. 이러한 전문가들에는 영양사, 간호사, 심리학자, 혹은 사회복지사가 포함될 수 있다.

■■ 교육 장소

조기개입 혹은 학령전 특수교육 프로그램에 속한 아동을 위한 "학교"는 어디일까? 아동에게 필요한 서비스들과 이러한 서비스들을 제공할 전문가들과 기관들이 다양하기 때문에, 자녀는 사립기관과 공립 혹은 사립학교나 보건과(health department)와 같은 공립기관 혹은 자신의 집에서 서비스를 받게 될지 모른다. 어떤 곳에서는 뇌성마비와 다른 장애를 가진 아동을 위해 여러 개의 프로그램 중에서 선택을 할 수 있다. 그러나 어떤 곳은 다양한 장애를 가진 아동들에게 단지 한 가지 프로그램을 제공하게 되는 경우도 있다. 당신은 아동의 요구 영역에 따라 훈련된 전문가들을 찾아내어, 당신이 직접 프로그램을 다시 구성할 필요가 있을지도 모른다.

아래에서는 뇌성마비 아동을 위한 조기개입이나 교육 서비스가 제공되는 다양한 장소들의 유형에 대해 설명할 것이다. 이 장의 뒤 부분에서는 "평가와 적격성" 즉, 어떠한 종류의 프로그램이 유용하며, 당신의 아동이 그것들에 적격성을 가지는지 여부에 대해 설명할 것이다.

조기개입 환경들

가정중심 프로그램

이름에서 알 수 있듯이, 가정중심(home-based) 개입 서비스는 아동의 집에서 서비스를 제공하는 것이다. 오늘날 조기개입은 "자연적 환경"에서 제공되어야 한다고 여겨지며, 영아와 유아에게 가장 자연스러운 환경은 가정이다. 만약 당신의 자녀가 어린이집에 다니고 있다면, 그는 또한 그 곳에서도 서비스를 받을 것이다.

가정중심 프로그램은 다양한 방법으로 이루어지지만, 모든 부모가 매우 중요한 역할을 하게 된다. 부모로서 당신은 아동이 받는 가정중심 교육이나 치료에 참여해야 한다. 당신은 교사나 치료사가 하는 것이 무엇인지를 관찰하고,

아동이 발전하려면 어떻게 도와야 하는지에 대해 질문해야 한다. 특히 자녀가 물리치료를 받을 때, 당신은 실제로 연습해 보아야 하며 치료사는 당신이 자녀와 함께 할 때 관찰하며 지도해야 한다. 자녀에게 최고의 효과를 낳기 위해서는, 치료사가 보여주는 운동과 자세잡기를 당신과 가족들이 집에서 꾸준히 매일같이 실행하는 것이 중요하다.

가정중심 프로그램이 다양한 형식들로 발전해 왔기 때문에, "전형적인" 프로그램을 설명하는 것은 불가능하다. 그러나 각각 다른 프로그램들의 몇몇 특징들을 설명할 수 있다. 여기에는 프로그램 담당자, 가정을 방문하는 횟수, 그리고 교육과정이 포함된다.

프로그램 담당자. 가정중심 프로그램은 다양한 방법으로 담당자들이 구성될 수 있다. 여러 프로그램에서 담당자는 대부분 유아특수교사이며, 이들은 아동발달 전문가라고 불리기도 한다. 물리, 작업, 언어치료가 중요한 주요 프로그램 담당자로 제공되는 프로그램도 있다. 또 다른 종류의 프로그램은 사회복지사 혹은 가족지원 전문가가 포함될 수 있다. 담당 구성원은 아동에게 최대한 효과를 줄 수 있도록 어떻게 해야 하는지에 대해 서로 제안을 하기 위해 함께 방문해야 하지만, 교사나 치료사의 경우는 개별적 방문을 하는 경우가 많다. 당신의 자녀가 명백히 운동성에 대한 요구가 있을 때는 아동에게 서비스를 제공하는 가장 중요한 사람이 물리치료사가 될 것이다. 그러나 아동의 발달적 요구는 몇몇 영역에 걸쳐 발생하며, 아동 발달의 모든 영역에 초점을 맞추는 다학문적 팀에 의해 지원되는 것이 최대한 발달을 촉진시킬 수 있다.

방문 횟수. 방문 횟수도 프로그램에 따라 각각 다르다. 어떤 프로그램은 일주일 단위, 어떤 프로그램은 2주일 단위, 혹은 한 달에 몇 번만 방문하여 아동발달을 점검하고 조언한다. 어떤 경우, 가정방문은 센터에서 치료 혹은 교육 서비스를 정기적으로 받는 것을 병행하도록 계획되기도 한다. 왜냐하면 조기개입 시스템은 보험에서 치료 서비스를 지불할 수도 있기 때문에, 보험에서 어느 정도 지불이 가능한지, 사전 승인이 필요한지 아닌지를 알아봐야 한다.

교육과정. 마지막으로, 가정중심 프로그램들 사이의 차이점은 그들이 제공하는 교육과정이다. 당신은 아마도 초등학교와 중학교에서 제공되는 학습과정으로서의 교육과정을 생각할 것이다. 조기개입 프로그램은 역시 교과과정이 있다. 일반적으로 아동이 스스로 학습하기에 어려움이 있는 것—예를 들어 앉기, 스스로 숟가락 사용하여 먹기, 혹은 간단한 단어 사용하기—의 중요한 발달 지표를 교육하도록 계획된다. 과거에는, 이러한 기술들이 아동의 전형적인 발달 순서에 따라 발달하도록 하기 위해 일반적으로 교수되었다(발달에 기초한 기술순서 접근). 예를 들어 아동은 처음에 구부리고, 앉고, 그리고 기고 결국 걷게 되도록 교수되었다. 교사나 치료사는 한 번에 한 가지 기술에만 초점을 맞추어 학습해야 할 기술을 분석하고, 각 기술을 단계별로 나누고, 이 단계에 따라 가르치고, 학습이 이루어졌을 때 강화를 제공하였다.

그러나 뇌성마비 아동을 교수하는데 있어 이러한 교육과정에는 몇 가지 잠재적인 문제가 있다. 먼저, 운동장애가 있는 많은 아동들은 정상발달 순서를 따르지 않는 기술들을 배워야 할 필요가 있을 수도 있다. 예를 들어 당신의 자녀가 원인과 결과의 개념을 이해하는 가장 좋은 방법이 배터리를 넣어 작동하는 장난감을 가지고 놀이하는 것이라면, 일반적으로 이 장난감을 가지고 노는 시기보다 빨리 배울 수 있다. 둘째, 운동문제가 아동의 사고하는 능력, 문제해결 기술, 혹은 다른 기술에도 영향을 미칠 수 있다. 예를 들어 만약 당신의 자녀가 소근육에 문제가 있다면, 그는 개념을 이해하고 있다 하더라도 자신의 장난감을 찾기 위해 방해물을 옮기는 것에 어려움이 있을 수 있다.

이러한 문제 때문에, 몇몇 프로그램에서는 기능적(상호작용적) 접근을 사용한다. 이 접근은 기기나 블록 쌓기와 같은 아동 발달상의 기술을 교수하지만, 아동 자신의 환경에서 일어날 수 있는 자연스럽게 발생하는 상황을 이용한다. 예를 들어 만약 당신의 자녀가 배가 고프다면, 선생님은 "우유병을 줄까?"라고 당신이 말하도록 제안한다거나, 그리고 나서 언어 기술을 가르칠 것이다. 당신은 자녀가 "우유병"이라는 단어의 의미를 인식하거나 스스로 "맘마"라고 말할 수 있도록 돕기 위해, 아이에게 사물의 이름을 반복하며 우유병을 보여줄 것이다. 또한 당신은 아동 가까이로 병을 움직여, 아동이 운동협응능력을 발달시키도록 두 손을 움직여 그것을 잡도록 노력하게 북돋을 것이다. 마찬가지로 당신은 아동이 자조기술을 학습하여 스스로 마시게 하기 위해 병을 잡도록 북돋을 것이다.

이러한 교육과정의 궁극적인 목표는 당신의 자녀가 가능하면 최대한 독립적일 수 있도록 돕기 위한 기술을 교수하는 것이다. 예를 들어 좀 더 자란 아동의 경우, 구슬을 꿰는 것 대신에 자신의 스웨터의 단추를 다루는 것을 습득함으로써 소근육 기술을 연습하도록 한다. 이러한 접근법은 아동과 가족이 자신의 환경에 맞는 목표를 선택하여 좀 더 활동적인 역할을 할 수 있도록 하기 때문에 부모 또한 이러한 접근법에서 혜택을 받는다.

당신의 자녀가 참여하는 교육과정이 무엇이든지, 당신은 아동의 요구에 대해 논의하는 것을 편하게 생각해야 하며 어떻게 하면 아동의 욕구에 최대한으로 부합할 수 있을지에 대한 자신의 생각을 이야기해야 한다. 조기개입 프로그램의 담당자는 각각의 개별 아동과 부모의 강점, 욕구, 우선 순위를 고려해야 하며, 때때로 치료사로 상담가나 옹호자로서의 역할도 해야 한다. 개입 담당자가 각각의 가정방문에서 무엇인가 하는 것은 그 특정한 날의 아동과 가족의 욕구를 반영하여야 할 뿐 아니라 아동의 치료적·교육적 프로그램을 이끌어가기 위해 개발된 목표와 목적을 반영하여야 한다.

왜 가정중심 서비스인가?

부모로서 당신은 자녀가 센터에서보다 가정에서 서비스를 받게 된다면 더 편안하게 여길 수 있다. 당신의 자녀가 자신을 돌보는 당신과 가족들에게 의존하며 그에게 그의 세계에 대해 가르치는 것은 자연스러운 일이다. 조기개입 전문

가들은 가족들이 이러한 형성적인 단계 동안에 아동의 삶에 미치는 영향의 중
요성에 대해 인식하고 있다. 전문가들은 아동의 삶에 의미 있는 영향을 미치는
유일한 방법이 모든 가족들과 함께 일하는 것이라고 믿는다. 가정 방문은 교사
와 치료사들에게 모든 가족이 교수과정에 포함될 수 있도록 더 많은 기회를
제공한다. 당신의 자녀와 일대일로 교수를 함으로써, 그들은 그에게 자신의 자
연스러운 환경에서 학습할 수 있도록 격려할 수 있다. 이러한 방법은 아동이
자신의 새로운 기술을 일반화-기술을 다른 사람들과 다른 환경에서 사용하는
것-할 수 있게 도울 것이다. 또한 교사와 치료사들은 당신이 가정에서 가지고
있는 문제를 해결할 수 있게 도울 수 있으며, 도구에 대한 아동의 특별한 요구를
평가하고, 가족의 일상생활 맥락에서 아동의 행동에 대해 연습시킬 수 있다.

어떤 가족에게 있어서는, 가정중심 서비스는 유일한 선택일 수도 있다. 가정
방문은 먼 곳에 거주하여 분리되어 시골에서 생활하는 장애아동과 가족에게
서비스를 제공하는 유일한 방법일 수도 있다. 또한 특별히 건강에 문제가 있는
유아는 자신의 집에서 떠날 수 없거나, 센터까지 가는 것이 너무 힘들고 스트
레스를 받아서 치료나 교수시간을 통해 혜택을 받지 못할 수 있다. 당신의 아
이가 만약 미숙아로 태어나거나 자주 아프다면 이 범주에 속할 것이다.

센터중심 프로그램

조기개입 서비스는 개인 가정에서보다는 센터에서 제공되는 경우가 많다. 이
개입 프로그램은 공중보건, 정신건강, 혹은 다른 치료실 병원 사설업체 혹은
공립·사립학교와 같은 곳에서 장소를 제공할 수 있다. 대부분 다양한 발달 지
체와 장애아동이 프로그램에 참여하게 될 것이며, 몇몇 프로그램은 전형적인
발달을 나타내는 아동이 포함된다.

가정중심 프로그램과 같이 이 프로그램에서 유용한 담당자들과 서비스는 다
양하다. 교육과 치료를 위해 얼마나 자주 센터를 방문하는지도 개인에 따라 매
우 다르다. 당신의 자녀는 일주일에 이틀 혹은 3일 반을 센터에 갈 수 있고 혹

은 5일 내내 갈 수도 있다. 일반적으로 아동이 자랄수록, 센터중심 프로그램에 포함되어 보내는 시간이 길어질 것이다.

2살 이전 영아들에게 센터중심 서비스를 제공하는 프로그램에서는 일반적으로 더 개별화되어 실시된다. 일주일에 한 번, 당신은 아이를 센터에 데리고 가며 그 곳에서 한 명 이상의 전문가 팀 구성원을 만나게 될 것이다. 당신의 아이는 4명이나 5명으로 구성된 소그룹에 속하여 차례대로 교사나 치료사를 만날 수도 있고, 부모와 아이가 함께 활동할 수도 있다. 교대로 당신의 아이는 각각 다른 기관에서 서비스를 받도록 계획될 수도 있다. 그는 조기개입 프로그램에서 개별적인 치료사에게 물리치료를 받을 수 있고, 유아특수교사에게 발달적 서비스를 받을 수 있을 것이다.

몇몇 프로그램은 가정과 센터중심 서비스를 혼합하여 사용하기도 한다. 당신의 아이는 그룹교육 프로그램을 위해 센터에 가지만, 물리치료는 가정에서 받도록 지속할 수 있다. 이 가정 치료는 특히 가정에서 일상활동 중에서 움직임과 근 긴장도에서의 문제에 대해 당신이 어떻게 해야 할지를 배우는데 도움이 될 수 있다.

센터중심 교실은 보통 아동의 운동 문제에 필요한 특별한 기구가 포함된 다른 보육시설이나 유치원 교실과 비슷하게 보인다. 대부분의 센터는 함께 모일 수 있는 시간을 위한 공간, 혼자서 혹은 작은 그룹이 놀이할 수 있는 개별공간 혹은 "스테이션", 간식이나 점심을 먹기 위한 공간, 기저귀 가는 공간, 종일 프로그램의 경우 수면공간이 포함된다. 당신의 자녀는 교실활동의 일부로서 물리, 작업, 언어치료를 이 공간에서 제공받게 되며, 혹은 때때로 치료를 위해 다른 분리된 교실로 가게 될 수 있다. 센터의 프로그램은 가정중심 프로그램에서 논의된 것과 유사할 것이다.

만약 당신의 자녀가 센터중심 조기개입 프로그램에 참여하기 전에 가정중심 서비스를 받았다면, 당신은 아동이 센터에 일단 가면 교사나 치료사와 덜 접촉하게 된다. 그러나 대부분의 프로그램은 교실과 가족 간의 의사소통을 계속 이어나가기 위해 노력한다. 당신은 아동이 각각 참여한 것에 대한 소견을 문서로 받게 될 수 있다. 매일 혹은 일주일에 한 번씩 교사나 치료사의 소견을 적은 "알림장"이 집으로 보내질 수 있다. 당신은 그들의 질문에 답해주거나 교실과 치료 중에 이루어지는 활동에 대한 생각을 제시할 수 있다. 당신은 또한 센터에서의 아동행동에 영향을 미칠 수 있는 가정에서의 사건이나 문제에 대해 센터 담당자에게 말해 줄 수 있다.

만약 당신이 아동의 프로그램에서 의사소통을 위한 정기적인 방법이 없다면, 양방 간 의사소통을 위한 방법 개발이 필요함을 주장할 수 있다. 이때는 담당자에게 어떤 방법이 그들과 당신을 위해 가장 좋을지에 대해 이야기하라. 그것은 전화, 알림장, 치료나 교실활동을 방문하는 것과 같은 정기적 방법이 될 수 있다. 당신 자녀의 조기개입 팀의 일원으로서, 당신은 정기적으로 의견을 제공할 필요가 있으며, 이를 통해 모든 영역에서 아동의 요구와 수행이 고려될 수 있을 것이다. 또한 당신의 자녀는 교실과 치료에서 학습한 기술을 가정에서도 옮겨 실행할 수 있을 때 최대의 진보를 할 수 있을 것이다. 부모는, 그 간격을 연결할 수 있는 다리이다.

왜 센터중심 프로그램인가?

당신의 자녀가 가정중심 프로그램에 참여하여, 일주일에 한 번이나 두 번 정도만 교사와 치료사를 만났을 때, 당신은 아동과 매일 일상에서 활동을 해야 할 책임을 가졌을 것이다. 이 역할은 분명히 그만의 장점이 있다. 그러나 아동이 점점 자라고 2살이 되어갈 때 당신은 아동이 받아야 할 도움에 따라 당신이 적절한 기술을 가지지 못한다고 느낄 수 있다. 더구나, 만약 치료사가 반드시 가정에 방문하여 아동을 만나야만 한다면, 당신의 자녀가 필요한 만큼 자주 치료를 받을 수 없을 수 있다. 이러한 경우 센터중심 프로그램이 더 선호될 수 있다.

센터에서 당신의 자녀는 아동이 학습하고 발달할 수 있도록 돕는 전략을 사용하는 것을 훈련받은 교사와 치료사들과 많은 시간을 보낼 수 있다. 그는 가정에서 접할 수 없는 개입 담당자가 가정방문시 쉽게 가지고 갈 수 없는, 적절한 장난감과 특별한 기구들을 다양하게 접할 수 있다. 또한 많은 경우 그는 전형적인 발달을 하는 또래와 함께 프로그램에 참여할 수 있을 것이다.

센터중심 프로그램의 또 다른 중요한 장점은 아동의 사회적 그리고 정서적 행동에 영향을 미친다는 점이다. 다른 아동과 함께 그룹에 속하여 당신의 자녀는 또래와 의사소통하며 놀이하는 경험을 얻게 된다. 만약 당신의 자녀가 의사소통시 대안적인 방법을 사용하는 것을 배우고 있는 중이라면, 이것은 특히 중요한데, 왜냐하면 이를 통해 또래들과 의사소통을 함으로써 동기를 부여받을 수 있기 때문이다. 그는 또한 친구들과 함께 한다면 기고, 걷고 혹은 휠체어로 움직이는 것을 더 열심히 노력하여 연습할 것이다.

센터중심 프로그램은 가정에서 하는 것보다 아동의 잘못된 행동에 대해 더 엄격할 수 있다. 부모로서, 때때로 아동을 "좌절시킨다" 혹은 나의 아동은 "다른 아이들이 하는 것을 하지 못한다"는 것 때문에 아동의 잘못한 행동을 수정하기 어려울 경우가 있다. 그러나 센터중심 프로그램의 경우 담당자들은 아동들을 더 객관적으로 다룰 수 있다. 그들은 또한 부적절한 행동을 통제하는 더 적절한 방법을 알고 있을 수 있다. 당신의 자녀가 다른 아동들과 같이 가정과 학교에서 어떻게 적절하게 행동하는지를 학습하는 것은 중요하다. 또한 당신의 자녀가 유치원생이 되면 기대되는 행동, 예를 들어 주의 집중, 참여, 인내, 그리고 끈기와 같은 기술을 습득하는 것에 특별히 초점을 맞출 필요가 있을 것이다.

학령전 환경들

당신의 자녀가 학령전 연령(preschool age)이 된다면, 집 밖에서 특수교육 서비스를 받을 것이다. 그러나 어떤 유치원에 가게 될 것인가는 당신이 살고 있는 곳의 공립학교 시스템에 따라 달라진다. 그는 공립 혹은 사립 유치원의 특

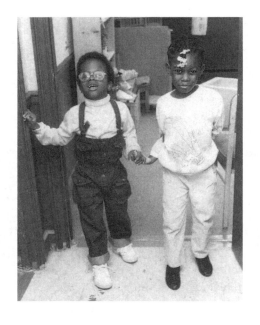

수학급에서 교육을 받을 수도 있고, 정상발달을 하는 또래와 함께 교육을 받을 수도 있다. 일반적으로 학교 시스템의 경우, 대부분의 장애아동이 일반학급에서 성공적으로 성취할 수 있도록 보조적인 도구와 서비스를 제공하는 것을 지향하고 있는데 이것을 통합(inclusion)이라고 부른다.

뇌성마비 아동이 전형적인 발달을 하는 아동과 함께 통합될 때, 그들은 어릴 때부터 친구 사귀기를 시작할 수 있어, 아동이 초등학생이 되었을 때 일반학급의 일원으로 더 잘 준비할 수 있다. 그들은 더 나은 움직임, 의사소통, 혹은 다른 영역에서의 기술을 가지고 있는 친구들과 함께 놀이하고 그것을 봄으로써 학습할 수 있는 기회도 가질 수 있다. 친구들과 함께 공부하고 놀이함으로써, 뇌성마비 아동은 또한 사회적 그리고 의사소통 기술을 더 잘 발전시킬 수 있다.

많은 학교 시스템이 일반적으로 3살과 4살의 전형적으로 발달하는 아동을 위한 학급을 가지고 있지 않기 때문에, 학교들이 일반학급에 장애를 가진 학령전 아동들을 통합시키는 것은 자주 도전이 되는 일이다. 어떤 경우는 장애가 심한 아동과 덜 심한 아동에게 함께 특수교육 서비스를 제공하는 경우가 있으며, 다른 곳들은 특수교육적 요구가 있는 아동을 위해 전형적으로 발달하는 "모델"들을 통합하기도 한다. 또한 어떤 곳에서는 일반 어린이 집이나 해드스타트(head start) 프로그램에 통합되어 특수교육을 제공하고 있다. 당신이 어디 사느냐에 따라, 학령전 연령의 자녀는 분리환경 혹은 통합환경 모두에서 교육받을 수 있다. 아동은 모든 시간을 다른 장애아동과 함께 보낼 수도 있고, 혹은 부분적이나 전적으로 비 장애아동과 함께 시간을 보낼 수도 있다.

몇몇 학교 시스템에서 유치원생들은 일반학교에 있는 교실들에 배치될 수 있는데 거기엔 특수교육적 요구가 있는 아동을 위한 별도의 학급도 위치하고 있다. 이러한 환경은 치료사들이 서비스를 제공할 수 있게 하고 교사와 좀 더 쉽고 편리하게 협력할 수 있게 한다. 예를 들어 물리치료사는 교실 대그룹 시간을 위해 수정된 의자를 통해 자세잡기를 도울 수 있고, 언어치료사는 학급친구와 의사소통판을 사용하는 것을 도울 수 있다. 둘째, 특별한 운동성 요구가 있는 아동이 많은 학급의 경우, 뇌성마비 아동이 단지 한두 명 있는 학교에 비해 더 많은 치료적 기구들을 이용가능할 수 있다.

만약 당신의 자녀가 정신지체나 특별한 학습 문제를 동반하고 있지 않다면, 그는 일반적인 학령전 교육환경에서 또래 연령을 쉽게 따라잡을 수 있을 것이다. 아동의 교사와 치료사는 교실활동에 그가 참여할 수 있는 방법을 찾아 줄 수 있다. 예를 들어 그는 대그룹 공간에서 놀이공간으로 갈 때, 걷거나 이동시켜지는 것보다 자기 스스로 스쿠터를 이용할 수도 있을 것이다. 또한 아동은 휠체어에서 공을 친다거나 놀이터로 가고 올 때 먼저 할 수 있게 배려를 받을 수 있다.

일반학급 환경은 당신의 아동이 특별한 학습에서의 문제나 의사소통적 요구뿐만 아니라 운동장애가 있는 경우도 참여가 가능하다. 치료와 특수교육을 교실에서 받는 것에 더하여, 당신의 자녀는 말, 언어, 물리, 작업치료를 위해 분리된 교실에 갈 수 있다. 일시적으로 일반학급에서 분리시켜 서비스를 제공하는 "풀 아웃"(pull out) 프로그램의 유형은 당신의 자녀가 자신의 요구 영역에 집중할 수 있도록 한다. 치료사들은 아동이 학습한 새로운 기술을 교실에서 수행할 수 있도록 돕기 위한 방법에 대해 교실 담당자와 상담할 것이다. 또한, 교사는 교실에서의 생활에 더 많이 참여할 수 있도록 아동의 요구에 맞게 목표를 선정하도록 도울 수 있을 것이다. 또한 특수교사는 일상적으로 아동의 교실에서 아동을 만날 수 있고, 혹은 일반교사와 함께 팀 티칭을 할 수도 있다.

일반학급 환경에서 아동에게 서비스를 제공하는 치료사들과 특수교사는 이 학교 저 학교를 순회한다. 만약 당신 자녀의 치료사나 교사가 아동의 한 학교에 소속되어 있지 않다면, 그들과 정기적으로 의사소통 할 수 있는 방법을 찾도록 노력해야 한다. 당신은 아동이 알림장을 가지고 다니도록 하여, 각각의 치료사와 특수교사에게 질문할 수 있고, 뿐만 아니라 아동이 매일 만나는 교사에게도 가정활동에서 할 프로그램과 제안할 점에 대해 정기적으로 피드백 받을 수 있다. 가정에서 아동의 생활에 이루어지는 것들에 대한 당신의 참여가 매우 중요하다는 것을 기억해야 하며, 그 알림장에 반드시 당신의 피드백을 포함시켜야 한다. 그리고 절대로 자녀의 치료사와 교사에게 전화하는 것을 주저해서는 안 되며, 아동의 치료 회기를 관찰할 수 있도록 요청하거나, 학교 담당자와의 회의를 요청할 수 있다.

당신의 자녀가 유치원에 들어가면, 그의 교실은 연령에 따라 구분된다. 그는 다른 3살 아동들과 함께 같은 학급에서 시작하게 될 수 있으며, 그 다음은 4살, 그리고 5살로 옮겨가게 된다. 어떤 다른 학교는 다양한 연령의 아동들을 한 교실 안에 섞기도 한다. 이것은 다양한 기술범주의 아동들이 함께 학습하고 놀이할 수 있게 한다. 다양한 연령이 섞인 학급은 뇌성마비 아동에게 최선의 환경일 수 있는데, 이는 각 아동들의 능력이 다르기 때문이다. 어떤 아동은 말하기 시간에는 5살 정도 수준을 따라갈 수 있지만, 자르기, 반죽하기, 그리고 그리기와 같은 활동 중에는 4살 정도의 기술에 초점을 맞추어야 할 필요가 있을 수도 있다.

자녀의 교실은 아마도 부엌영역, 블록영역, 옷 입기영역, 조용히 해야 하는 영역처럼 특정 학습영역으로 구성되어 있을 것이다. 이러한 영역들은 아동이 즐겁고 기능적인 방법으로 필요한 기술들을 학습하고 연습할 수 있도록 돕는다. 이 연령의 자녀가 받게 되는 교수는 때때로 "지역사회에 도움을 주는 사람들", "겨울에 재미있는 것들", "쇼핑", "교통"과 같은 단원들로 구성된다. 중심주제를 중심으로 학습경험이 구성됨에 따라, 교사는 아동이 좀 더 의미 있게 배우도록 한다. 만일 당신이 아동의 학급에서 공부하기 시작하는 단원이 무엇인지 알게 된다면, 당신은 아동이 학교에서 배운 개념을 강화시킬 수 있도록 실생활에서 경험을 제공할 수 있다.

■■ 평가와 적격성

제9장에서 설명할 것인데, 조기개입 서비스와 학령전 특수교육은 모든 주(state)에서 가능하다. 당신은 그러나 자녀가 이러한 서비스를 받기 전에 적격한지 분명히 하기 위하여 단계를 따라야만 한다. 특히 당신은 아동에게 요구되는 서비스를 결정하기 위해 아동의 능력과 장애를 평가해야만 한다.

조기개입과 학령전 특수교육 서비스를 위한 적격성의 필요 조건은 주마다 매우 다르다. 일반적으로 이러한 서비스를 받기 위해 아동의 뇌성마비 진단은 자격이 된다. 당신이 사는 지역에서 적격성 기준이 무엇인지 알고자 한다면, 지역에 있는 초등학교에 전화를 하여 특수교육 서비스 담당자에게 문의하면 된다. 당신은 또한 주에 있는 보건과, 발달장애 자문회, 정신건강/정신지체 분과, 혹은 주에 있는 다른 조기개입 서비스를 맡은 기관과 접촉할 수 있다. 또한 공립학교 시스템에 속해 있는 아동선별분과(child find office)가 당신을 도울 수 있다. 아동선별분과는 각 지역에 있는 장애아동을 선별할 책임이 있으며, 부모에게 제공 가능한 특수한 서비스에 대해 알릴 책임이 있다. 때때로 적격성 판정과정은 여기에서 시작된다. 또한 당신 자녀의 소아과 혹은 정형외과 의사도 당신의 지역에서 가능한 프로그램을 당신에게 알릴 수 있다.

당신의 지역에서 조기개입 혹은 유치원 특수교육을 맡은 사람은 아동을 위한 서비스를 위해 다음 단계에서 무엇을 해야 할지 알려줄 것이다. 서비스 조정자 혹은 개입 프로그램이 다른 사람은 당신의 가정에서든 센터에서든 첫 방문을 계획할 것이다. 이 방문 동안에, 당신은 아동의 진단과 발달에 대한 정보에 대해 질문받을 것이다. 이 정보는 프로그램 담당자가 당신과 아동을 위해 요구되는 서비스의 종류와 프로그램의 적격성을 결정하는 것을 도울 수 있다. 당신은 또한 자녀와 가족을 위한 우선 사항들과 가족의 삶에 포함될 개입 프로그램이 어떻게 되었으면 좋은지에 대해 질문받게 된다. 예를 들어 당신은 특별히 아동의 운동성 요구에 초점을 맞추어 서비스를 제공받기 원할 수 있다. 혹은 부모로서 당신은 특별한 요구가 있는 자녀에게 적응하도록 일상생활을 수정하는데 있어서 당신과 다른 자녀가 도움받기를 원할 수 있다.

당신의 자녀가 어떤 서비스를 받기 시작하기 전에, 그에게는 종합적인 다학문적 발달의 평가를 받는 계획이 짜여져야만 한다. 다학문적 평가는 아동의 현재 기능수준을 평가할 것이며, 아동의 모든 발달영역에서의 독특한 강점과 요구사항을 평가할 것이다. 이 평가의 결과는 서비스의 적격성을 결정하고 아동의 교육 프로그램 계획에 사용될 것이다. 평가 동안에 다양한 영역에서의 전문가들로 이루어진 팀이 테스트를 실시하고, 아동을 관찰하고, 의료적인 기록을 검토하고, 의사로부터 보고서를 받고, 그리고 과거 발달평가를 검토할 것이다. 이 평가는 "아동 전체"(whole child)를 보고, 아동의 모든 환경에 대한 정보를 포함하기 때문에, 당신이 가정에서 자녀의 정보에 대해 나누는 것은 중요하다.

자녀의 평가는 조기교육 기관이나 유치원 서비스를 제공하는 학교 시스템에서 계획되어 실시될 것이다. 이 평가에는 전혀 비용이 들지 않는다.

당신의 자녀는 조기개입 프로그램을 시작하기 전에 그리고 학령전 특수교육 프로그램을 시작하기 전에 평가를 받을 확률이 높다. 그러나 당신 동네 학교 시스템은 자녀의 유치원 배치 결정을 하는데 있어서, 자녀의 조기개입 프로그램으로부터 나온 평가정보를 수용할 수도 있다. 만약 당신 자녀가 조기개입 프로그램에 참여하고 있다면, 그의 서비스 조정자는 아동이 유치원 프로그램으로 전이될 수 있도록 도울 것이다. 전이 서비스는 조기개입과 학령전 프로그램의 한 부분으로 포함되어 있다.

평가 팀

평가에 참여하는 전문가 유형은 다양하지만, 아동의 팀에 포함되는 구성원은 아마도 특수교사, 학교 심리학자, 물리치료사, 작업치료사, 그리고 언어치료사가 포함될 것이다. 평가는 아동의 모국어로 실시되어야만 하며, 필요하다면 통역자가 배치되어야 한다. 제7장에서는 어떻게 작업, 물리치료사와 언어치료사가 테스트 하는지, 그리고 어떻게 자녀의 발달적 강점과 요구에 대해 아이디어를 얻도록 관찰하는지에 대해 설명하고 있다. 여기에서는 아동의 발달적 평가동안 참여하게 되는 그 외의 전문가들이 하는 것에 대해 요약한다.

특수교사. 교사는 당신 자녀의 인지, 사회 · 정서적 발달을 평가할 것이며, 뿐만 아니라 그의 적응적 발달(adaptive development ; 새로운 환경에 적응하는 능력과 새로운 상황에서 새로운 기술을 응용하는 능력)에 대해서도 평가할 것이다. 교사는 시각적 및 청각적 능력을 알아볼 것이며, 학업전(pre-academic) 기술, 학습 스타일, 그리고 주의 집중을 평가할 것이다. 이러한 영역들에서 아동의 능력에 대한 총체적 모습을 형성하기 위해서, 교사는 아동을 관찰할 것이며 다양한 테스트를 실시할 것이다. 특수교사는 규정된 자료 세트를 가지고 아동을 공식적인 상황에서 테스트 할 것이다. 또한 교사는 아동이 놀이하는 것을 보면서, 체크리스트에 체크를 한다거나 하는 비공식적 테스트를 할 것이다. 이런 역할을 하는 특수교사는 때때로 당신 자녀의 일반학급 교사가 될 수도 있고, 혹은 평가 동안에만 아동을 보는 교육적 진단가가 될 수도 있다.

학교 심리학자. 심리학자는 아동의 현재 기능 수준과 지적 잠재력을 평가하는 표준화된 테스트를 실시할 것이다. 대부분의 검사들이 비장애 아동을 대상으로 고안되었기 때문에, 심리학자들은 당신의 자녀에게 더욱 적합하도록 검사 과정을 수정할 것이다. 또한 당신의 자녀가 일반적으로 공식적인 검사 상황 이외에서 무엇을 할 수 있는지의 견지에서 테스트의 결과를 해석하여야 할 것이다. 심리학자는 테스트 결과의 정확성을 판정하기 위해 가정이나 교실과 같은 친숙한 환경에서 당신의 자녀를 관찰하게 된다.

가족평가

조기개입 서비스를 위한 평가과정 동안, 아동의 강점과 보완되어야 할 점이 파악되며 평가될 것이다. 당신 가족이 가지고 있는 자원, 선호도, 고려사항뿐만 아니라, 아동의 발달적 요구에 부합하도록 돕는 지원과 서비스가 판별될 것이다. 예를 들어 당신의 가족자원 중 뇌성마비 아동과 매일 운동을 해 줄 수 있는 그 아이보다 나이 많은 다른 자녀는 가족자원(family resources) 중의 하나가 될 수 있고, 그런 자원은 당신의 일과적인 보살핌 책무를 경감시켜 줄 것이다. 또 다른 면에서는, 당신은 아동의 보모에게 아이를 데려다 주고 데리고 오는 교통편을 조정하는데 도움이 필요할 수 있고, 어떻게 뇌성마비가 아동에게 영향을 미치는지 정확하게 이해하는데 도움이 필요할 수도 있고, 조부모에게 아동의 프로그램에 대해 설명하는 데에 도움이 필요할 수도 있다.

　"가족평가"는 당신이 개입 프로그램에서 공유하기로 선택한 정보만을 포함할 것이다. 자녀를 위한 당신의 목표를 성취하는데 직접적으로 관련되지 않은 가족의 문제까지 확장시키지는 않는다. 즉 당신은 당신의 결혼관계, 시어머니와의 문제, 경제적 상태, 혹은 다른 자녀들이 학교에서 어떻게 하는지에 대해서는 상의할 필요가 없다.

평가결과가 당신의 가족에게 의미하는 것

당신 자녀의 평가의 결론 부분에서, 평가 팀은 그 평가결과를 당신을 위해 검토해 줄 것이다. 또한 자녀가 잘하는 것에 대한 논의와 각 발달단계에서 지체되는 정도에 대해 논의할 것이며, 자녀의 지체 정도가 당신의 지역사회에 있는 조기개입 혹은 학령전 특수교육 서비스에 적격성이 될 만큼 심각한가에 대해 논의할 것이다.

만약 당신의 자녀가 조기개입 서비스에 적합하다면, 당신은 서비스 조정자를 만나게 될 것이다. 서비스 조정자는 당신의 질문에 대답해 줄 수 있으며, 가족을 위해 서비스 시작과 그것의 적합성을 평가하는 과정으로 안내할 것이다. 또한 그 조정자는 아동과 함께 일하는 다양한 전문가들과 기관들에 의해 제공되는 서비스를 조정할 것이다. 당신이 아동에게 서비스를 제공하는 모든 사람과 자주 접촉해야 하기 때문에, 서비스에 대해 느끼는 점과 그들이 어떻게 조정하면 좋을지에 대해 서비스 조정자에게 알려야만 한다.

제9장에서 설명되듯이, 당신의 자녀가 미국장애인교육법(IDEA)에 의해 학령전 서비스에 적합하다고 결정되면, 그는 무상으로 특수교육을 받기 시작할 것이다. 공립학교 시스템은 아동이 교육 프로그램을 통해 혜택을 얻을 수 있도록, 아동의 요구에 맞는 모든 서비스를 위한 비용을 지불해야만 한다. 당신이 별도의 치료서비스를 원한다면 그것은 당신이 추가적으로 부담하거나, 당신과 의사가 필요하다고 결정한 부가적인 치료를 보험에서 부담할 수도 있다.

만약 주에서 공공비용으로 제공하는 조기개입 서비스가 없다면, 당신은 아동을 위한 프로그램의 비용을 지불해야 할지 모른다. 당신은 몇몇 서비스에 대해서는 감축된 비용을 물게 될 수 있고, 아동의 프로그램 중 어떤 비용을 저소득층 의료보장제도(Medicaid)나 개인이 가진 보험에서 지불하는 경우도 있다. 또한 만약 당신이 특별한 기구들이나 치료 혹은 중재의 특정 기간을 지원받기 원한다면, 키워니스(Kiwanis) 혹은 엘크스(Elks)와 같은 종교적 혹은 지역사회 단체로부터 재정적 도움을 받을 수 있다.

만약 공립 프로그램에서의 자녀의 배치와 평가에 대해 당신이 동의할 수 없다면, 당신은 자녀를 그 프로그램에 보내지 않아도 된다. 당신과 학교가 아동의 프로그램에 동의할 때까지, 자녀가 프로그램을 시작하는 것을 허락하지 않을 수 있다. 학교와의 의사소통 통로를 열어놓고, 계속하여 상의하고 질문해야 한다. 제9장에서 당신과 담당자들이 합의점에 이르지 못한다면 어떻게 학교의 결정에 이의를 제기할 수 있는지 설명되어 있다.

▪▪ 당신의 자녀를 위한 목표 세우기

아동평가는 모든 발달영역에서의 그의 일반적인 강점과 요구사항을 나타낼 것이다. 그러나 조기개입 혹은 학령전 특수교육 서비스를 받기 시작하기 전에, 당신과 프로그램에 참여하는 전문가들은 아동이 수행하도록 요구되는 특정한 기술을 정확하게 제시해야만 한다. 예를 들어 작업·물리치료사가 3살된 당신의 자녀가 팔과 손의 움직임을 조절하는 것에 큰 어려움이 있다는 것을 발견했을 수 있다. 이러한 움직임 문제들은 많은 기본적인 자조기술(옷 입기, 이 닦기, 스스로 먹기)과 많은 교실기술(퍼즐 완성하기, 블록 쌓기, 보완 의사소통 도구 사용하기)에 어려움을 가지게 한다. 아동이 가장 먼저 학습해야 할 가장 중요한 기술이 무엇인지를 결정하는 것을 당신과 전문가들에게 달려 있으며, 그에 따라 당신은 자녀의 학습목표를 적절하게 선택할 수 있다.

조기개입과 특수교육 프로그램들은 당신에게 아동의 학습목표를 계획하는 전문가들을 만날 수 있는 정기적인 기회를 제공한다. 조기개입 프로그램에서 부모는 개별화 가족서비스계획(Individualized Family Service Plan : IFSP)이라고 불리는 계획을 짜는 교사와 치료사들의 팀 구성원의 한 명 이상을 만나게 된다. 개별화 가족서비스계획은 아동과 가족을 위한 목표와 이러한 목표를 달성하기 위해 필요한 조기개입과 다른 서비스들을 자세히 계획한 문서이다. 예를 들어 목표는 "데본(Devon)은 20분 이내에 자신의 우유병을 모두 먹도록 빨고 삼키기를 향상시킬 것이다"가 될 수 있다. 이러한 목표를 위해 필요한 서비스는 일반적 운동성, 긴장도, 그리고 협응 능력을 향상시키기 위한 물리치료, 먹기 위해 가장 좋은 자세를 잡도록 발달시키는 작업치료, 구강-운동협응을 향상시키기 위한 언어치료가 될 수 있다. 또 다른 예로는 "마리아(Maria)가 환경으로부터 학습하기 위해, 그녀는 자신의 장난감을 탐색하는 능력을 향상시킬 것이다"라고 하자. 이 목표를 위한 서비스는 마리아가 구르고 길 수 있는 능력을 향상시키기 위한 물리치료, 장난감을 조작하기 위해 손을 사용하는 능력을 향상시키기 위한 작업치료, 그리고 장난감을 입으로 물거나 던지는 것 대신 그 것을 만지고 보도록 목표를 세워 탐색할 수 있도록 돕는 특수교육이 포함된다.

개별화 가족서비스계획은 적어도 6개월마다 검토되어야 하지만 당신은 아동 과 가족의 요구사항이 변할 때마다 검토하고 수정하도록 요청할 수 있다. 개별 화 가족서비스계획의 사용은 또한 아동의 학령전 특수교육 프로그램으로 확장

될 수 있다. 학령전 특수 교육 프로그램에서-그리 고 좀 더 자란 아동을 위 한 특수교육 프로그램에 서-부모와 전문가는 아 동을 위한 **개별화 교육 프 로그램**(Individualized

Education Program : IEP)을 위해 적어도 일 년에 한 번 만나야 한다. 개별화 교육프로그램은 아동을 위한 학습목표를 묘사하고 아동을 위해 제공되어야 할 학교 시스템 내의 서비스를 목록화한 문서이다. 예를 들어 "콘노(Connor)는 좋 은 협응 상태로 간단한 모양을 따라 그릴 수 있다"라는 이 목표를 달성하기 위 해, 콘노는 아동이 앉아서 쓸 수 있도록 작업치료사로부터 수정된 의자와 연필 을 제공받으며, 특수교사로부터 모양 따라 그리기 과정을 배울 수 있다. 다른 목표로 "리아(Leah)는 학교, 가정, 그리고 이웃에서 그녀의 욕구를 의사소통하 기 위해 자신의 의사소통판을 사용할 것이다"라고 하자. 이 개별화 교육프로그 램 목표를 달성하기 위해, 리아(Leah)는 좀 더 균형있게 앉도록 상체의 힘을 기르도록 물리치료를 받을 것이며, 지적하기(pointing)를 하기 위해 팔과 손을 조절하도록 작업치료를 받고, 의사소통판 사용을 위해 단어의 의미를 알고 연 습하도록 언어치료를 받으며, 특수교사는 교실에서 개념을 가르치며 의사소통 판 사용을 안내하며, 부모는 가정에서의 의사소통판 사용을 감독한다. 아마도 보조교사는 리아가 가정과 이웃에서 의사소통판을 어떻게 사용하는지를 관찰

하기 위해 가정을 방문할 수 있다.

법에 의해 규정된 **개별화 교육 프로그램**과 개별화 가족서비스계획의 요소들에 대한 정보는 제9장에서 볼 수 있다.

개별화 가족서비스계획(IFSP)과 개별화 교육프로그램(IEP)에서 당신의 자녀를 위해 개발된 중재 혹은 교육 프로그램은 비슷할 수 있다. 이 둘은 모두 대근육과 소근육, 인지, 언어, 사회정서, 그리고 자조와 같은 발달적 영역뿐만 아니라 교통이나 상담과 같은 서비스를 목표에 포함시킬 수 있다. 차이점은 개별화 가족서비스계획은 부모에 의해 안내되며 아동과 가족을 위해 판별된 목표가 포함된다는 것이다. 개별화 교육프로그램은 평가와 교실평가를 통해 판별된 아동의 지체된 모든 영역들에서의 목표들을 포함하며 뿐만 아니라 부모에 의해 판별된 목표도 포함한다. 또한 자녀가 학령전 연령이 된다면, 그는 읽기, 쓰기, 셈하기와 같은 학업기술을 준비하기 위한 학업전 기술을 배우기 시작해야 한다.

당신 자녀의 프로그램 배치가 학업기술을 어느 정도 강조하느냐는 아동의 인지능력에 달려 있다. 장애가 주로 운동능력에 영향을 미친 뇌성마비 아동들의 경우는, 학업전 기술과 학업 기술은 쉽게 가르쳐질 수 있다. 모양과 글자를 알고 그것을 합쳐서 단어를 만들거나 혹은 더하기 빼기를 하는 것을 학습하는 데 어려움을 가지는 특정 학습장애가 있는 아동에게 진보는 더디게 나타날 것이다. 결국 그들은 이러한 기본적인 학업기술을 학습하게 될 것이다. 정신지체가 있는 아동의 경우, 보통 학습기술을 배울 수 있지만, 그들이 어느 정도까지 진보할 수 있는가는 그들의 정신지체 정도에 달려 있다. 몇몇은 기본적인 읽기나 쓰기를 학습하는 것만 가능하지만, 몇몇은 더 많은 것을 학습하기도 한다. 뇌성마비와 다른 장애를 함께 나타내는 아동에게 학업적 프로그램보다는 기능적인 프로그램이 그들의 요구에 최상으로 부합할 수 있다. 학습은 아동이 일상생활에서 기능하기에 필요한 기술들을 중심으로 이루어진다. 여기에는 먹기, 옷 입기, 자신의 요구를 의사소통하여 표현하기, 친구나 가족들과 함께 재미있게 보낼 방법 찾기와 같은 것들이 포함된다.

　자녀의 개별화 가족서비스계획과 개별화 교육 프로그램 회의에서 혹은 학교 관계자를 만났을 때 당신은 항상 질문을 하고 논의되어야 할 의견들을 제시해야 한다. 절대로 소극적으로 나가지 않아야 한다. 왜냐하면 당신은 자녀에 대해서 또 자녀를 위해서 무엇이 필요한지를 알고 있기 때문에 당신은 자녀의 교육 프로그램을 계획하는 팀의 한 부분, 그것도 매우 귀중한 부분이다. 당신의 정보와 의견들을 나누고, 전문가들에게 귀를 기울이고, 그들의 조언을 고려하여야 한다. 당신 자녀와 가족의 요구에 가장 잘 맞고, 자녀에게 최선의 교육적 미래를 제공할 프로그램을 만들기 위해 함께 일하여야 한다.

▪▪ 학령전 프로그램 선택하기

앞서 논의한 것과 같이, 학령전 특수교육 프로그램은 다양한 유형이며, 다양한 서비스와 전문가를 포함한다. 그러나 모든 유형의 학령전 프로그램을 제공하는 지역사회는 거의 없다. 예를 들어서, 당신의 지역사회는 뇌성마비 아동에게 뇌성마비와 다른 장애를 함께 가지고 있는 다른 뇌성마비 아동들과 함께 단지 분리된 환경에서만 서비스를 제공할 수도 있다. 또는 일반 학령전 교실에서 특수 치료서비스를 제공할 수도 있다. 그러나 당신이 어떠한 선택을 하게 되든지, 이 어린 나이 시기가 당신의 자녀에게는 매우 중요하다는 사실을 기억해야 한다. 당신은 자녀가 스스로에 대해 긍정적으로 느끼게 되고, 모든 영역의 교육적·치료적 요구를 충족시키는 따뜻하고 보살피는 분위기에서 그의 시간을 보내기를 바란다.

　학령전 프로그램을 찾을 때, 아동이 뇌성마비가 아니었다면, 그 아동이 무엇을 원했을 것인가를 생각해야 한다. 이것에다 뇌성마비의 결과를 최소화하기 위한 특별한 교수에 대한 아동의 욕구, 의사소통하는 것을 배우는데 있어서의 도움, 정기적인 물리치료를 추가한다. 자녀에 대한 분명한 판단을 확실히 하기

위하여 자녀의 교사와 치료사와 이야기를 하고, 자녀를 학교에서 관찰해 보도
록 한다. 자녀의 강점과 요구에 대해 다른 가족구성원들, 친구들, 전문가들과
논의하도록 한다. 자녀의 교육적, 치료적 요구를 확실하게 하기 위해서 당신이
관찰한 학급이 자녀의 요구와 맞는지를 판단한다. 예를 들어서 활동적인 놀이

와 실외 운동을 강조하는 프로그
램은 소근육 운동과 의사소통 기
술에 대한 요구가 있는 당신의 자
녀와 맞지 않을 수 있다.

당신의 자녀가 조기중재 교육프
로그램에 있거나, 개인적인 치료

를 받는다면, 교사나 치료사에게 자녀에게 필요한 프로그램을 찾고 프로그램
에 함께 방문할 수 있도록 도움을 청할 수 있다. 그러면, 각 프로그램의 관리자
와 연결하여 방문할 시간을 약속한다. 프로그램을 방문할 때는, 아동의 강점과
요구를 알 수 있도록 아동의 개별화 가족서비스계획이나 개별화 교육프로그램,
그 외의 평가서, 치료사의 보고서 등을 가지고 간다. 당신은 아동 없이 혼자서
프로그램을 한 번 방문하고 아동에게 프로그램이 적합하다고 생각되면, 다시
아동과 함께 방문하고 싶을 것이다. 이는 담당자들이 아동을 만날 수 있는 기
회를 주며, 이 프로그램과 아동의 요구가 어떻게 부합할 것인가를 결정하는 도
움을 준다. 대그룹 수업, 소그룹 수업, 개별시간, 활동 사이의 전이 시간 등을
포함한 프로그램의 모든 측면을 볼 수 있어야 한다.

표 1은 학령전 프로그램에 대한 질문과 관찰을 안내하기 위한 질문 체크리
스트를 제공한다. 제시된 각 영역에서 아동과 가족에게 필요한 것을 결정하기
위해서 아동에 대한 당신의 지식과 전문가들의 견해를 사용한다. 이 목록에다
아동에 대한 당신의 생각과 프로그램에 대한 아동의 개인적 요구를 첨가한다.

아동을 위한 프로그램을 찾았다면, 아동의 능력과 장애에 대해 솔직해져야
한다. 교사를 만나서 당신이 기대하는 것을 알게 한다. 자녀가 프로그램에 쉽

■■ 표 1. 프로그램 평가 지침들

1. 학교와 학교운영에 대한 일반적인 정보를 스텝에게 묻는 것으로 시작하라.

- ■■ 학령전 프로그램이 특수교육 프로그램인가 혹은 일반아동을 위한 프로그램에 장애아동을 통합한 프로그램인가?
- ■■ 일반학급에 몇 명의 장애학생이 통합되어 있는가?
- ■■ 학교에서 교육을 제공하는 아동은 누구인가? 아동들의 연령은? 요구의 유형은?
- ■■ 학교의 학생수와 학급 수는?
- ■■ 교사 대 학생의 비율은?
- ■■ 어떤 교사와 치료사가 스텝으로 구성되는가?
- ■■ 일반 유아교육 교사가 장애아동에 대한 훈련을 받았거나 경험이 있는가?
- ■■ 학교의 등교 및 하교의 교통수단은?
- ■■ 학교 시간표는 어떠한가? 당신 자녀의 하루 일과는 어떻게 될 것 같은가?

2. 프로그램에 대한 전반적인 생각 또는 느낌에 대한 일반적인 질문을 하라.

- ■■ 프로그램의 철학은? 아동-주도? 교사-주도?
- ■■ 어떤 교육과정의 유형이 사용되는가? 놀이-중심? 학업전 기술?

3. 기초적인 정보를 모았다면, 실제 프로그램을 관찰하라. 관찰하는 동안 다음을 살펴보아야 한다.

- ■■ 교실에 있는 어른의 수와 아동의 수?
- ■■ 아동이 무엇을 하고 있는가?(소그룹, 개별활동)
- ■■ 활동들은 아동이 독립성을 계발하도록 격려하는가?
- ■■ 도움은 필요할 때만 제공되는가?
- ■■ 활동들은 아동의 연령 수준에 적합한가?
- ■■ 운동성 문제가 있는 아동이 다른 아동이나 어른과 상호작용할 수 있도록 자세가 잡혀져 있는가?
- ■■ 장애아동이 다른 아동들과 같은 활동에 참여하고 있는가?
- ■■ 어른들이 아동들과 어떻게 상호작용하고 있는가? 어른들은 아동들이 하는 것에 대해 아동들에게 이야기하는가? 어른들은 따뜻하고 수용적으로 보이는가? 어른들은 아동들 사이의 상호작용을 격려하는가?
- ■■ 어떤 종류의 자료가 유용한가?(블럭, 책, 바닥에서 하는 놀이를 위한 부드러운 매트 등)
- ■■ 지체장애아동이 움직이고, 환경과 상호작용하는 것을 격려하도록 교실은 어떻게 수정되었는가? 기어다니는 아동이 있는 경우 그들의 손에 닿을 수 있도록 장난감이 배치되었는가? 아동이 발이 걸려 넘어질 수 있는 작은 러그 혹은 장애물이 있는가?
- ■■ 교실과 학교의 운동장이 깨끗하게 유지되는가?

4. 아동들이 그들이 필요한 개별화된 관심을 받고 있는지를 판단하라.

- ■■ 장애아동을 위한 개별화된 프로그램이 어떻게 개발되고 실행되는가? IFSP, IEP, 치료사의 보고서의 예들을 보게 해달라고 요청한다.

▮ 표 1. 프로그램 평가 지침들(계속)

- ▮ 아동의 프로그램은 얼마나 자주 재평가되는가? 재평가는 어떻게 이루어지는가?
- ▮ 교사들과 치료사들과 부모들은 아동에 대해 정기적으로 의사소통하는가?
- ▮ 교사들과 치료사들은 당신의 자녀와 어떻게 함께 하는가?(일대일, 소그룹, 학급 내, 치료실 내에서)

5. 현재 유용가능한 치료서비스가 당신 아동의 요구에 얼마나 잘 부합하는지를 고려하라.

- ▮ 물리치료사, 작업치료사, 언어치료사가 몇 명이 있는가?
- ▮ 몇 명이 매일 치료실이나 교실에서 일하는가?
- ▮ 몇 명이 한 장소에서 다른 장소로 이동하는 사람인가?
- ▮ 그들은 신경발달적 처치(NDT) 자격/훈련이 되어 있는가?
- ▮ 치료 서비스는 학급에 통합되었는가?
- ▮ 물리치료사는 보행훈련(혹은 아동이 가지고 있는 특정한 요구)의 경험이 있는가?
- ▮ 작업치료사는 감각통합 훈련을 받았는가?
- ▮ 언어치료사는 의사소통판 혹은 컴퓨터와 같은 의사소통의 대체수단에 경험이 있는가?
- ▮ 언어치료사는 구강운동 및 섭식지도의 경험이 있는가?

6. 당신 아동이 다른 특별한 요구가 더 있는지에 대해 확실히 하라. 예를 들어서,

- ▮ 특별한 장치가 유용 가능한가, 스텝은 그 장치를 작동하도록 훈련이 되어있는가?
- ▮ 1년 내내 서비스가 가능한가?
- ▮ 프로그램에 여름 캠프가 있는가?
- ▮ 당신이 원하는 서비스 중 프로그램이 제공하지 못하는 서비스가 있는가? 보험이나 교육 체계가 이 서비스를 부담할 수 있는가?

7. 부모로서 프로그램에 어떻게 협력할 수 있는지에 대한 질문을 할 수 있다. 예를 들면,

- ▮ 스텝은 부모와 어떻게 의사소통을 하는가? 전화로, 알림장으로, 집에 메모보내기로? 부모는 어떠한 방법으로 스텝이 중요한 사항을 알게 하거나 질문을 하게 하는가?
- ▮ 프로그램에 참여하기 위한 부모의 책임은 무엇인가?
- ▮ 부모에게는 어떠한 서비스가 제공되는가?(지원 그룹, 워크숍, 훈련)

8. 많은 가족들이 많은 전문가들과 함께 일한다. 당신은 이 프로그램이 외부 전문가들과 어떻게 협응하는지를 질문할 수 있다.

- ▮ 프로그램 스텝의 한 구성원이 서비스 협응자로서 활동할 것인가?
- ▮ 프로그램은 협응자로서 활동하는 당신에 대해 편안해하고 있는가?

게 혹은 어렵게 적응하게 하는 것에 대한 교사의 생각을 알도록 한다. 잠재적 문제와 해결책에 대해서 함께 브레인스토밍을 하도록 한다. 아동의 학령전 경

험이 아동과, 교사 및 치료사 모두에게 즐겁고, 보상적인 것이 되도록 하는데 당신이 언제든지 도울 수 있다는 것을 교사로 하여금 알게 한다. 당신과 아동의 교사가 초기에 좋은 관계를 형성한다면, 당신은 아동의 미래 프로그램 개발에서도 서로를 신뢰할 수 있을 것이다.

■■ 부모-전문가 파트너십

지난 몇 년간, 조기개입과 학령전 특수교육에서의 부모-전문가의 관계는 변화되어 왔다. 전문가가 부모의 교사로서 그리고 아동의 교육에 대한 의사결정자로서의 역할을 하는 관계에서 전문가와 부모가 협력적으로 아동과 가족의 요구를 고려하는 관계로 번화하였다. 궁극적인 목적은 부모와 전문가 사이의 동등한 파트너십이다.

오늘날 부모와 전문가의 협력은 점점 광범위해졌다. 이런 변화는 부분적으로는 법이 어린 자녀가 전문가들과 완전한 파트너십을 가지고 함께 협력하도록 독려하고 있기 때문이다. 이러한 기본적인 철학을 추구하는 프로그램에서는 당신과 자녀가 존중되는 것을 알 수 있을 것이다. 프로그램 스텝에 의해서 당신의 의견이 구하여지고 존중될 것이다. 당신은 뇌성마비 아동의 실제 일상생활에 대해 전문가와 함께 이야기할 기회를 갖게 될 것이다. 당신은 자녀와의 경험을 다른 부모나 스텝들과 공유할 수 있도록 격려될 것이다. 당신은 아동과 가족을 위한 실제적인 목표를 결정하는데 도움이 되는 정보들과 전문가들의 판단을 제공받게 될 것이다.

불행하게도, 비록 당신이 아동의 교육적 프로그램의 모든 측면에 참여할 수 있는 법적인 권리를 가졌지만, 모든 전문가들이 아동의 조기개입과 특수교육 팀에 당신을 중요한 구성원으로 받아들이거나 존중하지 않을 수 있다. 이런 경우, 부모의 정보가 아동이 프로그램에서 최대한의 이익을 얻을 수 있도록 하는데 가치 있는 것으로 교사와 치료사가 인식하는 데는 시간이 좀 걸릴 것이다.

당신은 자녀와 가족을 위해 옹호자일 수 있어야 할 것이다. 이것은 어떠한 경우가 되더라도 그래야 할 것이다. 당신은 특별한 요구를 가진 아동의 부모이므로, 당신의 아동과 가족의 요구가 충족될 수 있도록 하는데 더 많은 시간을 보내야 할지 모른다.

좋은 협력은 하룻밤 사이에 개발될 수 없을 것이다. 인내를 가져야 하고, 확고하고, 개방적이며, 협력적이 되어야 한다. 전문가가 아동에 대한 의사결정을 하는데 있어서 당신의 권리와 책임을 인식할 때까지 관계를 형성하기 위해서 노력해야 한다. 제10장에서는 전문가들이 당신과 같은 방식으로 생각할 수 있도록 하는데 도움을 주는 옹호기술들을 소개한다.

∷ 결론

당신의 자녀가 뇌성마비를 가진 아동이지만, 우선 아동이라는 점이 먼저이다. 뇌성마비 아동도 다른 아동들과 같이 자라고, 발달할 기회를 가져야 한다. 사실, 놀고, 학습하고, 의사소통하는 것은 다른 아동에 비해서 더 어려울 것이다. 그리고 당신이 그 아동을 지켜보고 돕는 것은 더 어려울 것이다. 그러나 당신과 당신 아동은 성장하고 함께 배우고, 당신은 놀고 학습하는 것을 즐길 수 있다. 당신은 이 세상이 당신의 자녀를 위해 좋은 세상이 되도록 하는 도전의 직면을 즐길 수 있다. 이러한 것들은 독특한 도전들이다. 모든 부모와 아동들이 그런 것들을 직면해야 하는 것은 아니다. 그러나 당신들을 도울 수 있는 많은 사람들—뇌성마비 아동을 가르쳤던 많은 사람들—과 자신의 자녀에 대해 알기 위해 뇌성마비 아동의 부모들을 도왔던 사람들이 있다. 그들은 도움을 줄 수 있으며 도움을 줄 것이다. 당신과 자녀는 함께 생활하고 배우고 성장할 수 있다.

09

제임스 카프란 · 랄프 무어

법적 권리와 함정

▦ 서론

뇌성마비 아동의 부모로서 자녀와 당신에게 적용되는 법에 대해 이해하는 것은 중요하다. 당신 자녀가 학교에 참여하는 권리와 지역사회에서 살아가고 일하는 것을 보장하는 법이 있다. 자녀의 재정적 · 의료적 보장을 제공하는 법, 그리고 자녀의 미래에 관한 장기계획에 적용되는 법이 그것이다.

만약 당신이 자녀의 권리가 무엇인지 안다면 이러한 지식은 자녀가 잠재된 능력을 위해 필요한 교육, 훈련, 특수한 서비스를 받는 것을 보장하는데 도움을 줄 수 있다. 당신과 자녀는 불법적인 차별이 일어난다면, 필요한 경우 자녀의 법적 권리를 주장할 수 있을 것이다. 마지막으로 당신은 법이 어떻게 장애아동이 있는 가족들에게 문제를 만들 수 있는지 이해한다면, 자녀의 미래를 계획할 때, 뜻하지 않은 실수를 피할 수 있을 것이다.

오로지 뇌성마비만을 다룬 연방법은 없다. 오히려 뇌성마비 아동의 권리는 장애아동과 성인을 위한 일반적인 법과 법규에서 발견된다. 즉 모든 장애인을 보호하는 같은 공통의 법들이 또한 당신의 자녀의 권리를 보호한다. 이 장에서는 당신이 자녀의 권리를 효과적으로 활용하고 완전하게 자녀를 보호할 수 있게 하는 연방법에 대해 설명한다.

이 장에서 모든 주와 지역의 법을 다루는 것은 불가능하다. 대신에 당신이 알아둘 필요가 있는 가장 중요한 법적 개념의 일부를 살펴보려고 한다. 당신이 속한 지역에서의 특정법에 관한 정보를 알기 위해서는 미국뇌성마비협회(UCP), 미국정신지체인협회의 중앙사무국(the national office of the arc; 이전 명칭은 the association for retarded citizens), 미국뇌성마비협회 혹은 미국정신지체인협회의 지역 지부나 주별 지부, 각 주의 부모훈련 및 정보센터(PTIC)에 연락해 보라. 또한 특정한 조언이 필요하거나 질문이 생길 경우, 장애법에 대해 잘 알고 있는 변호사에게 상담해야 한다.

■ 당신 자녀가 교육받을 권리

20세기 중반까지 장애아동들은 보통 일반학교 교육에서 제외되었었다. 장애아동들은 기숙학교, 기숙가정, 기숙기관에 보내어지거나, 부모들이 시간제 사립 프로그램을 결성하였다. 1960년대 연방정부, 주정부, 지역정부들은 장애아동들에게 교육적 기회를 제공하기 시작하여 이러한 기회들이 오늘날까지 확장되고 있다.

아마도 "미국장애인교육법"(IDEA) 만큼 뇌성마비 아동을 위한 교육적 기회를 크게 향상시킨 것은 없다. 이 법은 1975년 처음 제정되었고, 1997년에 전반적으로 개정되었으며, "미국전장애아교육법"(The Education for All Handicapped

Children Act, 1975)으로 불리워졌고, 이는 공법 94-142(public law 94-142)로 더 잘 알려져 있다. 미국장애인교육법은 대부분의 장애아동을 위한 교육적 기회를 매우 향상시켰다. 미국 교육부와 각 주에 의해 실행되며 이 법은 당근-채찍으로써의 효용이 있다.

미국장애인교육법에 의해 연방정부는, 교육부에서 제기한 미국장애인교육법과 법률조항에 속한 기준에 맞는 특수교육 프로그램을 운영하는 각 주에 장애아동의 교육을 위한 자금을 제공한다. 연방 정부의 재정지원에 맞는 자격을 갖추기 위해서는 각 주는 모든 장애아동에게 미국장애인교육법의 기준 "최소제한환경"(LRE)에서의 "무상의 적절한 공교육"(free appropriate public education)을 제공하는 것이 증명되어야 한다. 미국장애인교육법에 의해 연방정부 재정을 받는 주들은 입증된 특수교육 서비스, 일반교육과정(통합)에의 참여를 위한 기회들과 장애아동과 부모들을 위한 다양한 절차상의 권리들을 최소한 제공하여야 한다. 연방정부의 재정지원이라는 유인은 모든 주들이 뇌성마비 아동을 포함한 모든 장애아동을 위한 특수교육을 제공하도록 촉진시킨다.

그러나 미국장애인교육법에는 **제한점**들이 있다. 미국장애인교육법은 단지 연방정부의 재정지원을 받기를 원하는 주들의 특수교육 프로그램에서 최소한의 요청들만 요구한다. 즉 미국장애인교육법은 뇌성마비 아동을 위한 이상적인 교육적 프로그램이나 당신이 "가장 최선"이라고 생각하는 프로그램을 채택하도록 요구하지 않는다. 왜냐하면 주들은 미국장애인교육법에는 여러 자유재량권이 있기 때문에 가능한 프로그램 혹은 서비스가 각 주마다 다르다. 예를 들면 어떤 주는 다른 주보다 학생과 교사의 비율이 높고, 교수의 양과 질 역시 다양하다.

주들은 미국장애인교육법에서 요구하는 것과 이루어지고 있는 것들보다 더 좋은 특수교육 프로그램을 만들 수 있다. 당신은 어떤 학급들, 프로그램들과 서비스가 자녀에게 가능한지 정확하게 결정하기 위해서 지역학교의 특수교육 분과의 배치 혹은 접수 담당자에게 문의해야 한다. 부모님들, 기관들과 옹호그룹들은 연방정부의 요구들을 넘어서도록 지역학교와 주에게 압력을 가하고, 가능한 한 빠르게 양질의 특수교육을 제공하도록 요구한다. 이러한 그룹들은 당신의 지원이 필요하고 당신 역시 그들이 필요하다.

미국장애인교육법(IDEA)이 제공하는 것

미국장애인교육법은 1975년에 제정된 이래로 여러 번 개정되어 왔다. 오늘날 미국장애인교육법은 법과 법규의 넓은 영역으로 구성되어 있다. 이 책의 끝 부분에 있는 자료 안내서에는 이러한 법과 법규자료들을 미 상원, 백악관 대표, 교육부 또는 국가 조직으로부터 어떻게 얻을 수 있는지 알려준다. 아래의 요약은 당신과 자녀에게 가장 중요한 조항들을 강조하고 있다.

적용범위. 미국장애인교육법은 자폐, 정신지체, 정형외과적 손상들, 청각장애, 학습장애, 말 혹은 언어 손상과 복합장애를 포함하는 모든 장애아동들이 특수교육을 받을 수 있도록 하려는 의도를 가진다. 만약 당신의 자녀가 미국장애인교육법의 기준에 부합한 조건으로 판정받지 않았다고 하여도 여전히 법적 서비스 적격성을 가질 수 있다. 3살 이전의 유아와 영아는 서비스를 제공받고 있지 않을 경우 "실질적인 발달지체를 가질 수 있는 위험아동으로 판별된다면, 조기개입 서비스의 적격성을 가진다. 또한 당신 자녀가 3살에서 9살 사이라고 하면, 주에서는 선택사항으로 만약 자녀가 진단받지 않은 발달지체를 경험하고 있는 경우 서비스를 제공할 수 있다.

대부분의 경우 뇌성마비 진단으로 당신의 자녀는 미국장애인교육법을 적용시키기에 충분하다. 자녀의 지적 혹은 신체적 손상이 어떻게 표찰이 되는가와 상관없이, 아동의 조건이 학습을 방해한다면 서비스를 받을 자격이 된다.

"무상의 적절한 공교육". 미국장애인교육법의 핵심은 장애아동들이 최소제한 환경에서 "무상의 적절한 공교육"을 받는 요건이다. 뇌성마비 아동들은 그들의 특수한 학습요구와 능력, 비장애 또래들과 함께 학교에 가야 할 권리를 고려하는 교육을 공공비용으로 제공받아야 할 권리가 있다. 이 부분에서는 무상의 적절한 공교육이 의미하는 것의 각 요소들이 무엇인지 좀 더 정밀하게 살펴보고, 그 다음 **최소제한환경**이라는 용어에 대하여 설명한다.

"무상"이라는 말은 당신 자녀의 특수교육 프로그램의 모든 부분이 당신의 지불능력과 상관없이 공공비용에서 제공되어야 함을 의미한다. 이러한 요건은 종종 당신 자녀가 공립학교에 배치되는 것으로만 만족되어지곤 한

다. 그러나 학교지역구(school district)는 아동이 그곳에서 받게 될 모든 필요한 서비스의 비용을 지불해야만 한다. 만약 적절 가능한 공립 프로그램이 없다면 학교지역구는 당신의 자녀를 사립 프로그램에 배치시키고, 모든 비용을 지불해야 한다. 미국장애인교육법은 학교지역구 혹은 다른 관리기관에 의해 특별히 승인되지 않은 교육적 서비스의 교육비용을 제공하지는 않는다(이 장의 뒤에서 설명하는 것과 같이, 당신의 학교지역구의 결정이 번복되지 않는 한)는 것을 기억하라. 그 결과, 만약 당신의 자녀가 학교지역구에 의해 승인되지 않은 곳에 배치가 된다면 당신은 교육비 전체를 물어내야 할지도 모른다.

부모들은 미국장애인교육법에서 요구하는 "적절한" 교육이 그 비용으로 살 수 있는 가장 좋은 교육을 보증하지는 않는다는 것을 수용하기 어려울 수 있다. 그러나 미국장애인교육법은 효과적인 교육을 요구한다. 미국장애인교육법은 주들이 "교육적 성공"을 성취하기 위해 연방 재정보조를 받는 것을 요구한다. 주들은 장애아동을 위한 측정가능한 수행목표를 세워야만 하는데, 그 목표들은 성인으로서의 경제적 독립성, 지역사회 생활 및 고용을 이끌어내는 것이어야 한다. 따라서 미국장애인교육법은 효과적인 특수교육 서비스를 제공하는데 학교지역구가 책무성을 지닌다고 본다. 그러나 제공되는 서비스의 성격과

정도는 요구의 성격과 정도에 전적으로 달려 있다. 이 영역에서의 법은 계속하여 진전되고 있다. 어떠한 교육이 "적절한" 교육적 프로그램이라고 고려되는지를 다루는 최근의 법에 대한 정보를 위해 미국뇌성마비협회 혹은 미국정신지체인협회 혹은 주의 부모훈련 및 정보센터(PTIC)의 지역 사무실을 체크해보라.

당신만이 자녀가 가장 적절한 배치와 서비스를 받고 있는지를 확신할 수 있다. 미국장애인교육법에 의해 부모와 교육자들은 각 아동의 개별화 교육 프로그램(IEP)을 구성하는데 함께 협력해야 한다고 요구된다. 학교지역구가 자녀를 위해 최고의 교육배치를 만들어주지 않는다고 느낀다면, 당신은 학교 당국자에게 당신이 선호하는 배치가 적절한 것이라는 것뿐만 아니라, 학교지역구에서 찬성한 배치가 적절하지 않음을 나타내야 한다. 목표는 적절한 배치와 서비스에 대한 동의에 도달하는 것이다. 동의가 이루어지지 않는다면 논쟁을 풀기 위한 절차가 있다. 이러한 절차들은 이 장의 뒷부분에서 논의될 것이다.

"특수교육과 관련 서비스". 미국장애인교육법에 의한 적절한 교육은 특수교육과 관련 서비스로 구성된다. "특수교육"은 장애아동의 독특한 요구를 충족시키기 위해서 특별히 고안된 교육을 의미하는 것으로, 일반학급, 특수학급, 집에서의 교육(home instruction), 혹은 사립학교, 병원, 혹은 시설기관(institution)에서의 교육을 포함하는 광범위한 환경들에서 제공되는 교육을 말한다. 공공비용으로 학교지역구에 의해 제공되는 일반교사, 특수교사, 치료사 그리고 다른 전문가들은 모두 이러한 교육적 서비스들을 전달하는데 책임이 있다. 덧붙여, 부가적인 보조와 서비스가 한 학생이 일반학급 교육에 참여하도록 하기 위해 제공될 수 있다. "관련 서비스"는 아동이 특수교육으로부터 혜택을 얻는데 필요한 교통수단과 다른 발달적, 교정적 및 지원적인 서비스로서 정의된다.

"관련 서비스"는 종종 특수교육 프로그램에서 결정적인 부분이 된다. 훈련된 말 혹은 언어치료사, 작업치료사, 물리치료사, 심리학자, 사회복지사, 양호교사, 보조원 혹은 다른 자격을 갖춘 사람에 의해 제공되는 서비스는 미국장애인교육법에 의해 관련서비스로서 요구될 수 있는 것들이다. 그러나 어떤 서비스들은 특정하게 배제되었다. 이러한 제외들 중 가장 중요한 것이 의사 혹은 병원에 의해 보통 제공되는 의료적 서비스이다. 예를 들면 예방접종은 미국장애인교육법에 의해 관련 서비스로서 제공될 수 없는 것이다.

뇌성마비는 종종 신체적 문제를 나타내기 때문에 자녀의 특수교육 프로그램의 부분으로서 적절하고 충분한 물리치료, 작업치료 및 언어치료를 얻어내는 것은 중요할 것이다. 또한 이후 논의될 바와 같이, 개인적 보조 서비스 (개인적 보살핌과 이동성과 같은 요구에 대해 도와줄 사람)는 하나의 필수적인 관련 서비스일 수 있다. 부모들은 자녀들이 필요한 관련 서비스를 받도록 요구해야만 한다. 이러한 관련 서비스들은 법에서 보장하는 자녀의 권리이다. 또한 당신은 자녀의 교육 프로그램이 충분한 물리치료와 작업 치료 및 개인보조를 포함하는지 그리고 이러한 서비스들이 적합하게 제공되는지에 대해 확실히 하여야 한다.

"최소제한환경".　미국장애인교육법은 장애아동이 "가장 최대한 적합한 정도로" 최소제한환경에서 교육받아야 한다고 요구한다. 이러한 요건은 미국장애인교육법 내에서 당신 자녀에 대한 모든 결정들에 영향을 주며, 미국장애인교육법이 제정된 이후로 법의 주요한 강조점이 되었다. 이러한 결과는 자신의 아동들이 또래와 함께 교육받기를 주장하는 부모들의 노력에 의해 이루어졌다.

최소제한환경은 당신의 자녀가 일반교육과정에 포함되는 것뿐 아니라, 학교에서 비장애학생과의 만남을 가장 가능하게 하는 교육적 환경이다. 예를 들어 당신의 자녀는 같은 나이의 다른 아동들과 같은 교실에서 과제들을 학습할 기회를 가지게 한다. 그러므로 미국장애인교육법에 의해 뇌성마비 아동을 포함하여 장애아동들은 장애를 가지지 않았을 경우 참여할 학교와 학급에 통합될 수 있는 강력한 우선권이 있다. 미국장애인교육법은 특수학교나 교실 밖으로 장애아동을 고립시켰던 과거의 실행들을 종식시키려는 의도를 가지고 뇌성마비를 가진 아동이 이웃학교에 갈 수 있도록 하는 의도를 지니고 있다. 미국장애인교육법은 당신 자녀가 성공하기에 필요한 서비스와 지원을 받으면서 학교의 전형적인 교육적 생활에 진정으로 통합될 수 있는 방법들을 학교들이 찾도록 요구한다.

일부 학교 관계자들은 뇌성마비 아동들이 분리된 특수환경에서 교육받아야만 한다고 주장하기도 한다. 그러나 대부분의 뇌성마비 아동들은 교실에서 적절한 지원과 치료가 제공되어지기만 하면 일반 또래들과 함께 교육을 받을 수 있다. 일부 지역들에서는 모든 장애아동들이 모든 시간에 일반학급에서 교육받고 있다.

미국장애인교육법이 제정된 후 수년에 걸쳐서 광범위한 배치 선택들이 개발되었다. 미국장애인교육법은 교육배치의 많은 다양한 유형들을 지원한다. 많은 아동들이 자신들의 모든 시간을 일반학급에서 보내는데, 이 경우 교육과정을 그들의 욕구에 따라 수정할 수 있거나 그들이 일반교육과정에 참여하도록 도움을 줄 수 있거나 혹은 신체적 이동성과 요구를 도와줄 수 있는 교사나 보조원과 함께 한다. 다른 아동들은 대부분을 일반학급에서 보내지만, 특정 과목들만 특수학급에서 특수교육 서비스를 받는다. 여전히 어떤 아동들은 특수학급에서 대부분의 시간을 보내지만 조회, 체육시간, 스포츠 팀, 음악, 점심시간과 휴식시간과 같은 학교활동에서 통합의 기회를 가진다.

또한 미국장애인교육법은 공립학교가 일부 아동들이 요구하는 교육적 서비스와 관련 서비스를 위해서는 적절한 곳이 아니라는 것을 인정한다. 이러한 경우 연방법규는 사립학교 혹은 나아가 기숙환경까지의 배치를 허용하는데, 이 경우 학교지역구는 이 배치가 아동의 개인적 교육적 요구를 충족시키기 위한 것이라는 것을 설명해 낼 수 있어야 한다. 지역사회의 일반 공립학교 내의 배치가 적절하지 않다고 결정될 때, 법은 여전히 아동의 개인적 요구에 적합한 최소제한적인 교육적 환경 즉, 일반학교 일반학급 프로그램과 활동들에 참여하는 것을 포함할 수 있는 곳에 배치될 것을 요구한다. 부모가 학교지역구의 승인이나 재정지원 없이 사립학교에 등록시킨 학생의 경우도 여전히 언어치료와 같은 일부 서비스에는 적격성을 가진다.

당신 자녀의 뇌성마비 그 자체뿐만 아니라 발달지체는 학교지역구가 당신 자녀에게 일반 또래와 함께 학습할 수 있는 기회 제공을 거절하는 이유는 아니다. 학교에서 가장 중요한 학습의 일부는 아동들의 또래들로부터 그리고 전형적인 행동을 모방하는 것을 통해서 이루어진다. 그래서 개별화교육계획(IEPs)에서, 학교지역구는 각각의 장애학생이 얼마나 많이 일반학급에 통합될 것인지 혹은 안 될 것인지 그리고 왜 그런지에 대해 설명해야만 한다.

미국장애인교육법의 적용이 시작되는 시점. 미국장애인교육법은 3살에 특수교육 서비스를 시작할 것을 모든 주에게 요구한다. 또한, 미국장애인교육법은 0살부터 3살 영아를 위한 조기개입을 위해 승인된 프로그램을 창안하는 주를 위해 일종의 보조금 프로그램을 포함한다.

미국장애인교육법에 의해 조기개입 서비스의 여러 형태들이 각 주에서 유용하다. 그러나 어떤 서비스가 어떻게, 어디에서, 어떤 기관에서 제공하느냐에 따라 광범위한 다양성이 실재한다. 당신이 살고 있는 지방의 학교지역구, 주 교육청, 미국뇌성마비협회 혹은 미국정신지체인협회 혹은 주의 부모훈련 및 정보센터의 지역 사무실에 조기개입 서비스의 유용성에 대해 체크해 보아야 한다. 이러한 서비스들은 뇌성마비 유아와 영아의 발달을 최대화할 수 있도록 도와주는 언어치료, 물리치료, 작업치료를 포함할 수 있다. 제7장에서는 당신의 자녀가 받을 수 있는 조기개입 서비스의 유형에 관해 논의하고 있다. 그러나 자녀가 받는 일부 조기개입 서비스에는 당신이 지불해야 하는 것도 있을 수 있다. 법은 보험회사와 저소득층 의료보장제도(Medicaid)가 이 비용의 일부를 부담할 수 있도록 하고 있다.

미국장애인교육법에 의해 특수교육 서비스들은 아동이 적어도 18살이 될 때까지 지속되어져야만 한다. 21살까지의 모든 학생들에게 교육을 제공하는 주

에서는 특수교육 서비스를 받는 학생들에게도 교육을 동일하게 제공해야만
한다.

서비스의 제공기간. 미국장애인교육법에 의해 한 아동의 요구에 일 년 내내 교
육을 받는 것이 "무상의 적절한 공교육"의 필수적 요소라는 것이 포함될 때는,
주들은 전형적인 180일 학교수업일보다 더 긴 기간의 교육을 제공하여야만 한
다. 많은 주에서, 여름학기 수업을 제공할 것인가의 결정은 당신의 자녀가 여
름학기 서비스 없이는 학기 동안 쌓아온 진보의 많은 부분을 상실하거나 "퇴보"
할 것인가의 여부에 달려 있다. 만약 그렇다면, 이러한 서비스들은 공공비용으
로 제공되어져야만 한다. 왜냐하면 일부 뇌성마비 아동들은 일 년 내내 교육이
제공되지 않으면 퇴행할 수 있기 때문에, 그들의 부모들은 일 년 내내 교육을
요구하는 것에 대해 주저하지 말아야 한다.

판별과 평가. 미국장애인교육법은 장애를 가진 아동들에게만 적용되기 때문에,
당신의 뇌성마비 아동이 특수교육에의 적격성 파악에 앞서 평가되어져야만 한
다. 법은 주에 각 아동들이 특수교육 프로그램에 배치되기에 앞서 아동의 요구
와 능력에 대한 판별과 평가를 위한 검사와 평가 절차를 개발하도록 요구한다.
모든 평가와 재평가 절차들은 당신의 정보를 고려하도록 요구한다.

　뇌성마비 아동의 부모들에게 판별은 보통 간단하다. 학교지역구는 대부분
뇌성마비 아동이 어떤 형태의 특수교육 혹은 관련 서비스가 필요하다는 것을
한결같이 인정한다. 뇌성마비라는 의료적 진단만으로도 따라서 충분할 것이
다. 당신의 아동이 특수교육을 필요로 한다는 것을 학교지역구에 납득시키는
것은 도전이 되지 않을 것이나 오히려 필요한 서비스를 되도록 빠른 시기에
얻는 것은 도전이 될 것이다. 의사들, 단체들과 가장 중요하게는 다른 부모들
은 이러한 초기 단계에서 매우 도움이 될 것이다. 당신 자녀의 조건이 완전히
이해되거나 진단되거나 혹은 "표찰"되지 않은 것에 대해 단념하지 말아라. 또
한 당신 자녀가 3~9살 사이라면 미국장애인교육법은 어떤 형태의 발달지체를

경험하고 있지만 공식적으로 장애로 진단되지 않은 아동들에게 주가 서비스를 제공할 수 있다고 명시하고 있다. 그러나 각 주가 특수교육 서비스의 적격성을 정하는데 "발달지체"라는 표찰의 사용을 요구하고 있지는 않다. 또한 그들은 발달지체라는 표찰사용에 연령을 제한할 수 있다. 예를 들어 3~6세의 아동으로. "발달지체" 표찰사용에 대한 당신의 군(county) 혹은 주의 정책을 알아보기 위해서는 주의 교육부에 연락해보라.

"개별화 교육 프로그램". 미국장애인교육법은 각 장애아동이 독특하다는 것을 인정한다. 이에 따라 법은 당신 자녀의 특수교육 프로그램이 아동의 개별적 욕구들에 따라 맞추어져야 한다고 요구한다. 당신 자녀에 대한 평가에 기초하여 나타나는 아동의 발달적 문제에 맞추어 프로그램은 계획되어야만 한다. 이러한 계획을 "개별화 교육 프로그램"(individualized education program : IEP)이라고 부른다.

개별화 교육프로그램은 다음의 것들을 묘사하는 문서화된 보고서이다.

1. 아동의 현행 발달수준
2. 아동의 발달적 강점과 요구들
3. 특수교육 프로그램의 단기목표와 연간목표
4. 아동이 받고 있는 특수교육적 서비스들
5. 서비스 시작 시기와 예상되는 서비스 지속 기간
6. 교육 프로그램의 목표들이 성취되었는지 여부를 알 수 있는 기준
7. 아동이 일반교육 프로그램에 참여하는 정도
8. 아동이 다른 학생들의 학습을 방해하지 않으며 일반학급에 참여할 수 있게 하는데 사용되는 행동중재 프로그램
9. 아동의 의사소통 요구 그리고
10. 부모의 관심사 및 염려

연방법규에 의해 교육적 배치는 개별화 교육 프로그램에 기초해야만 하며, 그 반대로 되어서는 안 된다. 즉 당신의 자녀가 받는 서비스와 서비스를 받는 환경은 아동의 개인적 요구에 의해 결정되어야 하며, 기존의 프로그램의 유용 가능성에 의해서 결정되어서는 안 된다. "모든 사람에게 맞는 한 종류"라는 사고방식은 미국장애인교육법에서 허락되는 바가 아니다.

한 아동의 개별화 교육 프로그램은 보통 부모들, 교사들과 다른 학교지역구 대표들과의 연속된 회의가 이루어지는 동안 개발되어진다. 당신의 자녀 역시 이러한 회의들에 참석할 수 있다. 학교지역구는 이러한 배치와 프로그램 결정을 위해 위원회를 구성하도록 요구된다. 이러한 위원회는 간혹 아동연구팀(Child Study Team)이나 행정적 배치위원회(Administrative Placement Committees) 로 불리워진다.

개별화 교육 프로그램을 작성한다는 것은 이상적으로는 어떤 목표가 적절하며, 그것들을 성취할 최선의 방법들은 무엇인가를 협의하는 부모, 교사, 치료사 및 학교 관계자의 협력적인 노력으로 볼 수 있다. 미국장애인교육법은 통합을 강조하고 있기 때문에 일반학급 교사들이 개별화 교육 프로그램 팀에 속하도록 요구한다. 개별화 교육프로그램의 초기 안은 상호적으로 수용될 수 있는 교육 프로그램을 개발하기 위한 시도로서 검토되고 개정된다.

이 과정에서 당신의 역할은 매우 중요하다. 당신은 교사들 혹은 학교관계자들이 자녀의 독특한 요구들을 인식할 것이라는 기대에 의존할 수만은 없다. 최대한의 서비스를 받기 위해서는, 특정 서비스를 받지 못하는 것이 "적합하지 않은" 교육을 초래한다는 것을 증명할 필요가 있다. 예를 들어 당신 자녀에게 보완대체 의사소통 방법을 사용하는 프로그램이 가장 좋다면, 당신은 이러한 서비스들을 제공하지 않는 것이 아동의 특수한 요구에 적절하지 않다는 것을 설명해야만 한다. 또한 당신이 아동에게 학업적으로 지향된 프로그램을 원한다면, 직업적 혹은 기능적 기술만 강조하는 프로그램이 아동의 기술, 능력 및 요구에 적절하지 않다는 것을 설명해야만 한다.

개별화 교육프로그램은 매우 자세해야만 한다. 당신과 아동의 교사들은 각 발달영역마다 특정 목표들을 정해야 하며, 이러한 목표들이 어떻게 언제 도달하게 될 것인지 기술해야만 한다. 비록 이러한 계획에 대한 생각은 처음에는 지나치게 자세한 것 같지만, 자세한 개별화 교육 프로그램은 아동이 받고 있는 교육을 면밀하게 모니터 할 수 있게 하고, 명시된 서비스를 아동이 실제로 받고 있는지 확인하게 해준다. 또한 법은 당신의 자녀가 받고 있는 교육 프로그램이 변화하는 아동의 요구에 맞추어지기 위해 개별화 교육 프로그램이 일 년에 적어도 한 번, 혹은 필요하다면 더 자주 검토되고 개정될 것을 요구한다.

당신의 자녀는 특별한 요구들을 가지지 때문에, 개별화 교육 프로그램은 이러한 요구들을 충족시키기 위해 조심스럽게 작성되어야 한다. 당신이 특정 서비스들을 요구하지 않는다면, 그런 것들은 간과될 수 있다. 당신은 학교 관계자들이 당신 자녀의 독특한 요구를-다른 장애아동들, 심지어 다른 뇌성마비 아동들과도 구별되게 하는 당신 자녀의 요구-인지하고 있는지를 확인해야만 한다.

당신은 개별화 교육 프로그램 절차를 위해 어떻게 준비할 수 있을까? 첫째, 공립, 사립, 연방, 주, 군, 시 프로그램들을 포함하는 유용가능한 모든 교육 프로그램들을 조사하라. 당신의 자녀가 뇌성마비가 아니었을 경우 출석했을 학교의 학급에서 당신 자녀를 관찰하라. 어떤 다른 프로그램과 배치가 제공되어져야만 할지에 대해 당신 자신이 알기 위하여 필요한 일이다. 지방 학교지역구와 미국뇌성마비협회와 미국정신지체인협회의 지방 조직들은 당신의 지역사회에 있는 프로그램에 대한 정보를 제공해줄 수 있다. 둘째, 학교 관계자들과 공유하기 위해 발달평가에 관한 전체 결과를 수집하라. 만약 학교지역구의 평가의 정확성을 의심한다면 당신 스스로가 한 것을 준비하라. 셋째, 당신 자녀를 위한 적합한 단기목표와 장기목표에 대한 당신의 생각을 제공하라. 마지막으로, 혼자서 어떤 배치, 프로그램, 서비스들이 당신 자녀에게 최선의 것일지 결정하고 요구하라. 당신이 자녀가 동네의 학교에서 교육되어지기를 원할 경우, 부가적인 보조와 같이 그러한 환경에서 아동을 지원하는데 필수적인 서비스를 요청하라. 만약 아동이 필요로 하는 모든 것을 제공하는 프로그램은 없다면, 당신은 자녀의 요구를 최선으로 충족시키기 위해 기존의 프로그램이 수정될 것을 요청하여야 한다. 예를 들어 자녀가 수화를 학습하거나 보안대체 의사소통 체계를 사용하는 것을 통해 교육적 이익을 가지지만, 어떤 프로그램도 현재 그러한 교수를 제공하지 않는다면, 그래도 당신은 그 서비스를 요구하여야 한다.

특정유형의 프로그램에의 배치를 지원하기 위해서는, 당신은 자녀의 특별한 요구들에 관한 "증거"를 수집해야만 한다. 배치의 특정유형이 적합하다는 것을 의사, 심리학자, 치료사들(언어, 물리, 혹은 작업), 교사들, 발달전문가들 혹은 다른 전문가들로부터 온 편지들을 제시함으로써 당신의 입장을 지원하라. 이러한 증거는 요청한 배치 혹은 서비스가 당신 자녀에게 적합한 선택이라는 것을 학교지역구에게 설득하는데 도움이 될 것이다. 이런 과정에서 당신을 도울 몇 가지 다른 제안들을 알아보도록 하자.

1. 개별화 교육 프로그램 회의에 혼자 출석하지 말라. 배우자, 변호사, 옹호자, 의사, 교사 혹은 아동을 포함하여 당신을 지원해주길 원하는 누군가를 데리고 가라.

2. 당신 자녀 사례에 포함된 그 어떤 사람들—학교지역구 관계자, 심리학자, 치료사, 교사 및 의사들—당신 자녀 사례에 대해 무엇을 말하고 하는지에 대하여 면밀하게 따라가라.

3. **모든 것을 문서로 남겨라.**

4. 당신의 마음을 털어놓고 말하라. 독특한 발달적 도전들을 가진 아동은 개별화 교육 프로그램 과정 동안에 주장적이고 설득적이 되는 부모를 필요로 한다. 이것은 학교관계자들이 항상 반대편이라는 것을 의미하는 것은 아니지만, 당신이 자녀의 가장 중요한 옹호자임을 의미하는 것이다. 당신

이 자녀에 대해 가장 잘 안다.

"개별화 가족서비스계획". 출생부터 2살까지 아동의 부모들은 더 나이 많은 아동들에게 사용되는 개별화 교육 프로그램과는 다른 계획을 사용한다. 조기개입 서비스를 제공하기 위한 보조금을 받은 주들은 각 가정을 위해 "개별화 가족서비스계획"(IFSP)을 세워야 한다. 이 계획은 개별화 교육 프로그램과 비슷하지만 조기개입에 초점이 맞추어져 있다. 아동의 요구에 기본적으로 초점이 맞추어진 개별화 교육 프로그램과 다르게 개별화 가족서비스계획은 가족을 위한 서비스들을 강조한다. 즉 법은 특별한 요구가 있는 유아들의 가족들이 그 자신들 역시 특수한 요구들을 가진다는 것을 인정한다. 따라서 개별화 가족서비스계획은 어떤 서비스가 뇌성마비 아동에게 제공된다는 것을 단순히 구체화하는 것은 아니다. 또한 개별화 가족서비스계획에서는, 1) 부모들이 뇌성마비 아동들을 가르치기 위해 일상적인 활동들을 어떻게 사용하는지 배우는 것을 돕고, 2) 형제자매들이 뇌성마비 동생이나 형(언니)을 어떻게 대처하는지 배우는 것을 돕기 위해 제공될 서비스들을 묘사한다. 유익한 개별화 가족서비스계획의 개발을 위한 절차와 전략들은 개별화 교육 프로그램을 위해 설명된 것과 동일하다. 개별화 가족서비스계획은 매 6개월마다 검토되어진다.

　미국장애인교육법에 최근의 중요한 변화는 조기개입 서비스가 아동의 "자연적 환경"에서 "최대한 적합한 정도"로 아동과 가족에게 제공될 것을 요구한다. 이러한 요구는 서비스가 당신의 집 혹은 센터보다는 당신의 자녀에게 친숙한 장소에서 제공되어야 한다는 것을 의미한다. 이러한 요구는 미국장애인교육법의 통합에 관한 강한 선호를 반영한다.

훈육절차

1997년 미국장애인교육법이 전반적으로 개정되었을 때, 의회는 장애아동이 공립학교에서 어떻게 훈육되어야 하는지 관리하는 조항을 첨가했다. 이러한 조항들은 아동이 학교에서 정학당하는 상황들에 적용되고, 정학의 기간에 근거하여 학교지역구의 행위를 제한하는데 적용된다. 일반적으로 학교들은 아동이 정학되더라도 무상의 적절한 교육을 최소제한환경에서 지속적으로 제공해야만 한다. 적절한 기능적 행동중재를 통하여 행동문제를 대체하는데 실패한 학교들은 이후 그 문제로 아동을 정학시킬 수 없다. 만약 그 학교가 이미 행동중재계획을 가지고 있다면, 학교 관계자들은 그 중재 계획을 검토해야만 하고 필요하다면 그 계획을 개정해야만 한다. 긴 기간의 정학(10일 혹은 그 이상)이 고려된다면, 학교는 그 계획과 그 제안된 임시적 배치를 중립적인 청문 관계자에게 승인을 받기 위해 제시하여야만 한다. 학교는 또한 그 행동이 아동장애의 표출이 아니라는 것과 동시에 그때 개별화 교육 프로그램이 아동에게 적합한 것이었다는 것을 설명해야만 한다. 또한 부모들은 아래 설명할 절차에 따라 모든 훈육관련 행위들에 이의를 제기할 권리를 가진다.

미국장애인교육법에 의한 논쟁의 해결

미국장애인교육법은 당신 자녀의 권리를 보호하는 다양한 효과적인 보호장치를 수립하고 있다. 예를 들어 당신 아동의 판별, 평가, 혹은 교육적 배치의 변화 전에 항상 서면의 공지가 요구된다. 또한 당신은 언제나 자녀의 교육 관련 기록들을 검토할 권리를 가진다. 학교지역구는 당신을 속일 수 없게 되어 있고, 당신에게 자문하거나 먼저 알리는 일 없이 결정할 수 없게 되어 있다. 더구나, 학교지역구는 미국장애인교육법에 의해 과정의 각 단계마다 당신에게 당신의 권리을 알려주도록 요구된다.

이러한 보호장치에도 불구하고 학교 관계자들과 부모들의 갈등은 일어날 수 있다. 이러한 일들이 일어났을 때에는, 확정적이고 융통성이 없는 입장이 형성되기 전에, 개별화 교육프로그램 혹은 개별화 가족서비스계획 과정 동안에 자녀의 교육적 혹은 조기개입 프로그램에 대한 논쟁을 해결하는 것이 가장 좋다. 미국장애인교육법이 부모들에게 공평하도록 고안된 논쟁 해결절차를 수립해 놓았더라도, 개별화 교육프로그램 혹은 개별화 가족서비스계획 과정 동안에 동의에 이르거나 적절한 관계자와 비공식적 논의를 통하여 논쟁을 피하는 것이 더 쉽고 비용이 훨씬 덜 드는 일이다. 따라서 우선 당신은 개방되고 명확한 의사소통과 설득을 통해 당신의 목적을 성취하도록 노력해야만 한다. 만약 논의 혹은 조정을 통해 풀지 못할 논쟁이 일어날 경우 미국장애인교육법에 따라 혹은 이 논쟁을 해결할 다른 법에 따라 다음 단계들을 시도할 수 있다.

첫째, 미국장애인교육법은 "판별, 평가, 혹은 아동의 교육적 배치 혹은 그 아동에 무상의 적절한 공교육 제공에 관련된" 그 어떤 일에 대해서 당신의 지방 학교지역구를 공식적인 불평을 제기할 수 있게 허용한다. 이것은 당신이 자녀의 교육 프로그램 혹은 조기개입 프로그램의 부분에 관하여 실질적으로 그 어떤 모든 문제에 대해서 문서화된 불평을 작성할 수 있다는 것을 의미한다. 이것은 문제를 제기할 수 있는 매우 광범위한 권리이며, 부모들이 과거에 그들 자녀의 교육 프로그램에서의 문제를 교정하기 위해 성공적으로 사용하였던 것이다.

당신 자녀교육에 대한 학교지역구의 결정에 대해 도전을 하는 과정은 불만사항을 적은 편지를 보내는 것으로 간단하게 시작될 수 있다. 이런 편지는 논쟁의 성격과 당신이 바라는 성과를 설명해야 하며, 보통 학교지역구의 특수교육 사무실에 보내진다. 미국장애인교육법은 당신이 학교지역구 혹은 주 교육부에 당신의 불만사항에 관한 구체적인 정보를 통지할 것을 요구한다. 당신은 불만사항을 제기할 확실한 권리를 가진다. 당신은 학교지역구의 허가를 구할 필요가 없다. 당신은 문제제기를 시작하는 것에 관한 정보에 대해 학교지역구, 미국뇌성마비협회와 미국정신지체인협회의 지역 사무실, 주의 부모훈련 및 정보센터, 지역옹호 그룹 혹은 다른 부모님들을 통해 알 수 있다.

불만사항을 제기한 후에, 미국장애인교육법은 부모들이 논쟁의 조정을 고려할 것을 요구한다. 미국장애인교육법은 부모와 학교지역구가 가능하다면 청문과 소송없이 분쟁을 풀기를 권장한다. 미국장애인교육법에 의하면 학교지역구는 자발적 조정, 협상의 과정, 논의와 타협을 통하여 불만사항을 해결하기를 시도해야만 한다. 조정에서 당신과 학교 관계자들은 갈등을 논의하기 위한 중립의 제3자를 만나고 상호적으로 받아들일 수 있는 해결책에 도달하기 위해 노력해야 한다. 학교지역구는 조정의 의견을 당신에게 제시해야 하지만, 당신은 그 의견을 받아들이도록 요구되지는 않는다. 만약 당신이 학교지역구의 조정을 위한 요청을 거절할 경우, 당신은 조정의 이득을 의논하기 위해 중립적인 관계자를 만나도록 요구된다. 그러나 조정이 적법절차 권리를 부정하거나 지연하는데 사용될 수는 없다. 그것은 단순히 논쟁해결을 위한 비용을 줄이고 소송을 피하는 것을 목적으로 하는 자발적인 접근이다.

이의 제기 과정의 첫 번째 단계는 보통 청문 조사관 앞에서의 "공평한 적법 청문"(impartial due process hearing)이다. 이 청문은 보통 지역에 따라 열리고, 양쪽의 의견을 모두 들어주고 결정을 내리도록 요구되는 중립적인 사람에게 당신의 불만 사항을 설명하는 첫 번째의 기회이다. 청문에서는 당신은 변호사나 옹호자와 함께 출석할 수 있고, 증거를 제시하고, 심문하고, 반대심문하고, 증인을 세우는 권리가 주어진다. 당신의 자녀는 청문에 참석할 권리를 가진다. 청문 후, 당신은 청문과 청문 조사관의 조사결과와 결론을 문서화한 기록을 받을 권리를 가진다.

개별화 교육 프로그램과 개별화 가족서비스계획의 과정에서와 같이, 당신 자녀의 교육적 프로그램에 관한 학교지역구의 결정이 잘못된 것이라는 것을 나타내는 사실들을 당신은 적법절차 청문에서 제시하여야만 한다. 학교지역구의 결정을 바꾸기 위해서는, 논쟁이 되는 배치 혹은 프로그램이 미국장애인교육법에서 요구하는 "최소제한환경"에서 "무상의 적절한 공교육"을 당신 자녀에게 제공하지 않는다는 것을 보여주어야만 한다. 편지, 증언 및 전문가 평가형태의 증거는 성공적으로 도전하는데 필수적인 것들이다.

부모 혹은 학교지역구는 청문 조사관의 결정에 이의를 제기할 수 있다. 이의 제기는 보통 주의 교육부 혹은 중립위원회로 가게 된다. 주 교육부는 적법절차 청문의 기록과 제출된 다른 부가적인 증거의 검토에 따라서 독립적인 결정을 하도록 요구받는다. 그런 후에 주 교육부는 결정을 발표한다.

이의 제기의 권리는 여기서 멈추지 않는다. 부모 혹은 학교 관계자들은 미국 장애인교육법과 주의 다른 법 혹은 연방법에 따라 고소를 함으로써 주 수준 이상에서 이의를 제기할 수 있다. 이러한 법적 행동에서, 법정은 학교지역구의 배치가 아동을 위해 적절하다는 증거의 우세 여부를 결정하여야만 한다. 당신이 자신의 전문적 증거를 제공할 수 있고, 제공하여야 함에도 불구하고, 법정은 또 아동에게 교육을 제공하는 것에 책임이 있는 학교 관계자들의 전문성에 비중을 주어야만 한다.

모든 행정적 및 재판상의 절차들 동안에, 미국장애인법은 당신과 학교지역구 혹은 주 교육부가 해당 아동이 이동하는 것에 동의하지 않는 한 혹은 청문 담당관이 훈육적 이유로 배치의 임시적 변경에 동의하지 않은 한은 당신 자녀가 현재의 교육적 배치에 머무는 것을 요구한다. 위에서 설명한 바와 같이, 만약 당신이 동의 없이 다른 프로그램에 자녀를 배치한다면, 당신은 그 프로그램의 모든 비용에 대해 지불할 위험에 놓이게 된다. 만약 학교지역구가 결국 잘못된 것으로 판명이 나면, 학교지역구는 당신에게 그 변경된 배치의 비용에 대해 보상하도록 요구된다. 따라서 당신은 잠재적 비용에 대한 조심스런 고려없이 프로그램을 함부로 변경하지 않아야 한다.

변호사 비용은 고려하여야 할 또 다른 비용이다. 학교지역구와의 논쟁에서 결국 이긴 부모들은 법정 판결을 통해 변호사 비용을 배상받을 것이다. 만약 당신이 지방 혹은 주 수준에서(소송없이) 이기더라도, 당신은 변호사 비용을 배상받을 가능성이 높다. 그러나 조정된 화해의 경우 변호사 비용을 배상받지 못하며, 만약 당신이 당신의 불만 사항에 대하여 학교지역구 혹은 주 교육부에 정당하게 통지를 못한 경우 변호사 비용을 줄여준다. 한 가지 주의점은 법정은 만약 당신이 학교지역구의 화해 제안을 거절하고 후에 더 나은 성과를 얻지 못할 경우 변호사 비용을 제한할 수 있거나 거절할 수 있다.

어떠한 법정 분쟁에서와 같이, 각 단계(불만사항 제기, 조정, 청문, 이의 제기 및 소송)에는 비용이 많이 들고 시간이 소요되며, 정서적으로 소모적일 수 있다. 앞에서 언급했듯이, 공식적 불평 제기 혹은 소송제기 없이 문제를 해결하도록 노력하는 것이 현명하다. 비공식적 방법들이 문제를 해결하는 것에서 실패할 때, 공식적 경로를 수행해야 한다. 당신의 자녀를 위한 최선의 이익이 가장 우선시 되어야 한다. 미국장애인교육법은 당신이 강력하게 주장하는 것에 대해 부끄러워할 필요가 없는 중요한 권리를 부여한다.

미국장애인교육법은 부모들에게 강력한 도구이다. 이것은 당신의 뇌성마비 아동에게 교육적 기회를 제공하는데 사용될 수 있다.

■■ 발달장애인 보조와 기본권리법

발달장애인 보조와 기본권리법(Developmentally Disabled Assistance and Bill of Rights Act)이라 불리는 연방법에 따라 주들은 다양한 프로그램에 대한 보조금을 받을 수 있다. 이 중 중요한 것은 보호와 옹호(protection and advocacy, P&A)체계이다. 보호와 옹호체계는 발달장애인의 시민 권리와 법적 권리를 옹호한다. 보호와 옹호(P&A) 사무소는 시설에 있는 사람들을 찾아내서 지역사회 내에서 삶의 질을 향상시키도록 돕는 대표기관이다. 또한 보호와 옹호기관은 미국장애인교육법의 적법절차 청문이나 차별에 대한 소송을 위해 변호사를 선임하기 어려운 사람들을 위해 역할을 할 수 있다. 왜냐하면 일부 뇌성마비인들은 그들의 권리를 보호하거나 주장할 수 없기 때문에, 주의 보호와 옹호 기관 체계는 필수적인 보호를 제공한다. 당신이 속한 주의 보호와 옹호 사무소의 위치는 보호와 옹호체계의 국가협회(National Association of Protection and Advocacy System)에 문의하면 알 수 있다.

:: 성인자녀를 위한 프로그램과 서비스

많은 뇌성마비 아동들은 성인으로서 독립적으로 살아갈 수 있게 성장한다. 지역사회 생활과 고용기술을 성취하기 위해 당신의 자녀는 어떤 특수한 서비스들이 필요할 것이다. 이러한 서비스들은 고용, 직업훈련, 주거 혹은 지역사회 생활 프로그램들을 포함한다. 유감스럽게도, 아주 작은 수의 연방법이 주들로 하여금 장애성인을 위한 프로그램을 제공할 것을 요구하고 있고 아주 작은 수의 주가 스스로 이러한 프로그램을 제공하고 있기 때문에, 이러한 서비스들은 종종 유용 가능하지가 않다. 현재 실재하는 프로그램들은 보통 재정이 부족하고, 대기자가 많다. 그 결과 많은 부모들은 자신들이 할 수 있는 동안 자기 스스로 필수적인 지원과 관리를 제공하여야만 한다. 독립적이고 생산적으로 살 수 있도록 하기 위한 교육과 훈련을 받은 많은 아동들이 학교교육이 끝날 때, 아무 곳에도 갈 곳이 없고 아무것도 할 일이 없이 집으로만 보내어지는 것이 현실인 것이다. 최근에 지역사회 생활과 고용에 대해 더욱 강조하고 있지만 아직도 많은 진보가 필요한 상황이다.

지금은 이러한 슬픈 현실을 변화시킬 시기이다. 뇌성마비인의 미취업률은 굉장히 높으며 특히 청년실업은 더 높다. 훈련 프로그램의 대기자 명단이 높아짐에 따라 당신의 자녀가 필요한 서비스에서 제외되고, 결과적으로 아동의 독립성도 박탈될 것이다. 자선기금과 개인 재단에 의해 후원받는 프로그램들은 제한되어있고, 대부분의 가족들은 고용과 주거 기회를 제공하기 위한 비용을 전부 지불할 만한 재력을 가지지 못한다. 유일한 방법은 공공 재원이다. 1970년대 미국장애인교육법의 법률제정을 요구하기 위해 부모들이 함께 단결한 것과 같이, 지금 지역과 주, 연방 관계자들이 장애 성인들이 존엄하게 살아가게 하는데 필요한 단계들을 취하도록 설득하기 위하여 단결해야만 한다. 장애아동의 부모들은 이 일을 성인장애인의 부모들에게 맡겨두어서는 안 된다. 아동들은 모두 곧 어른이 된다.

직업훈련 프로그램

연방재정에 의해 지원되는 교육적 프로그램은 대부분의 뇌성마비 성인에게 유용가능하다. 어느 정도 미국장애인교육법과 같이 작용하는 이 연방법은, 주들로 하여금 자격이 되는 장애인에게 직업 훈련과 재활 프로그램을 지원하도록 재정을 보조한다. 미국장애인교육법과 같이, 이러한 프로그램을 위해 연방 재정을 바라는 주들은 법에서 세운 기준들에 부합되어야만 한다. 그러나 미국장애인교육법과 달리 이러한 법들은 강요할 수 있는 권리와 절차를 포함하지는 않는다.

성인들이 직업훈련 서비스에 자격 요건이 되기 위하여 두 가지 요구사항을 만족시켜야만 한다. 1) 그들은 "고용에의 실질적인 장애"를 구성하는 신체적 혹은 정신적 장애를 가져야만 한다. 2) 그들은 직업적 서비스로부터 혜택이 예상되어야만 한다. 과거에는, 일부 뇌성마비인들이 결국엔 전일제 혹은 시간제 고용이 되는 법의 두 번째 요구사항을 충족시킬 능력이 없다고 믿어졌기 때문에 직업 훈련 서비스로부터 제외되었었다. 현재 법은 그들이 성취하는 것이 직무 지도원 혹은 생산적으로 일하기 위해 필요한 특별한 훈련이 주어지는 환경에서의 고용을 의미하는 "지원고용"의 경우에도 그들에게 서비스와 훈련이 제공되는 것을 요구한다.

주의 "직업재활부(Department of Vocational Rehabilitation : DVR/Voc Rehab)"라고 불리는 이 부서는 이러한 법들을 시행하는데 책임이 있다. 직업재활 서비스에 지원하는 성인들은 평가를 받고, 개별화 교육프로그램(IEP)과 비슷한 "문서화된 개별화 재활계획"(Individualized Written Rehabilitation Plan : IWRP) 혹은 "개별화 훈련계획"(Individualized Habilitation Plan : IHP)이 개발된다. 개별화 훈련계획(IHP)은 장애인이 생산적으로 일할 수 있도록 하는데 필요한 서비스를 계획할 수 있게 한다.

당신은 자녀가 성인이 되었을 때 가능할 서비스들의 정보들을 얻기 위해서는 주의 직업재활부나 미국뇌성마비협회 혹은 미국정신지체인협회의 지역 사무실에 연락해보아야 한다. 연방과 주의 제한된 예산에도 불구하고, 일부 주들과 지역사회들과 단체들은 그룹홈(공동생활가정), 지원고용 프로그램, 사회적 활동 그룹들, 평생교육, 그리고 생활기술 교실들과 같은 그들의 프로그램들을 제공한다. 다른 부모들과 지역사회 단체들은 이러한 지역 프로그램들에 대한 정보를 가지고 있을 것이다.

지역사회에서의 생활과 직업

뇌성마비인들이 독립적이고 생산적으로 살아갈 수 있게 하려는 노력으로 새로운 추세가 나타나고 있다. 중요한 추세 중 하나는 지역사회에서 생활하기 위해 일상생활 보조와 이동에 도움을 필요로 하는 장애인에게 "개인적 보조"(personal assistance) 혹은 "개인적 보살핌"(personal care)서비스를 제공하는 것이다. 예를 들면 일부 프로그램에서, 개인 보조원(personal assistant)이 음식을 만들고, 집을 청소하고, 몸 단장하는 것에 대하여 도움을 줄 수 있어서, 뇌성마비인이 독립적으로 살 수 있게 한다. 개별화 훈련계획 혹은 주거 계획을 고안할 때에, 개인적 보조 서비스가 필요하다면 그 서비스의 포함을 요청하는 것을 확실히 하여라. 이러한 추세가 새로운 것이기 때문에, 유용가능성과 재원이 일정치 않다. 저소득층 의료보장제도가 이러한 서비스들에 재정 지원을 도울 수 있는 정도는 주마다 다르다. 최근에 공포된 법규에 따라서 "개인적 보살핌" 서비스는 "선택적인" 저소득층 의료보장제도 서비스의 하나이며, 이것은 주들이 원한다면 저소득층 의료보장제도 프로그램에 따라 서비스를 제공할 수 있다는 것을 의미한다. 따라서 주들로 하여금 저소득층 의료보장제도 서비스의 메뉴에 이러한 서비스들을 추가하도록 설득하는 것은 소비자들과 옹호자들에게 달려있다. 나아가, 개인 보조원(personal attendant) 서비스를 요구하는 종합적인 법안이 국회에서 심의중이다. 이 법안의 통과여부를 기다려 볼 만하다.

또 다른 추세는 심한 뇌성마비인을 대형규모의 공립 및 사립기관 즉, 중간보호시설(intermediate care facilities : ICFs)이라고 불리는 곳에서 돌보는 것에서 부터 탈피하는 운동이다. 대신에, 추세는 자신들의 지역사회 안에 독립적인 생활(independent living)을 위한 재정과 서비스를 제공하는 것이다. 그러나 현재의 저소득층 의료보장제도 법은 지역사회 기관들보다 중간보호시설을 선호한다. 그 법은 중간보호시설을 위한 재정지원을 하면서, 지역사회 기관에게는 보건복지부 장관의 자유재량에 기초하여 발표된 "철회증서"(waivers)를 통해서만 지역사회 기관을 위한 재정지원을 허용한다. 보건복지부는 이러한 철회를 현재 종종 승인함에도 불구하고 대부분 주들은 저소득층 의료보장제도의 일부 재정을 지역사회 기관들을 위해 허용하는 철회를 얻어내었고, 그러한 철회는 자유재량으로 남겨져 있을 수 있고, 미래에는 감축될 수도 있다. 제10장은 어떻게 부모들이 법들을 변화시켜서 이러한 필요한 서비스들을 요구할 수 있는지를 설명한다.

■■ 반 차별법

완벽한 세상에서는 그 누구도 기회가 부정되지 않거나 혹은 그렇지 않으면, 장애, 인종, 성별, 혹은 자신의 통제 밖의 어떤 다른 요소만을 기초로 차별을 받지 않을 것이다. 불행하게도, 우리의 세계는 아직도 완벽하지 않고, 연방 정부는 장애를 가진 아동들, 청소년들과 성인들에게 지역사회에서 살아가고 일할 수 있는 가능한 최대의 범위에서 권리를 주는 것을 보장하기 위해 여러 가지 법들을 제정하고 있다. 이 부분에서는 미국장애인법(American with Disabilities Act)과 1973년 재활법(Rehabilitation Act of 1973)의 가장 주요한 내용을 검토한다. 이 두 법은 당신의 뇌성마비 아동과 모든 장애인들을 차별하는 것을 금지하는 법이다.

미국장애인법

1990년에 제정된 미국장애인법(ADA)은 뇌성마비 아동과 성인을 포함한 장애인에 대한 차별을 금지한다. 이 법은 인종적, 종교적, 연령, 성차별을 금하는 다른 잘 알려진 연방 법들과 같은 기초를 두었고 같은 방식으로 운용된다. 미국장애인법은 대부분 개인 고용주, 공립 및 사립 서비스, 공공시설, 사업체, 통신에 적용된다.

고용. 미국장애인법은 어떤 고용주도 자격이 있는 장애인을 "직업 지원절차, 고용인의 고용 혹은 해고, 고용인의 보수, 승진, 직업 훈련, 그리고 고용의 다른 계약, 조건 및 특혜"에 대해서 차별할 수 없다고 기술한다. 즉 민간 고용주들은 장애를 가진 근로자 혹은 예기되는 근로자를 차별할 수 없다. 법은 "자격이 있는 장애인"(qualified individual with a disability)을 장애를 가진 자로서 합리적인 수정(reasonable accommodation)이 있이 혹은 없이, 한 직무의 필수적인 기능을 수행할 수 있는 사람이라고 정의한다. "합리적인 수정"이란 고용주들이 자격이 있는 사람이 일하지 못하게 하는 직무, 고용의 계약과 조건, 혹은 직업환경의 장애들을 제거하기 위한 노력을 하여야만 한다는 것을 의미한다. 수정들은 직무 재구성, 일정 재편성, 훈련과 인사정책 수정, 그리고 읽어주는 사람 혹은 통역자에의 접근성을 포함할 수 있다. 이러한 관점에서 합리적인 수정을 하지 않는 것은 이 법의 위반이 된다.

　법은 고용주들이 장애인들을 고용하여야 한다거나 혹은 고용주에게 "과도한 곤란"을 초래하는 수정을 요구하지는 않는다. 오히려, 고용주들이 장애를 가졌다는 이유만으로 자격이 있는 장애인을 고용하는 것을 거부하지 않아야 한다는 것이다. 예를 들어 뇌성마비인이 사무보조원으로서 직업을 지원한다면, 그 사람이 자격이 있거나 그 직무를 수행하는 다른 사람 지원자들 보다 더 자격을 갖추었다면, 그리고 고용주의 거절이 지원자의 뇌성마비에 기초하였다면, 그 사람을 고용하는 것을 거절하지 않아야 한다는 것이다. 고용주가 자격이 있는 뇌성마비인을 고용하여야 한다는 것이 요구되지는 않는다. 그러나 직무를 수행할 수 있는 사람을 장애를 이유로 고용하는 것을 거절할 수 없다는 것이다. 고용주는 지원자가 장애를 가졌는지 여부를 질문하지 않을 것이며, 뇌성마비인이 생산적으로 일하는 것을 가능하게 하는 합리적인 수정을 할 것이다. 미국장애인법의 고용 부분은 15명 이상의 근로자를 고용한 사업체들에만 적용된다.

미국장애인법은 자신들이 고용차별의 희생자라고 믿는 장애인을 위한 절차를 자세히 설명하고 있다. 이런 사람은 고용차별에 대한 항의를 해결해야 할 책임이 있는 기관인, 연방 평등고용기회위원회(EEOC)에 항의를 제기하여야만 한다. 만약 이 기관이 논쟁을 만족스럽게 해결하지 못하면, 더 심각한 차별을 막고, 소수집단우대정책(affirmative action)을 요구하기 위하여 소송을 제기할 수 있다. 미국장애인법은 소송에서 이긴 장애인에게 변호사 비용의 지급을 허용하고 있다. 당신 지역의 미국뇌성마비협회 혹은 미국정신지체인협회 사무소는 차별적인 고용실제를 어떻게 도전하는가에 대한 기본 정보를 제공할 수 있을 것이며, 대부분 변호사가 필요할 것이다.

공공 서비스. 미국장애인법의 이 부분은 교통과 같은 서비스를 제공하는 주와 지역의 공공기관에 의해 장애인이 차별되는 것을 금지한다. 기관들이 장애인들의 접근이 가능하지 않은 버스, 기차, 혹은 다른 운송 수단 기구들을 구입하는 것은 미국장애인법에 위반되는 것이다. 그와 마찬가지로, 주와 지방 정부 건물과 시설들에 있어서 모든 건축적인 장애물들은 "가능한 최대한의 범위"까지 제거되어야만 하고, 새로운 건물들과 시설들은 그런 장애물 없이 건축되어야만 한다. 미국장애인법의 이 부분의 결과는 모든 대중교통 수단이 장애인에게 접근 가능하게 만드는 것일 것이다. 그리고 뇌성마비인에게는 이것은 이전에는 결코 상상할 수 없었던 자유와 이동성을 의미할 수 있다. 미국장애인법은 또한 교통 서비스를 제공하는 민간 기업들이 버스, 기차 혹은 철도차량을 접근 가능하도록 만드는 것을 요구한다.

공공 시설. 미국장애인법의 가장 훌륭하고 가장 광범위하게 영향을 미치는 조항 중 하나는 공공 시설(public accommodation)에서의 차별금지이다. 1960년대의 시민권리법의 접근방식을 반영하는 미국장애인법은 실제로 호텔과 여관과 모텔, 식당과 바, 극장, 경기장, 콘서트장, 강당, 컨벤션 센터와 강의실, 제과점, 잡화점, 주유소, 옷 가게, 약국과 다른 소매 점포들, 의사 혹은 법률 사무소, 공항과 버스 터미널, 박물관, 도서관, 갤러리, 공원과 동물원, 유치원, 초등학교, 중고등학교, 대학교와 대학원, 주간보호센터, 노숙자 쉼터, 고령자 센터, 체육관, 온천장, 볼링장들을 포함한 실질적으로 모든 장소에서 장애인에 대한 차별을 금지하고 있다. 접근이 물리적으로나 혹은 재정적으로 실행 가능하지 않는한 대중에게 개방된 실질적으로 그 어떤 장소도 장애인들에게 역시 개방되어야만 한다. 더 이상 기업체들은 장애인이 다르다는 이유 하나로 장애인을 배제할 수 없다. 장애인이 "사업에는 좋지 않다"라는 변명은 지금은 미국장애인법에는 위법이 되는 처사이다.

예를 들어 그렇게 하지 않으면 이러한 기관들에게 비합리적인 비용을 부과하지 않는 한, 극장, 식당 혹은 박물관에서 뇌성마비 장애인을 못 들어오게 할수 없으며, 특정한 시간이나 장소의 사용을 제한할 수 없고, 장애인들에게만 분리된 프로그램을 제공할 수 없다.

이 새로운 법은 단순히 유효한 차별을 금지시키는 것이 아니라, 오히려 우리 사회를 모든 장애인에게 개방하는 의무를 부과하는 것이다.

다른 시민권리법들과 같이, 미국장애인법은 또한 통합을 요구한다. 모든 다른 사람들에게 제공되는 프로그램에의 접근보다는 장애인에게 분리된 서비스를 제공하는, "분리되었지만 동등한"(separate but equal) 프로그램 혹은 기관들의 교활한 실제를 금지한다. 법은 장애인들만을 위한 "특별한" 프로그램이 이용 가능하다는 근거로 장애인을 배제하는 것을 금지한다. 예를 들면 한 레크리에이션 리그(공립 혹은 사립)가 비슷한 분리된 리그를 제공한다는 이유로 장애인을 일률적으로 배제할 수 없다.

차별에 희생자인 사람들은 더 이상의 차별을 금지하기 위한 소송을 제기할 수 있다. 그리고 만약 미국 법무부가 차별의 유형과 실제를 중지시킬 소송을 제기한다면, 재정적 손해배상금과 처벌이 부과될 것이다. 또한 미국뇌성마비 협회와 미국정신지체인협회의 지역 사무실뿐 아니라 주의 보호와 옹호 사무소들이 차별 항의에 대한 정보를 제공하고 도와줄 수 있을 것이다.

접근성. 미국장애인법의 공공시설에 포함된 것으로 303항(Section 303)이 있는데, 이 조항은 새 건물과 기존건물의 개조는 "장애인이 쉽게 접근가능하고 사용가능하여야 할 것"을 요구한다. 이것은 휠체어를 사용하는 뇌성마비인 혹은 다른 이동성 요구를 가진 뇌성마비인이 다른 모든 사람들과 같이 동일한 건물에 출입하고 사용할 수 있는 법적 권리를 가진다는 것을 의미한다. 이 요구 조항은 대중이 사용하는 건물의 모든 종류(위에서 언급한 공공시설 목록을 참조)와 화장실, 승강기, 복도, 사무실, 음료수대를 포함하는 건물 내부의 모든 영역들을 포함한다. 303항의 위반은 위에서 논의된 미국장애인법의 공공시설 조항의 위반과 같은 방식으로 처리된다. 미국장애인법은 모든 건물들이 장애인에게 물리적으로 접근 가능하여야 한다는 초기의 법들보다 한 층 더 발전된 면모를 보인다. 뇌성마비인의 일상생활에 이 법이 미치는 효과는 대단하다.

미국장애인법은 뇌성마비 장애인에게 엄청난 자유와 기회를 제공한다. 차별 금지와 합리적인 수정을 요구함으로써, 미국장애인법은 뇌성마비인을 포함한 장애인의 진정한 권리의 법으로 자리매김하게 되었다.

1973년 재활법

미국장애인법이 제정되기 전에, 장애에 기초한 차별은 특정영역에서만 금지되었다. 1973년 재활법의 504항(Section 504)은 연방정부로부터 재정지원된 프로그램에서 자격이 있는 장애인에 대한 차별을 지속적으로 금지하고 있었다. 이 법은 "미국에서 그렇지 않으면 자격이 있는 장애인이, 단지 장애라는 이유로,

연방 재정보조를 받는 어떠한 프로그램 혹은 활동에 참여하는 것이 배제되는 것, 그것의 혜택이 부정되는 것, 혹은 차별받는 것을 금한다…"라는 것을 제공한다.

"장애인"(individual with handicap)이란 개인의 "주요 생활활동들"(major life activities)의 하나 혹은 그 이상을 실질적으로 제한하는 신체적 혹은 정신적 손상을 가진 개인이라고 볼 수 있다. 여기서 주요 생활 활동들이란 "자신을 돌보는 것, 손으로 하는 과제, 걷기, 보기, 듣기, 말하기, 숨쉬기, 학습, 그리고 일하는 것"으로 구성되어 있다. 미국 대법원은 "그렇지 않으면 자격이 있는"(otherwise qualified) 장애인은 그의 장애에도 불구하고 한 프로그램의 요구사항의 모두를 충족할 수 있는 사람이라고 결정하였다. 연방재정을 받는 프로그램이나 활동들은 자격이 있는 장애인의 참여를 허용하는 합리적인 수정을 하도록 요구받는다. 이것은 연방재정 보조를 받는 주간보호 센터와 학교와 같은 프로그램과 그런 프로그램에서의 직업을 포함한다.

504항은 장애아동이 그들의 학교지역구에 통합되는 권리와, 배치결정에 이의를 제기하는 것, 미국장애인교육법에 의해 서비스 자격이 없는 아동들을 위한 특수교육적 서비스 권리를 시행하기 위하여 사용되어 왔다. 아동이 미국장애인교육법(IDEA)에 의해서는 서비스 자격이 안 되는 수준에서 기능한다 하더라도 서비스를 받을 권리를 504항에서 강행할 수 있다. 이것은 미국장애인교육법에서는 서비스 자격이 없는 아주 높은 기능을 보이는 뇌성마비 아동의 부모에게는 아주 중요한 사항이다. 모든 지방 교육부는 504항 담당자를 두어서 질문에 응답할 수 있게 하는 것이 요구된다. 다른 법적 쟁점들과 같이, 당신은 504항에 의해 요구사항을 탐색할 자격을 갖춘 변호사에게 자문을 받아야 한다.

504항은 만약 당신이 이의제기에서 이기면, 변호사 비용의 보상을 합리적 수준에서 허용한다.

■■ 건강보험

종종 아동이 뇌성마비라는 단순한 사실만으로 가족들이 아동을 보호하는 건강보험을 찾고 유지하는데 심각한 문제를 야기할 수 있다. 불행하게도, 많은 주들에서, 보험회사들이 뇌성마비 아동 혹은 성인에 대해 건강보험이나 생명보험을 적절한 비용에서 제공하지 않거나 혹은 어떤 가격에도 제공해주지 않는다. 이러한 실제들은 뇌성마비 아동들이나 성인들이 다른 사람들보다 더 많은 보험 청구를 할 것이라고 믿는 것 때문이다. 뇌성마비 아동이 성인이 될 때까지, 부모의 보험에 의해 출생부터 보험이 적용되는 아동들은 더 적은 문제를 직면하지만, 이 적용범위는 보험의 특정한 계약에 달려 있다.

미국 주의 반 정도가 보험회사들이 뇌성마비와 같은 장애에 기초하여 보험적용을 거부하는 것을 금지하는 법을 가지고 있다. 그러나 이러한 법들의 결점은 보험회사들이 "건전보험계리의 원칙" 혹은 "합리적인 예견 경험"에 기초하여 적용을 거부하는 것을 허용하는 것이다. 보험업자들은 적용을 거부하는 이러한 큰 허점에 의존하고 있다. 요약하여, 법은 보험차별에서부터 장애아동의 부모들을 보호하는 것에 종종 비효과적이라는 것이다.

몇몇 주에서는 장애아동 가족들의 건강보험 부담을 줄이기 시작하였다. 이러한 주들은 장애아동 적용의 배제를 금지하거나 기존에 실재하였던 조건으로 인한 배제를 금지하는 보험개혁법을 통과시켰다. 다른 주들에서는 그렇지 않으면 보험 적용을 얻어낼 수 없었던 사람들에게 제공하는 보험적용에 따라 "공유된 위험(shared risk)" 보험계획을 제공하였다. 추가되는 비용은 그 주에 있는 모든 보험 회사들 사이에서 공유된다(HMOs를 포함하여). 이것에 적격성이 되기 위해서는, 개인이 보험적용에서 최근에 거부되었다거나 제한된 적용범위가 제공되었다는 것을 보여야만 한다. 이 보험의 비용은 대개 높고 혜택은 제한되는데, 이러한 제한된 적용도 건강보험이 전혀 없는 것에 비해서는 보통 더 나은 것이다. 또한 몇몇 주들의 법들은 50% 이상 보험료가 증가되었던 사람들

에게도 보험 적용을 한다. 나아가
고령자장애인 의료보험제도(메디
케어, medicare)와 저소득층 의료
보장제도(메디케이드, medicaid)
가 의료비용을 돕는데 유용 가능
하다. 당신의 주 보험위원회나 미
국뇌성마비협회나 미국정신지체

인협회의 지역 사무실에 당신 지역의 건강 보험에 대한 정보를 문의해라.

■■ 운전면허

뇌성마비인은 다른 사람들이 운전면허를 획득하는 것처럼 동등한 권리를 가진
다. 필기시험(만약 쓰기가 가능하지 않은 경우 구두로 실시하여)과 운전 실기
시험을 통과한다면 뇌성마비인도 운전면허증을 획득할 수 있다. 어떤 주도 뇌
성마비인이라는 단순한 조건으로 인해 운전면허를 획득하는 기회를 부정하고
있지 않다. 그러나 주는 운전자의 자동차가 손으로 조정되거나 휠체어 리프트
와 특수 페달과 같이 조작이 되는 것이 갖추어지도록 요구한다. 발작장애를 가
진 경우에는 규정이 다르다. 주들은 만약 운전 중 발작을 일으킬 경우 위험이
제기되기 때문에 발작장애를 가진 사람의 경우 운전면허를 주지 않는다.

■■ 자녀의 미래를 위한 계획 : 재정계획

비록 많은 뇌성마비 아동들이 독립적인 성인으로 성장하더라도, 그 외의 아동
들은 그들 스스로 완전하게 자신을 관리할 수 없을 것이다. 이 부분은 공공으
로 재정지원되는 서비스 혹은 보조를 필요로 하는 아동의 부모 혹은 아동이
성인이 되었을 때 그의 재정을 관리하는데 도움이 필요한 경우의 부모를 위해

씌여졌다.

당신의 자녀가 항상 의존적일 수 있다는 가능성을 생각하는 것은 당황스러울 수 있다. 자녀를 위해 적절한 계획을 하기 위해서, 당신은 전에는 전혀 고려해보지 않았던 영역들에 대한 정보를 필요로 할 것이다. 대부분의 가정에서 부모들은 자녀의 안녕을 확실히 하기 위한 것에 기본적인 책임자이다. 결과적으로, 부모들이 깊게 고민하는 질문은 다음을 포함한다. "내가 죽은 후에 나의 자녀에게 무슨 일이 일어날 것인가? 내 자녀는 어디서 누구와 함께 살 것인가? 내 자녀의 재정적 요구는 어떻게 충당될 수 있는가? 내 자녀가 필요한 서비스는 누가 제공할 것인가?"

일부 뇌성마비 아동의 부모들은 현재의 즉각적인 요구들을 대처해나가며, 이러한 문제들을 다루는 것을 미루어둔다. 또 다른 부모들은 자녀가 아직 어릴 때, 미래의 문제를 다루기 시작한다. 그들은 그들의 보험을 추가하고 아동을 위한 자금을 챙겨두기 시작하며, 아동의 미래의 필요들에 대한 걱정을 가족과 친구들과 공유한다. 어떤 방향으로 가든, 뇌성마비 아동의 부모는 미래를 위한 계획에 영향을 미치는 심각한 문제들에 대한 어떤 조치들을 미리 이해할 필요가 있다. 이러한 함정들을 피하지 못한다면, 당신의 자녀와 다른 가족들에게 비참한 미래의 결과를 가져다 줄 수 있다.

다음은 뇌성마비 아동의 가족들이 미래를 위한 계획을 하면서 고려할 필요가 있는 세 가지 중요한 쟁점들이다.

■■ 보살피는 비용에 대한 책임
■■ 정부 혜택을 운용하는 복잡한 규칙들 그리고
■■ 아동이 성인으로서 자신의 일을 처리할 수 있는 능력

뇌성마비 아동의 장애는 또한 많은 측면에서 계획에 영향을 미칠 것이다. 예를 들어 더 많은 생명보험이 필요하고, 수탁자와 후견인의 중요한 선택은 아마 더욱 어려울 것이다. 보험 적용범위와 재정 관리의 쟁점은 대부분의 부모가 이

런 저런 형태로 직면하게 되는 문제이다. 그러나 보살피는 비용에 대한 책임, 정부 혜택, 그리고 성인으로서 자신의 일을 처리하는 능력의 부재 문제는 장애 아동의 부모에게 독특한 걱정을 일으킨다.

보살피는 비용에 대한 책임

이전 보다 소수의 뇌성마비인이 주가 운영하는 기관에서 살고, 많은 사람들은 주가 부분적으로 지불하는 주거 서비스를 받는다. 주가 한 장애인을 위해 주거 서비스에 재정을 지원할 때, 수혜자가 자금이 있으면 그 서비스의 비용을 제공하도록 종종 요구한다. "보살피는 비용에 대한 책임"(cost-of-care liability)이라고 불리는 이 요구사항은 주가 제공하는 서비스에 대해서 장애인이 가지고 있는 자금을 얻어낼 수 있게 허용하는 것이다. 주들은 장애인에 의해 명백히 소유된 자금에 손을 댈 수 있으며, 나아가 일종의 신탁의 형태로 맡겨질 수 있다. 어떤 주들은 주간 보호와 직업훈련, 나아가 주거 보살핌과 같은 다른 서비스에 대해서도 책임을 부과한다. 심지어, 몇몇 주는 성인장애인의 보살핌에 대해 부모에게 책임을 부과하기도 한다. 이것은 부모들이 일찍 그리고 면밀히 알아볼 필요가 있는 한 영역이다.

당신은 보살피는 비용에 대한 책임을 만족시키기 위해 요구되는 지불이 당신의 자녀에게 혜택을 주지 않는 것을 분명히 이해하여야 한다. 보통 그러한 지불은 제공되는 보살핌과 서비스에는 아무런 것을 추가시키지는 않는다. 그 대신에, 그러한 기금은 도로들, 학교들, 공무원들의 급여 등을 지불하는 주의 일반 재정에 더해진다.

당신이 유언이나 선물로 당신의 자녀에게 당신의 물질적 자원들을 물려주기 원하는 것은 자연적인 것이다. 그러나 그러한 경우에, 당신 재산의 일부분을 당신의 뇌성마비 아동에게 남겨주는 불행한 결과는 당신의 유언에 주의 이름을 써 놓은 것과 같은 결과를 낳을 수도 있다. 이런 것은 사람들이 자발적으로는 거의 하지 않을 일이며, 사람들은 법이 요구하는 것보다 더 많은 세금을 자발적으로 내지 않은 것과 같은 일이다. 부양신탁(support trust)의 형태로, 혹은 미성년자 통합양도법(Uniform Transfers to Minors Act : UTMA) 구좌의 형태로 자녀의 이름으로 자금을 별도로 남겨주는 것은 아마도 주에게 돈―그 돈은 자녀의 미래 요구를 충족시키기 위해 더 잘 사용될 수 있는 돈―을 주는 것과 같은 결과를 낳을 수 있다.

그러면, 당신은 무엇을 할 수 있는가? 이 대답은 당신의 상황과 당신 주의 법에 달려 있다. 여기에 부모들이 사용할 수 있는 세 가지 기본 전략들이 있다.

첫째, 이상하게 보일지도 모르지만, 때때로 최선의 해결책은 뇌성마비 아동에게는 상속을 하지 않고, 그 자금을 대신 다른 형제자매들에게 남기는 것이다. 이러한 기대는 그 형제자매들이 법적으로는 그럴 의무가 없더라도 그들의 뇌성마미 형제자매의 유익을 위해 이 자금을 사용한다는 것이다. 법적 의무의 부재는 결정적인 것이다. 이것은 보살피는 비용에 대한 요구로부터 이 자금을 보호한다는 것이다. 주는 장애인이 자금을 소유하였다는 것을 요구할 아무런 근거를 단순히 가지지 못할 것이다. 그러나 이 전략은 이 자금이 뇌성마비 아동에게 사용되지 않을 수 있다는 위험이 있다. 만약 형제자매가 1) 그런 용도로 자금을 사용 안하기로 선택한 경우 2) 재정적 파기 혹은 그들 자신의 가정적 문제가 생기는 경우, 자금을 채권자 혹은 배우자에게 자금을 노출시키는 경우 3) 그 자금의 보호장치에 대한 조치를 하지 않고 사망한 경우.

선호되는 방법은, 주의 법이 호의적이라면, "일임신탁", 특수요구 신탁이라고 불리는 형태로 뇌성마비 아동의 유익을 위해 의도된 자금을 남기는 것이다. 이런 종류의 신탁은, 주가 당신 자녀의 보살핌과 지원에 사용할 수 있는 자금을 대체하기 보다는 보충하기 위하여 만들어진다. 이런 종류의 신탁의 수탁자는(신탁 재산에 책임이 있는 사람)이 자금이 뇌성마비 아동의 유익을 위해 사용되는 한에는 특정 목적을 위해 신탁 자금의 사용 여부를 결정할 힘을 가진다. 많은 주에서, 이러한 일임신탁은 보살피는 비용에 대한 책임에 대해 저촉되지 않는다. 왜냐하면, 이러한 신탁은 수탁자가 보살핌과 지원을 위해 자금을 사용해야 한다는 법적인 의무를 부과하지 않기 때문이다. 그와는 대조적으로 부양신탁은 수탁자가 장애를 가진 수령인의 보살핌과 지원을 위해 자금을 사용하는 것을 요구한다. 그래서 부양신탁은 주의 보살피는 비용에 대한 요구에 대해 저촉될 수 있다. 일임신탁은 당신이 살아있는 동안 혹은 유언으로 만들어질 수 있다, 모든 법적 문서들과 같이, 신탁문서는 조심스럽게 작성되어야만 한다. 어떤 주에서는, 보살피는 비용에 대한 책임 요구에 신탁을 보호하기 위해서, 이 신탁이 공적으로 재정지원을 받는 서비스와 혜택을 대체하기보다는 보충하기 위하여 사용될 것이라는 것을 명확히 진술한 조항을 첨가하는 것이 필수적이다.

보살피는 비용에 대한 책임 요구를 피하기 위한 세 번째 방법은 당신의 유언 혹은 살아있는 동안에 신탁을 만드는 것인데 다음을 명시한다. 주의 재정으로 하는 프로그램에서의 보살핌은 제외시키는 방식으로, 당신의 뇌성마비 아동을 위해 허용하는 지출 종류를 확언적으로 묘사하는 것이다. 일임신탁과 같이 이러한 신탁들은 때때로 "사치한" 신탁이라고도 불리는데, 이것들은 주의 혜택을 대체하는 것이기보다는 보충하는 의도를 가졌다. 이런 신탁은 신탁자금이 주의 시설기관 혹은 프로그램에서의 보살핌을 위해 소비되는 것을 허용하지 않기 때문에, 주는 이러한 자금에 손을 댈 수 없다.

어떠한 재산계획 기술을 사용하는가를 결정하는데 있어서, 당신은 장애아동 부모의 재산계획을 해본 경험이 있는 변호사에게 자문을 구하여야 한다. 각 주의 법이 다르고 각 가정이 독특한 상황을 가지고 있기 때문에 개별화된 재산계획은 필수적이다.

정부혜택

다양한 연방, 주 및 지방 프로그램이 장애인을 위한 재정적 보조를 제공한다. 이러한 프로그램들은 각각 다른 서비스를 제공하며 각각 자체의 복잡한 적격성 요구사항을 가지고 있다. 부모와 조부모가 현재 뇌성마비 아동을 위한 재정을 제공하기 위해 무엇을 하느냐는 미래에 정부보조에 대한 아동의 적격성에 영향을 미친다. 나아가 어떤 프로그램들을 운용하는 복잡한 규칙은—저소득층 의료보장제도와 같은—당신 자녀의 삶에 광범위한 영향을 미칠 수 있다.

정부 프로그램들은 장애인에게 수입보조와 특정한 혜택 양쪽을 제공한다. 직업 프로그램과는 달리 수입보조를 제공하는 주요 프로그램은 생계보조금(SSI)과 사회보장장애보험(SSDI)이다. 그러나 이러한 것들은 그러한 프로그램에 유일한 것들은 아니다. 예를 들면 수입보조는 연방정부 근로자와 철도 근로자의 장애 유족들에게도 제공된다. 주택보조와 같은 프로그램은 수입을 보충하는 다양한 혜택을 제공한다. 아마도 가장 중요한 혜택 프로그램은 의료 비용을 지불하는 것들일 것이다. 고령자장애인 의료보험제도와 저소득층 의료보장제도. 생계보조금, 사회보장장애보험, 고령자장애인 의료보험제도, 저소득층 의료보장제도에 대해 아래에서 상세히 설명된다.

생계보조금과 사회보장장애보험

뇌성마비인으로 자기 자신을 부양할 충분한 돈을 벌 수 없는 사람에게 추가적인 수입을 제공할 수 있는 것으로 연방정부가 재정지원을 하는 두 가지 기본 프로그램이 있다. 이 두 가지 프로그램은 "생계보조금"(Supplementary Security Income)과 "사회보장장애보험"(Social Security Disability Insurance)이다. 생계보조금은 다른 수입과 자원이 부족하면서 심한 장애(고령자도 함께)를 가진 아동과 성인에게 매달 수입보조를 하는 것이다. 사회보장장애보험은 너무 장애가 심하여 일할 수 없는 성인으로 그의 과거 수입에 기초하여 사회보장 적용을 얻었거나 그의 장애가 18살 이전에 시작된 경우 그리고 사회보장 적용을 얻었던 사람으로 사망하였거나 퇴직한 사람의 자녀에게 매달 수입보조를 하는 것이다.

생계보조금이나 사회보장장애보험은 그 프로그램의 자격을 충족하는 장애인에게 매달 수입을 제공하기 위해 고안된 것이다. 이 두 프로그램은 연방사회보장국에 의해서 운용된다.

생계보조금. 1998년으로서 생계보조금은 적격성이 있는 개인에게 매달 최대 494불을, 적격성이 있는 부부에게 매달 741불을 지불하였다. 이러한 액수는 다른 수입에 의해서 감축되는데, 수혜자가 집에 살거나, 다른 사람이 음식, 의복 및 사는 곳을 제공하는 경우는 그 혜택이 일반적으로 삼분이 일로 감축된다.

장애를 근거로 적격성이 확립되려면, 개인은 장애 검사와 재정적 요구에 대한 검사 모두를 충족하여야만 한다. "장애인"으로 자격이 인정되려면, 성인 지원자의 조건이 아주 심한 장애로서 "실질적인 이득이 있는 활동"에 참여할 수 없어야 한다.

이것은 그 사람에게 적합한 직무가 찾아질 수 있든 없든 간에, 급료를 받는 직무를 수행할 수 없다는 것을 의미한다. 사회보장국 법규는 이러한 결정을 위한 일련의 검사를 규정해 놓고 있다. 뇌성마비 성인은 다음의 경우에 심각도 검사(test of severity)를 충족할 것이다.

- 지능지수 70 혹은 그 이하, 혹은
- 파괴성 혹은 정서적 불안정성과 같은 비정상적인 행동양상, 혹은
- 말, 청력, 혹은 시각적 결함으로 인해 의사소통에서 심각한 지장이 있는 경우, 혹은
- 대근육과 소근육 혹은 걷기와 서 있는 것에서 지속되는 불안한 상태를 초래하는 것으로 두 사지의 운동 기능의 심각하고도 계속되는 부조화.

아동의 장애검사는 다르다. 아동의 조건이 "분명하고 심각한 기능적 제한성"을 초래할 것인가를 본다.

생계보조금의 적격성 요구사항은 장애검사로 끝나지 않는다. 적격성은 또한 재정적 요구에 기초한다. 이러한 요구를 수립하기 위해서는 한 개인은 "자원"(resource) 검사와 수입검사 둘을 만족시켜야만 한다. 지원자는 그의 재산(자원)이 한 개인의 경우 2,000불 혹은 한 부부의 경우 3,000불을 넘으면 적격하지 못하다.

덧붙여, 지원자가 18살 이하이면, 그 부모의 자원과 수입은 그녀의 수입으로서 계산된다. 그래서 18살 이전의 아동은 그들의 부모가 아주 빈곤하여야만 적격성이 있다. 그러나 한 개인이 18살에 이르면, 자녀에게 부모의 자원과 수입이 귀속되는 것은 멈추게 되고, 적격성은 한 개인 자신의 자원과 수입에 기초하여 결정된다. 이러한 이유로 많은 장애인들은 18살 생일에 생계보조금에 적격성이 인정되는 것이다.

많은 뇌성마비인은 일을 한다. 한 뇌성마비인을 위해 직업을 찾는 것은 대부분 부모가 성취하기 위해 열심히 노력하는 목표이다. 급료를 버는 것은 생계보조금 혜택의 감소 혹은 제거에 이르게 할 수 있는 것은 불행한 일이다. 이것은 생계보조금이 한 개인의 장애가 그 사람이 일하는 것을 못하게 한 경우에 그 사람에게 수입보조를 제공하는 것으로 의도된 제도이기 때문이다. 그러나 패스 프로그램(Plans for Achieving Self-Support : PASS) 하에서, 자금이 그 사람을 미래에 일하도록 하거나 그 사람이 이익을 얻도록 고용이 되게 하는 사업체 혹은 일을 만드는데 사용될 것이라는 조건이 주어진다면, 생계보조금 수혜자는 그 사람 이름으로 수입 혹은 재산을 받을 수 있다.

사회보장장애보험. 장애인은 사회보장장애보험(SSDI)에 자격이 될 수 있다. 사회보장 프로그램에 따라 장애혜택이 된다. 장애 검사는 생계보조금 때와 동일하다. 사람들은 사회보장장애보험에 자격이 되기 위해 수입이 적어야만 하는 것은 아니다. 그러나 자원 혹은 불로 소득에 기초하여 재정적 적격성 요구사항은 없다. 이것에 자격이 되기 위해, 지원자는 사회보장 목적으로의 그 자신의 직업기록에 기초하여 자격이 있어야만 하거나, 혹은 미혼이어야만 하고, 18살 이전에 시작된 장애를 가지고 있고, 그리고 사회보장이 적용되었던 퇴직하거나 사망한 부모의 자녀이어야 한다.

생계보조금 때와 같이, 당신 자녀의 고용은 심각한 문제를 야기할 수 있다. 생계보조금 하의 직업인센티브 프로그램은 사회보장장애보험에 있는 사람들에게는 적용되지 않는다. 만약 그들이 한 달에 일정 액수 이상(현재는 500불)을 번다면, 적격성을 잃게 된다. 왜냐하면 그 사람은 장애인이 아닌 것으로 판단되기 때문이다. 이 규칙은 일하는 것과 재정적 보장 사이에서 선택을 하도록 강요함으로써 사회보장장애보험의 수혜자에게 불공평한 부담을 주고 있다. 사회보장장애보험 규칙들은 수혜자들에게 적격성을 잃는 것 없이 제한된 시도 기간 동안에 일을 하도록 허용하고 있으나, 일할 수 있는 그들의 능력을 결정하는 것이라고 볼 수 있다. 대부분 장애인이 사회보장국 검사를 충족시키기에 충분할 만큼 심각하여 18살에 생계보조금에 적격성이 됨에도 불구하고, 그들은 그들 부모가 퇴직하거나 사망할 때 그들 부모의 직업 기록에 근거하여 사회보장장애보험에 적격성이 될 수 있다. 그래서 그런 경우, 그들이 위에서 묘사한 사회보장장애보험 규칙에 해당이 된다. 그러나 만약 사회보장장애보험 규칙이 혜택을 감축시킨다면, 일반적으로 생계보조금이 그 차이를 보충할 것이다.

고령자장애인 의료보험제도(메디케어)

고령자장애인 의료보험제도는 자격이 되는 사람들의 의료 비용의 지불을 도와주는 연방건강보험 프로그램이다. 사회보장장애보험 혜택에 자격이 되는 사람은, 그들 자신의 구좌 혹은 부모의 구좌에 기초하여 일정 대기 기간을 지난 후에, 어떤 연령부터 고령자장애인 의료보험제도에 역시 자격이 될 것이다. 이러한 사람들은 자동적으로 Part A(병원) 적용을 받을 것이며, 그들은 Part B(의료) 적용을 선택할 수 있는데 이것은 그들이 보험료를 내야 하기 때문이다. 한 개인이 역시 아래 설명될 저소득층 의료보장제도에 자격이 될 수 있다면, 저소득층 의료보장제도가 고령자장애인 의료보험의 Part B를 지불할 수 있다. 어떤 경우에, 그렇지 않으면 고령자장애인 의료보험에 자격이 되지 않는 장애아동 혹은 장애성인은 만약 제3자—부모, 친척, 자선단체 혹은 주와 지방 정부—가 고령자장애인 의료보험료를 지불하면 자격이 될 수 있다. 이런 것을 "제3자의 구입"이라고 부르는데, 이것은 개인건강보험을 구입하는 것과 매우 흡사하게 운용된다. 당신 지역의 사회보장국 사무실에 상세한 것을 체크해 보라.

저소득층 의료보장제도(메디케이드)

저소득층의료보장제도는 많은 뇌성마비인에게 역시 중요하다. 이것은 개인 건강보험 혹은 고령자장애인 의료보험을 가지지 못하고 의료 비용을 지불할 만한 충분한 수입이 부족한 사람들의 의료 비용을 지불한다. 이것은 휠체어 구입을 위한 재정보조와 같은 특정혜택을 제공한다. 또한, 이것은 많은 장애인의 주거 서비스 비용을 지불한다. 이것은 부분적으로는 주 정부 그리고 부분적으로는 연방정부에 의해 재정지원되며, 주에 의해 운용된다.

대부분의 주에서는, 만약 당신의 자녀가 생계보조금의 적격성 기준을 충족한다면, 그 아이가 18살에 이르는 때에 저소득층의료보장제도에 자격이 된다. 그러나 적격성은 재정요구에 기초하여 판단되기 때문에, 자녀의 이름으로 재산을 남겨두면 그 자녀의 자격은 없어지게 된다.

지역사회중심 서비스와 개인적 보조 서비스. 뇌성마비인의 삶에 중대하게 영향을 미치는 저소득층의료보장제도와 관련된 두 가지 중요한 쟁점들이 있다.

1. 현재의 법에 의해, 저소득층의료보장제도는 "중간보호시설"(ICFs)이라고 불리우는 저소득층의료보장제도가 인증하는 주거 시설(residential institutions)에 있는 장애인의 주거 서비스 비용을 지불한다. 그러나 뇌성마비와 같은 장애를 가진 대부분 사람들은 시설이 아닌 지역사회에서 가장 잘 서비스를 받을 수 있다. 보건복지부 장관은 중간보호시설 요구사항을 "철회" 하는 권위를 가지며, 현재의 행정적인 조치는 이러한 철회를 원하는 쪽에 우호적이다. 그 결과, 대부분 주들에서는 저소득층의료보 장제도 재정을 지역사회중심 기관의 서비스에 허용하는 철회서를 받는다. 그러나 이 영역에서 미래의 행정적 조치는 주의 법적인 요구 없이 변화할 수 있다.

2. 뇌성마비인에게 영향을 미치는 저소득층의료보장제도의 두 번째 쟁점은

개인적 보조(personal assistance) 서비스를 포함한다. 일부 뇌성마비인은 자신의 개인적 보살핌에 지속적인 도움을 필요로 하기 때문에, 개인적 보조 서비스는 독립적인 지역사회 생활을 성취하는데 필수적이다. 연방의 저소득층의료보장제도 규칙은(요구하지는 않지만) 주들이 일종의 "개인적 보살핌" 서비스를 저소득층의료보장제도 하에서 제공하도록 허용한다. 그러나 많은 주들이 그것을 제공하지 않는다. 주들이 이러한 서비스 제공을 선택하도록 설득하는 것은 소비자와 옹호자들의 몫이다. 위에서 설명했듯이, 개인적인 보조원 서비스를 의무화하는 법안이 국회에서 심의 중이다. 그러나 그 법률의 제정은 소비자와 옹호자들의 노력에 달려 있다. 뇌성마비인들은 그들이 목욕하기, 음식하기 및 몸단장하기에서 도움이 필요하다는 이유로 그들의 지역사회에서 독립적으로 사는 기회를 박탈당하여서는 안 된다. 개인적 보조 서비스의 재정지원은 뇌성마비인들이 가능한 독립적으로 사는데 필요한 도움을 받을 수 있는 데까지 주어져야 한다.

당신이 생계보조금(SSI), 사회보장장애보험(SSDI), 고령자장애인 의료보험제도(Medicare), 저소득층 의료보장제도(Medicaid)를 운용하는 복잡한 규칙들에 익숙해지는 것이 중요하다. 당신은 지역 사회보장국 사무실에 연락을 할 수 있거나 지역번호 없이 전국 안내번호인 800/772-1212에 전화해 볼 수 있다. 아래에서 논의될 것인데, 당신 자녀가 필요한 혜택을 받는 것에서 자격을 잃게 될 수 있는 실수를 피하는 것이 더욱 중요할 수 있다.

재정적 일을 처리할 능력

당신의 뇌성마비 아동이 주에서 재정지원하는 주거 보살핌 혹은 정부혜택을 전혀 필요로 하지 않는다 하여도, 그 자녀는 자신의 재정적 일이 관리되는 것을 필요로 할 수 있다. 이러한 보살핌은 어떻게 하면 재산이 당신 자녀에게 유용 가능하게 될 수 있는가를 결정하는데 기울여져야 한다. 누군가가 당신이 사망한 후에 돈이 소비되는 방법을 통제하도록 허용하는 광범위한 종류의 신탁이 있다. 물론, 가장 좋은 조치의 선택은 많은 다른 상황들에 달려 있다. 이런 것들에는 당신 자녀의 재산 관리 능력, 그 자녀와 다른 형제자매와의 관계, 당신의 재정적 상황, 그리고 적합한 수탁자 혹은 재정관리자의 유용성과 같은 것들이다. 한 성인으로서 당신 자녀는 자신에게 영향을 주는 결정들에 대해 자문받기를 원할 것이다. 당신은 그것을 조치해 놓아야 한다. 각 가정은 다르다. 지식이 많은 변호사는 다양한 대안들을 검토할 수 있을 것이며, 당신 가정에 가장 잘 맞는 한 가지를 선택하는 것을 도울 수 있을 것이다.

후견인의 필요성

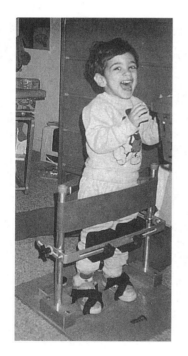

부모들은 뇌성마비 아동이 성인이 되었을 때 후견인으로 자기 자신들을 혹은 다른 사람들을 지명하여야 하는가 여부에 대해 자주 질문한다. 후견인의 지명은 돈이 들고 아마 당신 자녀의 시민 권리-결혼하는 권리, 예금 계좌를 갖는 것, 투표하는 것 등을 감축하는 결과를 낳을 수도 있다. 그러므로 후견인은 필요할 때만 단지 지명되어야 한다. 만약 당신이 살아 있는 동안에 누군가 한 사람을 필요로 하지 않는다면, 당신의 유언에 후견인을 지명하는 것으로 보통은 충분하다.

당신의 뇌성마비 아동이 성인이 되었을 때나 그 어떤 시기에도, 당신 자녀의 뇌성마비 자체가 후견인을 세우는데 충분한 이유는 아니다. 그러나 후견인이 어떤 상황에는 필요로 될 것이다. 예를 들면 만약 당신 자녀가 관리할 능력이 부족한데 상속을 받았거나 재산을 취득한 경우 후견인이 요구될 수 있다. 역시, 만약 의료서비스 제공자들이 당신의 자녀를 후견인의 허가 없이는 서비스하기를 거부한다면, 후견인이 요구된다. 때때로, 중요한 법적, 의료적 혹은 교육적 기록에 접근할 수 있기 위해 후견인을 지명하는 것은 필수적이다. 그러나 후견인의 지명을 통해 해결을 할 수 있는 특별한 요구가 있지 않는 한, 후견인을 고려할 이유는 없다.

생명보험

만약 당신이 당신의 뇌성마비 아동이 출생한 이후에 당신의 생명보험 적용을 검토해보지 않았다면, 그 검토를 하는 것이 당신이 우선 할 일이다. 생명보험의 가장 중요한 사용은 만약 보험을 든 사람이 사망한 경우에 생기는 재정적 요구를 충족시키는 것이다. 자신의 임금으로 부양가족들을 부양하는 많은 사람들은 충분히 보험에 들어있지 않다. 이 문제는 만약 힘들어서 번 돈이 필요한 보호의 양 혹은 종류를 제공하지 않는 보험에 낭비되고 있다면 더욱 심각해진다. 그래서 어떤 부양가족이라도 보험에 대해 기본 사실을 이해하는 것은 필수적이다.

고려하여야 할 첫 번째 질문은 다음과 같다. 누가 보험에 들어야 하나? 생명보험은 사망의 재정적 위험을 다루는 것이다. 대부분의 가정에서 사망의 주요한 재정적 위험은 임금을 벌어오는 사람의 사망이 부양가족들의 지원을 못하게 하는 것일 것이다. 그 결과, 생명보험 적용은 자녀가 의존하고 있는 돈을 벌어오는 부모 혹은 부모들을 위해 기본적으로 고려되어야 한다.

두 번째 질문은 당신의 보험이 당신이 사망한다면 생길 것 같은 재정적 요구를 충족하기에 적합한가의 여부이다. 이름 있는 보험관리사는 당신이 당신의 보험 적용범위가 적합한 것인지 여부를 결정하는 것을 도울 수 있다. 이 책의 읽기목록에 제시된 보험에 대한 소비자 지침이 필요한 보험의 양을 계산하는 것에 대해 당신을 도울 수 있다.

다음 질문은 이렇다. 어떤 종류의 보험증서를 살 것인가? 보험증서는 기본적으로 두 가지 유형이 있다. 1) "기간" 보험, 적립금 없이 순수한 보험을 제공하는 것, 그리고 2) 다른 유형("평생", "유니버셜 생명", "변동 생명"), 보험에 저축성 혹은 투자요소를 포함한 것. 이 두 번째 유형은 때때로 "종신보험"이라고 불리며, 이것은 보험과 투자의 병합된 패키지인 것이다. 보험의 다른 유형들은 이 책의 읽기목록에 제시된 보험에 대한 소비자 지침에 자세히 묘사되어 있다.

장애를 가지지 않은 자녀를 둔 사람들은 그들 자녀의 교육이 끝나기 전에 자신들이 죽을 경우 자녀의 교육이 제공될 것을 확실히 하고자 한다. 많은 사람들은 이 위험을 처리하고자 생명보험을 사용한다. 그들 자녀가 성장하고 교육을 다 받으면, 이러한 보험 요구는 사라질 것이다. 기간 보험은 상대적으로 이러한 위험을 다루는 비싸지 않은 방법이다.

반면에, 뇌성마비인은 그들 삶 전체를 통하여 부가적인 보조를 필요로 할 것이다. 그러한 요구는 그들 부모들의 일생 동안 완전히 사라지지 않을 것이다. 만약 부모들이 그들이 사망하였을 때, 이런 요구를 충족시키기 위하여 생명보험을 사용하기를 계획한다면, 그들은 어떤 종류의 보험을 사야 할지 결정할 때에, 기간 보험의 보험료가 그들이 나이가 들면 급격이 오르는 것을 알아야만 한다. 결과적으로, 그들은 종국에는 보험을 대체할 저축 혹은 투자 프로그램을 고려하여야 하거나 평생 혹은 보편적 생명보험을 구입하는 것을 고려하여야 한다.

당신이 기간 보험을 사고 별도의 저축과 투자 프로그램을 유지할 것인가의 여부 혹은 그 대신 그런 것들을 결합한 다른 종류의 보험증서의 하나를 살 것인지에 대해, 당신은 당신 프로그램의 보험 부분이 당신이 사망하였을 때, 당신 가정의 재정적 요구를 충족하기에 적합한가를 확실히 하여야 한다. 훌륭한 재정계획은 이러한 요구를 충족할 것이고, 적합한 보험 적용범위을 희생시키지 않는 방식으로 저축과 퇴직금 목적을 만족시킬 것이다.

끝으로, 당신의 생명보험이 당신의 다른 재산계획과 협응되는 것은 필수적이다. 이것은 수령인이 지정되는 것으로 될 수 있다. 당신이 사망하였을 때, 어떠한 보험 보상금을 누가 받을 것인가를 선택함으로써 이루어질 수 있다. 만약 당신이 자녀의 부양을 위해 이 보험 보상금의 모두 혹은 일부가 사용되기를 원한다면, 당신은 당신의 유언 혹은 별도의 폐지할 수 있는 생명보험 신탁에 수탁자를 지정하기를 원할 것이다. 당신이 사망한 후에, 수탁자는 보험 보상금을 받을 것이고, 그것을 신탁에 맞게 당신 자녀의 유익을 위해 사용할 것이다. 만약 당신에게 수탁자가 없다면, 당신 자녀의 상속은 보살피는 비용 책임 요구에 저촉될 수 있거나 위에서 언급한 정부혜택에의 적격성을 방해할 수 있다.

뇌성마비 아동의 부모를 위한 재정계획 지침

대부분의 부모 이상으로, 뇌성마비 아동의 부모들은 재산계획에 출석할 필요가 있다. 보살피는 비용에 대한 책임, 정부혜택 및 능력에 대한 걱정 때문에, 당신이 재정계획을 하는 것이 중요하다. 부모들은 그들이 사망하였을 때 뇌성마비 아동을 돌볼 사람을 지명할 필요가 있다. 그들은 그들 보험이 자녀의 특별한 요구를 충족시키기에 적합한지를 확실히 하기 위해 자신의 보험을 검토할 필요가 있다. 그들은 그들의 퇴직계획이 성인으로서의 그들 자녀의 요구를 충족시키는 것을 도울 것인지를 확실히 할 필요가 있다. 그들은 조부모에게 보살피는 비용에 대한 책임, 정부혜택 및 능력 문제에 대해 알릴 필요가 있다. 그래서 그들의 조부모가 그렇지 않으면 그들 손자에게 이익이 되게 할 자원을 부주의하게 낭비하지 않게 하여야 한다. 무엇보다도, 부모들은 그들의 희망과 계획이 실현이 되도록 유언을 만들 필요가 있다. 유언을 만들지 않고 사망하는 불운한 결과를 피하여야 한다.

적정한 재산계획은 각 가정마다 다르다. 모든 유언은 개인 요구에 맞게 맞추어져야 한다. 유언을 만드는 데는 공식이 없는데, 특별히 뇌성마비 아동의 부모에게는 그러하다. 그러나 일반적으로 피하여야 할 평범한 실수들이 있다. 이

것이 그 목록이다.

유언이 없는 경우.   대부분 주들에서, 유언이 없이 사망한 결혼한 사람의 자녀들은(장애자녀를 포함) 부모가 사망한 당시 소유한 재산을 동등하게 분할하여 공유할 자격이 주어진다. 유언이 없이 사망한 부모의 전 재산은 자녀들 사이에 동등하게 나누어져야만 한다. 이 결과는 뇌성마비 아동도 그 자신의 이름으로 재산을 상속받는다는 것이다. 그 상속은 아마도 보살피는 비용에 대한 책임 요구에 저촉이 될 수 있고, 정부혜택의 적격성을 위험하게 할 수가 있다. 이러한 다른 문제들은 적절하게 작성된 유언을 가지고 피할 수 있게 된다. 당신 주의 법이 당신이 사망한 때에 어떻게 당신의 재산을 나눌 것인가를 결정하는 것을 허용하지 말라. 뇌성마비 아동의 부모들은 유언 없이 사망하여서는 안 된다.

뇌성마비 아동에게 명백히 재산을 남기는 유언.   뇌성마비 아동에게 그 자녀 이름으로 재산을 남기는 유언은 종종 유언이 아예 없는 경우와 같이 나쁘다. 왜냐하면, 이것은 보살피는 비용에 대한 책임에 상속이 저촉되게 하며, 아동에게 정부혜택의 적격성이 없어지게 할 수도 있기 때문이다. 뇌성마비 아동의 부모들은 아무런 종류의 유언을 할 필요가 있는 것이 아니라, 그들은 그들의 특별한 요구에 맞는 유언이 필요한 것이다.

뇌성마비 아동을 위해 부양신탁을 만드는 유언.   부양신탁을 만드는 유언은 뇌성마비 아동에게 명백히 재산을 남기는 유언과 같은 문제를 일으킨다. 이러한 신탁의 자금은 보살피는 비용에 대한 책임 요구에 저촉될 수 있고 정부혜택을 위태롭게 한다. 이러한 쟁점들에 경험이 있는 자격을 갖춘 변호사는 이러한 문제를 피하는 유언의 작성을 도울 수 있다.

뇌성마비 아동을 수령인으로 명명하는 보험과 퇴직계획.   많은 부모들은 뇌성마비 아동을, 혼자서 혹은 형제자매와 공동으로, 수령인 혹은 후속적인 수령인으로 명명한 생명보험 증서를 가지고 있다. 그 결과는 자금이 뇌성마비 아동에게 명백히 갈 수 있어서, 보살피는 비용에 대한 책임 문제와 정부혜택 적격성 문제를 일으킬 수 있다. 부모들은 그 자금을 누군가 다른 사람에게 가게 하거나 혹은 적절한 신탁에 가게 되도록 지정하여야 한다. 이런 것은 많은 퇴직계획 혜택에 대해서도 동일하다.

유언 대신에 공동소유의 사용. 배우자들은 때때로 모든 재산을 생존자의 권리와 함께 공동소유(joint tenancy)로 해 놓음으로써 유언을 만드는 것을 피한다. 배우자들의 한 사람이 사망하면, 생존자는 자동적으로 유일한 소유자가 된다. 부모들은 생존한 배우자가 모든 재산 계획 일을 적절하게 처리한다는 것에 기초하여 유언대신 공동소유 방법을 사용하려고 한다. 그러나 이런 계획은 만약 같은 사고로 양 부모들이 모두 사망한 경우이거나 아니면, 생존한 배우자가 무능력하게 된 경우라면, 혹은 만약 생존한 배우자가 적합한 유언을 만들지 못한다면 완전히 실패하는 것이다. 이런 결과는 어떤 배우자가 아무런 유언을 하지 못한 경우와 같은 것이다. 위에서 설명하였듯이, 이것은 재산이 보살피는 비용에 대한 책임에 저촉되게 할 수도 있고 정부혜택에 문제를 일으킬 수도 있다. 그러므로 모든 재산이 부부 공동소유로 되어 있다 해도, 두 배우자가 모두 유언을 만드는 것이 필수적이다.

뇌성마비 아동을 위해 미성년자 통합양도법 구좌를 만든 경우. 부모들과 조부모들은 좋은 의미에서 미성년자 통합양도법(UTMA)하에서 장애자녀를 위해 은행 구좌를 개설한다. 자녀가 18살 혹은 21살에 이르면, 구좌는 아동의 재산이 되어서, 이것은 보살피는 비용에 대한 책임에 저촉이 될 수 있다. 아마도 더 중요하게는, 대부분 장애인은 18살에 첫 번째로 생계보조금과 저소득층 의료보장제도에 적격성을 가지게 되는데, 미성년자 통합양도법 자금은 이러한 프로그램들을 위한 재정적 적격성이 수립되기 전에 사용되어야만 한다. 그래서 주와 연방 정부가 가족이 아동을 위해 별도로 준비해 둔 자금의 간접적인 수령인이 되게 할 수가 있다. 정부재정지원을 받는 서비스 혹은 혜택을 필요로 할 것 같은 뇌성마비 아동의 부모들과 친척들은 절대로 아동을 위해 미성년자 통합양도법 구좌를 개설하여서는 안 되고, 그 아동의 이름으로 다른 은행 구좌도 개설하지 않아야 한다.

조부모들과 친척들에게 특별한 조치의 필요성을 조언 못한 경우. 뇌성마비 아동의 부모가 유언 혹은 신탁을 적합하게 작성할 필요가 있는 것과 같이, 아동에게 재산을 남겨줄 조부모들과 다른 친척들 역시 그러하다. 만약 이 사람들이 특별한 문제(보살피는 비용에 대한 책임, 정부혜택 및 능력)를 모른다면, 그들의 계획은 잘못될 수 있고, 그들의 호의는 낭비될 수 있다. 당신의 뇌성마비 아동에게 선물을 계획하는 그 누구라도 무엇이 문제인가를 이해하는지 확실히 점검하여라.

▓▓ 결론

부모가 된다는 것은 항상 책임을 동반한다. 뇌성마비 아동의 부모들은 실제적으로 종종 추가적인 책임들을 직면한다. 미래를 위해 함정들을 이해하고 그것들을 피하기 위한 계획을 하는 것은 당신이 특별한 책임들을 해결해 나가는 것을 도울 수 있을 것이다. 나아가, 당신 자녀의 권리를 알고 주장하는 것은 당신 자녀가 자신에게 주어진 교육과 정부혜택을 받는 것을 확실히 하는 것에 대해 도울 수 있을 것이다. 당신 자녀를 위해 좋은 옹호자가 된다는 것은 지식 이상의 것을 요구한다. 필요하다면, 당신은 그 지식들을 효과적으로 그리고 강력하게 사용하는 것을 결정하여야만 한다.

10

프란 스미스

권익옹호를 위한 제언

30년 전 내 딸이 뇌성마비임을 알고서 나는 내 딸이 절대로 다른 소녀들처럼 살 수 없을 것이라는 사실에 너무나도 가슴이 아팠다. 처음에 나는 딸 아이의 상태가 의사와 치료사들의 "치료"가 필요한 상태라고 보고, 흰 가운을 입은 사람들을 대부분 믿었다. 또한 나는 얼마 지나지 않아 내 딸을 위한 최상의 서비스를 제공해주기로 결심하게 되었고, 내 딸에게 최고의 엄마가 되기 위하여 내가 해야 할 모든 것을 하겠다고 맹세했다. 비록 나는 "권익옹호"라는 말을 들어본 적도 없었지만 이미 나는 내 아이를 위한 옹호에 참여하고 있었던 것이다.

오늘날 대부분의 부모들은 최소한 권익옹호에 대해서 들어본 적이 있다. 대부분은 그 단어를 법정에서의 대립으로 연상하고, 이 단어에 익숙지 않기 때문에 옹호를 자신들과 관계없는 것으로 여겨 버린다. 그러나 권익옹호의 실제 의미는 당신 자신과 또 다른 타인을 위하여 탄원하고, 간청하는 것이다. 부모로서, 우리는 자연히 우리의 자녀들을 위해서 주장한다. 한 개인이나 집단이 여러분의 자녀들에 대한 결정을 내리게 되면 여러분은 그것에 대해 알기를 원할 것이고, 그 결정에 대해 무언가 말을 해야 한다. 나는 여러분의 입장에 서 왔기 때문에 실제로 그것을 알고 있다.

내 딸이 태어난 후, 나는 뇌성마비를 가진 또 다른 사내아이를 포함하여 세 명의 아이들의 엄마가 되었다. 내 아이들은 나에게 부모가 되는 것에 대해 많은 것을 가르쳐주었다. 그리고 그들이 스스로 그들 자신에 대한 더 많은, 더 나은 서비스를 요구할 수 없기 때문에 내가 그들을 대신해서 어떻게 주장해야 하는지에 대해 배우도록 고무시켰다.

권익옹호의 일을 해나가는 과정을 통해, 나는 아이들의 복지는 그 가족들이 얼마나 많은 지식과 능력을 갖추었느냐에 달려 있다는 것을 알게 되었다. 나는 부모들이 뇌성마비 진단을 받았을 때, 그들이 자녀들의 상태에 대해 이해하고, 자녀들이 필요로 하는 서비스와 그 제공처, 그들의 자녀들과 관계된 모든 법률들, 그리고 서비스가 즉시 제공되지 않을 때 어떻게 효과적인 대변인이 될지에 대한 내용들을 포함하는 안내서를 받을 수 있기를 원해왔다. 이는 여러분이 자녀들의 삶을 통해서 직면하게 될 여러 가지 도전들을 준비하는데 도움을 줄 것이다. 이전 장들은 적절한 서비스, 법적권리와 자격에 대한 지식을 포함하였다. 이번 장은 권익옹호에 대한 소개로서 여러분이 여러분의 자녀들을 위해서 주장하는 데에 실질적인 조언을 제공해 줄 것이다.

■■ 권익옹호의 필요성

최상의 조건 하에서 여러분은 여러분 뇌성마비 아동들이 필요로 하는 의학적·치료적·교육적 서비스에 대한 모든 것을 듣게 될 것이다. 여러분은 또한 후원 단체, 부모교육 프로그램, 그리고 당신의 자녀를 돌보는데 도움이 될 다른 후원 가족들에 대해서 듣게 될 것이다. 여러분 자녀들이 필요로 하는 모든 것들이 원하는 시간에 가능할 것이고, 여러분은 자녀들의 프로그램을 설계하는데 있어서 동등한 파트너로서 받아들여질 것이다. 필요로 하는 모든 서비스들이 적절히 제공될 것이고, 그것을 제공하는 전문가들은 여러분과 같은 가치를 공유하고, 여러분과 마찬가지로 자녀를 사랑하고, 자녀들의 소중함을 인정할 것이다. 당신은 "감사하다"는 말 이외에는 다른 주장을 할 필요가 없을 것이다.

그러나 실제 삶에서 이것은 아주 드문 경우이다. 그 이유를 알기 위해서 지난 몇 십 년 동안 다른 장애자들을 위한 서비스가 어떻게 발전해 왔는지 아는 것이 도움이 된다. 1950년 이전에는 부모들이 그들의 자녀들을 장애인 수용시설 내에 함께 입소시키라는 전문가들의 충고를 받아들이거나, 그들을 친구나 친척들에게 숨긴 채로 집에 두었다. 지역 서비스 체계는 이러한 통상적 대안을 물리쳤던 부모들에 의해 시작되었다. 그 부모들은 자신들의 아이들이 교육·직업훈련 또는 다른 서비스들로부터 혜택을 받을 수 없다는 사실을 받아들이지 않았다. 그들은 단결하여 돈을 모으고 장소를 빌리고 여러 서비스들을 제공하는 선생님으로 직접 활동하거나, 선생님들을 고용하여 서비스를 자녀들에게 제공하였다. 장애를 가진 자녀들의 존재와 인격을 끝까지 존중하였던 부모들에 의한 이러한 민초적 시작으로부터 특수교육, 조기치료, 성인을 위한 서비스, 지역사회 내 정착 프로그램과 독립성, 생산성, 지역사회 개념을 포함하는 의식이 성장하여 온 것이다.

수 년간에 걸쳐, 서비스가 개선되는 과정에서 이론과 법, 실제적 적용들이 서로 부딪쳐 왔고, 서비스들은 다른 분야에서 서로 다른 결과들을 가져왔다. 오늘날 몇몇 분야에서 여전히 극소수의 장애인들만이 배울 수 있고, 대부분의 다른 장애인들은 안전한 환경에서 보호받아야 한다는 낡은 관념아래 특수학교, 보호 작업장, 장애인 기관과 같은 곳에서 서비스를 받고 있다. 다른 분야에서는 장애를 가진 각 개인의 존엄과 가치를 존중한다는 믿음에 기초하여, 그들에게 장애를 갖지 않는 동료들과 함께 배우고 자랄 수 있는 최상의 가능한 기회를 제공하는 서비스를 갖고 있다. 우리는 지방법보다 앞서는 제2세대, 제3세대의 연방법을 갖고 있다. 예를 들어 발달장애인 서비스를 위한 연방법(the federal developmental disabilities services act)은 어린이와 성인들의 독립성, 생산성과 지역사회에서의 결속을 위한 법이지만, 많은 지역에서 성인 서비스가 이루어지지 않고 있다. 예전의 가치와 법률로 교육받은 의학전문가, 교육자, 치료사, 공무원, 지역 서비스 제공자들은 다른 기대를 갖고 있는 부모들과 맞닥뜨리고 있다. 그리고 우리는 현재 법적으로 보장된 모든 것을 제공하기에 매우 불충분한 침체된 경제 상황에 처해 있다. 더욱 나쁜 것은 이렇게 제한된 자금을 어떻게 사용할지 결정해야 하는 지역학교 운영위원들, 지역관리자들, 주정부 입법자들, 국회의원들이 장애를 가진 아이들, 청소년들, 성인들에게 가장 필요한 활동들에 대한 정보가 부족하다는 것이다. 이러한 여건 하에서 당신은 당신 자녀들을 대신해서 목소리를 높일 필요가 있을 것이다.

당신 자녀들을 위해서 주장하는 대부분의 경우, 당신은 부모로서 자신의 자녀들에게만 이익이 될 구체적인 서비스와 결정을 요구할 것이다. 예를 들어 당신의 자녀들이 다른 아이들과 놀면서 상당히 많은 것을 배운다는 걸 알기 때문에, 당신은 주간보호센터에서 제공되는 물리치료를 받으면서, 일주일에 3일은 인근 놀이방에 참여하길 원할 것이다. 그러나 당신의 지역에 있는 초기 자녀교육 프로그램 정책결정자들은 당신의 의견에 동의하지 않을 수도 있다. 그들은 프로그램 일원화의 편리성과 한 명의 어린이를 위한 서비스제공을 위하여 치료사를 놀이방에 파견시키는 것의 불편성을 생각할 수도 있다. 당신은 자녀의 개별화된 교육계획(IEP)을 발전시키거나, 아이가 어디서 교육 서비스를 받아야 할지 등을 계획하는데 있어서 비슷한 갈등상황에 부딪힐 수 있다. 만약 당신이 자녀의 서비스와 관련된 부분에 대한 걱정에 대해서 이야기한다면, 당신은 이미 권익옹호를 하고 있는 것이다.

당신의 권익옹호 노력은 다른 사람들이 알지 못하는 당신의 지식에 의하여 이끌어지며, 자녀들의 요구를 가능한 가장 완벽한 방법으로 충족시켜주기 위해서는 이러한 지식들을 다른 사람들과 공유해야만 한다. 당신은 자녀의 삶 속에 늘 함께한다는 것을 명심해라. 의사, 간호사, 치료사, 선생님, 그리고 다른 전문가들은 왔다가 가지만, 당신은 평생 그 안에 있다. 당신은 자녀의 미래에 대한 결정이 내려질 때마다 동등한 파트너로서 참여할 준비가 되어 있어야 한다.

당신은 당신의 자녀의 특별한 이익과 권리를 얻기 이전에, 모든 아이들에게 그러한 권익이 부여되기 위해서는 시스템 전체가 바뀌어야 한다는 것을 발견하게 될 것이다. 이러한 시스템의 변화는 많은 사람들의 공동 노력을 필요로 한다. 당신이 다른 부모들과 이야기를 해보면, 각 부모들은 함께 일하기를 원한다는 사실을 알게 될 것이다.

과거에 권익옹호를 해왔던 부모들은 전체의 권리를 위하여 싸우고, 그것을 획득하는데 중요한 역할을 수행해왔다. 예를 들어 수천의 부모들은 그들 자녀들이 공립학교에 다닐 수 있는 권리를 위한 시위를 함으로써, 당신 자녀에게 자유롭고 적절한 공교육을 보장해주는 미국 장애인 교육법(IDEA)의 탄생을 이끈 공법(public law) 94-142항이 채택되기에 이르렀다. 어린 아이들에 대한 특수 교육 혜택을 확대하는 법안의 개정 역시 권익옹호 부모집단의 충고로 이루어 졌으며, 오늘날 이러한 법안들을 강화시키기 위한 더 많은 변호들이 필요하다. 예를 들어 공법 94-142항이 1975년부터 시행되었음에도 불구하고, 학교직원들은 개별화된 교육계획(IEP)을 만들거나 배치 결정을 내리는데 있어서, 부모들의 의견에 대하여 별다른 주의나 관심을 기울이지 않는다.

당신 자녀만을 위한 최상의 서비스를 보장받기 위한 범위로 권익 주장을 제한할 것인지, 혹은 뇌성마비를 가진 모든 아이들을 위해서 변호를 할 것인지를 결정하는 것은 당신의 몫이다. 그러나 그 모든 경우에 있어서, 자녀들의 더 건강하고 더 행복한 삶이라는 보상이 당신의 노력들을 가치 있게 만들어준다는 것을 알게 될 것이다.

▦ 시작하기

당신이 깨닫고 있든 아니든, 아마도 당신은 당신의 자녀를 위한 성공적인 권익 옹호를 위하여 필요한 기본적인 몇 가지 소양을 이미 갖추고 있을 것이다. 당신의 자녀가 아무리 어리다 하더라도, 당신은 권익 옹호를 위한 최소한 몇 가지 경험을 했을 것이다. 예를 들어 당신이 자녀의 성장에 대한 걱정을 크게 이야기 했다면, 그렇지 않았을 때보다 당신 자녀들의 뇌성마비 진단을 좀 더 빨리 받을 수 있었을 것이고, 만약 당신 자녀가 더 많은 단어들을 배울 필요가 있다고 이야기 했다면, 그녀는 당신 자녀의 언어치료 시에 새로운 필요한 단어들을 추가시켰을 것이다. 사실 성공적인 권익 주장을 위한 핵심도 일반적인 노력을 위해 필요한 세 가지 핵심—헌신, 지식, 기술—과 같다. 다음은 이러한 필수적인 요소 각각을 어떻게 발전시킬지에 대하여 설명하고자 한다.

헌신

당신은 당신의 아들과 딸을 위한 평생의 옹호인이며, 언제나 당신 자녀에게 가장 훌륭한 서비스가 행해지기를 원할 것이다. 기관의 예산, 잉여인력, 교통수단 등의 문제들은 당신의 주요 관심사가 아니다. 당신 자녀의 선생님이 과도하게 일한다거나, 당신이 당신 자녀를 위해 요청한 것과 똑같은 서비스를 20명의 다른 아이들도 필요로 한다거나 하는 사실은 당신의 문제가 아니다. 정책 결정자들이 당신에게 그들의 방식을 보여주려고 노력하면, 당신은 아마도 그들을 동정할 수 있을 것이다. 그러나 부모로서 당신의 특별하고 유일한 역할은 무엇보다도 당신 자녀에게 관심을 쏟는 것이다. 자녀를 향한 당신의 사랑과 당신 자녀가 최상으로 대접받을 자격이 있다고 여기는 당신의 믿음이 이러한 헌신에 불을 붙이고, 당신의 긴급함을 더욱 강화시킬 것이다.

지식

당신이 자녀를 위해서 권익옹호를 시작하기 이전에, 당신은 무엇을 위하여 일하고 있는지 알아야만 한다. 당신의 자녀가 원하는 서비스가 무엇이고, 어떠한 서비스가 가장 적절한지에 대한 지식이 당신의 목표를 정해줄 것이다. 또한 당신 자녀의 법적 권리에 대한 지식은 그러한 목표를 추구하는데 있어서 당신의 입장을 강화시켜줄 것이다. 그리고 어디서 서비스를 찾아야 하는지, 누가 그러한 서비스를 주는 권한을 갖고 있는지에 대한 지식은 어디서부터 당신의 옹호 노력이 시작되어야 할지를 알려줄 것이다.

나의 경험상 그러한 다양한 종류의 지식을 통합하는 것이 어려운 것이 아니라, 어디서 그것들을 찾아야 하는지 알아내는 것이 어렵다. 지금부터 당신이 원하는 정보를 손에 넣을 수 있도록 도움을 주는 가이드 라인을 제시하겠다.

자녀를 위한 적절한 서비스

당신 자녀를 위한 적절한 서비스를 얻고자 할 때는 항상 당신 자신을 고객을 생각해라. 당신이 자동차나 집을 구입할 때 이렇게 하는 것이 대단히 중요하다. 다른 부모, 전문가, 옹호인들과 이야기 한번 하지 않고서 서비스를 제공하고자 하는 사람의 충고를 받아들이지 마라. 너 자신과 예상되는 서비스 제공자들(치료사, 기관, 선생님)에게 그들의 추천사항들이 어떻게 당신 자녀와 가족에게 혜택을 주는지 물어보아라. 당신은 분명히 다음과 같은 사항들에 대한 답변을 얻기 원할 것이다. 내 아이를 최대한 독립적으로 만들기 위해서 어떤 서비스가 필요한가? 내 아이가 얼마나 자주 이러한 서비스가 받아야 하나? 내 아이의 일상생활이 교실이나 치료실에서처럼 집에서도 유지되려면 어떻게 해야 하나? 우리가 알고 배워야 할 다른 서비스들이 있는가? 무엇이 더 나은 접근 방법을 만드는가? 만약 당신이 다양한 곳으로부터 정보를 얻을 수 있다면, 당신은 더 많이 알아서, 더 나은 결정을 내릴 수 있을 것이다. 설명된 장·단점들을 따지고, 당신의 자녀에게 가장 적합한 것이 무엇인가에 기초하여 결정을 내려라.

법적 권리

당신 자녀의 법적 권리를 아는 것은 당신의 권익옹호 활동이 취해야 할 과정을 결정하는데 도움을 준다. 당신의 접근은 당신 자녀가 서비스를 받을 권리가 있다는 사실을 당신이 알고 있을 때와 당신에게 서비스를 주는 타인의 호의에 의지해야 한다고 생각할 때, 크게 달라질 수 있다. 법이 당신 편에 있음을 알고 있다면, 당신은 서비스 제공자가 당신을 얼마나 좋아하고 당신과 자녀들을 얼마나 가치 있게 생각하는지에 대하여 과도하게 걱정할 필요가 없게 된다. 그러나 만약 당신이 의무화되어 있지 않은 서비스를 얻고자 한다면, 당신은 더욱 외교적일 필요가 있고 다른 부모나 전문가들로부터 도움을 받아야 한다. 기관들과 연관되어 있지 않은 전문가들은 종종 당신 자녀들이 최상의 서비스를 받도록 도와주거나 당신의 권익 옹호 활동을 도와주고 싶어한다. 이러한 전략이 효과가 없을 때는 시스템을 변화시키는 것이 해결책이 될 것이다. 만약 그렇다면, 당신은 입법이나 다른 종류의 개혁에 대한 장기 목표를 위하여 헌신할 준비가 되어있는 단체를 형성하거나, 기존 단체에 가입할 필요가 있을 것이다.

장애를 가진 모든 개인들은 미국의 다른 시민들과 마찬가지로 동등한 헌법적 권리와 보호를 누릴 수 있다. 그들의 장애 정도에 따라서, 뇌성마비를 가진 아이들과 성인들은 연방법과 주정부 법에 의거하여 특정한 권리 또한 누릴 수 있다. 제9장은 뇌성마비를 가진 어린이들을 위한 가장 중요한 권리—교육과 적절한 치료, 연방기금 프로그램에 참여할 수 있는 권리와, 차별받지 않을 수 있는 권리—뿐만 아니라 이러한 권리들을 보장해주는 연방법에 대하여 설명하였다. 당신은 당신 자녀들이 받을 수 있는 어떠한 혜택도 놓치지 않게 하기 위해서 그들의 권리에 대하여 잘 알아야 할 것이다.

장애와 관련된 연방법의 더 자세한 정보를 위하여 또는 당신의 주 정부가 시행하고 있는 법에 대한 정보를 위하여, 당신은 연방정부에 의해 운영되는 몇몇 기관들과 접촉해볼 수 있다. 이러한 기관들은 다음과 같다.

1. 발달장애에 관한 주지사 계획 위원회(The Governor's Planning Council on Developmental Disabilities)−뇌성마비와 기타 발달장애를 가진 개인들을 위한 서비스에 대해서 계획하고, 협동하고, 옹호하는 권한을 위임받아서 서비스를 위한 기금을 모으는 기구이다. 당신이 속한 주의 계획위원회는 당신의 자녀들을 위한 교육, 위탁, 치료, 부모 또는 가족부양과 같은 서비스에 대한 정보뿐만 아니라 발달장애와 관련된 주 정부법에 대한 정보를 줄 것이다.

2. 보호와 옹호(The Protection and Advocacy, P&A System)−발달장애자들이 필요로 할 때 그들의 권리를 보호해주거나, 그들을 위하여 옹호해 주는 기관이다. 당신 주의 보호와 옹호(P&A) 사무실은 당신 주의 법에 대한 정보를 제공해주고 당신의 자녀가 뇌성마비자라는 이유로 권리부여가 거부되거나 차별대우를 받을 경우 도와줄 수 있다.

3. 부모 정보 및 훈련 센터(Parent Information and Training Center : PITC)−부모들에게 그들 자녀들의 장애의 본질과 어떻게 적절한 서비스를 찾을지, 어떻게 자녀들을 위한 권익옹호 활동을 해야 할지 등에 대한 정보를 제공해주는 프로그램이다. 대부분의 주에서는 부모정보 및 훈련센터(PITC)를 갖고 있으며, 정보와 훈련에 관한 정보를 위해서 장애 어린이를 위한 국가정보센터(National Information Center for Children and Youth with Disabilities : NICHCY)의 자원안내센터와 접촉하라.

연방법에 의해 설립된 기구 이외에도, 당신은 뇌성마비협회(United Cerebral Palsy Association), 미국 적십자사와 같은 자원봉사 단체들이나 부모들 모임들과 접촉할 수 있다. 전화번호부는 보통 "사회기구"라는 제목 하에 노란색 면에 이러한 기구들의 목록을 갖고 있다.

서비스 찾기

모든 주 정부의 입법부는 그 주 정부 아래의 다른 기관들에게 장애 서비스를 관장하는 권한을 준다. 어느 기관에서 특정한 서비스(의료, 교육, 탁아 등)에 대한 정보를 얻을 수 있는지 알기 위해서, 당신은 당신 주의 발달장애위원회에 질문할 수 있다. 모든 주는 각기 다르게 그들의 서비스를 구성하고 있고, 주정부 간, 심지어 주 내부에서도 적격성 기준이나 등록 절차가 일률적이지 않다. 서비스를 찾기 위한 도움이 필요할 때 당신은 아마도 처음부터 다시 시작해야 할 것이고, 결국 다른 부모나 옹호인들을 찾아가게 될 것이다.

권익옹호의 기술

비록 많은 정보를 가질수록 당신이 더 강한 옹호인이 되는 것이 일반적이지만, 당신이 굳이 자녀들을 대변하기 전에 법과 서비스에 관한 정보를 모두 모을 때까지 기다릴 필요는 없다. 특히, 만약 당신의 자녀에 대한 서비스가 보류되거나 거부되었을 경우, 당신은 더 많은 정보를 기다릴 시간이 없다. 예를 들어 만약 당신 자녀가 관절구축이 진행되고 있는데 초기 치료 프로그램에 아직까지 물리치료가 포함되지 않았다면, 당신은 기다릴 시간이 없다. 특히, 당신이 자녀가 어릴 때, 기다림으로써 발생하는 손실을 되돌릴 시간과 기회를 보상받을 수 없다.

시간이 결정적 요소일 때, 당신은 닥치는 대로 배우면서 바로 옹호로 뛰어들어야 한다. 당신이 있는 곳에서부터 당신이 할 수 있는 것부터 시작하고, 당신이 필요로 하는 지식과 기술들을 얻을 수 있을 것이라고 확신해라. 나는 이러한 즉석의 옹호가 얼마나 효과적일 수 있는지 경험을 통해서 알고 있다.

나의 아들이 7살이었을 때, 그는 스스로 움직일 수 있도록 물리치료사가 특별한 걷기 장치를 만들어 놓은 주거 시설이 있는 학교에서 한 학기를 보냈다. 생애 처음으로 마이클은 걸을 수 있었고, 새로 발견한 독립에 대한 그의 자부심은 계산할 수 없을 만큼 컸다. 그 후 그는 일반적인 특수학교로 되돌아 왔다. 그곳의 치료사는 내게 마이클이 걷기 장치를 사용하는 것이 불가능한 이유에 대해서 지속적으로 설명했다. 나는 6개월 동안 계속해서 마이클에게 기회를 달라고 그녀에게 부탁했다. 결국, 마이클의 담당 의사는 치료사에게 "마이클의 엄마가 요구하는 대로 하라. 그녀가 원하는 것은 모두 그녀의 아들에게 좋은 것이다"라고 명령했던 것이다. 나는 그날 두 가지 사실을 깨달았다. 첫째, 권위자로부터의 지지는 개인의 자존심을 고취시키고 둘째, 단지 그것이 옳다고 여기기 때문에 하는 자녀를 위한 주장들이, 그것이 합리적이지 않다는 이야기를 반복적으로 듣더라도, 결국 당신이 원하는 것을 줄 수 있다는 점이다.

수년 동안 나는 주체할 수 없는 감정에 이끌려 그들의 주장을 했던 경험이 있는 많은 부모들은 만나봤다. 자녀에 대한 부모의 사랑과 지식들이 가장 강한 원동력이 된다.

만약 권익 주장에 대한 당신의 욕구가 덜 긴급하다면, 당신은 당신의 전력을 좀 더 체계적으로 구상할 시간을 가질 수 있다. 제대로 하지 못할 경우에 대한 위험을 스스로 느끼고 있는 상황에서도 권익 주장이 수행되어야 하기 때문에 나는 몇 가지 기초적인 옹호 지식을 배우기 위한 훈련수업에 참여하기를 권한다. 기초적인 옹호에 대한 훈련은 뇌성마비협회(United Cerebral Palsy Association), 부모 사이(Parent-to-Parent), 부모정보 및 훈련센터(Parent Information and Training Center : PITC)에서 제공된다. 만약 당신이 훈련을 제공하는 기관을 찾지 못한다면, 당신 주의 보호와 옹호(P&A)에 도움을 요청해라.

당신의 사안에 대해서 얼마나 오랜 시간을 준비하는지에 관계없이, 권익 주장에 있어서 당신의 목표는 같아야 한다. 단지 당신의 입장을 설명하는 것이 아니라, 당신 자녀에게 최상의 것이 무엇이냐에 기초한 결정을 얻어내는 것이다. 당신 자녀를 위한 새롭고 더 나은 서비스에 대해서 옹호할 때, 당신은 당신의 자녀들이 그 서비스를 필요로 하고, 기관이나 기구들은 그러한 서비스를 제공해주기 위해 설립되었고, 왜 그들은 자신들이 해야 하는 일을 하지 않는 지 이해할 수 없다고 하는 원론적인 접근법을 사용할 수 있다.

공공기금으로 운영되는 모든 서비스는 만족하지 못한 시민들이 사용할 수 있는 항소 절차를 갖고 있거나, 갖고 있어야만 한다는 사실을 명심해라. 당신은 보호와 옹호(P&A)에 문의해서 그 절차가 무엇인지 확인할 수 있다. 당신이 답변을 얻을 때까지 지속적으로 결정을 내리는 권한을 가진 사람에게 요청해라. 끈질기고 단호해라. 법정 대질에서는 결과를 얻기 위해 적대적일 필요가 없다. 개인적으로든, 전문적으로든 누군가를 공격해서는 절대로 안 된다. 예를 들어, 당신 자녀가 알파벳을 모두 배웠기 때문에 특수교육 선생님이 필요 없다고 암시하지 말고, 정책결정자가 당신의 자녀가 유치원에서 더 나은 대화기술을 배울 수 있다는 사실을 보지 못하기 때문에 냉혹하다고 암시하지 말라. 당신이 당신 자녀를 위해서 무엇이 필요한지 요구하는 것으로 당신의 입장을 유지하면, 당신의 동기는 명백하고 당신은 공정하게 대우받을 것이다.

완고함과 외교술만큼 중요한 것이 당신의 방법을 갖는 것이다. 여기에 효과적인 권익옹호를 위한 또 다른 해결책인 증빙서류가 있다. 당신의 자녀들은 여러 프로그램에서 전문가 집단에 의해 진단될 것이다. 부모로서 당신은 자녀들의 자료를 기록하는 역사가이다. 당신은 계속해서 다음과 같은 질문을 받을 수 있다. "언제 아이가 처음으로 머리를 가누기 시작했나?", "언제 아이가 처음으로 뒤집었고… 혼자 앉았나?", "수술은 몇 번, 언제 했는가?" 질문은 시간이 흘러감에 따라 변하지만, 공책에 적절한 정보를 지속적으로 갖고 있다면, 당신은 항상 답변할 준비가 되어 있을 것이다. 나는 위의 모든 것들은 항상 기록하고, 예방 접종과 질병, 알레르기 등에 대한 사항들을 추가한다. 나는 또한 전화를 할 때는, 내가 이야기한 사람의 이름과 시간, 날짜 등을 기록하는 것을 배웠다. 그리고 나는 의료, 교육, 기타 전문가들로부터 온 편지와 보고서의 두꺼운 서류를 모았다. 당신이 언제 정보를 필요로 할지 알 수 없고, 필요로 하게 되는 것보다 많이 준비해두는 편이 더 낫다는 것을 기억해라.

■■ 도움받기

당신은 혼자서 옹호할 필요가 없다. 종종 당신은 이미 숙달된 부모들이나 훈련된 옹호인들과 함께 개별화 교육계획(IEP) 회의와 같은 공식적인 자리에 참석하는 경우, 더욱 편하고 자신감을 가졌던 경험이 있을 것이다. 그렇게 함으로써 당신은 당신 자녀에게 필요한 것에 집중할 수 있고, 옹호인은 적절한 후속 조치를 확실히 할 수 있는 장점이 있다. 또 다른 접근법은 당신이 지나치게 감정적이 되어 말하고 싶었던 것을 잊어버릴 위험이 있기 때문에 옹호인에게 당신을 대신해서 말해달라고 요구하는 것이다. 또는 당신은 옹호인에게 그냥 동석만 해서 구두로 조언을 해주고, 당신이 말하는 것을 들어달라고 요구할 수도 있다. 누군가가 회의에 당신과 동행할 때마다 각자가 하고자 하는 것, 말하고자 하는 것에 대하여 토론하는 것은 좋은 연습이 된다. 만약 예기치 못했던 일이 회의 중에 발생하면, 여러분 서로가 그것을 도와줄 수 있다.

앞서 이야기 했던 부모훈련센터(The Parent Training Centers), 보호와 옹호기구(Protection and Advocacy Agencies) 이외에도, 이번 장에서 열거되는 많은 부모들의 모임 역시 당신에게 도움이 될 것이다. 뿐만 아니라, 소송변호를 전공으로 하는 많은 전문가와 자원봉사 변호사들도 있는데 이것은 집단을 위한 것(집단옹호)보다는 1 : 1을 기초로 각 개인을 위한 옹호하는데 도움을 준다. 그들은 시민 변호인, 옴부즈맨, 법적 옹호인, 관리자/옹호인, 보호기관 종사자들이 포함된다. 표는 이러한 각 종류의 옹호인들이 하는 일과 어떤 종류의 기관에서 그들을 찾을 수 있는지에 대한 설명이다.

:: 표 1. 옹호의 정의

옹호의 종류	옹호인의 역할	기관
시민 보호단체 (Citizen Advocate)	발달장애를 가진 사람들의 권리와 이익을 보호하고, 그들에게 실질적·정서적 도움을 주기 위해 일하는 유능한 자원봉사자	적십자사와 같은 민간단체 및 사설 협회에 의해 운영되는 시민옹호협회
법적 보호단체 (Legal Advocate)	권리, 불만, 상고에 관련된 소송과 법적 협상과정에서 대변해 주는 옹호인	대부분 개업 변호사로 활동, 간혹 단체의 법적 서비스 부서와 연관되기도 함.
사례관리자/옹호인 (Case Manager/ Advocate, "Personal" representative)	정보제공을 도와주는 훈련된 전문가 또는 자원봉사자로 서비스 획득에 문제가 있을 때 옹호인의 역할 담당	주정부의 발달장애 부서, 지역 서비스 기구, 카톨릭 자선 단체, 가족 서비스 기구와 같은 공공 또는 민간단체
보호기관 종사자 (Protective Service Worker)	피해자의 동의나 요구 없이도 학대와 같은 사건을 조사하는 권한과 소송을 시작하는 권한을 가짐.	아동보호 서비스를 위한 주정부의 부서와 같은 공공보호기관

만약 당신이 홀로 옹호를 하기로 결심했더라도, 당신은 옹호를 준비하는데 있어서 주변의 가까운 사람들에게 도움을 요청할 수 있다. 당신의 사례를 발표하고, 질문과 반론에 답변하는 연습을 할 수 있도록 상황에 대한 역할을 담당해줄 당신의 배우자, 친구, 다른 부모에게 도움을 구하라. 만약 당신이 중요 반론들을 예상할 수 있다면, 당신은 당신의 입장을 뒷받침하는 자료들을 모으고 더 나은 답변을 준비할 수 있다. 당신은 당신의 요청을 수용하거나 거부할 수 있는 힘을 가진 사람을 만나기 전에 당신이 하고 싶은 주장과 얻고 싶은 결정에 대해서 절대적으로 명확해야 한다.

다시 말해서, 부모 옹호만으로 만족스런 결과를 얻지 못할 때에는 도움을 요청해야 한다. 실패를 가정하지 말고, 제도나 그 안에 있는 사람들의 반응이 느릴 것을 단정하지 말라. 당신 자녀의 복지는 결과에 달려 있고, 당신은 가능한 모든 종류의 도움의 수단들을 이용해야만 한다.

■■ 집단옹호에 대한 소개

만약 당신 자녀를 위한 서비스가 불가능하다면, 분명히 비슷한 서비스를 찾고 있는 다른 부모들이 있을 것이다. 그리고 만약 당신 자녀가 중요한 권리를 거부당해서 화가 났다면, 다른 부모들 역시 당신과 같은 분노를 공유할 것이다. 당신은 이전의 다른 부모들이 해온 것과 같은 것을 하기 원할 것이고 서비스를 창출하고, 새로운 권리를 획득하기 위해서 다른 사람들과 합세하기를 원할 것이다.

또한 당신을 도울 수 있는 많은 단체들이 있고, 동료 부모들은 당신을 위하여 옹호를 해준다. 이러한 단체들로는 대학교회 교수모임(UCP), 미국 적십자사(ARC) 지부, 독립생활센터(Independent Living Centers), 주정부의 발달장애 계획위원회(State Developmental Disability Planning Councils) 등이 있다. 그러나 부모 옹호인들의 헌신적인 모임 역시 그들 스스로 상당히 많은 것들을 성취할 수 있다는 사실을 명심해야 한다. 만약 당신이 당신의 의사를 어떻게 전달할지, 언제 이야기할지 알고 있다면, 직원들은 분명히 들어줄 것이다.

만약 당신이 당신 자녀의 문제를 가지고 공공기관에 접근하기가 망설여진다면, 입법자들은 사회적 이슈에 대한 정보를 얻기 위하여 주민들을 이용한다는 사실을 기억해라. 부모로서 당신은 당신의 자녀와 가족에서 영향을 주는 무언가에 대하여 선출된 공무원들에게 정보를 제공해 주는 역할을 갖고 있다. 그들은 돈 주고 고용한 로비스트들과 다른 권리를 부여받은 이해 당사자들로부터 수백 가지 이슈들에 대하여 정보를 얻는다. 그러나 그들이 여러 부모들로부터 듣지 않는다면 뇌성마비와 다른 장애를 가진 아이들에게 영향을 미치는 모든 이슈들을 따라잡을 수는 없다. 예를 들어 오늘날 심각한 뇌성마비를 가진 성인의 부모들은 그들의 자녀들은 집중치료기관(Intensive Care Facility : ICF)에 살게 하기보다는 지역 사회에서 독립적으로 살게하고 싶어한다. 그러나 현행법에 의하면, 기금은 종종 집중관리기관 내에서의 치료를 고무시키거나 요구한다. 이것은 상당히 비밀스러운 이슈이기 때문에, 당신은 입법자가 이것을 이해한다거나, 법을 개정할 필요성을 인식하는지조차 확신할 수 없다.

캘리포니아 국회의 입법위원회에서 내가 처음으로 옹호를 한 것은 배움의 경험이었다. 나는 아무런 준비가 되어 있지 않았고, 옹호에 대한 훈련 코스에 다닌 적도 없었으며, 조직화된 단체의 일원도 아니었다. 그러나 나는 목청 높여 주장할 긴급한 필요성이 있었다. 나의 딸이 참여하는 프로그램은 부족한 기금 때문에 문을 닫기 직전이었다. 입법자는 이 프로그램과 주 안에 있는 다른 유사 프로그램들을 위한 보조 기금을 제공하는 법안을 만들었다. 상원위원은 방법과 수단위원회(Ways and Means Committee)에서 그 법안을 소개할 계획이었고, 부모들에게 장애를 가진 젊은이들을 위해서 증언해 달라고 요구하였다. 누군가가 내게 말하기를 아무도 증언을 하려하지 않는다고 했고, 그래서 나는 해야만 했다. 나는 가슴에서부터 우러나 연설을 했고, 만약에 그 어린이들이 속해 있는 유일한 프로그램이 문을 닫게 될 경우 그들에게 발생할 일들에 대해서 이야기했다. 상원위원과 내가 연설을 마치자, 위원은 법안을 통과시키기 위한 재청을 신청했고 모두가 찬성에 투표했다. 갑자기 나는 입법상의 주창자가 되었다. 처음이 가장 힘들었다. 다음에는 어떻게 법안이 법이 되는지 알았고, 증언을 하는 가장 좋은 방법을 알았으며, 어떻게 입법자들에게 영향을 미치는지 알게 되었다.

당신과 관계된 이슈에 대해서 입법자들에게 알려주는 데에는 여러 가지 방법이 있다. 편지를 써서 당신의 생각을 주장할 수도 있고, 입법자를 사무실로 방문할 수도 있고, 부모들 모임에 참석시키기 위하여 누군가의 집이나 프로그램 장소로 입법자를 초대할 수도 있고, 지방정부 회의에 홀로 혹은 다른 부모들과 함께 참석해서 당신의 의사를 이야기할 수도 있으며, 선출된 공무원에게 접근하기 위한 전략을 다른 부모들과 함께 고안할 수도 있다. 미국 정부는 대의 제도 형식을 갖고 있음을 명심해라. 선거에 의해 선출된 공무원은 당신을 대표하기 위해서 당신의 이야기에 귀를 기울일 수밖에 없다.

■■ 결론

수년 동안, 장애자녀를 가진 부모들은 증언을 해왔고, 제공되는 서비스나 그들이 받는 전체적인 환경이나 프로그램에서 강조하는 기본적인 가치들에서 많은 변화를 경험해 왔다. 우리는 장애를 가진 우리의 자녀들이 부담스럽다는 전제를 더 이상 받아들이지 않으며, 그들의 본래 모습을 가지고 최선을 다 할 것이다. 우리는 그들이 소중하고, 즐거움을 주며, 단지 우리뿐만 아니라 그들이 만나는 모두를 사랑한다는 사실을 안다. 우리는 그들이 다른 아이들과 마찬가지로 따뜻한 보육환경에서 잘 자란다는 것은 알고 있으며, 그들의 가족과 비장애인 친구들과 다르지 않다는 것을 안다.

우리가 우리의 자녀를 위한 최고의 것을 주장하면, 이것이 적절한 서비스로부터 혜택을 받아온 수천의 아이들의 성공에 대한 동기가 될 수 있다. 우리의 자녀들을 위한 정책이 훌륭한 공공정책이라고 주장하는 많은 연방법과 주정부 법이 있기 때문에, 우리는 더 이상 서비스에 대해서 "자선적" 접근에 의존할 필요가 없다. 그리고 우리는 더 이상 우리가 "단지 부모에 불과하다"라거나, 전문가들이 우리 자녀들에 대해서 무엇을 해야 할지 가장 잘 알고 있다고 생각할 필요가 없다. 자녀들을 위한 서비스 계획의 발전과 연관된 서비스를 설계하고 실행하는데 있어서, 그리고 서비스와 서비스를 제공하는 기구를 모니터링 하는데 있어서, 그들의 부모들은 자녀들의 삶에서 부모들이 할 수 있고, 해야만 하는 결정적인 역할들을 수행해 왔다.

당신의 세계는 약속과 도전을 모두 갖고 있다. 당신 자녀를 위하여 가능한 모든 기회를 잡겠다고 결심해라. 당신은 아마도 당신의 자녀를 그 누구보다도 잘 알 것이고, 더 사랑할 것이다. 당신의 지식과 감성이, 당신이 권익 주장을 위한 옹호를 하도록 준비시켜 준다고 믿어라. 당신은 직접 시행하면서 배울 것이다. 당신 자녀의 미래는 크고 작은, 다양한 옹호 활동들에 달려 있다. 동참해라.

CHILDREN with
CEREBRAL PALSY

찾아보기

각 장의 저자 소개

샤론 안델슨(Sharon Anderson, O.T.R., NDT)
미국신경발달치료협회 자격증을 갖고 있는 작업치료사. 가정치료 프로그램을 운영하는 작업치료사이며, 미국 메릴랜드주 락빌에 있는 Ivymount 학교의 작업치료와 물리치료에 대한 책임을 맡고 있다.

제리 쉬말즈 블랙크린(Jerrie Schmalzer Blacklin, M.S., C.C.C.)
미국 북 케로라이나주에서 사설기관을 운영하는 언어치료사로서 그린보로에 있는 North Carolina 대학교 의사소통학부의 임상교수직을 맡고 있다.

리타 벌크(Rita Burke, M.S.W.)
네 아이의 엄마이며, 그들 중 한 명은 뇌성마비 아동이다. 사회복지학 석사학위를 가지고 있고 현재 초등학교 교사로 재직한다.

낸시 코완(Nancy S. Cowan, M.A., Ph.D., C.C.C.)
West Virginia 대학에서 카운슬링 전공으로 석사학위를 취득하고, Maryland 대학교에서 인간발달 전공으로 박사학위를 취득했다. 부모 교육자로서, 특별한 도움이 필요한 아동들을 부모들이 이해할 수 있도록 많은 도움을 주고 있으며, 워싱턴 DC에 있는 Gallaudt 대학교 소속의 청각장애학교에서 의사소통의 교사였으며, 현재는 은퇴하였다.

조지아 드간지(Georgia DeGangi, Ph.D., O.T.R.)
미국 메릴랜드주 락빌에 있는 영유아를 위한 Reginald S. Lourie 센터와 Cecil & Ida Green 연구 및 훈련 센터에서 작업치료사 및 발달심리학자로 있다.

린네 홀츠(Lynne C. Foltz, M.A., P.T.)
Stanford 대학교에서 소아전공 물리치료로 석사학위를 취득했으며, 메릴랜드주에서 사설물리치료실에서 근무했으며, 또한 발달장애를 갖고 있는 아동을 위한 주정부 시설인 Georgetown 대학교 부속 프로그램과 Northern Virginia 훈련센터에서 강의를 했다. 현재는 물리치료에 대한 상담과 삶의 주기를 통한 뇌성마비 아동과 가족을 도와주는데 종사하고 있다.

엘리어드 겔쉬(Elliot S. Gersh, M.D.)

미국 매랠랜드주 프린스 조지 카운티에 있는 Mt. Washington 소아병원의 발달전공 소아과 의사이면서 과장을 맡고 있다. 이전에는 워싱턴 DC에 있는 Georgetown 대학교 소아발달센터의 소아발달부분 팀장을 맡았었다.

메리안 자레트(Marian H. Jarrett, Ed.D.)

현재 미국 George Washington 대학교 특수교육학과 조교수이면서, 동 대학교 의과대학 소아과 임상조교수로 일하고 있다.

다이에나 루이스(Diane Lewis, M.A., C.C.C.)

영·유아만을 치료하기 위해 설립된 의사소통증진센터를 운영하고 있으며, Michigan 주립대학교에서 언어병리학 석사를 취득하였고, 신경발달치료법에 대한 자격증을 갖고 있다.

랄프 무어와 제임스 카프란(Ralph J. Moore, Jr. & James E. Kaplan)

이 두 분은 장애아동의 법적 권리부문에서 왕성하게 일하고 있다. 이들은 정신지체, 간질, 자폐증, 다운증후군을 가진 아동을 위한 부모교육용 책(Woodbine House 출판사)인 『법적 권리와 걸림돌』의 공동 저자이다.

톰 리터(Tom Ritter)

텔레비전 프로듀서이면서 미국뇌성마비협회의 중앙이사와 중앙대외협력위원장으로 봉직하였다.

프란 스미스(Fran Smith)

20년 이상 장애아동의 부모를 지지하고 지위를 향상시키는 일을 왕성하게 하고 있다. 전에는 미국뇌성마비협회 자원봉사자 교육팀장으로 일하였으며, 여러 곳의 정신지체시민협회(ARC)의 옹호분과에서 근무하였다. 현재는 가족지원 및 권한부여분과에서 상담역을 맡고 있다.

역자 소개

김세주

현재 고려대학교 의과대학 재활의학과 교수, 부속 고대구로병원 재활의학과장으로 근무하고 있다. 뇌성마비 아동의 치료를 1997년 시작하여 오랜 기간 치료해야 하는 뇌성마비 아동과 부모들에게 도움이 되고자 노력해왔다. 1995년 영국 런던 보바스 센터에서 신경발달치료과정에 참여하였고, 2002년 미국 스텐포드 대학교 소아신경과에서 다양한 환자 경험을 하였고, 유사한 증상을 가진 질환을 감별진단하고, 치료 가능한 환자를 찾고자 노력하고 있다.

성인영

현재 울산대학교 의과대학 재활의학과 주임교수, 서울아산병원 재활의학과 과장으로 재직 중이며 대한소아재활학회 부회장을 맡고 있다. 1994년 뉴욕대학 Rusk Institute에서 교환 교수, 1998년 미국 토마스 제퍼슨 의과대학 듀퐁 어린이 병원에서 뇌성마비 어린이의 경직 조절에 대한 연구를 하였다. 장애를 초래하는 질환의 조기 진단과 조기 재활치료를 통해 장애를 줄이고, 장애인에 대한 인식 개선을 통해 진정한 사회 통합을 이루도록 노력하고 있다.

박승희

현재 이화여자대학교 특수교육과 교수 겸 기획처부처장으로 재직하고 있다. 1981년 이화여자대학교 교육학과를 졸업하고, 1983년 미국 시라큐스대학교, 특수교육 및 재활학과에서 정신지체 전공으로 석사학위, 1991년 특수교육학 박사학위를 받았다. 미국정신지체학회(AAMR) 자문편집위원이며, 2000년 대한민국 해외파견 연구교수로서 영국 케임브리지대학교에서 통합교육을 연구했다. 발달장애인을 위한 기능적 교육과정, 통합교육, 장애의 사회학에 대해 연구하고 있다.

정한영

현재 인하대학교 의과대학 재활의학과 주임교수, 인하대학병원 재활의학과장으로 근무하고 있다. 1985년 고려대학교 의과대학을 졸업하고, 1994년 고려대학교에서 재활의학 박사학위를 취득하였다. 2000년 미국 국립의학연구소(NIH) 뇌신경질환 및 뇌졸중센터(NINDS)에서 뇌신경손상의 재생기전에 대해 연구하였고, 현재는 성인과 아동의 뇌손상 발생기전의 차이와 손상된 뇌신경의 재생기전과 재활치료법에 대해 연구하고 있다.

편집자 소개

일레인 게라리스(Elaine Geralis)

일레인 게라리스는 세 자녀를 가지고 있으며, 장남이 10대의 뇌성마비 아들이다. 편집자로서 그녀는 뇌성마비 아이를 가지고 있는 다른 부모들을 위한 값진 가이드를 만들기 위해 부모로서, 그리고 성숙한 대변인으로서 그녀의 경험을 그리고 있다. 그녀는 메릴랜드주 실버 스프링에 살고 있다.